Jürgen Gückel

Klassenfoto
mit Massenmörder

Das Doppelleben des Artur Wilke –
eine Geschichte über Kriegsverbrechen,
Verdrängung und die Suche nach
der historischen Wahrheit

Mit einem Nachwort von Peter Klein

Vandenhoeck & Ruprecht

2., durchgesehene Auflage

Bibliografische Information der Deutschen Nationalbibliothek:
Die Deutsche Nationalbibliothek verzeichnet diese Publikation in der
Deutschen Nationalbibliografie; detaillierte bibliografische Daten sind
im Internet über https://dnb.de abrufbar.

© 2020, 2019, Vandenhoeck & Ruprecht GmbH & Co. KG,
Theaterstraße 13, D-37073 Göttingen
Alle Rechte vorbehalten. Das Werk und seine Teile sind urheberrechtlich
geschützt. Jede Verwertung in anderen als den gesetzlich zugelassenen Fällen
bedarf der vorherigen schriftlichen Einwilligung des Verlages.

Abbildung auf dem Schutzumschlag und auf dem Frontispiz: Archiv Gückel.

Korrektorat/Lektorat: Volker Manz, Kenzingen
Satz: SchwabScantechnik, Göttingen
Druck und Bindung: ⊕ Hubert & Co. BuchPartner, Göttingen
Printed in the EU

Vandenhoeck & Ruprecht Verlage | www.vandenhoeck-ruprecht-verlage.com

ISBN 978-3-525-31114-1

Inhalt

An der Grube 7

Im Bandenkrieg 89

Vor dem Richter 125

Hinter Gittern 169

Unter neuem Verdacht 209

Im Alten Testament 243

In Ewigkeit 273

Einsatzorte Wilkes im Partisanenkrieg 280

Nachwort 283

Anhang 287
    Quellen 287
    Literatur 288
    Abkürzungsverzeichnis 290
    Personenverzeichnis 290

*»Jeder, der hören wollte, hat hören können.
Jeder, der wissen will, muß wissen.
Wer nicht hörte, wollte nicht hören,
wer nicht weiß, will nicht wissen.
Wer vergißt, will vergessen.«*

Ernst Toller (*1893 †1939)

>»Über dieses Leben kann man ein Buch schreiben.«
>»Man kann über jedes Leben ein Buch schreiben«,
>antwortete mein Vater

An der Grube

Verhaftung. – Sie haben deinen Lehrer geholt. Einfach mitgenommen, verhaftet. Mitten im Unterricht. Du hast es noch vor Augen, auch heute noch, bald sechs Jahrzehnte danach: Mathestunde, vielleicht auch Deutsch. Rechnen und Schreiben hieß das damals. Ihr wart ja gerade erst in die Schule gekommen – kleines Einmaleins, Schwungübungen und Schreibschrift. Selten, dass ihr auf Papier geschrieben habt. Papier war teuer. Die Schiefertafeln mit dem angebundenen Schwämmchen und die Griffel noch auf den Holzbänken. Die Bänke waren eigens herübergetragen worden, aus der Schule in den Saal des Gasthauses Schönau. Links neben der Holzbaracke des Putzers Köther, des Friseurs, bei dem du so viele Jahre auf den ersten Fassonschnitt hast warten müssen. Pottschnitt hieß das, was er dir bis dahin stets verpasst hatte.

Über den Hof an der Hauptstraße das Wirtshaus. Durch den Eingang, links die rauchimprägnierte Gaststube, rechts durch die Rote Diele in den alten Saal, Clubzimmer des Fußballvereins, Erzrivale deines MTV. Hier hatten sie aus der leergeräumten Schule die Holzbänke aufgestellt, von denen dein Vater später für zehn Mark eine gekauft hat. Ein Jahrzehnt lang stand sie im Garten, und ihr spieltet Schule nach der Schule. Du als Lehrer für deinen kleinen Bruder.

Ihr wart viele, 43 Schüler. Das Klassenfoto zeigt sie vor der Ziegelfassade der Volksschule Stederdorf. Damals wirklich noch ein Dorf. Die Autobahn trennte deine ländliche Idylle noch von der niedersächsischen Kreisstadt Peine. Du in der Mitte mit der Mütze, die du versteckst hinter mageren Beinchen. Neben dir Konrad von der Mühle und Bärbel mit baumelnden Füßen. Ihr sitzt auf viel zu hohen Holzstühlen. Dahinter hölzerne Flügelfenster mit rostigen Eisenwinkeln. Noch war die Schule nicht renoviert.

Ganz links am Rand des ersten Klassenfotos, das dir deine Mutter in das Fotoalbum geklebt hat, steht Walter Wilke. Ein Mann in den mittleren Jahren, Pottschnitt wie du, helles Sakko, Krawatte, die Hand lässig in der Jackentasche. Euer Lehrer – euer falscher Lehrer.

An jenem Sommertag, der dich seither so beschäftigt, fand der Unterricht nicht in der Schule statt. Die wurde umgebaut. Neue Fenster, Toiletten, vor allem aber die Aula unter dem Dach und die Werkräume, deine Lieblingsorte in der Volksschulzeit. Dort hinauf führte die neue Treppe, die dich über Jahrzehnte nachts gequält hat. Immer wenn es eng wurde in der Schule, wenn es auf Prüfungen zuging, wenn du die Hausaufgaben nicht gemacht oder geschummelt hattest, drückten dich Alpträume, in denen dieses Treppenhaus die Hauptrolle einnahm. Du auf dem Weg hinauf in die Aula, und das Treppenhaus so hoch, die Treppe immer enger, die Stufen immer schmaler, am Ende fehlt das Geländer. Nirgends etwas zum Festhalten. Deine angstbesetzte Bildungsleiter. Erst nach dem Abi war das vorbei.

Für diese Treppe müssen die Maurer noch die Stufen gegossen haben, als es passierte. Ihr also mitten im Unterricht. Mindestens 43 Kinder, vielleicht sogar mehr, denn in der Raumnot wurden mehrere Klassen zusammen unterrichtet. Der Konfirmandensaal im Pfarrhaus, die Räume der Landwirtschaftsschule, auch der Saal des nahen Wirtshauses Winkel und eben die Räume im Gasthaus Schönau dienten dem Unterricht. Nun also passiert es:

Die geflügelte Saaltür geht auf, zwei Männer kommen herein, ein dritter bleibt jenseits der zweiflügeligen Türe stehen. Sie kommen nach vorn, sprechen mit deinem Lehrer Wilke, einer fasst ihn an, führt ihn hinaus – du hast ihn erst ein gutes Jahrzehnt später wiedergesehen und kaum erkannt. Ein alter, kranker Mann.

Die Szene steht dir vor Augen – wie ein Schwarzweißfilm. Die Männer: Kriminalbeamte. Du siehst gegen das Licht der offenen Saaltür lange Mäntel, Hüte, den energischen Schritt der Fremden, wie sie die Klasse durchschreiten und deinen Lehrer ansprechen. Was ihr danach gemacht habt, wie der Unterricht endete, ob jemand eine Erklärung abgab, ob ihr mangels Lehrer einfach nach Hause gingt? Du weißt es nicht. Die Sequenz endet damit, dass die beiden Männer mit eurem Lehrer in der Mitte die Saaltür durchschreiten.

Immer wenn du die Szene erzählst, kommen dir Bedenken. Du erzählst sie zu Ende; du lässt dir deine Zweifel nicht anmerken. Schwarz auf Weiß steht es dir vor Augen. Wie in einem alten Film mit Kriminalbeamten im Trenchcoat und mit Schlapphut. Wie als Kind im Fernsehen gesehen, bei Durbridge oder Stahlnetz.

Es muss im Sommer gewesen sein, August, gleich nach den großen Ferien. Wer trug da Mantel? Und Hut? Wirkt wie ein Klischee! Aber du warst doch dabei!? Sie haben deinen Lehrer verhaftet, und du hast es live erlebt. Oder hast du dir ein Leben lang vorgemacht, etwas miterlebt zu haben, das du dir nur ausgemalt hast? Ein Erklärungsversuch, den du in Schwarzweißbilder aus dem Fernsehen gekleidet hast, weil du nicht ertragen konntest, es verpasst zu haben, worüber danach das ganze Dorf sprach? Der Lehrer Wilke ist verhaftet worden, mitten im Unterricht!

Aber sie haben ja gar nicht darüber gesprochen. Sie haben geschwiegen. Als wäre nichts gewesen. Jedenfalls haben sie höchstens hinter vorgehaltener Hand darüber getuschelt. Euch Kindern wurde das Fehlen des Lehrers Wilke mit Bigamie erklärt. Oder gar nicht. Bigamie – das Wort fiel natürlich nicht. Zu schwer für Grundschüler. Der Lehrer Wilke habe die Frau seines Bruders geheiratet, lautete die Erklärung für die Kinder. Das glauben viele, heute schon im Rentenalter, immer noch. Das war falsch, aber darunter konntet ihr euch etwas vorstellen. »Du sollst nicht begehren deines Nächsten Weib.« So hattet ihr es im Religionsunterricht gelernt. Eine Sünde. Das wird bestraft. Deshalb also die neue Lehrerin. Fräulein Weiß. Sie machte euch Lehrer Wilke und sein Fehlen schnell vergessen. Ihr liebtet sie. Wilke hattet ihr nur ertragen.

Hölderlin. –

Uns würdigte einst eurer Weisheit Wille,
Der Kirche Dienst auch uns zu weihn,
Wer, Brüder, säumt, dass er die Schuld des Danks erfülle,
Die wir uns solcher Gnade freun?

Gnade? Im Augenblick erfreute er sich an gar nichts. Nicht einmal der Schnaps konnte ihn recht beruhigen. Auch Hölderlin half nicht. Gut, dass er das dicke Buch mitgenommen hatte: das Gesamtwerk. Für ihn, Artur Wilke, älterer Bruder des Lehrers Walter Wilke, 32 Jahre alt, studierter Altphilologe, war Hölderlin sonst immer ein Labsal gewesen.

Fast neun Jahre lang hatte er studiert – in Greifswald, Wien und Königsberg. Allein 15 Semester Theologie waren es, dazu die alten Sprachen, schließlich Archäologie. Er hatte Pfarrer werden wollen, dann aber Lehrer, vielleicht auch Archäologe. Die Promotion in diesem Fach hatte er schon begonnen, als er begriff, dass man davon nicht leben kann. Dann also Lehrer. Sogar das erste Staatsexamen und ein Referendariat hatte er schon in Angriff genommen, ehe er seine jetzige Karriere begann. Schuldienst in Riesenberg und in Marienburg, in Ost- und Westpreußen also, das war dann doch nichts für ihn. Auch nicht die Zeit als Hauslehrer auf einem Gut in Pommern. Er warf hin. Dabei hatte er den Lehrerberuf immer geschätzt, sich gern in dieser Rolle gesehen – theoretisch.

Froh eilt der Wanderer, durch dunkle Wälder,
Durch Wüsten, die von Hitze glühn,
Erblickt er nur von fern des Lands beglückte Felder,
Wo Ruh und Friede blühn.

Ruh und Friede – wie lange ist das her? Jetzt saß er hier in Minsk und berauschte sich am Schnaps statt an Hölderlins frühen Versen. »Dankgedicht an die Lehrer« – wie hatte er sich, beseelt durch Alkohol und Hölderlin, immer vorgestellt, dass auch seine Schüler einmal dankbar an ihn denken würden, wenn sie sich nach erfolgreichem Berufsleben ihres Lehrers Artur Wilke erinnern.

Und was ist wohl für euch die schönste Krone?
Der Kirche und des Staates Wohl,
Stets eurer Sorgen Ziel. Wohlan, der Himmel lohne
Euch stets mit ihrem Wohl.

Kirche konnte man im Augenblick vergessen. Es war Krieg. Um Staates Wohl ging es, um das Wohl im künftigen deutschen Lebensraum hier im Osten. Dafür hatte er sich engagiert. Schon seit 1938. Da war er zum Sicherheitsdienst des Reichsführers gegangen. Einer seiner Professoren, glühender Anhänger der NSDAP, hatte ihn motiviert – ihn und seine ganze Studentenverbindung. Dort könne man gebildete Leute gebrauchen, hatte er gesagt. Vielleicht war es auch, weil es im Studium nur schleppend, ziellos, stets nur mit mäßigen Noten voranging. Mit Sicherheit aber – das hatte er blöderweise irgendwann im Suff verraten und das hatten sich die Kameraden gemerkt, ohne dass er es sich selbst je eingestanden hatte –, weil er es den Wehrmachts-Heinis hatte zeigen wollen.

Er hatte immer schon Neigung zu allem Militärischen gehabt. Mit 17 hatte er sich dem Grenzschutz angeschlossen. Das war in seiner grenznahen Heimat keine Seltenheit. Die Heimat galt es zu verteidigen. 1910 war er in Hohensalza bei Posen geboren. Von dort waren die Eltern vertrieben worden, als Deutschland den Krieg verloren hatte und Westpreußen hergeben musste: das Unrechtsdiktat, es machte ihn immer wieder wütend. Nach der Ausweisung 1920, also vom zehnten Lebensjahr an, hatte er in Stolp in Pommern gelebt – grenznah, zwangsausgesiedelt, bereit zur Verteidigung. Ab 1931 übte er freiwillig bei der Reichswehr, später bei der Wehrmacht. Dabei war er nicht einmal wehrpflichtig gewesen: weißer Jahrgang, keine Wehrpflicht. Und brachte es dennoch bis zum Feldwebel der Reserve – als Freiwilliger neben dem Studium. Und das als Kind eines einfachen Lokomotivführers, erzogen zu Ehrgeiz, Fleiß und Gottesfurcht. Und zu Hass auf die Kommunisten. Die hatten ihn, als er sich in den Ferien etwas Geld verdiente, beim Kohletrimmen im Königsberger Hafen als Streikbrecher vermöbelt. Seitdem sann er auf Rache.

Im Sommer 1938 hatte er den Antrag auf Übernahme in das aktive Offizierskorps gestellt. Die Schmach trieb ihm jetzt noch die Zornesröte ins Gesicht. Antrag abgelehnt! Ohne jede Begründung. Elitäre Scheißer! Gut, er war schon früh, 1931, in die NSDAP eingetreten. Den Schnöseln vom Korps hatten die frühen Nationalsozialisten damals noch als Schläger, politische Raufbolde und nicht standesgemäß gegolten. Dieses überhebliche Offiziersvorurteil mochte auf einige Kameraden – auf Stark zum Beispiel, zu jeder Schweinerei und Brutalität ohne Nachdenken bereit – noch heute zutreffen. Er aber war aus anderem Holz. Und heute waren andere Zeiten. Aus der Partei zwar war er nach einem Jahr schon wieder ausgetreten, ab 1933 dann aber Mitglied in der SA.

Euch aber kröne Ruhm und hohe Ehre,
Die dem Verdienste stets gebührt ...

An der Grube

Er konnte sich jetzt auf Hölderlin nicht konzentrieren. Seit Herbst 1938, seit er beim SD war, ging es voran. Sogar Lehrer, jedenfalls Lehrkraft, einst sein Traum, war er geworden. Erst im Nachrichtendienst des SD in Elbing, Thorn und Danzig, dann als Schulungsreferent in Polizeischulen in Pretzsch, Bernau und Berlin-Charlottenburg. Sport und Geschichte waren seine Fächer, immer aber auch Ideologie, das, was Sicherheitsdienst und SS zusammenhielt. Jetzt also hier in Weißruthenien, Minks, Dienststelle des KdS, beim Kommandeur der Sicherheitspolizei also, Abteilung III, zuständig für »Lebensgebiete«, also für die Gestaltung des neuen Siedlungsraumes für sein Volk ohne Land.

»Sie haben uns unser Pommern weggenommen, jetzt holen wir uns zurück, was uns zusteht. Und mehr …«, das hatte er sich mehr als einmal geschworen. »Gebildete Männer wie den Wilke können wir hier brauchen«, hatte sein neuer Chef Georg Heuser gesagt, als er ihn bei Kube vorstellte. Wilhelm Kube, seit Sommer 1941 Generalkommissar für den besetzten Bezirk Weißruthenien in Minsk. Der hatte freundlich genickt und weiter geschmunzelt, als Heuser fortfuhr: »Nach dem Krieg, wenn wir das hier alles gesäubert haben, dann ist das Lebensraum für unser Volk, wie wir ihn uns nur wünschen können. Dann werden Sie hier was, Wilke: hohes Tier in der Verwaltung mindestens. Also halten Sie sich ran!«

Vorerst war weiter Krieg, nichts mit beglückten Feldern, wo Ruh und Friede blühn. Auch in der Dienststelle war Unruhe. Gerade hatten sie Kommandeur Hofmann, früher mal Staatsanwalt, abserviert. »Teppichaffäre«, wurde nur gemunkelt. Der neue, Eduard Strauch, war nur ein paar Tage nach Wilke angekommen. Sogar zwischen Kube, dem Generalkommissar des Protektorats, den er gerade kennengelernt hatte, und den KdS-Leuten herrschte Zwietracht. Kube habe sich in Berlin beschwert, mache dort die SS schlecht, habe ihr Vorgehen gegen die Juden als Schande bezeichnet, sei überhaupt ein Juden-Freund und völlig verweichlicht. So wurde es Wilke sogleich von den neuen Kameraden berichtet. Dem müsse man mal, sagte einer, seine Juden-Flausen austreiben. Neulich habe er sogar, empörte sich ein anderer, beim Besuch im Getto einem Juden-Bengel ein Bonbon geschenkt. »Und wir haben dann die Drecksarbeit zu machen – Bollos von Kube, blaue Bohnen von uns!«

Ja, das Getto – er hatte es nur kurz gesehen, aber solche Zustände hatte er sich vorher nicht vorstellen können. Und dann erst die Erschießungen …

Wilke griff wieder zur Flasche. Das konnte man sich gar nicht wegsaufen, was man hier miterleben musste. Erst gestern wieder. Aktion hieß das hier. Erschießungen. Er hatte das Krachen der Pistolenschüsse gehört, gelegentlich eine Gewehrsalve, hatte auch aus der Ferne gesehen, wie die Menschen am Rand einer Grube – die hatte er nur erahnen können – standen und nach vorn kippten, nachdem es aus vielen Mündungen geknallt hatte. Noch war er nicht zu einer solchen Aktion eingeteilt worden, aber das dürfte nur eine Frage der Zeit sein.

Und jeder künftge Tag erhöhe und vermehre
Den Glanz, der euch schon ziert.

Hölderlin, was weißt denn du …
»Was lesen wir denn da? Schund schon wieder? Oder deutsche Dichter und Denker?« Heuser hatte sich regelrecht angeschlichen. Davor hatten sie ihn schon gewarnt. Der Alte, eigentlich jünger als er, SS-Obersturmführer der Abteilung IV beim Kommandeur der Sicherheitspolizei in Minsk, unausgesprochen auch dessen Stellvertreter, liebte Überraschungseffekte. Niemand sollte sich vor ihm sicher fühlen.
»Hölderlin, sämtliche Werke, Herr Obersturmführer!«
»Nun seien Sie mal locker, Wilke. Morgen brauchen Sie Mut – Mut und Kraft. Ich sage nur: Partisanen.«
Da war sie, die Einteilung ins Erschießungskommando. Er würde sich nicht drücken können. Er hatte noch nie einen Menschen erschossen. An die Front, dorthin hatte er immer gern gewollt. Und dass er dort im Kampf den Gegner tötet, das hatte er sich vielfach vorgestellt. Aber wehrlosen Menschen mit der Pistole ins Genick zu schießen – immerhin ins Genick, human, schneller Tod, so hieß es –, das ängstigte ihn. Bisher hatte er Glück gehabt. Er war hier angekommen, nachdem die Gruppe am 4. Februar in dem kleinen Örtchen Rakow Partisanen gejagt hatte. Viele Tote. Darunter viele Juden. Alles Partisanen? Man sprach nicht darüber, wie viele es waren, wohl aber darüber, wie die Leichen noch über Wochen herumgelegen hatten. Danach waren die Säuberungen, die sich die SS noch vorgenommen hatte, erst einmal verschoben worden. Die Böden waren hart gefroren. Niemand ohne schweres Gerät konnte genügend Gruben für die Leichen ausheben. Aber wenn es wärmer wird, der Boden erst getaut ist, dann würde es

An der Grube

große Säuberungsaktionen geben. So viel war sicher. Auch im Getto, so wurde gemunkelt. Dann würde, hatte einer der Kameraden bei der zweiten Flasche Wodka gesagt, »jeder Jude zum Partisanen erklärt«.

Heuser muss es ihm angesehen haben. »Es sind Partisanen, noch dazu alles nur Juden. Sie sind zum Tode verurteilt, ihre gerechte Strafe. Wir haben Krieg. Mensch, Wilke, im Krieg sind wir! Wir töten sie, weil sie sonst uns töten. Deshalb sind wir hier. Unsere Pflicht. Sie wissen doch, Wilke, was Pflicht bedeutet …?« »Aber gab es denn Partisanenangriffe in den letzten Tagen? Wir haben doch …« Heuser ließ ihn nicht ausreden »Partisanen, habe ich gesagt, Partisanen!«

Das Wort »Befehl« fiel nicht.

Befehl. – Der Begriff »Befehl« sollte 20 Jahre später eine zentrale Rolle spielen. Das konnten weder Georg Heuser noch Artur Wilke ahnen – nicht einmal fürchten, denn sie waren überzeugt von einem dauerhaften deutschen Reich bis über Moskau hinaus.

Am Montag, den 15. Oktober 1962, begann vor dem Landgericht Koblenz der sogenannte Heuser-Prozess. Bis zum 21. Mai 1963 verhandelte das Schwurgericht unter Vorsitz von Landgerichtsdirektor Erich Randebrock dreimal wöchentlich immer montags, dienstags und mittwochs die Verbrechen, die die Gestapo-Abteilung beim Kommandeur der Sicherheitspolizei in Weißruthenien zwischen 1941 und Sommer 1944 begangen hatte. Angeklagt waren 30 356 Morde – so viele, dass schon die Ankläger bei vielen Massenerschießungen die Zahl der Opfer nur geschätzt und abgerundet hatten. Partisanen, mehrheitlich aber Juden, Zigeuner und Geisteskranke hatte die Minsker Sipo-Dienststelle liquidiert. Männer, Frauen, Kinder, Säuglinge.

Allein für das Jahr 1942 standen 25 000 Erschießungen von deutschen und ortsansässigen Juden auf den Listen der Mörderbande. Heimtückisch, grausam und aus niederen Beweggründen, so die Mordmerkmale, die die Generalstaatsanwaltschaft Koblenz in die Anklageschrift geschrieben hatte. Das Material dafür hatte die Zentralstelle zur Aufdeckung nationalsozialistischer Verbrechen in Ludwigsburg zusammengetragen. Es war nach den Nürnberger Prozessen der bisher größte und nach Einschätzung vieler Medienvertreter der denkwürdigste Prozess, den die Ludwigsburger Nazi-Jäger in Gang gesetzt hatten. Denkwürdig auch, weil fast alle Angeklagten, die Täter von einst, es nach dem Krieg geschafft hatten, sich in eine gutbürgerliche Existenz hinüberzuretten.

Allen voran der Kriminalist Dr. Georg Heuser. Zu Prozessbeginn 49, zum Zeitpunkt der ihm angelasteten Morde also 29 bis 30 Jahre alt und SS-Ober-, später Hauptsturmführer der Sicherheitspolizei-Dienststelle in Minsk. Offiziell Minsker Kripo-Chef, inoffiziell Stellvertreter des Kommandeurs Eduard Strauch. Schon seine Verhaftung am 15. Juli 1959 in Bad Orb, wo Heuser gerade zur Kur war und, gerade dem Termalbad entstiegen, festgenommen wurde, machte Schlagzeilen. Er war inzwischen prominent, war einer der führenden Repräsentanten der Exekutive in der jungen Bundesrepublik. Nach steiler Karriere in der Polizei vertrat er von Januar 1958 an bis Mitte 1959 das Land Rheinland-Pfalz bei den Konferenzen der Leiter der deutschen Landeskriminalämter. Er war als Kriminaloberrat sogar zum Chef des LKA geworden. Das Bundesland hatte damit einen Bock zum Gärtner gemacht, war es doch eine seiner Aufgaben, die Zentrale Stelle der Landesjustizverwaltungen in Ludwigsburg zur Verfolgung von NS-Tätern bei ihrer Suche nach noch unentdeckten Kriegsverbrechern zu unterstützen. Er hätte also sich selbst und alle seine Mordgesellen aus Minsker Tagen ans Messer bundesdeutscher Justiz liefern müssen. Er stand sogar auf der Fahndungsliste: als Georg Häuser – mit »ä«. Der eine falsche Buchstabe schützte ihn, bis Mitte 1959 seine wahre Identität offenbar wurde.

Entsprechend der Bedeutung des Hauptangeklagten das Medien-Echo: »Kriegsverbrechen – Im Schatten der Fackeln«, schrieb das Magazin Spiegel zum Auftakt. Und Dietrich Strothmann von der Wochenzeitung Die Zeit überschrieb sein »Porträt eines Kriegsverbrecherprozesses, der noch nicht der letzte ist« mit der Schlagzeile: »Hölderlin zwischen den Exekutionen« – eine Anspielung auf Wilkes Beruhigungslektüre.

Wie Heuser hatten sich fast alle der Koblenzer Angeklagten auf Befehlsnotstand berufen. Sie hätten den Befehl von oberster Dienststelle gehabt, das besetzte Weißruthenien »judenfrei« zu machen. Sie hätten bei der SS ihren Eid geschworen, den Befehlen zu gehorchen. Befehlen, die sie selbst verabscheut hätten, aber gegen die sie nichts hätten machen können. Sich zu widersetzen, den Befehl zu verweigern und damit den Eid zu brechen, wäre einem Todesurteil gegen sich selbst gleichgekommen. So sinngemäß ihre Verteidigung. Auch die von Artur Wilke.

ABC. – Was war das für ein Mensch, euer Lehrer Walter Wilke? Viel hast du nicht in Erinnerung, auch nicht viel herausbekommen bei der Befragung der Klassenkameraden. Ihr wart ja noch so jung, alles ist so lange her, so viele Lehrer hattet ihr seitdem, so viele andere Menschen, so viele neue Eindrücke. Und dann musst du dich hüten vor Mythenbildung. Man reimt sich als Kind ja so einiges zusammen. Als Erwachsener, wenn man sich an die Kindheit erinnert, noch mehr. Wilkes Kniebundhosen – »Wanderhosen«, hat Jochen sie genannt – hast auch du noch vor Augen. Die grüne Jacke aus grobem Tweed mit den aufgesetzten Taschen ebenso. Manchmal kam er mit Hut. Hager war er und streng. Ihr hattet Angst vor ihm.

Wie er euch das ABC beibrachte, wie das Einmaleins – keine Erinnerung! Aber auf der Schiefertafel schreiben musstet ihr, Stunde für Stunde ohne aufzuschauen. Du hast noch den kreidigen Geschmack auf der Zunge, wenn du mit Spucke auf dem Finger den verschriebenen Krakel von der Schiefertafel löschtest, statt dafür das befeuchtete Läppchen zu nehmen. Du hörst noch den schrecklichen Laut, bekommst noch eine Gänsehaut, wenn du dich erinnerst, wie der Griffel abgebrochen ist oder jemand vorn an der Tafel mit der weißen Kreide schief schreibt und dabei kreischend kratzt. Auch der bissige Ton der silbernen Trillerpfeife – den verbindest du mit deinem ersten Lehrer. Aufstellen zum Sport auf dem Sportplatz: Pfiff! Runden laufen: Pfiff! Dort, aus Wilkes Pfeife, nicht beim Fußball, hast du das erste Trillern gehört und hättest auch gern eine solch glitzernde Kommandohilfe gehabt.

Zweieinviertel Jahre war er euer Lehrer. Das hast du dir jedenfalls so eingebildet. Sehr oft wurde er wegen Krankheit vertreten. Für ABC und Einmaleins muss er den Grundstein gelegt haben. Aber auch für Zucht und Gehorsam in der Schule. Ob er dich je geschlagen hat? Du erinnerst dich nicht daran. Höchstens einmal mit dem Lineal auf die Finger. Aber Angst vor Schlägen hattest du immer. Auch zu Hause galt ja der Kochlöffel – und sei er nur sichtbar platziert – noch als Erziehungsmittel. In der Schule wurde noch pädagogisch gezüchtigt. Fräulein Galdea war streng – mit der Stimme. Geschlagen wurden nur die, meist Mädchen, die beim »Gewaltrechnen«, so nannten es deine Klassenkameraden, stehen blieben – nur wer die Lösung wusste, durfte sich setzen. Und Lehrer Pietsch? »Herr Pietsch, Herr Pietsch, woll'n wir Indianer spielen?«, rief Mecki mitten im Unterricht und kroch auf allen

Vieren unter den Schulbänken herum. Pietsch drohte immer nur mit dem Rohrstock und ließ sich doch auf der Nase herumtanzen. Wilke hingegen hat ihn auch benutzt.

Ob er es genossen hat? Dir fällt ein, wie Wilke einem der Klassenkameraden Schläge mit dem Rohrstock für morgen ankündigte. Der Delinquent bekam die Aufgabe, dafür eine Gerte aus dem Trentelmoor zu holen, mit der er dann Schläge auf den Hosenboden bekommen würde. Das Opfer brachte am nächsten Tag brüchiges Binsenrohr mit – es sollte doch ein »Rohrstock« sein. Für die Züchtigung unbrauchbar. Es gab stattdessen welche mit dem Lineal.

Das war doch Wilke!? Oder doch ein anderer Lehrer? Du traust es ihm zu, bist aber nicht mehr sicher.

Dich hat er eher mit Scham gezüchtigt. Einmal vorlaut gewesen – ab in die Ecke. Da stand man nun vorn rechts als Sünder. Die ganze Klasse hatte dich zu ignorieren. Und doch fühltest du dich von jedem angeschaut – durchschaut. Bohrende Blicke im Rücken. »Das war so schambesetzt«, sagt auch Kurt, an dessen Eckenstehen du dich jetzt, wo er davon erzählt, gut erinnerst. »Die ganze Schule war für mich eine einzige Demütigung, den Eltern nicht zu genügen«, bringt Kurt unsere ABC-Schützen-Gefühle auf den Punkt.

Und doch ist Kurt einer der ganz wenigen Klassenkameraden, der positiv an Wilke als Lehrer zurückdenkt, ihn »damals toll fand«. Er habe Witzchen gemacht. »Das war vielleicht ironisch, aber ich habe es nicht gemerkt«. Und er habe den Unterricht auch mal mit Zeichnungen an der Tafel, kleinen Strichmännchen etwa, aufgelockert. Oder mit einem Reim: »A, B, C – die Katze lief im Schnee.« »Ich habe es fast bedauert, als er plötzlich weg war.«

Ob sich Kurt an die Verhaftung erinnere? »Ich hätte gesagt, die haben ihn über den Schulhof abgeführt. Aber ob ich das wirklich gesehen habe …?« »Aber der Unterricht war doch gar nicht in der Schule zu dieser Zeit«, wendest du ein. »Stimmt! Mein Vater hatte ja auch eine alte Schulbank gekauft.«

Genickschuss. – Artur Wilke hatte schlecht geschlafen. »Hinterkopf, einfach in 'n Hinterkopf, zack«, hatte Franz Stark am Abend gesagt und dabei gegrinst. Der wusste, was bevorstand. Jetzt also raus mit den anderen, raus an die Grube. Die hatten die Mannschaften gestern schon schaufeln lassen. Ein Trupp Juden aus dem Getto musste anrücken und graben. Fünf Meter breit, zwei Meter tief, 50 Meter lang – das verhieß nichts Gutes.

Als er an den Grubenrand trat, lag schon ein Leichnam unten im aufgewühlten Dreck: leblos, die Glieder verrenkt, winzig im Verhältnis zu der Dimension des riesigen Lochs in steingrauer Erde. Wilke hatte wohl fragend geschaut – Stark antwortete ungefragt. »Hat nicht arbeiten wollen. Einer der Wachleute hat ihn erschlagen. Muss nachher zum Heuser – gibt 'ne Belobigung.« Die anderen jüdischen Arbeiter seien wieder zurück ins Lager. »Wird ihnen wohl 'ne Lehre sein.«

Sie hatten ihm Stark an die Seite gestellt, das ahnte Wilke gleich. Stark, der Vorführ-Gefolgsmann. Nicht viel in der Birne, aber einer der ersten Stunde. SS-Mann, wie er im Buche steht. Neun Jahre älter als Wilke. Nichts gelernt, nicht studiert, nicht einmal in Deutschland geboren. Die Mutter hatte sich in den USA schwängern lassen, wohin sie 1890 ausgewandert war. Unehelich geboren in St. Louis, als Kind von der eigenen Mutter misshandelt, schlechter Schüler, abgebrochene Lehre, aber schon 1919 mit dabei. Freikorps Roßbach, Baltikum-Einsatz, danach wieder arbeitslos, wieder ins Freikorps, diesmal Korps Oberland, mit dem er am Kapp-Putsch teilnahm und den Ruhraufstand und die Aufstände in Oberschlesien niederschlug. Seit 1920 Mitglied der Nationalsozialistischen Deutschen Arbeiterpartei, ein Jahr später gar bei der Gründung der SA dabei. Damals in München, da war Stark Adolf Hitler ganz nahe. Der Putsch des Führers 1923, der Marsch auf die Feldherrnhalle – da war Franz Stark ganz vorn. Gut, vor dem Krieg war er meist in der Registratur des Sicherheitsdienstes in München und Augsburg beschäftigt – zu Friedenszeiten zu sonst nichts zu gebrauchen. Aber wenn es ernst wurde, dann stand er seinen Mann. Jetzt seit Oktober 1941 im Osten. Für die Kameraden war er bereits eine Legende. Alles, was die Geschichte der Bewegung ausmachte, das war Stark in Person. Er war sogar Hausbursche Heydrichs gewesen, als er sich 1933 der SS anschloss.

Ein Söldner, ja, aber einer, an dem man hochschauen konnte. Ein Macher und Haudegen. Jetzt sollte also Wilke an ihm hochschauen, es ihm nachmachen, die eigenen Skrupel vergessen. Jetzt, da er erstmals an der Grube stand mit geladener Pistole in der Hand. »Hinterkopf, zack!«

Die Lastwagen waren schon vorgefahren, wurden gerade entladen. Zerlumpte Gestalten aus dem Getto. Das mussten mehr als 100 sein, mehr als 200, 400 sogar. Alles Partisanen? Schon wurden sie angewiesen, an den Grubenrand zu gehen. Immer 30 Mann in Reih und Glied. So viele Schützen waren eingeteilt, Wilke einer von ihnen. Stark und er standen ziemlich weit rechts; die Gefangenen kamen von links – niedergeschlagen trottend, dem Schicksal ergeben. Als die erste der verlausten Gestalten auf Höhe Starks war, griff dieser zu, riss den vermeintlichen Partisanen herum, sodass das Gesicht in Richtung Grube gezwungen wurde – und drückte ab. »So geht das!« Keinen Schießbefehl abgewartet, keinen Moment des Zögerns, bis alle Opfer vor ihrem Henker standen. Abgedrückt, ein kleiner Schubs, da purzelte der leblose Leib mit einem Genickschuss in die Grube. »Weitergehen!« Sekunden später kam der Schießbefehl – und auch Wilke drückte ab. Noch viele Male an diesem Tag, dem Tag seiner ersten Exekution.

Noch einmal griff Stark ein. Um ihn zu schonen? Fast freundschaftliche, jedenfalls kameradschaftliche Gefühle empfand er, als Stark ihn – ja, rettete. Es muss die dritte oder vierte Gruppe gewesen sein, die da vor den Schützen aufzog, den Tod vor Augen und doch so merkwürdig gottergeben und still. Immer der Vierte in der neuen Gruppe, das war seiner, der hatte die Kugel aus seiner Pistole zu erwarten. Genickschuss, sofortiger Tod, »humane Sache«, sagte Stark. Der Vierte in der neuen Reihe, das war ein Junge, zerlumpt, ausgemergelt, mit eingefallenen Augen und dürren Ärmchen. Vielleicht 13 oder 14, fast noch ein Kind. Sein Blick nicht gottergeben, nur pure Angst. Er schaute nicht zu den Toten in die Grube, nicht auf den Boden, nicht auf den Vordermann, nur auf Wilke, auf den Schützen, der ihn gleich töten würde. Im letzten Moment trat Stark vor, griff sich das Kind, schob den Nächsten weiter zu Wilke und wartete auch diesmal nicht auf den Schießbefehl.

Am Abend half auch Hölderlin nicht mehr. Es musste Härteres sein. Erst der Kater am nächsten Morgen ließ ihn wieder daran denken, aber auch an die unzähligen Schulterklopfer der Kameraden. »Pflicht erfüllt, Wilke. Du weißt doch, was unsere Pflicht ist.«

Christiane. – Was soll das denn? Das hast du dir ausgedacht. Soll das ein Roman werden? Schreibst über Ereignisse vor 75 Jahren, als wärst du dabei gewesen oder hättest deine Helden selbst erfunden. Das mag vielleicht authentisch sein, weil du so etwas irgendwo gelesen hast. Du liest ja nur noch sowas. 24 000 Seiten Akten des Heuser-Prozesses,

Zeugenberichte, Bücher, »Die Vernichtung der europäischen Juden« in drei Bänden, die von Jens Hoffmann herausgegebenen Augenzeugenberichte der Massenmorde in Osteuropa, »Kalkulierte Morde« von Christian Gerlach – alles voller Versatzstücke für eine Neukonstruktion der damaligen Wirklichkeit. Kein Wort erfunden, aber alles garantiert so zusammengefrickelt, wie es ganz bestimmt nicht war. Realistisch, aber nicht real. Authentisch, aber nicht die Wirklichkeit. So wie deine Verhaftungsszene womöglich? So wirklich wie deine Erinnerung, an der du ja selbst zweifelst. Klingt überzeugend, aber ist mit nichts bewiesen.

Schon klar, du willst nicht das x-te Historiker-Werk über den Nationalsozialismus, nicht die tausendste Täter-Biografie, nicht eine weitere uninteressante Autobiografie schreiben. Roman kannst du sowieso nicht. Du willst alles vermischen. Denkst, dann wird es vielleicht interessanter. Du willst dich nicht entscheiden und versuchst, das jetzt noch zu rechtfertigen. »Rechtfertigungsneurotiker« hat dich mal eine Volontärin genannt, als du irgendeinem Leser versuchtest zu erklären, warum du dieses und nicht jenes geschrieben hattest.

Du hast immer schreiben wollen, seitdem du bei deinem ersten Lehrer das ABC erlernt hast. Bei jenem Lehrer Wilke. Dann bist du Journalist geworden. Erst Sport, dann Lokales, schließlich Polizei- und Gerichtsreporter. Du hast immer geschrieben, was du miterlebt, und zitiert, was man dir erzählt hat. Saubere Recherche, ob sie dich nun »Gefälligkeitsjournalist« geschimpft oder dich ausgezeichnet haben. Und heute solche Sachen!? Reine Fiktion! Selbst was die Zeugen vor Gericht über Wilke gesagt haben – man kann doch nicht so tun, als wäre das alles wahr.

Du hast dich schon als kleiner Junge damit lächerlich gemacht. Wolltest einen Krimi schreiben. Deine Schulfreundin musste den Quatsch abtippen. Hatte als Einzige Schreibmaschinenunterricht. Christiane – das Mädchen vier Plätze rechts neben dir auf dem Einschulungsfoto. Natürlich hast du sie auch gefragt, ob sie sich an Lehrer Wilke erinnert. »Die Backpfeife werde ich nie vergessen«, hat sie geantwortet. Warum hat er sie geschlagen? »Ich weiß es nicht. Es war die einzige Ohrfeige meiner ganzen Schulzeit.« Und seine Verhaftung? Keine Erinnerung. »Dass er im Unterricht verhaftet wurde, das weiß ich. Aber woher ich das weiß …?« Bei Christiane kommst du nicht weiter.

Unser gemeinsamer Lehrer, der Faschist, das war für Christiane nie ein Thema. Auch nicht, als sie sich nach der Lehre politisch engagierte. In Braunschweig, später mit Cornelia in einer winzigen WG in Hannover. Das Kapital, die Mao-Bibel, DKP-Schriften hat sie studiert, als Antifaschistin hat sie demonstriert, engagiert sich noch heute als Rentnerin im Welt-Laden für eine bessere Gesellschaft. Typisch 68erin. Dabei hatten wir in unseren neun gemeinsamen Schuljahren in der Volksschule Stederdorf niemals auch nur ein Wort gehört über Faschismus, Nationalsozialismus, deutsche Verbrechen, Holocaust – das Wort gab es noch gar nicht – oder womöglich über die Taten unseres mörderischen Lehrers. Einzig Christianes Großvater hat ihr aus dieser Zeit erzählt, dass er als Sozialdemokrat unterdrückt wurde, dass er gar kurz vor Kriegsende ins Konzentrationslager nach Bergen-Belsen gesteckt wurde, weil er sich als Schneider geweigert hatte, den Nazis ihre braunen Uniformen zu nähen. Dass er von der britischen Militärregierung nach der Befreiung kurzerhand zum Stederdorfer Dorfpolizisten gemacht wurde – ihn, den gelernten Schneider – hast du erst aus Anton Görgners Memoiren erfahren. Und je älter er wurde, hat Christiane erzählt, umso weniger wollte Opa Albert über diese schreckliche Zeit sprechen. Ein Nazi-Opfer, das vergessen und lieber schweigen wollte – und dessen Familie bis zuletzt ihrer Hausärztin vertraute, der Ehefrau des Massenmörders, deines falschen Lehrers.

Und nun kommst du und willst alles ans Licht zerren, worüber das ganze Dorf Jahrzehnte geschwiegen hat. Und es dann auch noch bunt ausmalen. Mach dich nicht lächerlich, bleib bei den Fakten.

Fakten. – Dann also die Fakten: Historiker gehen heute davon aus, dass zwischen fünf und sechs Millionen Juden dem Rassenwahn der Nationalsozialisten zum Opfer fielen. Eine genaue Zahl wird es nie geben. Die wohl am häufigsten genannte Zahl von sechs Millionen geht zurück auf eine Äußerung vor dem Nürnberger Militärgericht im November 1945. Ein SS-Führer soll diese Zahl genannt und sich dabei auf Adolf Eichmann berufen haben. Eichmann war als SS-Obersturmbannführer Leiter jenes Referats im Reichssicherheitshauptamt, das die Deportation und letztlich die planmäßige Ermordung der jüdischen Bevölkerung in den von Deutschen besetzten Gebieten in ganz Europa organisiert hat. Anderen SS-Führern gegenüber soll Eichmann von fünf Millionen gesprochen haben.

Sicher ist aber: Selbst Eichmann konnte sich nicht auf eine Statistik berufen. Zum einen beruhten die Zahlen, wie viele Menschen jüdischen Glaubens oder jüdischer Abstammung in den besetzten Ländern ursprünglich lebten, auf unsicheren Schätzungen aus den 1930er Jahren. Zum anderen war es die Definition des Judentums selbst, die die Statistiken verfälschen musste. Während die Nationalsozialisten Juden als Rasse definierten und eine jüdische Abstammung reichte, um Menschen willkürlich in den Tod zu schicken, selbst wenn sie praktizierende Christen waren, wiesen manche der Statistiken nur die Summe der Menschen aus den jüdischen Gemeinden auf, also die Anzahl der Glaubensjuden.

Ebenso unsicher wie die Berechnung der Differenz zwischen der einstigen Verbreitung des Judentums und der Zahl der Überlebenden ist die Berechnung als Summe der Tötungsmeldungen an das Reichssicherheitshauptamt. Viele kleinere Mordaktionen wurden nie gemeldet, viele Meldungen gingen in der Endphase des Krieges verloren oder wurden vernichtet, viele gefallene Soldaten der gegnerischen Truppen, viele zivile Opfer des Krieges und viele getötete Partisanen waren Juden, wurden aber nicht als solche gemeldet.

Abgesehen davon, dass es weder gesicherte Bevölkerungsstatistiken gab noch die Tötungsmeldungen verlässlich waren, scheitern beide Berechnungsmethoden allein schon, weil die deutschen Einsatztruppen willkürlich alles töteten, was im Verdacht stand, jüdisch zu sein.

Aber spielen Zahlen eine Rolle? Millionen Menschen – Mütter und Väter, Großeltern und Kinder, selbst Säuglinge – mussten sterben. Ganze Gemeinden wurden ausgelöscht. In Polen und den drei baltischen Staaten wurden, soweit diese unsicheren Berechnungen erkennen lassen, rund 90 Prozent aller dort lebenden Juden umgebracht. In den Niederlanden, der Slowakei, Ungarn, Griechenland und den Staaten des späteren Jugoslawiens waren es im Schnitt 80 Prozent. In Belgien, Rumänien und den besetzten Gebieten Norwegens wurde im Schnitt jeder zweite Jude getötet, in Frankreich jeder vierte, in Italien jeder fünfte.

Und in Russland, dort, wo Artur Wilke den Massenmord mit organisierte und selbst tötete? Hier waren – nach Polen – sicher die meisten Opfer zu beklagen. Das Reichssicherheitshauptamt ging von fünf

Millionen im Westteil der Sowjetunion lebenden Juden aus – also vom Baltikum bis zur Krim, Bessarabien und Nordbukowina. Davon rund eine Million im annektierten Ostteil Polens sowie zwei Millionen in den Gebieten, die deutsche Truppen besetzten. Aber niemand weiß, wie viele Menschen rechtzeitig ins Innere der Sowjetunion fliehen konnten. Anders als in den westlichen Ländern wurden die russischen Juden meist gar nicht erst deportiert und in Konzentrationslagern zusammengefasst, sondern binnen kürzester Zeit ganz in der Nähe ihrer Heimat bei Massenexekutionen getötet. 700 000 bis eine Million sollen es gewesen sein.

Jenseits jeder Statistik bleibt der Fakt: Die Vernichtung der europäischen Juden war der erste und einzige staatlich angeordnete Versuch der industriell organisierten Massentötung einer ganzen »Rasse«. Als solche jedenfalls definierten die Nazis Menschen, die jüdischen Glaubens waren oder auch nur von Vorfahren jüdischen Glaubens abstammten.

Überlebende. – Wenn es keine Erzählung sein darf, dann eben ein Zitat. Hier eine Zeugenaussage: Die Jüdin Esther Rubinstein, die die Räumung des Lagers Poniantow überlebte. So, wie diese Überlebende es beschreibt, ging es bei den Aktionen der SS-Einsatzkommandos in Minsk zu. Man muss sich nur Artur Wilke, Georg Heuser, Franz Stark und die anderen Angeklagten des 20 Jahre später in Koblenz stattfindenden Prozesses in der Rolle jener vorstellen, die auf dicht vor ihnen am Rande einer Grube stehende Menschen schossen und ihre abgestumpfte, entmenschlichte, an unsägliche Brutalität gewöhnte Mannschaft aus deutschen SS-Leuten und ukrainischen Freiwilligen auf die wehrlosen Opfer hetzten. Dann ist das auch nicht die reine Wahrheit, aber es bleibt authentisch:

»Ende Oktober 1943 fand ein Gemeinschaftsappell statt. Wir bekamen den Befehl, Gräber auszuheben. Unter Peitschenschlägen der SS-Männer arbeiteten wir vom Morgen bis in die Nacht, um die Arbeit schnell zu beenden. Es war zehn Tage vor der Exekution. (…) Die Deutschen sagten uns, dass es sich um Fliegergräben handele, und um uns irrezuführen, befahlen sie, die Gräben im Zick-Zack zu graben, und wir wiegten uns in der Hoffnung, dass man uns am Leben lassen werde. Am Donnerstag, den 4. November, um 4.30 Uhr (…) wurden alle auf den Platz getrieben. (…) Man sprach davon, es komme eine Selektion.

Jeder bemühte sich, gut auszusehen. Die Frauen kniffen sich in die Backen (…). Es sammelten sich ungefähr 40 000 Menschen (spätere Erkenntnisse sprechen von 8 000 bis 10 000 Personen). (…) Um uns herum war es voll von Militär mit Waffen in den Händen. Auf der Straße war ein furchtbares Gewirr. Etwas weiter sah ich einen Haufen Schuhe und hörte, wie sie riefen »Schuhe ausziehen!«. Von da ab lief ich barfuß weiter. Ich wurde ganz irre. In der Ferne sah ich nackte Frauen, ich dachte, es sei eine Selektion. Ich kam näher und hörte schreien, wir sollten uns ausziehen. Sie befahlen, Gold, Brillanten und Geld abzugeben. Ich suchte ständig nach Rettung (…). Es gelang mir, mich unter die Männer zu mischen, die Kleider sortierten. (…) Mütter nahmen Abschied von ihren Kindern, alle wussten inzwischen, dass es in den Tod geht und dass es keinen Ausweg mehr gibt. Alle gingen gefasst, und keiner weinte. Die Menschen gingen mit Musik, denn die Deutschen hatten zu diesem Feiertag Radiolautsprecher angebracht. (…) Ich sprang vor den Augen der Soldaten durch ein Fenster in die Baracke, in die die Kleidungsstücke hineingeworfen wurden. Schlagend und an den Haaren ziehend holte man mich zurück. Ich wusste kaum noch, was mit mir geschah. Ich weiß nur noch, dass man uns an die Gräben trieb, und ich sah, dass an den Gräben SS-Männer mit Maschinenpistolen standen und die nackten Frauen in den Kopf schossen. Die Gräben waren schon voll von Leichen. Ich wollte nicht zusehen, wie man mich erschießt, daher hielt ich mir die Hände vor das Gesicht und warf mich mit dem Schrei ›Schma Israel‹ (›Höre, Israel‹, ein jüdisches Glaubensbekenntnis) in die Tiefe. In diesem Augenblick verspürte ich einen Schmerz und wurde ohnmächtig. Ich weiß nicht, wie lange ich bewusstlos war, ich weiß nur, dass mir kalt wurde, und ich wühlte mich in die Leichen ein. Ich hörte Stöhnen der noch lebenden Menschen. Ein paarmal wollte ich schreien, aber ich konnte es nicht, es war, als ob mir jemand die Kehle zuschnürt. Plötzlich spürte ich, wie jemand meinen Kopf hochhob. Ich lag an der Oberfläche, und ein Deutscher prüfte, ob ich tot sei. Da mein Kopf vom Blut anderer Leichen überströmt war, dachte er, ich sei tot und ging weiter. Ich hörte, wie sie herumgingen und totschlugen. Ich hörte das Ächzen von Frauen, und eine rief um Hilfe. Man zog sie unter den Leichen vor und schlug sie tot. Später kamen noch mehr. Sie liefen auf uns herum und deckten uns mit Tannen zu. Ich hörte das Orchester und verschiedene Schreie. Unter Ächzen und Schmerzen schlief ich ein. Plötzlich kam ich wieder zu mir, und als ich mit Mühe den Kopf hob, wusste ich zuerst nicht, wo ich mich befinde. Ich sah ein großes Flammenmeer. In diesem Moment erinnerte ich mich der Erzählung meines Bruders, dass die Deutschen Menschen lebendig verbrennen. (...) Ich begann, auf dem Bauch über die Leichen hinwegzukriechen und entkam über das Feld in den Wald. Im Wald traf ich eine zweite nackte Frau wie mich. Wir sahen uns schweigend an und krochen weiter.«

Das Zitat stammt aus dem Buch »Die Gehilfen« von Barbara Just-Dahlmann und ihrem Mann Helmut. Sie war als Staatsanwältin und polnischsprechende Dolmetscherin dabei, als im April 1960 in der gerade gegründeten Zentralen Stelle in Ludwigsburg die Akten aus Polen eintrafen. Aktenberge voller Leichenberge, Grausamkeiten unvorstellbaren Ausmaßes. In einen Abgrund, schreibt Just-Dahlmann, habe sie geschaut – und das Gelesene nie vergessen. Danach setzte sie sich ein für die Strafverfolgung, vor allem aber für ein Aussetzen der drohenden Verjährung.

Friseure. – Stark war dann bald weg vom Fenster. Wilkes anbefohlenes Vorbild war, schon wenige Tage nachdem sich beide kennengelernt hatten, in Ungnade gefallen. Stark hatte wahr gemacht, was die Kameraden vorher nur halb im Ernst angedroht hatten: dem Judenfreund Kube mal eins austeilen.

Ausgangspunkt war die Getto-Aktion am 1. März gewesen. Tausende Juden waren quer durch die Stadt getrieben und in Eisenbahnwaggons zur Erschießungsstätte bei Koidanow gebracht worden. Generalkommissar Kube hatte Wind davon bekommen und sich am Nachmittag mächtig aufgeregt. Mit SS-Obersturmführer Burkhardt hatte es einen Wortwechsel gegeben, weil Kube dessen Leuten Rücksichtslosigkeit, ja Brutalität vorwarf. Im Getto hätten sich regelrechte Jagdszenen abgespielt, es sei geschossen worden, Querschläger seien gar außerhalb des Gettos eingeschlagen. Der »Ton des Gauleiters (Kube war bis 1936 Gauleiter des Gaus Brandenburg gewesen) war außerordentlich scharf«, schrieb der Kommandoführer später in seinen Bericht. Seine Leute seien von Kube mit Vorwürfen überschüttet worden. Und Strauch, der neue SD-Kommandeur, nutzte den Vorfall, um seinerseits den missliebigen Gauleiter Kube eineinhalb Jahre später in Berlin schlecht zu machen: Der habe seine Männer »erheblich beschimpft«

und es seien Worte wie »Schweinerei« gefallen. Und auch Strauch gab das, wie er schrieb, »nicht hundertprozentig verbürgte« Gerücht wieder, Kube habe »an jüdische Kinder Bonbons verteilt.«

Einer der Beschimpften vom 1. März war Franz Stark. Kube hatte ihn erwischt, als er wie beim Viehtrieb mit einer Peitsche auf die Juden einschlug, um sie zur Eile anzutreiben. Kube hatte gar eingegriffen, war Stark in den Arm gefallen und hatte versucht, ihm die Peitsche zu entreißen. »Schämen sie sich nicht, als SS-Führer mit einer Peitsche herumzustehen?«, soll Kube Stark angeschnauzt haben.

Stark sann auf Rache. Wie konnte er den so viel Ranghöheren besser treffen, als ihm seine liebsten jüdischen Schützlinge zu nehmen? Denn Kube galt als eitler Mann. In seinem Haus beschäftigte er gleich drei jüdische Friseure, einen Vater namens Steiner und dessen Söhne. Die drei Deportierten aus Wien frisierten seit Herbst 1941 alle Beschäftigten des Generalkommissariats, auch Kube selbst. Sie waren Stark schon vorher aufgefallen, als er in der Friseurstube zufällig entdeckt hatte, dass an den Kitteln der Friseure die gelben Sterne fehlten. Darauf angesprochen, erklärte der Friseur, Kube habe das erlaubt. Stark war umgehend zu Kube marschiert und hatte ihn zur Rede gestellt. Der räumte auch ein, die Erlaubnis erteilt zu haben, weil den deutschen Kunden nicht zuzumuten sei, ständig den Judenstern vor der Nase sehen zu müssen, wenn sie frisiert werden. Aber dass sie von Juden frisiert werden, konterte Stark, das sei in Ordnung!? Das sei ihm egal, habe Kube geantwortet. Er wolle, dass seine Frauen und Mädchens schön aussehen, da brauche man eben gute Friseure.

Starks Schluss daraus: Kube mussten die Wiener Coiffeure am Herzen liegen – ideale Objekte für eine persönliche Rache. Einem wie ihm, Stark, einem Nationalsozialisten der ersten Stunde, fällt keiner in den Arm, schon gar nicht auf offener Straße und vor den Augen jüdischer und russischer Zeugen. Noch in der Nacht nach dem Anschiss marschierte Stark mit einem weiteren SS-Mann in das Getto, ließ sich von einem Wachhabenden die Wohnung der drei Steiners zeigen und erschoss alle drei. Vermutlich – klären ließ sich das später nicht mehr – wurden die drei Juden zuvor noch verprügelt.

Als Kube tags darauf hochoffiziell nach seinen vermissten Friseuren suchen ließ und gar den Minsker Landrat zur SD-Dienststelle schickte, um über deren Schicksal etwas zu erfahren, trat Stark dreist die Flucht nach vorn an: Er meldete sich bei Kube, räumte die Tötung der drei Juden ein und muss dem Generalkommissar unter vier Augen noch einiges andere erklärt haben. Was? Wir wissen es nicht. Spürbare Folgen blieben zunächst aus. Kube belangte Stark nicht, sorgte nur dafür, dass er im Mai 1942 die Dienststelle Minsk verlassen musste.

Erst 20 Jahre später sollte die Friseur-Geschichte im Landgericht ernste Folgen haben. Auch wenn Stark in Koblenz mal bestritt, mal einräumte, mal nur einen Friseur verprügelt, dann wieder alle drei mit nach draußen genommen und nur geschlagen haben wollte – am Ende war er des Mordes überführt. Denn schließlich hatte der damalige SD-Kommandeur schon Tage nach der Tat den Tod der »drei Friseure des Gauleiters« und Starks Beteiligung daran zu Protokoll genommen. Die Rache an einem verhassten Vorgesetzten, indem dessen Schützlinge erschossen wurden, war kaltblütiger Mord. Die einzige Mordtat übrigens, auf die das Landgericht erkannte. Alle anderen Tötungen wurden nur als Beihilfe beurteilt. Über eine Verjährung der Taten Starks musste in Koblenz also nicht lange nachgedacht werden. Für ihn gab es »lebenslänglich«.

Verjährung. – Es waren nur noch wenige Tage Zeit. Die damalige Rechtslage begünstigte die Mörder, Totschläger und Folterknechte des NS-Regimes. Für Mord galt seit 1871 in Deutschland eine Verjährung von 20 Jahren, für Verbrechen mit einer Höchststrafe von zehn Jahren Haftandrohung galten 15 Jahre Verjährungsfrist, für alle anderen nur zehn Jahre. Nun waren die Taten der SS und auch der Wehrmacht aber im sogenannten Dritten Reich nicht verfolgt worden. Deshalb herrschte Einigkeit, dass erst am Kriegsende, ab 8. Mai 1945, dem Datum der Wiederherstellung angeblich rechtsstaatlicher Bedingungen, die Verjährungsfrist zu laufen begonnen hatte. Das hieß: Schon am 9. Mai 1960 sollten Taten mit einer Höchststrafandrohung von zehn Jahren verjährt sein. Alle Delikte außer Mord und Totschlag wären mit einem Schlag nicht mehr strafbar, niemand hätte die Folterer, die Vergewaltiger, die Helfer der Verbrechen mehr verfolgen können.

Es folgte ein fast 20 Jahre währender parlamentarischer Streit um die Verjährung, der in zwei Parlamentsdebatten vom 13. März 1965 und vom 26. Juni 1969 seine Höhepunkte erreichte. Sie gelten als »Sternstunde des Parlaments«, stellte der namhafte Politologe Peter Reichel später fest. Zunächst gelang es 1960 der SPD-Fraktion mit einem Gesetzesantrag nicht, den Beginn der Verjährungsfrist neu festzulegen. Die rechtsstaatliche Strafverfolgung sollte erst mit dem Stichtag 16. September 1949 wieder möglich gewesen sein, weil zuvor die Strafverfolgungsbehörden im zerschlagenen Deutschland noch gar nicht arbeitsfähig waren. Der Antrag scheiterte ohne Aussprache im Rechtsausschuss. Justizminister Fritz Schäffer (CDU) machte Bedenken geltend und behauptete, es seien »alle bedeutsamen Massenvernichtungsaktionen der Kriegszeit systematisch erfasst und weitgehend erforscht«. Welch ein Irrtum – oder eine Lüge. Statt »nur noch wenige Nachzügler-Prozesse« zu führen, so wie der Justizminister behauptete, begann die Aufarbeitung nach 1960 überhaupt erst. Zum Beispiel 1962 im Heuser-Prozess, danach im Auschwitz-Prozess.

Doch Schäffer hatte sich durchgesetzt: Alle Taten wie etwa Körperverletzung mit Todesfolge verjährten im Sommer 1960. Und fünf Jahre später sollten dann auch die Mordtaten der Nazis verjähren. Sie galten ja nicht als Mord, sondern für die, die nicht in Nürnberg schon verurteilt worden waren, die also angeblich nur Befehle empfangen hatten, nur als Beihilfe.

Politisch befeuert haben die weitere Debatte die DDR und die Sowjetunion. Das sollte beim Heuser-Prozess in Koblenz erstmals deutlich werden. Dort wurden im laufenden Verfahren neue Beweise vorgelegt. Und auch immer wieder neue Enthüllungen der DDR, die belastendes Material gegen Politiker, hohe Beamte oder Richter der Bundesrepublik lancierten, sorgten international für Druck. 1962 etwa wurde auf diesem Wege bekannt, dass Generalbundesanwalt Wolfgang Fränkel in der Nazizeit an mindestens 30 Todesurteilen beteiligt war. Israel und die USA drängten nach solchen Enthüllungen auf eine vertiefte Aufarbeitung der Massenmorde.

Just-Dahlmann, die SPD-Parlamentarier und alle, die weiterkämpften, hatten letztlich doch Erfolg. Mit dabei Ernst Benda (CDU) und weitere 49 CDU-Abgeordnete, die im Januar 1965 den Antrag stellten, die Verjährung für Mord auf 30 Jahre zu verlängern. Die SPD wollte die Verjährung für Mord und Völkermord sogar ganz abschaffen. Erneut nur Wochen vor dem Ende der Verjährungsfrist dann jene historische Debatte. Am 23. März 1965, zehn Tage nach der Parlamentsaussprache, erhielt ein Kompromissvorschlag eine Mehrheit. Jetzt sollte die Verjährungsfrist erst mit Ende des Jahres 1969 beginnen.

Die Folge: Auch jene NS-Täter, die bis dahin noch unentdeckt geblieben waren, mussten weiter bangen – vorerst bis 1969. Und zugleich hatte das deutsche Parlament damit ein historisches Schuldbekenntnis abgegeben. So wie Thomas Dehler (FDP) wörtlich in der Debatte: »Jeder von uns, der damals Verantwortung getragen hat, hat das Empfinden, dass er zuwenig für das Recht gekämpft hat, dass er zuwenig Mut zur Wahrheit gehabt hat, nicht stark genug war für die Macht des Bösen.«

Noch zwei Verjährungsdebatten beschäftigten den Bundestag. Am 26. Juni 1969 wurde eine generelle Verjährungsfrist bei Mord auf 30 Jahre festgelegt. Am 29. März 1979 kam dann der Durchbruch, wie ihn die SPD schon 1965 gefordert hatte: Wegfall der Verjährungsfrist bei Mord. Das gilt noch heute.

Jede dieser Debatten fand auf den letzten Drücker statt. Spät, letztlich nicht zu spät, fielen die Entscheidungen.

Konrad. – Und du? Du wartest ebenfalls, bis es fast zu spät ist. Verjährt vor dem eigenen Gewissen? Mit Konrad wolltest du über Wilke sprechen. Konrad, mit dem du als katholischer Schüler so viele Stunden kniend vor dem Altar als Messdiener, zu Gast in der evangelischen Kirche, und so viele Nachmittage im katholischen Religionsunterricht verbracht hast. Konrad lebt nicht mehr. Er hätte dein Zeuge sein können – Zeitzeuge des Schweigens. Ein Flüchtlingskind wie du. Zur Weihnachtsfeier beim Flüchtlingsverein, später Bund der Vertriebenen, dessen Ortsvorsitzender dein Vater war, durften Konrad und du schlesische Gedichte aufsagen: »Gruußes Schlachtfest war gewaast ...« oder etwas über die »Schniikoppe, die der Zupten ne' aale Gaake gehießa hot«. Was ihr bei diesen Feiern aus der Vergangenheit aufschnapptet, hatte stets mit der Flucht zu tun, mit Entbehrungen der Vertriebenen, mit von Russen erschossenen Großvätern und mit denen, die überlebt hatten und nun in der Fremde leben mussten.

Alles Opfer, kein Wort von deutschen Tätern. Der Krieg kam gar nicht vor, wenn sich die Vertriebenen trafen, nur dessen Folgen: das Elend der Flucht, der Verlust der Heimat, die Schikane durch jene, die Flüchtlinge hatten aufnehmen müssen. Auch die Missgunst der Einheimischen gegenüber Lastenausgleich und staatlichen Krediten für den Bau neuer Siedlungshäuser. »Hatten wohl alle ein Rittergut«, war so ein spöttischer Satz, den du als Kind über deine Eltern und ihre Freunde vom Flüchtlingsverein aus den Mündern der Einheimischen hast hören müssen. Dein Vater hat noch Jahrzehnte gestaunt, dass du, das Flüchtlingskind, mit den alteingesessenen Bauernsöhnen befreundet warst. Auch Konrads Eltern waren fleißige Neusiedler. Fünfzig Jahre lang hättest du ihn fragen können, wie das war mit der Verhaftung eures Lehrers – und hast gewartet, bis es zu spät ist.

Vielleicht hätte sich Konrad an die Verhaftung erinnert, bestimmt aber daran, dass das Wort »Judenmord« nur dann fiel, wenn man sich im Flüchtlingsverein empört gegen die »Auschwitz-Lüge« verteidigte. Das könne ja gar nicht sein, da hätte man doch was von mitkriegen müssen!? Das sei doch alles eine Lüge. Und über allem hing die Landkarte mit Deutschland in den Grenzen von 1937 und dem Text: »Dreigeteilt – niemals!«

Mit allen deinen Klassenkameraden wolltest du über euren ersten Lehrer sprechen. So viele, die an deiner Seite in die Kamera des Einschulungsfotografen lächeln, leben nicht mehr. Von einigen kannst du dir sicher sein, dass sie nie erfahren haben, was der Nationalsozialismus bedeutete. Und schon gar nicht, welche Rolle euer Lehrer dabei spielte. Zum Beispiel Wolfgang, dein damals bester Freund. Kaum aus der Schule – er in der Lehre, du in der Handelsschule –, habt ihr euch aus den Augen verloren. Eines Nachts stand er vor dem Fenster deines selbstgebastelten Partykellers und verlangte nach Hilfe. Ob du was hättest, irgendwas? Als du ahnungslos reagiertest, wollte er Hustensaft, Schmerztabletten, irgendwas mit Codein vielleicht. Wochen später war er verschwunden. Irgendwann ging die Kunde, er habe sich in Berlin am Bahnhof Zoo den Goldenen Schuss gesetzt. Wieder so ein Klischee aus jener Zeit: Drogen, Berlin, Bahnhof. Gerade hatte der Stern über die »Kinder vom Bahnhof Zoo« geschrieben. Du hättest vielleicht die Wahrheit erfahren, wenn du es hättest wissen wollen. Aber du hast nicht gefragt. Seitdem ist das Klischee über den Tod des Freundes dir zur Wahrheit geworden.

Auch viele andere, die das Klassenfoto zeigt, kannst du nicht mehr befragen: Dirk oder Günter. Beide Opfer des Krebses. Ebenso Louis und Cornelia. Auch Ingrid, die sich das Leben nahm, ohne dass du dich je gefragt hast, warum. Ebenso die andere Ingrid, nach der Schule Bauersfrau und Jägerin. Sie kam mit ihrer Jagdflinte an einem Schützenfest-Sonntag dem qualvollen Ende ihrer schrecklichen Krankheit zuvor.

Helmut ist bei der Heimfahrt von der Bundeswehr ein Rübenanhänger in die Quere gekommen. Konrad von der Mühle starb ausgerechnet auf dem Weg zur Hochzeitsfeier seiner Nichte. Woran der andere Helmut gestorben ist, weißt du bis heute nicht.

Aktionen. – Wilke hatte den Tod täglich vor Augen. Jetzt war er schon vier Wochen in Minsk – in hervorgehobener Position, dem Kommandeur direkt unterstellt, bei Einsätzen dem jeweiligen Kommandoführer aber doch untergeben. Eigentlich zuständig für den Kontakt mit den Kirchenvertretern im besetzten Weißruthenien, dem künftigen deutschen Lebensraum. Aber das war Theorie. Mehrmals war er schon von Heuser eingeteilt worden. Es war wärmer geworden, die Böden nicht mehr so hart gefroren. Jetzt könne »es endlich rund gehen«, hatte Stark gesagt. Schließlich müsse man »aufräumen, was die Einsatzkommandos letztes Jahr liegen gelassen haben«.

Liegen gelassen? Wilke wusste inzwischen, was gemeint war. So hatte er sich das nicht vorgestellt; nun war es Realität, an der er mitwirkte: »Endlösung der Judenfrage«. Und zwar durch physische Vernichtung. Das »jüdische Problem« sollte sich nach Himmlers Vorstellung »nie wieder stellen«. Deshalb war der Massenmord an der jüdischen Bevölkerung schon vor dem Überfall auf die Sowjetunion akribisch geplant worden. In zwei Phasen sollten die Juden in den besetzten Gebieten regelrecht ausgerottet werden. Schon mit der ersten Angriffswelle sollten mobile Einsatzkommandos von SS und Sicherheitspolizei die besetzten Dörfer und Städte durchkämmen und die jüdischen Bewohner aussondern und unauffällig exekutieren.

Dafür war das im Oktober 1939 ins Leben gerufene Reichssicherheitshauptamt unter Führung von Reinhard Heydrich zuständig. Der war als Himmlers Stellvertreter sowohl Kommandeur der Sicherheitspolizei als auch Chef von Geheimer Staatspolizei und Kriminalpolizei. Elf Monate vor dem Überfall war der Mord an den Juden also schon beschlossene Sache und wurde mit deutscher Gründlichkeit geplant. Doch erst kurz vor dem 22. Juni 1941, dem Beginn des Russlandfeldzugs, akzeptierten Wehrmacht und Heer die Eingliederung der neu aufgestellten Tötungseinheiten in ihre Verbände. Im Mai 1941 einigte man sich, dass diese Einsatzgruppen nicht nur im rückwärtigen Heeres- und Armeebereich, sondern sogar dort, wo die Truppen noch kämpften, also direkt an der Front, zum Einsatz kommen sollten. Die Juden sollten nicht gewarnt und ihnen so jede Fluchtmöglichkeit genommen werden.

Als das Heer vorrückte, folgten vier Einsatzgruppen (A, B, C, D) auf den Fuß, jeweils in Bataillonsstärke. Insgesamt also rund 3000 Mann. Sie gliederten sich in jeweils vier bis sechs Einsatz- und Sonderkommandos in Kompaniestärke. An deren Spitze standen meist junge Offiziere – karrierebewusst, glühende Nationalsozialisten, meist Akademiker wie Wilke, die nach Macht und Ruhm strebten. Die Mannschaften kamen aus Sicherheitspolizei und SS, aber auch ein ganzes Bataillon der Ordnungspolizei aus Berlin war abkommandiert worden, weil Heydrich um die Schlagkraft der Kommandos fürchtete. Mit angeworbenen Esten, Letten, Litauern und Ukrainern wurden die Kommandos verstärkt.

Auch wenn nach außen hin der Kampf gegen Partisanen und kommunistische Führer vorgeschoben wurde – den Kommandos war die Aufgabe klar: die Beseitigung der jüdischen Bevölkerung, Männer, Frauen und Kinder. Dabei soll Heydrich im Kreis von SS-Führern in einer Zusammenkunft in Berlin kein Blatt vor den Mund genommen haben: »Wir sollen die Juden erschießen?«, habe einer der Gestapo-Leute zweifelnd gefragt. Heydrichs Antwort: »Selbstverständlich!«

Doch die erste Tötungswelle, so überfallartig, blutig und grausam sie war, verlief aus Sicht der Mörder weniger erfolgreich als geplant. Gewusst, aber unterschätzt hatte man, dass sich die jüdischen Gemeinden überwiegend in den Städten konzentrierten (fast zu 90 Prozent), dass diese länger und hartnäckiger verteidigt wurden und viele der Verfolgten hatten fliehen können oder ihre schiere Vielzahl eine sofortige Exekution unmöglich machte. Etwa in Odessa, wo mehr als jeder dritte Bewohner Jude war und deren Zahl mit 153000 angegeben wurde. In Kiew waren es 140000, in Lemberg 99600 und in einer Stadt wie Chisinau, wo die Juden mit 60 Prozent gar in der Mehrzahl waren, immerhin noch 80000.

Bis zu fünf Millionen Juden lebten 1941 in der Sowjetunion und den sogenannten Puffergebieten, davon vier Millionen in jenen Regionen, die von deutschen Truppen überrannt und besetzt wurden. Allein in Polen waren es 1,35 Millionen, im Baltikum etwa 260000, in Bessarabien und der Bukowina rund 300000. Die ukrainischen Juden zählten allein gut 1,5 Millionen, die in Weißrussland 375000 sowie weitere 50000 auf der Krim.

Auf die Urbanisierung der Juden hatten sich die Einsatzgruppen eingestellt. Deshalb wurden die jüdischen Stadtteile schon beim ersten Einrücken deutscher Truppen eingekesselt. Dennoch, so weiß man heute, hatten rund 1,5 Millionen Juden vor dem ersten Zugriff fliehen können. Die Einsatzgruppe C etwa meldete am 12. September 1941 nach Berlin: »Bei den Juden scheint sich auch jenseits der Front herumgesprochen zu haben, welches Schicksal sie bei uns erwartet.« Es sei aufgefallen, »dass sich (...) viele jüdische Gemeinden zu 70 bis 90 Prozent, einige gar zu 100 Prozent abgesetzt« hatten.

Sie flohen überwiegend aufs Land und in die Wälder. Und bald war klar, dass die Untergetauchten zumeist schon nach wenigen Tagen in ihre Heimatorte zurückkehrten. Manche Städte wurden deshalb von den Tötungskommandos zwei, drei, viermal heimgesucht. Das in Litauen operierende Einsatzkommando 3 durchkämmte die Straßen von Kaunas mindestens dreizehn, die von Wilna gar fünfzehnmal, um nach jüdischen Bewohnern und Zurückgekehrten zu suchen.

Minsk. – Ein Großteil der Juden, auch in Weißruthenien, lebte schon nicht mehr, als Anfang Februar 1942 SS-Obersturmführer Artur Wilke in Minsk eintraf. Die Einsatzgruppe A hatte im Oktober 1941 die Zahl der getöteten Juden mit 125 000 angegeben. Einsatzgruppe B, der Wilke angehörte, meldete 45 000 Tote. Gruppe C gab die Zahl der bis 3. November Erschossenen mit 75 000 an. Und gut einen Monat später meldete Gruppe D 55 000 Getötete aus dem Südteil des besetzten Gebietes einschließlich Krim. Die Wehrmacht hatte dabei gute Zuarbeit geleistet. Obwohl klar war, dass Juden rücksichtslos getötet wurden, hatte sie in unzähligen Fällen gefangene Zivilisten den Einsatzkommandos ausgehändigt. Auch in Minsk – also jene Menschen, die nach entbehrungsreichem Winter im Getto bei Frühlingserwachen vor den Lauf von Wilkes Pistole getrieben wurden.

Die Stadt zählte damals fast 120 000 Einwohner, davon 40 Prozent jüdischen Glaubens. Doch fast 54 000 Menschen zu töten, das war beim ersten Zugriff nicht möglich gewesen. Die Wehrmacht hatte nach der Eroberung der weißrussischen Hauptstadt auf Anordnung des Befehlshabers des Heeres ein Internierungslager für alle männlichen Bewohner der Stadt einrichten lassen. Aus diesen Menschenmassen siebten Einheiten der geheimen Feldpolizei und Angehörige der Einsatzgruppe B alle »Juden, Kriminelle, Funktionäre und Asiaten« heraus. Sie kamen entweder in Arbeitslager oder wurden gleich exekutiert. Ebenso jene Juden, die von der Wehrmacht in den Wäldern gefangen genommen und den Kommandos übergeben wurden. Und immer wieder hatte es Aktionen in nahen Dörfern gegeben, wohin sich jüdische Familien gerettet hatten und wo sie nun aufgespürt und unter dem Vorwand, Partisanen unschädlich machen zu müssen, liquidiert wurden. Der Eintrag eines Ortskommandanten in Armijansk behauptet: »Zum Schutze gegen Partisanenumtriebe und zur Sicherung der hier liegenden Einheiten erwies es sich ferner als unumgänglich nötig, die 14 ortsansässigen Juden und Jüdinnen unschädlich zu machen. Vollzug am 26.11.1941.«

Dass dieses Vorgehen System hatte, zeigt der Befehl des Generals von Roques, Befehlshaber des rückwärtigen Heeresgebietes Süd, vom 16. August 1941: »Sabotageakte sind, sofern der Täter nicht zu ermitteln ist, nicht den Ukrainern, sondern den Juden und Russen zur Last zu legen: Ihnen gegenüber sind daher Repressalien anzuwenden.« Der Befehlshaber der 11. Armee, von Manstein, verteidigte die Mitwirkung des Heeres: »Der Jude« sei »Mittelsmann« zwischen der Roten Armee an der Front und dem Feind im Rücken der Wehrmacht. Der Soldat müsse »für die Notwendigkeit der harten, aber gerechten Sühne am jüdischen Untermenschentum volles Verständnis haben«, hieß es in einem Befehl vom Oberbefehlshaber der 6. Armee, Feldmarschall Reichenau, vom 10. Oktober 1941. Das erfülle auch den Zweck, »Erhebungen im Rücken der Wehrmacht, die erfahrungsgemäß stets von Juden angezettelt wurden, im Keime zu ersticken«. Partisanen und Sabotage zu bekämpfen wurde also vorgegeben, die Ausrottung der Juden aber war das Ziel. Immerhin heißt es in diesem Befehl auch: »Es muss der Eindruck entstehen, dass wir gerecht sind.«

Gerechte Ausrottung eines ganzen Volkes? Einen solchen Kreuzzug hatte sich Wilke nicht vorgestellt. Er hatte an ganz andere Völker gedacht, als er sich zum Einsatz in den Kolonien freiwillig meldete.

Tripper. – Sein einziger Makel war ein Tripper. »Ausgeheilt«, wie der SS-Arzt betonte und deshalb Artur Wilkes »Fortpflanzung« als »im völkischen Sinne wünschenswert« befand.

Wer im Berliner Bundesarchiv die Rasse- und Sippenakte des SS-Führers Artur Wilke studiert, kommt aus dem Staunen nicht heraus. Geradezu aberwitzig mutet heute an, mit welcher Akribie das NS-Regime die arische Abstammung seiner SS-Angehörigen überprüfte, über ihre Verlobungs- und Hochzeitswünsche urteilte, ihnen im Zweifelsfall linientreue NS-Frauen zuführte und damit geradezu eine Art Zuchtprogramm reinrassiger Deutscher betrieb. Das alles unter höchster Aufsicht – von SS-Reichsführer Heinrich Himmler persönlich überwacht.

Artur Wilke war schon 30, als er am 20. September 1940 sein »Verlobungs- und Heiratsgesuch« an das »Rasse- und Siedlungshauptamt der SS« formulierte: »Ich habe mich für den Kolonialdienst gemeldet und beabsichtige, noch vor dem Einsatz zu heiraten.«

Kolonialdienst – was immer Wilke sich darunter vorstellte, er wird wohl eher an Übersee, vielleicht an die Tropen, nicht aber an das Kriegsgebiet im Osten gedacht haben. Im Juli 1940 hatten sie ihn als »tropentauglich« abgestempelt. Er habe die »Chiningabe bestanden«, mache einen »sehr intelligenten, lebhaften psychischen Gesamteindruck« und könne deshalb in die Schutzpolizei der SS eingestellt werden. Da war es nicht von Bedeutung, dass sein Großvater als »Seemann vermutlich an einer Tropenkrankheit« gestorben war. Eine »Kleine SS-Ahnentafel« mit der Bemerkung, der Bewerber sei »bis zu den Großeltern einwandfrei«, rundete die »Sippenakte« für die Schutzpolizei damals noch ab. Auch seine Sprachkenntnisse seien für den Kolonialeinsatz zu gebrauchen.

Die bevorstehende Fortpflanzung aber war eine andere Sache. Da schaute das Rasseamt genauer hin. Am 17. Oktober forderte es »schnellstmöglich« die Hereingabe der eigenen Geburtsurkunde und Ahnentafel sowie die entsprechenden Papiere der zukünftigen Braut. Dem kam Wilke nach – handschriftlich und akribisch. Die riesigen vierseitigen Bögen, die er für sich und seine künftige Frau, eine NS-Krankenschwester aus Danzig, ausfüllte, bedecken entfaltet einen ganzen Schreibtisch. Sie enthalten sechs Generationen seiner und ihrer Familie mit Angaben zu durchlittenen Krankheiten, den Todesursachen oder abgefragten Besonderheiten wie »Vorstrafen, Hilfsschule, Alkoholmissbrauch, Erziehungsanstalt«. Meist hat Wilke »war niemals krank« oder allenfalls »mit 50 Lesebrille« oder »Grippe« eingetragen. Auch der »Sippen-Einlegebogen« weist keine negativen Besonderheiten aus. In dem Blatt listet Wilke seine gesamte Verwandtschaft bis hin zu dem damals erst vierjährigen Neffen Adolf auf. »Addi« wird man den Jungen später nennen. Onkel, Tanten, darunter jene Molkereibesitzer-Familie in Stederdorf, zu der Wilke sich nach dem Krieg flüchtete, sind enthalten. Über alle werden von ihm Urteile zu »Krankheiten«, »soziales Verhalten« und »Begabungen« abverlangt.

Auch er selbst wird beurteilt. »Malerei« wird im ärztlichen Untersuchungsbogen als seine »auffallende Begabung« angegeben. Er trinke Alkohol nur mäßig, rauche zehn Zigaretten am Tag und habe als »einzigen Makel« einen Tripper gehabt (»Bericht wird nachgereicht«). Zähne, Puls, Sehschärfe – alles gut. Bettnässen in der Kindheit nicht bekannt. Zusammenfassendes Urteil zur Ehetauglichkeit von Dr. Neukirch aus Danzig: »rassisch vorwiegender Rasseanteil nordisch mit wendischem Einschlag«. Es sei Wilkes »Fortpflanzung im völkischen Sinn wünschenswert«. Den »Erbgesundheitsbogen« muss Wilke sogar »an Eides statt« unterschreiben und wird auch darin als »erbgesundheitlich geeignet« bezeichnet.

Aber klappt es auch mit der Fortpflanzung? Die SS überließ nichts dem Zufall. Wilke musste nach Berlin ins SS-Lazarett Lichterfelde, wo man ihm ein Testat ausstellte: »Im frischen Ejakulat reichlich, gut bewegliche Samenfäden. W. ist demnach zeugungsfähig.« Und auch der »SS-Erbgesundheitsbogen der Braut« erbrachte »nach eingehender Befragung keinen Anhalt für erbliche Belastung«. Auch ihr Erbmaterial sei »rassisch gut, vorwiegend nordisch« ihre »Fortpflanzung im völkischen Sinne wünschenswert«.

Doch so schnell entschied das Rasse- und Siedlungshauptamt nicht. Dessen »Chef des Sippenamtes« schrieb am 23. Oktober einen Brief mit dem Stempel »Geheim« nach Berlin. Darin bat er das Reichssicherheitshauptamt, das »Heiratsgesuch des SS-Angehörigen dem Reichsführer SS zur persönlichen Entscheidung vorzulegen. Die endgültige Beurteilung des Gesuches konnte nicht erfolgen, da die Unterlagen zur abstammungsmäßigen Prüfung zur Zeit nicht eingereicht werden können.« Heinrich Himmler persönlich sollte seinen Segen geben.

Und er tat es auch. Neben »Der Reichsführer SS« steht unter dem Brief in grüner Tinte eine Paraphe, die aussieht wie »HH«, mit einem schwungvollen Bogen durch die sieben Auf- und Abstriche. »Heil Hitler«? Nein, so zeichnete Himmler. Der Reichsführer persönlich bewilligte Wilkes erste, völkisch wünschenswerte Ehe. Deren Ergebnis:

vier Kinder, obwohl Wilke nach der Hochzeit allenfalls noch wochenweise und nur im Urlaub zu Hause war.

Reinhard. – Ein gerechter Lehrer war Wilke nie. Du hast mit so vielen seiner Schüler gesprochen, aber kaum ein gutes Wort gehört. Würden sie so auch über ihren einstigen Lehrer reden, wenn sie nicht wüssten, dass er ein Nazi-Mörder war? Er habe die Mädchen bevorzugt, die Jungen getriezt. Die habe er exerzieren lassen auf dem Sportplatz oder im Park, habe wie auf dem Kasernenhof und im Kommisston Sport abgehalten. Du erinnerst dich an den Begriff »gestählte Körper«, die es im Wettkampf zu beweisen gelte – und du schreibst ihn, gehört bei einer Ansprache auf dem Sportplatz, sofort deinem Lehrer Wilke zu. Erst beim Nachdenken wird dir klar: Das muss viel später und es muss ein anderer Lehrer gewesen sein, war es doch, als du stolz deine ersten gebrauchten Spikes zu den Bundesjugendspielen trugst. Sprache verändert sich nur langsam, Menschen auch. Was »gestählt« heißt, hast du damals – da warst du vielleicht elf oder zwölf und Wilke schon zwei Jahre in Haft – nicht gewusst. Nur wegen des unbekannten Wortes ist dir die Szene in Erinnerung geblieben.

Die Schulkameraden haben vom Rohrstock berichtet, den Wilke vom alten Pauker W. »geerbt« habe, davon, dass Wilke einmal in Wut einem Schüler einen Stuhl ins Kreuz geworfen habe, ein andermal mit dem Rohrstock in der Hand über die Holzbänke geklettert sei und den Schülern, die vom Schreiben aufsahen, auf den Kopf geschlagen habe. Immer wieder gab es etwas mit dem Stock, bevorzugt auf die Finger oder demonstrativ auf den Hosenboden. Das Kind übers Knie gelegt, die Hose stramm gezogen, den Stock zischend aufs Gesäß klatschen lassen. Mädchen bekamen Ohrfeigen. Kinder von Eltern, die das Thema Schläge gegenüber dem Klassenlehrer ansprachen, wurden fortan in Ruhe gelassen. Aber nur wenige Eltern hatten Einwände. Züchtigung war anerkannte Erziehungsmethode.

Reinhard ist einer, der Walter Wilke als Lehrer kennengelernt hat und der später, selbst noch ein ganz junger Mann, dem Lehrkörper dieser Schule, der Volksschule Stederdorf, angehörte. Den Kommisston kennt auch er von seinem Lehrer Wilke, aber auch von seiner Ausbildung bei der Polizei. Als Reinhard vor Jahren ein Absolvententreffen der Landespolizeischule organisierte, da hast du über den 50. Jahrestag der Abschlussprüfung für deine Zeitung berichtet. Vom Drill der Polizeianwärter auf dem Kasernenhof war die Rede, vom Stechschritt, der noch in den 60er Jahren geübt wurde, und von Ausbildung an Panzerfaust und Maschinengewehr –als Polizisten.

Er blieb nicht bei der Polizei. Später war Reinhard dein Sportlehrer. Er trainierte deine Mannschaft im Turnen, mit der du die Schulwettkämpfe gewonnen hast. In seinem alten Käfer fuhrt ihr zum Deutschen Turnfest 1968 nach Berlin. Einer von 68 000 Teilnehmern – dabei warst du noch viel zu jung, noch nicht einmal 16. Sie mussten dich auf dem Papier älter machen und in die Tanzveranstaltungen am Funkturm hineinschmuggeln. Ein Jahr später warst du mit den Messdienern wieder in Berlin und marschiertest bei den Ostermärschen mit: »Ho-Ho-Ho-Chi-Minh«, »Dubcek-Dubcek-Dubcek« und »Wir woll'n die volle-volle-volle Diktatur des Prolle-Prolle, Diktatur des Prolle-Prolle-tariats«.

Und dann der Slogan: »Unter den Talaren der Muff aus tausend Jahren.« Aber den Muff haben ja nur die gerochen, die an den Hochschulen die Talare anlüpften. Ihr Schüler vom Dorf seid dagegen in einer Atmosphäre von Schaffen und Schweigen aufgewachsen und habt das alles nur für den Geruch der Heimat gehalten. Dabei ging es für euch nicht einmal nur um Muff. Ihr hattet Mörder zu Lehrern! Simon Wiesenthal, der legendäre Nazi-Jäger, hat in seinem Buch »Recht, nicht Rache« anschaulich beschrieben, wie Polizei und Justiz, aber eben auch das Bildungssystem nach dem Zusammenbruch gar nicht mehr hätten funktionieren können, wenn nicht auch die Belasteten, die unentdeckt in neue Identitäten Geschlüpften, auch in der Bundesrepublik in alten Rollen weitergewirkt hätten. Nicht nur Muff also, sondern verdrängte Schuld als Stallgeruch.

Du aber wusstest damals nicht, warum du da in Berlin eigentlich mitrennst. Nicht aus politischer Überzeugung, nur als Mitläufer. Du warst nur der Langeweile deines Dorfes entflohen. Wärst du auch ohne Nachdenken mitgelaufen, wenn du 20, 30 Jahre früher geboren wärest? Bei den Nazis? So wie Wilke. Erst als Mitläufer, dann als Mittäter.

Reinhard hat dir erzählt, was zu seiner Junglehrer-Zeit im Kollegium über den Ex-Kollegen Walter Wilke gesprochen wurde: nichts! Und der Schulleiter, der ab 1971 die Schule führte, weiß über den einstigen Kollegen Wilke nicht mehr, als dass er als Nazi-Täter verurteilt worden »sein soll«.

Fließband. – Die Aktion bei Koidanow am 1. März 1942 sollte die erste werden, die ihn einholte, für die er sich 20 Jahre später zu verantworten hatte. Als Artur Wilke leicht verspätet zum Exekutionsgelände kam, hatte die Sache schon begonnen. Gut 200 Leichen lagen in der Grube, als er sich einreihte bei den Schützen, seine Waffe zog und wie die anderen mitschoss – wie am Fließband. »Er tötete mit seiner Pistole eigenhändig mehrere Menschen, deren genaue Zahl nicht festgestellt werden kann«, sollte es später im Urteil heißen. Und weiter: »Der Angeklagte gibt zu, sich in der geschilderten Weise an einer Massenexekution beteiligt zu haben.« Opfer seien russische Juden gewesen, was Wilke an der andersartigen Kleidung erkannt haben will. Sie seien zuvor außerhalb von Minsk aus einem Güterzug entladen worden. Das Landgericht Koblenz schloss später aus diesem Geständnis, dass es sich nur um jene März-Aktion 1942 gehandelt haben könne, der mindestens tausend russische Juden zum Opfer fielen. Ihre genaue Zahl war nicht zu ermitteln.

Für den Angeklagten Wilke aber, so das Gericht, könne es nicht die erste Erschießungsaktion gewesen sein, denn an die, so wurde unterstellt, hätte sich der Angeklagte sicher erinnert. Von der März-Aktion, so hatte Wilke behauptet, erinnere er weder Ort noch Zeit – nur, dass es eine solche Exekution unter seiner Mitwirkung sicher gegeben habe.

Tricks. – Wilke war in jene Phase zwei des Tötungsplanes geraten, der nach den überfallartigen Morden der Einsatzkommandos im Vorjahr und dem harten, ereignisarmen Winter im März 1942 begann. Viele geflüchtete Juden waren zurückgekehrt aus den Wäldern in die Wärme und die Gemeinschaft der Städte. Sie hatten gelitten und gehungert, hatten in Erdhöhlen oder verfallenen Hütten und Ställen vegetiert, denn Hilfe der orthodoxen Weißrussen, Balten oder Ukrainer, auch der katholischen Polen, erhielten sie nicht. In Litauen hatte gar Bischof Brizgys seiner Priesterschaft verboten, sich in irgendeiner Art für Juden einzusetzen. Aus der Stadt Chmielnik wurde nach Berlin gemeldet, die verbliebenen Bewohner hätten für ihre »Erlösung von den Juden« einen Dankgottesdienst abgehalten. Doch »zu aktiven Schritten gegen die Juden ließ sich die Bevölkerung fast nirgends bewegen«, heißt es in einer Ereignismeldung vom September 1941. Es bestehe wohl die Sorge, dass sich die Deutschen zurückziehen und die Sowjets wieder die Macht übernehmen. Der Bericht weiter: »Um dieser Angstpsychose zu begegnen und den Bann zu brechen, der den Juden in den Augen vieler Ukrainer als Träger politischer Macht anhaftet, hat Einsatzkommando 6 mehrfach Juden durch die Stadt marschieren lassen. Auch wurde auf die Anwesenheit von Milizmännern (ukrainischer Ordnungsdienst) bei Exekutionen von Juden mehrfach Wert gelegt.«

Die psychologischen Tricks hatten funktioniert – nicht nur gegenüber der nichtjüdischen Bevölkerung. Auch die Juden hatten sich von den Monaten der Untätigkeit der deutschen Mordkommandos täuschen lassen. In den Städten lebten sie in Gettos, wo die Deutschen das Gerücht verbreiten ließen, eine Umsiedlung sei geplant oder eine Registrierung zum Zwecke der Selbstorganisation der jüdischen Gemeinden sei nötig. Raul Hilberg schreibt in seinem Standardwerk über »Die Vernichtung der europäischen Juden« von einer solchen Täuschung in der Stadt Winniza. Dort habe der Kommandeur des Einsatzkommandos 4b den Rabbi der Stadt zu sich kommen lassen und aufgefordert, binnen 24 Stunden die intelligentesten Juden für Registrierungsarbeiten zusammenzurufen. Die am nächsten Tag Versammelten wurden noch zweimal losgeschickt, weitere Helfer zu rekrutieren. Schließlich waren so viele Juden versammelt, dass sich für die Mörder deren Exekution lohnte.

Die zurückgekehrten Juden seien »physisch und psychologisch paralysiert« gewesen, schreibt Hilberg. So empfand das auch Wilke, als er an der Grube stand und ihm seine Opfer zugetrieben wurden, die er mit einer Krümmung des rechten Zeigefingers nur noch ins Jenseits zu befördern hatte. Fließbandarbeit war es, wenn man sich erst einmal daran gewöhnt hatte. Monatlich rund 100 000 Juden hatten die Kameraden in den ersten Monaten der Invasion zur Strecke gebracht. Kein einziger Kamerad war dabei durch Widerstand der Opfer ums Leben gekommen. Anfangs hatten sich die Kommandos, die aus mindestens vier Mann bestanden, nur jeweils einige Dutzend Juden vorgenommen. Jetzt war das Verhältnis von Schützen zu Opfern auf eins zu 20, eins zu 30 oder gar eins zu 50 gewachsen. Wie die Lämmer ließen sich die Juden an den Rand ihres Grabes schicken. Kleider und Wertsachen gaben sie vorher artig ab. Hatten die Kameraden anfangs noch mit Maschinengewehren gefeuert, um Distanz zu wahren, ging es jetzt hautnah zu: den Lauf der Waffe in den Nacken des apathischen Opfers – »zack«, wie Stark sagen würde.

Und doch hatten sie gerade über diese Methode gestritten. Über den Winter waren Kameraden aus anderen Kommandos nach Minsk gekommen. Sie hatten von ihren Einsätzen geprahlt, auch wenn das verboten war. Aber nach dem fünften Wodka ... – Kameradschaft eben. Wilke hatte Stark zugestimmt: Der Genickschuss sei doch am humansten. Einer aus dem EK 4a hatte berichtet, dass dessen Leiter Paul Blobel den Genickschuss ablehne. Selbst Otto Ohlendorf, der Leiter der Einsatzgruppe D, lehne das ab. Es erzeuge »persönliche Verantwortung«. »Lieber volle Garbe, da kann dir keiner nachweisen, dass deine Kugel getroffen hat«, hatte so ein junger Schnösel eingeworfen. Feuer aus gebührender Entfernung – das sei doch Verschwendung, meinte ein anderer. »Jede Kuugl sssu ssshade für die«, lallte einer dazwischen. Und dann entwickelten sie, nach jeder Flasche Schnaps detaillierter, die »Ölsardinen-Methode«: Die erste Gruppe legt sich auf den Boden der Grube, dann Feuer aus allen Rohren. Die zweite Gruppe hat sich auf die Leichen zu legen, Kopf zu den Füßen. Das geht so, fünf, sechs Schichten hoch. Die letzte Gruppe schaufelt alles zu – und ist beim nächsten Mal dran. »Soll'n nich' drängeln, kommen alle dran.« Das Prusten der Männer ließ den Schnaps aus den Gläsern spritzen. »Wenn du's human willst, schmeißt du jedesmal etwas Reisig drauf, dann spritzt das Blut nicht so«, schlug einer vor. »Am besten noch ein paar Eimer Sprit drauf und ein Streichholz ...« Der Quatschkopf konnte nicht ahnen, dass bald Wirklichkeit würde, was er dort im Suff ersann.

Prozess. – Die Anklage trägt das Aktenzeichen 9 Ks 2/62. Am Montag, 15. Oktober 1962, begann die Hauptverhandlung. Gut sieben Monate und 60 Verhandlungstage später, am 21. Mai 1963, wurde das Urteil gesprochen. Dokumentiert ist der Prozess in 257 Akten und Ordnergruppen. Insgesamt mehr als 24 000 Blatt. Die Dokumente liegen wenig beachtet im Landeshauptarchiv des Landes Rheinland-Pfalz in Koblenz im Bestand Nummer 584,1. Sie gelten nach wie vor als »gesperrt«. Ursprünglich nur 50 Jahre, also bis Mai 2013. Weil aber nie überprüft wurde, ob namentlich genannte Zeugen noch leben, bleiben unter Verschluss. Wer mit ihnen arbeiten will – das waren bisher einige wenige, die sich in der Regel für Heuser interessierten –, muss unterschreiben, dass er Namen nicht veröffentlicht. Einzig mit Block und Bleistift bewaffnet – Kameras und Handy verboten – darf er sich Notizen machen, um aus den Akten zitieren zu können. Immerhin wurde das Urteil veröffentlicht: In Band XIX (10. Januar 1963 bis 12. April 1964) der Urteilssammlung »Justiz und NS-Verbrechen« füllt das Heuser- und Wilke-Urteil die Seiten 159 bis 317.

Angeklagt »wegen Mordes« in mindestens 30 356 Fällen waren zunächst 13, zum Prozessauftakt nur noch zwölf Männer. Die Anklage gegen Ulrich Friedrich war wegen Krankheit abgetrennt worden. An der Spitze Kriminaloberrat Georg Albert Wilhelm Heuser, geboren am 27. Februar 1913 in Berlin. Heuser muss sich als Chef der Gruppe für jeden einzelnen der 30 356 Toten verantworten. Nach ihm, dem prominentesten Angeklagten, wurde der Prozess in der Presse benannt: Heuser-Prozess. An zweiter Stelle wurden dem Angeklagten Friedrich Merbach mit 24 413 Toten die meisten Morde vorgeworfen. Arthur Harder hingegen sollte sich nur für acht Mordtaten verantworten. An Position elf der frühere Lehrer Artur Fritz Wilke, geboren 1. Februar 1910 in Hohensalza, Bezirk Posen, zuletzt Stederdorf, Goethestraße. Verantwortlich laut Anklage für den Tod von 3 000 Menschen – nur, denn diese Zahl sollte sich im Laufe der Verhandlung noch mehr als verdoppeln.

Im Spiegel-Bericht zum Prozessauftakt vom Herbst 1962 heißt es: Die »Mitglieder der Gestapo-Garde Minsk verdrängten nach dem Krieg ihre weißruthenische Vergangenheit und schlüpften in mehr oder minder bürgerliche Metiers«. Denn die Angeklagten waren wie Heuser und Wilke durch Ermittlungen, Haftbefehl und Anklage mehrheitlich unter dem Deckmantel gutbürgerlicher Existenzen hervorgezogen worden, in die sie nach Kriegsende geschlüpft waren. So der einstige SS-Hauptsturmführer Rudolf Schlegel, der Ausbilder für kaufmännische Lehrlinge bei Daimler-Benz in Stuttgart geworden war. Karl Dalheimer war Bilanzbuchhalter beim Verband der Heimkehrer in Bremen. Ulrich Friedrich, dessen Anklage (drei Taten der Beihilfe zum Mord) vom Verfahren abgetrennt wurde, war SS-Mann im gleichen Rang wie Heuser, Wilke, Dalheimer und Schlegel, und hatte es in den öffentlichen Dienst geschafft, wenn auch nur als technischer Zeichner beim Straßenbauamt München. Die SS-Obersturmführer Wilhelm Kaul und Johannes Feder waren Zolloberinspektor und Kriminalmeister im Kölner Polizeipräsidium geworden. Nur SS-Untersturmführer Ernst Wertholz hatte es nicht weiter gebracht als in den Schlachthof Düsseldorf – als Arbeiter.

Und Franz Stark, der Nazi der ersten Stunde, war wieder das, was er vor dem Krieg schon war: ein Tagelöhner, Beifahrer einer Lebensmittelgroßhandlung in München. Die Amerikaner hatten ihn im September 45 als SS-Mann interniert, und er lernte die einstigen Konzentrationslager, etwa das Lager Dachau, aus der Perspektive der Inhaftierten kennen. Die Entnazifizierung fiel aber selbst für ihn im März 1949 glimpflich aus: Einstufung als »Mitläufer«.

Wie Stark einte fast alle Angeklagten, dass sie es mit Tricks und Täuschung geschafft hatten, nicht weiter als Nazis belangt zu werden. Einzig Baron Eberhard von Toll, einst Dolmetscher der Minsker Mörderbande, war wegen seiner Zugehörigkeit zu SS und Sicherheitsdienst 1948 zu acht Monaten Gefängnis verurteilt worden. Seine Beteiligung an den Morden in Weißruthenien hatte er damals aber vertuschen können. Trotz seiner bekannten Nazi-Vergangenheit hatte es von Toll bis zu seiner Verhaftung zum Angestellten im Generalsekretariat des Deutschen Roten Kreuzes gebracht.

An mehr als 70 Verhandlungstagen hörte das Schwurgericht die Aussagen der zwölf Angeklagten, vernahm 59 Zeugen unter Eid, entließ weitere 79 Zeugen nach ihrer Aussage unvereidigt, befasste sich mit den Gutachten von vier Sachverständigen und mit Niederschriften von 20 teils unter Eid befragten und nicht mehr aufzutreibenden Zeugen und hörte weitere fünf Niederschriften von Berichten bereits verstorbener Zeugen sowie noch einmal 14 weitere schriftliche Äußerungen von Ermittlern. Die Kosten allein der Hauptverhandlung wurden mit mehr als einer Million Mark beziffert.

Breiten Raum nahm zum Prozessauftakt die Feststellung der Identität der Angeklagten ein. Man war schließlich bis zu 20 Jahre von den zur Verhandlung anstehenden Taten entfernt. Und insbesondere der Angeklagte Wilke hatte es verstanden, geschickt in eine neue Rolle zu schlüpfen: die seines jüngeren Bruders. Das allerdings war inzwischen amtlich und rechtskräftig. Mit Urteil vom 19. Dezember 1961, Aktenzeichen 8 Ls 43/61, hatte das Schöffengericht Peine festgestellt: Der Stederdorfer Volksschullehrer Walter Wilke ist weder Lehrer noch der, als der er sich ausgibt. Sein wahrer Name: Artur Fritz Wilke, der einstige SS-Hauptsturmführer von Minsk.

Erzählen. – Wie hast du dich gelangweilt in deiner Kindheit. Fernsehen gab es noch nicht bei euch. Oma Alma nahm dich einige Male mit zu Bekannten, wo ihr »Fury« oder »Am Fuß der blauen Berge« saht. Bücher gab es wenige. Einzig an »Das Spatzennest«, »Struwwelpeter« und »Grimms Märchen« kannst du dich erinnern, später dann auch an das »Werkbuch für Jungen«. Radio war im Haus nicht gern gehört. »Mach das Luder aus!«, zitierte dein Papa seinen Vater. In der Grundschulzeit waren das Streunen durch die Rohbauten der Siedlung und das Beschießen der Fenster der Nachbarin mit der Erbsenpistole deine aufregendsten Erlebnisse. Für die Erbsen gab es zweimal Ärger: einmal, als sie zum Mittagsschlaf ans Fenster klickten, ein zweites Mal, als die Saat aufging und unerwünschte Winden im Blumenbeet der Nachbarin sprossen.

Und doch bleibt ein Nachmittag vor dem klobigen Röhrenradio mit dem grün-leuchtenden magischen Auge, das über dem Küchentisch hoch an der Wand auf einem Brettchen stand, eine der lebhaftesten Erinnerungen an die Kindheit: Dein Vater und du lauschen dem Livebericht aus Rom. Olympische Spiele, Finale über 100 Meter. Armin Harry, Weltmeister in 10,0 Sekunden, gewinnt mit handgestoppten 10,2 die Olympiamedaille.

Erzählungen wären etwas gewesen. Ganze Kulturen bauen auf den Geschichten der Alten auf, auf mündlicher Überlieferung. Märchen und Sagen gäbe es gar nicht ohne die Erzählungen von Oma und Opa. Doch wer aus der Generation deiner Eltern und Großeltern sollte erzählen? Und was? Von Flucht und Vertreibung etwa? Deine Eltern, die ganze Generation – sie wollten vergessen. Wovon sollten sie erzählen, ohne der Heimat nachzutrauern? Aus dem Krieg ohnehin nicht. Das Wenige, ohnehin Nebensächliche, das dein Vater dir als Kind aus seiner Marinezeit preisgab, blieb dir umso klarer in Erinnerung: Wie er einmal an Bord seines U-Bootes den Sold eines ganzen Monats beim Skat verloren hat. Du hast deshalb in deinem ganzen Leben nie um Geld gespielt.

»In dieser Generation ist die familiäre Erzähltradition verloren gegangen«, hat Gesine so ganz nebenbei gesagt, als du sie nach ihrem »Lieblingslehrer« Wilke befragtest. Sie ist die Einzige, die dieses Wort für ihn in den Mund nahm. Er hatte ihre Eltern überredet, sie zum Gymnasium zu schicken. Dafür ist sie ihm dankbar.

Und deine Lehrer? Keine einzige Anekdote aus Erzählungen eines deiner Lehrer ist dir erinnerlich.

Überlebenskünstler. – Wilke hätte was zu erzählen gehabt. Was er erlebte, was er überlebte, gibt Stoff für einen Thriller, dem der Verdacht nicht zu ersparen wäre, der Autor hätte zu dick aufgetragen. Es hätte eine Heldengeschichte werden können, wenn er erst nach den Massenmorden damit begonnen und vor seinem großen Betrug damit aufgehört hätte. Allein sein Weg von der Front im Osten bis zur Kriegsgefangenschaft im Westen füllt einen Abenteuerroman. Aber er hat schweigen müssen.

Von Ende Januar 1942 bis Dezember 1943 war Artur Wilke in Minsk. Danach war er ab Anfang 1944 bei den Kampfgruppen von dem Bach-Zelewski und Gille (SS-Division Wiking) im Mittelabschnitt der Ostfront eingesetzt. Er war Ende 1943 in den Weihnachtsurlaub nach Danzig geflogen worden. Zehn Tage Familienleben bei »SS-Obersturmführer Artur Wilke, Gneisenaustraße 8« – so der Eintrag im letzten deutschen Adressbuch Danzigs, dem von 1942. Neun Monate später kam Tochter Elke zur Welt.

Eigentlich sollte Wilke wegen einer vorausgegangenen Verwundung in der Heimat bleiben. Mit ihm flog ein Sturmbannführer aus dem Hauptquartier des Bandenkampfwesens in den Urlaub, dem Wilke vom eigenen Partisanenkampf vorschwärmte – und dass er am liebsten weiter gegen die Banden kämpfen wolle. Bei diesem muss Wilke Eindruck gemacht haben: Zehn Tage später wurde er auf dessen Vorschlag zu von dem Bach-Zelewski an die Front kommandiert – wieder als Ic, also zuständig für Aufklärung und Abwehr. Doch das Blatt hatte sich gewendet, die Schlacht um Stalingrad war im Februar 1943 verloren worden, die Rote Armee rückte vor gen Westen, die Deutschen wichen zurück. Die letzten Angriffe auf Partisanenstellungen hatten abgebrochen werden müssen, weil Front- und Bandenkampf kaum noch zu unterscheiden waren und sich Einheiten der Roten Armee den schlecht bewaffneten Heimatkämpfern zur Seite stellten. Wilke wurde erneut im Kampf verletzt, danach tatsächlich geschont und schließlich für wenige Wochen nach Königsberg gerufen und als Ausbilder für den künftigen Bandenkrieg eingesetzt.

Der geschätzte Spezialist im Kampf gegen Partisanen, erfahren an der Grube und in den Folterkellern, in den Wäldern und Sümpfen, in Gettos und Bauerndörfern sowie schließlich an der Front, bildete nun die nächste Generation deutscher Bandenbekämpfer aus. Weihnachten 44 war Wilke kurz zu Hause bei der Familie, danach für wenige Wochen als Referent in der Führerschule der Sicherheitspolizei in Bad Rabka bei Zakopane in Polen eingesetzt.

Schließlich gab es für ihn einen Spezialauftrag des Reichssicherheitshauptamtes – ein Himmelfahrtskommando: Plötzlich war er nicht mehr der Bekämpfer vermeintlicher Partisanen, sondern selbst Partisan – einmal vor, einmal hinter der Front. Über Berlin und Danzig rückte er zunächst vor in die Tucheler Heide, nach Kaschubien südlich von Danzig. Hier hatte die russische Luftwaffe erste Agenten per Fallschirm abspringen lassen, um das Terrain zu erkunden, das von der Roten Armee bald eingenommen werden sollte. Wilkes Aufgabe bestand darin, die örtliche Bevölkerung im Kampf gegen die feindlichen Agenten zu schulen, ihr zu helfen, diese zu erkennen und unschädlich zu machen. Ein Agent in eigenen Reihen im besetzten Land und Anleiter zur Lynchjustiz an feindlichen Agenten also.

Ab März 1945 wurde er dann selbst zum Partisan. Er ließ sich hinter die russische Front fallen und organisierte dort den Partisanenkrieg mit Angriffen auf die Nachschubwege der Roten Armee. Von der Halbinsel Hela aus, nördlich von Danzig, sollte sein Kommando schließlich mit einem Schnellboot übersetzen und im Rücken der Russen angreifen. Doch Sturm und aufgewühlte See verhinderten den Plan. Als die Russen auch Hela einnahmen, setzte sich Wilkes Gruppe mit dem Boot nach Swinemünde auf Usedom ab, wo er sich erneut als Ausbilder für den deutschen Partisanenkampf meldete. Denn die Russen rückten im rasanten Tempo vor. Ende April 45 geriet er in russische Gefangenschaft. Bei Waren/Müritz kam er in ein nur mäßig bewachtes Gefangenenlager – und konnte bereits am nächsten Tag daraus fliehen.

Die Freiheit währte nicht lange. Von Westen her näherten sich die Amerikaner. Nur wenige Tage nach seiner Flucht vor den Russen fiel Wilke westlich von Schwerin der amerikanischen Armee in die Hände. Der Krieg war verloren, er hätte ein ganz normaler Kriegsgefangener und damit zumindest in Sicherheit sein können. Ein Überlebenskünstler mit Aussicht auf einige Monate oder Jahre Entbehrungen und ein anschließendes Leben in Frieden. Doch dann wurde bekannt, dass die Amerikaner gefangene SS-Angehörige den Russen übergeben würden. Das hätte den Tod bedeutet. Wieder flüchtete er, diesmal in einer einem mitgefangenen Feldwebel gestohlenen – vor Gericht behauptete er später »geliehenen« – Luftwaffenuniform.

Zweimal geflohen, zweimal gefangen genommen – frei, aber auf der Flucht, erlebte er die Kapitulation. Erst danach wurde er von alliierten Soldaten zum dritten Mal festgenommen: in Schleswig-Holstein, diesmal von den Engländern. Freiwillig lief er ihnen in die Arme. Aber da war er schon nicht mehr der Massenmörder und Überlebenskünstler Artur – sondern der harmlose Feldwebel und Lehrer Walter Wilke.

Drückeberger. – Es hat viele Versuche gegeben, sich vor dem Koblenzer Prozess und seinen Konsequenzen zu drücken. Dem Hauptangeklagten Heuser ist es immerhin gelungen, sich vor noch mehr Publizität zu schützen. Mit dem Argument »Er ist unschuldig!« hat der Verteidiger des prominenten Polizeidirektors und LKA-Chefs Heuser davor bewahrt, vor oder im Gericht fotografiert zu werden. Deshalb gibt es keine Fotos vom Koblenzer Nazi-Prozess – anders als bei den Nürnberger NS-Prozessen. Die Richter folgten dem Antrag der Verteidigung, verbaten Foto- und Tonaufnahmen für die Dauer des gesamten Verfahrens und billigten den Angeklagten – auch Artur Wilke – zugleich zu, in geschlossenen Wagen durch einen Sondereingang ins Gericht gebracht und so vor den Kameras der Reporter geschützt zu werden.

Der Prozessakte liegen viele Schreiben bei, in denen Zeugen versuchen, mit fadenscheinigen Argumenten einer Aussage zu entgehen. Mal verweisen sie auf vorangegangene Vernehmungen, die man ruhig im Prozess wortwörtlich nehmen dürfe, mal behaupten sie plötzlich, sich an nichts mehr erinnern zu können. Da sei Leere, alles verdrängt – und was weg sei, sei eben weg. Einige glauben sogar, das Recht zu haben, über jene dunkle Zeit weiter schweigen zu dürfen. Einer behauptet, erst jetzt in den Vernehmungen erstmals etwas von Exekutionen gehört zu haben. Eine Zeugin benennt ihre aktuelle Spionagetätigkeit für eine Besatzungsmacht als Grund, nicht in die Öffentlichkeit eines Prozesses gezerrt werden zu dürfen.

Selbst einbestellte Zeugen, die schon wegen NS-Bluttaten verurteilt sind und in Gefängnissen sitzen, versuchen, sich mit Schreiben ans Gericht vor neuerlichen Aussagen gegen ihre einstigen Kameraden zu drücken. Er, so der wegen 436 Tötungen, darunter 26 eigenhändigen Morden, zu 20 Jahren Zuchthaus verurteilte Zeuge Adolf Rübe, habe in seinem Prozess schon alles gesagt. Ebenso der in Nürnberg bereits wegen Mordes zu lebenslangem Zuchthaus verurteilte Erich von dem Bach-Zelewski. Der General der Waffen-SS, Wilkes Vorgesetzter nach dessen Zeit in Minsk und Chef der Bandeneinsätze, wird schließlich gegen seinen Willen aus dem Zuchthaus zur Aussage nach Koblenz überstellt. Auch der SS-Oberführer Erich Ehrlinger, Leiter diverser Einsatzkommandos, verweigerte in Koblenz die Aussage, als er nach einer Verurteilung zu zwölf Jahren Zuchthaus durch das Landgericht Karlsruhe aus der Haft vorgeführt wurde. Ehrlinger berief sich auf den Barbarossa-Befehl und den Kommissar-Tötungsbefehl. Die beiden Führererlasse seien für ihn unmittelbar verpflichtend gewesen, entzögen sich also der Gerichtsbarkeit. Folglich gebe es dazu nichts zu sagen.

Anders Artur Wilke: Er ließ den Prozess über sich ergehen. Obwohl er schwer erkrankt war, verlangte er in der Untersuchungshaft keine bevorzugte Behandlung. Das veranlasste seine zweite Frau, die Ärztin, die um seine Tbc-Krankheit wusste, sich in einem Antrag auf Besuchserlaubnis besorgt zu äußern: »Leider tut mein Mann von sich aus nichts, mir die Sorge zu nehmen.« Sie beteuert dem Gericht aber vorsorglich: »Bitte glauben Sie mir, daß ich nicht die Absicht habe, aus vorgeschobenen, fadenscheinigen Gründen eine Teilnahme meines Mannes an dem Prozess zu verhindern zu suchen.«

Dolmetscher. – Endlich ein standesgemäßer Kamerad, bald schon ein Freund. Wilke hat Eberhard von Toll kennengelernt, den »Baron«, wie alle ihn nur nennen. Von Toll ist der neue Dolmetscher Heusers. Echt baltischer Adel, ein Urenkel Gerhard von Scharnhorsts, des preußischen Generalleutnants und Heeresreformers. Mit ihm lässt sich reden – auch über Literatur, über deutsche Dichter und Denker. Einer, der Hölderlin nicht, so wie Stark, für eine Figur aus einem Kindermärchen hält. Ein Arier, ein Studierter – Land- und Forstwirtschaft. Anstand und Haltung durch und durch.

Als Sohn derer von Toll auf der Insel Oesel, die damals zu Russland gehörte, 1906 geboren. Zweisprachig aufgewachsen, deutsche Erziehung, deutsches Abitur in Arensburg, der Kreisstadt der Insel. Die Russen haben seinen Vater schon 1918 enteignet. 2000 Hektar Land, das die von Tolls danach für den estnischen Staat weiter bewirtschaften durften, nein, mussten. Entsprechend der Hass auch des Sohnes gegen die Russen. Dann der Hitler-Stalin-Pakt. Nun wurde der deutsche Adel in den baltischen Staaten zur Umsiedlung gedrängt. Wer, wie die von Tolls, kein eigenes Land mehr hatte, ging. Im Oktober 1939 war der Baron fort, wurde zunächst Betriebsleiter eines Hofes in Westpreußen, übernahm dann das Gut Falkenrode im wiedererrungenen Teil des Warthegaus, das die deutschen Besatzer im Juli 1941 zur privaten Bewirtschaftung den von Tolls überließen.

Viel hatte der junge Baron nicht davon. Statt nun auf eigene Rechnung zu ackern, wurde er von der Sicherheitspolizei notdienstverpflichtet. Dass es die Deutschen den verhassten Russen und Esten nun heimzahlten, erfüllte den Baron mit Genugtuung. Er war schon gleich nach der Übersiedlung ins Reich in die NSDAP eingetreten, hatte sich der SS angeschlossen und war seit Sommer 1942 Unterscharführer. Er sollte es bis zum Kriegsende zum Untersturmführer bringen. Die Blutspur der Sonderkommandos im Baltikum hatte von Toll nicht übersehen können. Er hatte schließlich übersetzt, wenn die Häscher die Verwaltungsvertreter in den eroberten Dörfern und Städten auspressten, wer in der Gemeinde jüdischer Abstammung ist und wo er sich versteckt. Ende 1941 war er dann nach Minsk versetzt worden, wo er bis Juni 1944 bleiben sollte.

Wilke und der Baron verstanden sich sofort – vor allem beim Wodka. Zu vorgerückter Stunde vertraute der Baron seinem studierten Freund auch an, was wirklich passiert war, als er gleich nach seiner Ankunft mit Heuser und zweien seiner Vorgänger, zwei jüdischen Dolmetschern, von Minsk ins Gut Trostenez gefahren war. Die ganze Dienststelle tuschelte darüber, keiner sprach es offen aus.

Heuser hatte ihn ausgequetscht, hatte alles von ihm wissen wollen, hatte dem Baron auf den Zahn gefühlt, was er von den Aktionen gegen die Juden halte. Vor den Ohren der russischen Dolmetscher hatten sie sich gegenseitig in ihrer Überzeugung bestärkt, dass es nicht anders gehen würde, als das Judenproblem physisch zu lösen – durch deren restlose Auslöschung. Und Heuser habe wissen wollen, ob er, Eberhard von Toll, dauerhaft in Minsk bleiben würde. Natürlich werde er bleiben, habe er beteuert, so lange Heuser darauf bestehe, so lange er ihn brauche.

Und dann, so vertraute von Toll Wilke an, habe Heuser ihn wohl testen wollen – ob er loyal ist, ob er vor allem verschwiegen ist. Heuser habe den Fahrer anhalten lassen, habe die beiden jüdischen Dolmetscher aufgefordert, ihn zu begleiten, und alle drei seien über ein Feld in einen nahen Wald gegangen, während Fahrer und Baron warteten. Zwei Schüsse waren zu hören, dann kam Heuser allein zum Auto zurück. »Wir haben Sie ja nun als Dolmetscher«, habe Heuser zu ihm gesagt – augenzwinkernd. Von den beiden jüdischen Übersetzern wurde nie wieder gesprochen. Selbst 20 Jahre später, im Heuser-Prozess in Koblenz, berichteten Zeugen nur darüber, wie die ganze Dienststelle hinter vorgehaltener Hand den Vorfall diskutiert habe. Angeklagt wurde Heuser in dieser Sache nie.

Verwandlung. – Der Prozessakte liegt ein Schreiben der »Deutschen Dienststelle für die Benachrichtigung der nächsten Angehörigen von Gefallenen der ehemaligen deutschen Wehrmacht« bei. Darin die unmissverständliche Mitteilung: Walter Wilke ist am 13. Februar 1943 verwundet worden und tags darauf gestorben.

Die Ermittler wollten es genau wissen. Am 8. Juli 1961, genau 20 Tage vor Erlass des Haftbefehls gegen Artur Wilke, schrieb der Staatsanwalt Bornsheuer von der Mainzer Ermittlungsstelle die weißrussischen Behörden an. Er ließ sich außerdem die »Namentlichen Verlustmeldungen« der Wehrmacht kommen. Das Ergebnis: Der Feldwebel Walter Wilke, Angehöriger der 14. Panzerabwehrkompanie, Erkennungsmarke J.R 37–4 Nr. 85, ist laut »Aushilfs-Todesmeldung« am 13. Februar 1943 zusammen mit 23 weiteren Soldaten bei Porkusi verwundet worden, am 14. Februar im Lazarett gestorben und an »Stelle 18« auf dem »Heldenfriedhof Tossno«, Grab 976, begraben worden. Todesursache: Kopfschuss. Tossno liegt 52 Kilometer südöstlich von Petersburg. Seit 18. März 1943 steht der Name Walter Wilke in der dortigen Gräberkarteikarte.

Doch Walter Wilke lebte weiter.

Das erste Dokument nach dem Tod des Bruders an der Front, das den Namen Walter Karl Wilke ausweist, trägt kein Datum. Es ist ein Fragebogen des »Military Government of Germany« und muss noch 1945 in der Gefangenschaft entstanden sein, ausgestellt von den Briten. Darin gab sich Artur Wilke erstmals als sein drei Jahre jüngerer Bruder aus. Seine Körpergröße gab er mit 1,76 Meter an, 60 Kilo schwer, blond, graubraune Augen. Besondere Merkmale: Narben an den Beinen, Operationsnarbe am Bauch. Ob er geistesgegenwärtig seine eigenen Narben eintrug? Sie sollten später eine wichtige Rolle spielen. Die zwei Zentimeter, die er in Wahrheit größer war als sein Bruder, sollten hingegen nie auffallen.

Erstmals gab Artur auch die bestandenen Lehrerprüfungen des Bruders Walter (ein »Ausreichend« in Lauenburg, ein »Gut« in Stolp) als die eigenen Leistungen aus. Seinen Kriegseinsatz als Feldwebel und Zugführer belegte er mit Auszeichnungen wie der »Medaille für die Winterschlacht im Osten«. Wahrheitsgemäß notierte er Walters NSDAP-Mitgliedschaft in dem Fragebogen sowie die Mitgliedschaft im Sportverein Germania Stolp.

Die britische Kriegsgefangenschaft währte nicht lange. Schon Ende September 1945 tauchte der falsche Walter im niedersächsischen Stederdorf bei Peine auf – und trat gleich in die SPD ein. Gemeindebürgermeister Anton Görgner unterschrieb das erste Dokument, das der falsche Lehrer in Stederdorf erwirkte. Mit Datum vom 1. Oktober 1945 war Wilke also Sozialdemokrat – unter falschem Namen, dem seines Bruders. Die Aufnahme erfolgte »einstimmig, da Nachteiliges über ihn nicht bekannt war«, schrieb Görgner. Die Bescheinigung, die aus heutiger Sicht wie nachträglich erstellt wirkt, bestätigte dem gerade erst zu seiner in Stederdorf lebenden Tante gezogenen Unbekannten zudem: »Er hat sich stets bemüht, sich aktiv im Sinne eines demokratischen Aufbaus unseres Vaterlandes zu betätigen« – als wäre gut drei Monate nach Kriegsende die Demokratie schon im schönsten Aufbau begriffen gewesen.

Ob die Tante wusste, dass der falsche Neffe aus dem Krieg zurückgekehrt war? Auch die eigene Mutter, die später zu ihm nach Stederdorf zog, will nicht bemerkt haben, dass es ihr Artur war, nicht der jüngere Walter.

Als Walter ging Artur an die Arbeit: Eine »Ersatzkarte für das Arbeitsbuch« bescheinigt ihm schon am 3. Oktober 1945 eine Beschäftigung bei einem Landwirt direkt gegenüber seiner späteren Wirkungsstätte, der Schule. Am 3. Dezember trat er eine Arbeitsstelle im Magazin der Preussag an.

Die Staatsanwälte haben noch mehr zusammengetragen. Die Dokumente sind zugleich Beweise im Prozess vor dem Amtsgericht Peine, wo ihm 15 Jahre später Betrug vorgeworfen wurde. Jede einzelne Angabe des falschen Namens eine Betrugshandlung. Da ist die Lohnsteuerkarte von 1947 auf den Namen des Bruders. Da ist der Lebenslauf vom 13. Januar 1948, in dem er als Walter »eidesstattlich« erklärt, »dass meine sämtlichen Zeugnisse im Haus meiner Eltern in Stolp/Pommern vernichtet worden sind«. Und da bescheinigt ihm das »Entlastungs-Zeugnis (Clearance Certificate)« vom 22. September 1947, er, Walter Wilke, sei beim »Deutschen Entnazifizierungs-Schiedsgericht des Landkreises Peine« »entlastet worden«.

Besonders spannend aber sind die Fälschungen – als solche stuft sie die Staatsanwaltschaft ein, und nichts anderes können sie sein. So gibt es einen »Entlassungsschein« aus der Wehrmacht, unterschrieben vom »stellvertr. Generalkommando Danzig, gez. Freitag, Generalmajor«. Das Datum: 5. März 1943. Da war der wahre Walter Wilke schon drei Wochen tot.

Eine »Truppenärztliche Bescheinigung« attestiert zudem dem »Feldwebel Walter Wilke« am 18. Dezember 1944, er sei am 16. Juni 1944 durch die Explosion einer Mine am rechten Bein verwundet worden und habe einen »Meniscusriss sowie Splitterverletzungen an Oberschenkel und Ferse« erlitten. Das Attest beschreibt nicht die Wunden Walters, sondern die Arturs. Der ließ sich am 10. September 1946 vorsorglich im Stadtkrankenhaus Peine unter dem Namen seines Bruders bescheinigen, dass er genau dazu passende Narben aufweist. Auch bescheinigt ihm Krankenhausarzt Dr. Paul H. die Narbe einer Magenoperation – so wie er sie in den auf Walter lautenden Entlassungspapieren angegeben hatte. Papiere also, die im Falle des Zweifels an seiner Identität hätten hilfreich werden sollen: Schaut her, ich bin es, der Walter!

Stolpersteine. – Wer schreibt, der bleibt! Was man Schwarz auf Weiß besitzt … Was sich eingeprägt hat … Ein Bild sagt mehr … Da kann dein Gedächtnis noch so gut sein – keine Erinnerungsleistung, keine Zeugenaussage wird konkurrieren können mit einem Dokument, einem Arztbrief, einer Notiz, einem Tagebuch, einer Bescheinigung, einem Foto, einer Gedenktafel oder einer Prägung. In Berlin bist du gestolpert über Pflastersteine aus Messing: Stolpersteine. Vor einem Haus in Kreuzberg – du warst gerade in einem Antiquariat auf der Suche nach dem Buch Raul Hilbergs über die Vernichtung der Juden Europas – sind sieben Gedenksteine im Pflaster eingelassen. Sie tragen alle denselben jüdisch klingenden Nachnamen. Vater und Mutter, Großmutter und Großvater, dazu drei Kinder, das jüngste wenige Wochen alt, als es mit der ganzen Familie deportiert wurde nach Auschwitz. Alle sieben wenige Tage später ermordet in den Gaskammern. Du konntest deine Tränen nicht zurückhalten.

Nach »Ermordet in …« hätte auch »Treblinka«, »Majdanek« oder »Malyj Trostenez« stehen können. Quer durch ganz Europa wurden die Menschen millionenfach in die Lager gefahren, um am Ziel ermordet zu werden, dort, wo eben Kapazität zum Töten war. Treblinka? Überfüllt? Dann also weiter nach Weißrussland. Am Minsker Bahnhof abgeholt, in Lastwagen verfrachtet und auf dem Gut Trostenez an der Grube erschossen von Georg Heuser, Artur Wilke, ihren SS-Kameraden und ihren Schergen.

So wie Lili Grün. »Deportiert 1942 Maly Trostenec, ermordet am 1. 8. 1942« heißt es in abweichender Schreibweise auf einem »Stein der Erinnerung«, der seit 2007 im Pflaster der Heinestraße 4 auf dem Wiener »Weg der Erinnerung« liegt. Daneben die Stolpersteine von Oswald Levett, Alma Johanna König und Ber Horowitz. Dazu eingeprägt in einen etwas größeren Gedenkstein aus Messing: »Zum Gedenken an die jüdischen Schriftstellerinnen und Schriftsteller, die wesentlich zur österreichischen Kultur beigetragen haben.« Sie alle starben in Trostenez oder Stanislau in der Ukraine durch deutsche SS-Männer.

Lili. – Ihre Gedichte hätten Wilke vielleicht gefallen. Aber nein, er liebte ja Hölderlin – das Abgehobene, das Schwülstige, das Intellektuelle. Lili Grün – die Vossische Zeitung schrieb ihren Vornamen am 7. Mai 1931 falsch mit zwei l – machte laut Zeitung eher »witzig-sentimentale Gedichte«. Die Wienerin lebte damals in Berlin, verdiente ihren Lebensunterhalt als Verkäuferin in einer Konditorei und trat abends mit der Künstlergruppe »Die Brücke« im Berliner Kabarett-Theater »Katakomben« in der Bellevuestraße auf. Sie war an der Seite von Ernst Busch und Hanns Eisler Mitbegründerin der Brücke, ging im Romanischen Café am Kurfürstendamm aus und ein, wo sich Künstler, Schriftsteller, Schauspieler und Journalisten trafen. Nebenbei schrieb sie Artikel und Gedichte für das Berliner und das Prager Tageblatt sowie für das Magazin »Tempo«.

Nach Berlin lebte sie in Prag und Paris, kehrt 1933 zurück nach Wien, wo wenig später ihr erster Roman »Herz über Bord« erschien. Sie war 29, lebensfroh, voller Schaffenskraft, schließlich auch erfolgreich. Ihr Debütroman wurde alsbald ins Italienische und ins Ungarische übersetzt. 1935 folgte ihr zweiter Roman »Loni in der Kleinstadt«. Den musste sie schon in der Schweiz verlegen, immerhin war sie Jüdin. 1938 folgte das Publikationsverbot. Es fehlten ihr die Einnahmen – auch das Geld, um ins Ausland zu fliehen. Ihr Verleger sammelte Spenden, um ihr eine Kur zu finanzieren. Als sie Ende 1940 in ein Massenquartier für Juden in der Neutorstraße im 1. Wiener Bezirk ziehen musste, war sie längst verarmt und krank. Sie litt an Tuberkulose – wie Wilke später.

Am 27. Mai 1942 wurde die Schriftstellerin Lili Grün am Aspangbahnhof in Wien zusammen mit Hunderten anderer Juden in einen Güterzug gepfercht und nach Minsk deportiert. Sie trat ausgemergelt, gebeugt, apathisch, ein Schatten ihrer selbst und weit weg von der lebensfrohen Zeit in den europäischen Metropolen an den Rand der Grube im Wald von Blagowschtschina am Gut Trostenez. Am 1. Juni 1942 beendete die Kugel aus dem Lauf der Pistole von Artur Wilke das Leben der Dichterin und Autorin von »Herz über Bord«.

War es wirklich Wilke, der die Dichterin erschoss?

Was spielt das für eine Rolle, ob er oder einer seiner Mitschützen den Lauf in den Nacken dieser ausgemergelten Gestalt legte und abdrückte? Für die SS-Mörder waren das alles keine Menschen. Sie erschossen, was ihnen an den Grubenrand getrieben wurde: Frauen, Männer, Kinder, Greise, Roma, Schwangere oder Schwachsinnige, Bauern oder Partisanen, Dichterinnen, Sowjetfunktionäre, Säuglinge.

Im Urteil gegen Artur Wilke heißt es unter Punkt vier der sechs ausgeurteilten Mordtaten: »Bei einem Transport aus dem Westen, von dessen Insassen 400 Personen teils vergast, teils erschossen wurden, wirkte Wilke in der Weise mit, dass er zunächst die Umladung in die Gaswagen beaufsichtigte, später an der Grube ausserdem 15 Menschen erschoss.«

In diesen Tagen um den 1. Juni 1942 herum, als Wilke mit am Grubenrand stand und schoss, kamen die in Trostenez eintreffenden Judentransporte fast alle direkt oder über das KZ Treblinka aus Wien. Und fast alle Menschen, die diese Reise im Viehwagen überlebt hatten, wurden sofort nach Ankunft getötet. So wie Lili Grün.

67 Jahre später wurde im 2. Wiener Bezirk ein Platz nach Lili Grün benannt, und ihr erstes Buch wurde auch wieder aufgelegt. Es erzählt von der Gründung eines Kabaretts durch zehn mittellose junge Künstler, mitten im Berlin der Massenarbeitslosigkeit. Es handelt von selbstbewussten jungen Frauen, von sexueller Befreiung, von Widerstand gegen machohafte Männer und vom alltäglichen Kampf um die Existenz. Ein Stück Autobiografie.

Sozialdemokraten. – Deine Zweifel an der Echtheit des Aufnahmedokuments in die SPD haben Nahrung erhalten. Anton Görgner, von den Briten eingesetzter Gemeindebürgermeister, hat Wilkes Aufnahme angeblich am 1. Oktober 1945 mit seiner Unterschrift bestätigt. Aber damals gab es in Stederdorf noch gar keine SPD. Erst sechs Tage nach Wilkes angeblicher Aufnahme bei den Genossen, am 6. Oktober, trafen sich 46 Stederdorfer zur Neugründung. Die behauptete Abstimmung über Wilke kann es folglich nicht gegeben haben. Auch das Gründungsprotokoll weist keine Neuaufnahme aus. Erster Vorsitzender nach dem Krieg wurde zudem Willi Heuer – für vier Wochen

Immerhin war Görgner vor dem Verbot der SPD 1933 der letzte Vorsitzende gewesen. Damals hatte die Partei deines Heimatdorfes 105 Genossen gezählt. Nur 46 waren nach dem Krieg noch ansprechbar für die Neugründung. Die Mitgliedsunterlagen hatte einer gerettet, mit dem du in allerjüngster Kindheit verbunden warst: Hermann Rösemann. In dessen altes Fachwerkhaus in der Hornburg sind deine Eltern nach der Hochzeit 1951 als Mieter gezogen, hier wurdest du geboren, hier hat dir Henny Rösemann das Leben gerettet, als dir mit einenhalb Jahren ein Apfelstück im Hals stecken blieb und du zu ersticken drohtest. Noch auf der Treppe schnappte sie dich an den Füßen und schüttelte dich kopfüber. In der Abseite unter dieser Treppe soll Rösemann, in der Weimarer Zeit SPD-Vorsitzender, die Mitgliederunterlagen nach dem Parteiverbot vor den Nazis versteckt haben. Gleich daneben der Karton mit Babykleidung, den Ehefrau Henny gehortet hatte und die sie, weil sie keine Kinder bekam, schließlich deiner Mutter schenkte. Dein erster Strampler – über den Krieg gebracht neben den geretteten SPD-Mitgliedslisten. Nur die alten Protokollbücher, sagt der heutige Ortsvereinsvorsitzende, haben den Krieg nicht überlebt. Die Nazis hatten Rösemann nach dem Attentat vom 21. Juli 1944 in einer

Verhaftungswelle gegen Oppositionelle festgenommen und zum Tode verurteilt. Ehe es zur Hinrichtung kam, waren die Amerikaner da und befreiten Rösemann in Hildesheim aus der Todeszelle.

Und Görgner? Der wurde in der zweiten Ortsvereinssitzung am 3. November 1945 dann doch wieder Vorsitzender. Aber auch in dieser Sitzung gab es keine Neuaufnahme. Wilkes SPD-Dokument scheint nichts anderes zu sein als das, was die ärztlichen Atteste auch sind: Fälschungen, um seine neue Rolle als braver Feldwebel Walter Wilke abzusichern.

Aber warum hat Görgner mitgemacht? Hat er aus freien Stücken geholfen, einen Nazi zu tarnen, oder haben ihn die Briten gedungen, ihren neuen Agenten zu schützen? In seinen fünfbändigen Memoiren, von denen nur noch zwei Bände im Peiner Kreisarchiv liegen, findet sich dazu nichts. Wohl, dass die Besatzer die Wiederbelebung der Sozialdemokratie verlangten, zugleich aber voller Misstrauen die Funktionäre einer politischen Überprüfung unterzogen. »Wir Deutschen allesamt sollten ja umerzogen werden, zu Demokraten, eine lächerliche Maßnahme«, schrieb Görgner. Die Entnazifizierung sei »durchaus angebracht für die, die eine braunbesudelte Weste anhatten oder sonstigen Dreck am Stecken«. Jedoch sei »eine Entnazifizierung für alte Sozialdemokraten und politisch Verfolgte« für ihn »mehr als ein Witz«.

Görgner selbst erhielt »unter Nummer 12/177 die Anerkennung als politisch Verfolgter und war damit einwandfrei als zuverlässiger Demokrat legitimiert.« Das war ihm, schreibt er, »einige Male sehr nützlich, vor allem, wenn ich mit der Militärregierung zu tun hatte. Einmal war sie aber besonders wirksam, als ich einen guten Menschen aus einer fatalen Verstrickung, besser gesagt Bedrohung, heraushauen konnte.«

Gemeint ist nicht Wilke, der versteckte SS-Täter, sondern Heinrich Santelmann, der langjährige Gemeindevorsteher in der Nazi-Zeit. Der hatte Görgner geholfen und »für mich gutgesagt«, als die neuen Machthaber den Sozialdemokraten 1933 in politische Schutzhaft genommen und in ein Lager in Gifhorn gesteckt hatten. Ende Mai sei dann der Tag gekommen, »wo ich es ihm wieder rechtmachen konnte«, »ich konnte ihn vor einer Mißhandlung oder gar Verschleppung bewahren«.

Wie Görgner, der ausgewiesene Demokrat, der spätere Ehrenbürger deines Dorfes, diesen Vorfall in seinen Lebenserinnerungen schildert, wirft ein grelles Licht auf das Denken auch der wohlgesinntesten und demokratischsten Deutschen zu jener Zeit: »Polnische Rowdys, Insassen des Verbrecherlagers in Meerdorf, drangen eines Tages in das Gehöft von Heinrich Santelmann ein. Sie wußten sicher, daß er Gemeindevorsteher und alter Nationalsozialist war. Zudem hatte er ein Polenmädchen beschäftigt, das er schlecht behandelt haben sollte. In den Augen der polnischen Banditen war er ein alter Nazi und Menschenschinder, deshalb wollten sie ihn mitnehmen.« So schreibt ein Nazi-Opfer über polnische Zwangsarbeiter.

Santelmann, der wusste, dass Görgner sich gut stand mit den Briten, rief diesen zu Hilfe. Und der kam sofort. »Ich brüllte die Pollacken an, was sie auf dem Gehöft zu suchen hätten, frug sie, in der Hand hatte ich selbstverständlich einen derben Knüppel.« »›Diese Mann – Naziverbrecher, hat polnische Mädchen schlecht behandelt‹, meinte da einer.«

Görgnes Antwort: »›Nichts da‹, sagte ich, dieser Mann ist ein guter und anständiger Mann, für den verbürge ich mich. ... Als sie höhnisch lachten, zeigte ich ihnen meinen provisorischen Ausweis über meine KZ-Zeit. Das hatte gewirkt, sie zogen ab, und zu Heinrich Santelmann sagte ich ›nun sind wir beide quitt‹.«

Eine Hand wusch die andere nach 1945 – und die Opfer der Diktatur, die Verschleppten, die Zwangsarbeiter, blieben selbst bei den besten deutschen Demokraten noch »Pollacken« oder »polnische Verbrecher«.

Man musste neu beginnen und miteinander auskommen. Warum sollte da nicht einer, den die Briten so schnell und wohlwollend aus Gefangenschaft entlassen hatten und der diesen noch nützlich sein konnte, mal eben ein SPD-Mitgliedsbuch bekommen, wenn es ihm denn half? Als Genosse in Erscheinung getreten ist der unbekannte Walter Wilke, der spätere Dorfschullehrer, danach nie wieder.

Transporte. – Im Koblenzer Prozess hat Wilke bemerkenswert offen seine Beteiligung an zahlreichen Erschießungen zugegeben, gar an mehr Exekutionen als angeklagt waren, nicht aber an Erschießungen von Juden aus dem Westen. Dazu machte er keine Angaben. Das Schwurgericht hatte aber keine Bedenken, ihn auch dafür zu verurteilen. Ausgerechnet Georg Heuser, sein Vorgesetzter, hatte ihn belastet, hatte ihn als einen der Schützen benannt, als am 11. Mai 1942 erstmals Juden aus Wien in Güterzügen eintrafen und binnen kürzester Zeit liquidiert wurden. 900 Männer, Frauen und Kinder fanden an diesem Tag den

Tod. Genauso viele waren es nach Überzeugung des Gerichts auch am 26. Mai. Wieder war es Heuser, der aussagte, Wilke »an der Grube« gesehen zu haben. Ob Wilke auch schoss, konnte der Chef der Truppe nicht sagen. Die Richter gingen deshalb nicht davon aus, dass Wilke eigenhändig tötete, dass er aber eine wichtige Funktion, etwa als Aufsicht, als Angehöriger der Absperrgruppe oder gar als Leiter der Erschießungen hatte. Das hielt das Gericht für erwiesen. Die »Aktion« vom 1. Juni, dem Tag, an dem Lili Grün erschossen wurde, war nicht mit angeklagt. So wie viele andere Massenexekutionen auch, für die es keine schriftlichen Dokumente mit eindeutiger Datierung gab.

Jazz. – Als wenn sie es geahnt hätte, schrieb Lili Grün in ihrem Erstlingswerk »Herz über Bord« Sätze wie diese. Sätze, die sie ihrer Romanheldin in den Mund legte und die auch jene ausgezehrten Menschen, die im Wald bei Trostenez an den Rand der Grube traten und fast schon als Erlösung ihres Leidens die Kugel aus Artur Wilkes Waffe erwarteten, hätten hinterlassen können:

»Tausend und eine Niederlage hat sie erlitten in dieser Zeit. Noch nicht genug? Noch immer weiterkämpfen, um immer wieder zu erliegen? Nun, in drei Teufels Namen, wenn ihr uns nicht haben wollt, ihr Leute hier, ihr schlechten Zeiten hier, wenn ihr keine Verwendung für uns habt, so stellt uns an die Wand und schießt uns endlich tot. Fort mit uns, wir wollen nicht mehr leben! Also so ist das, so ist Lebensüberdruss … und wenn man zittert, weint und bangt nach diesem Leben, wenn man leben möchte und doch nicht darf, wenn man endlich besiegt und geschlagen, erschöpft und gemartert diesen Kampf aufgegeben hat … ist man ein Selbstmörder! Also Adieu! Adieu Morgen und Übermorgen, Gestern und Vorgestern.«

Lili Grüns Roman aus dem Berlin von 1930 ist mehr als siebzig Jahre nach ihrem gewaltsamen Tod unter dem neuen Titel »Alles ist Jazz« im Berliner Aviva-Verlag wieder aufgelegt worden.

Cornelia. – Cornelia hätte sich am ehesten erinnern können, ob die Verhaftung eures Lehrers je ein Thema war. Keine Mitschülerin hat sich politisch so engagiert wie sie. Ob sie damals schon den Schluss gezogen hat von nationalsozialistischer Vergangenheit zu eurem Lehrer Wilke? Von ihr hast du deine ersten Franz-Josef-Degenhard-Platten. Und sie besorgte dir beim Verlag 2001 jenes Buch, das deine Welt verändert hat. Plötzlich war Faschismus, über den du in deiner Volksschulzeit niemals auch nur ein Wort gehört hattest, ein Thema. Sicher – in der Handelsschule habt ihr »Draußen vor der Tür« gelesen. Aber da war wieder nur einer das Opfer – wenn auch Opfer kollektiver Verdrängung der nationalsozialistischen Geschichte. Von deutschen Tätern hatten du und die meisten deiner Altersgenossen noch kein Wort gehört. In der Lehre, im Beruf, bei der Bundeswehr – kein Thema. Selbst in den Lehrgängen der IG Metall, wo du dich als Jugendsprecher engagiert hast, ging es nicht um das Überwinden der nationalsozialistischen Vergangenheit, sondern um das verschämte Herantasten an die engen sexuellen Grenzen, die dir die Gesellschaft noch bis in die 70er Jahre setzte.

Plötzlich aber – du warst schon verheiratet, warst werdender Vater, dachtest mit keinem Gedanken an euren einstigen Lehrer, der längst wieder auf freiem Fuß war –, plötzlich drückt dir Cornelia das Buch »Faschismus« in die Hand, 1976 erschienen in der Elefanten-Press Berlin. Eine wilde Mischung aus bildender Kunst, Dokumenten, Fotos und Diskussionsbeiträgen zum Faschismus – eigentlich ein Ausstellungskatalog zu Arbeiten des italienischen Künstlers Renzo Vespignani. Darin teils zusammenhanglos erschütternde Fotos von den Gräueln in den Konzentrationslagern, Auszüge aus menschenverachtenden Anordnungen im Dritten Reich, Zeugenberichte von Zwangsarbeit, Grausamkeiten, medizinischen Experimenten an Gefangenen und vom alltäglichen Sterben in den Konzentrationslagern.

Das dicke Heft ging unter euch Gleichaltrigen herum wie ein Geheimbericht, wie etwas, wovon die Elterngeneration, die es doch direkt betraf, nichts wissen durfte, das man verstecken musste, weil sonst das allumfassende Einvernehmen kollektiven Verschweigens gefährdet gewesen wäre. Du nahmst dieses Schweigen hin im stillschweigenden Einverständnis gelebter Verdrängung. Du nahmst die Dokumente erschüttert zur Kenntnis und wagtest nicht, irgendeinen Älteren darauf anzusprechen. Du erkanntest, welche Schuld deine Elterngeneration auf sich geladen hatte, und wagtest nicht einmal den Gedanken, dass Schuld auch deine Eltern oder Großeltern unmittelbar betreffen könnte. Du verdrängtest mit, ohne zu wissen, was da eigentlich verdrängt wurde. Einzig deinen Vater hast du zaghaft damit konfrontiert, dass eine Karte der Konzentrationslager auch ein KZ in Bunzlau, seiner Heimatstadt, auswies. Gefängnisse gebe es doch heute noch überall, war die Antwort. Und natürlich habe es Kriegsgefangene gegeben. KZ – nicht einmal über deren Existenz wurde gesprochen.

Du sahst Fotos von Lagern und Erschießungen und kamst gar nicht auf die Idee, es mit deinem ersten Lehrer in Verbindung zu bringen. Das Wort »Holocaust« gab es damals noch nicht. Erst zwei, drei Jahre später sollte die gleichnamige US-Fernsehserie über das Schicksal der jüdischen Familie Weiss das kollektive Schweigen über die Taten der Nationalsozialisten brechen. Erst das Fernsehen machte Auschwitz zu einer öffentlich wahrgenommenen Tatsache. Was dein Lehrer fernab der industriellen Massentötungen in den Konzentrationslagern zum Holocaust beigetragen hatte, das erschloss sich dir immer noch nicht.

Erst Jahrzehnte später war es, als dir der Satz des unerschrockenen katholischen Pfarrers über den SS-Hauptsturmführer Dorf, die Täter-Hauptfigur der Serie »Holocaust« (1978), einleuchtete: »Ein sehr intelligenter junger Mann, ein Opfer der neuen Ära.« Er hätte so über Artur Wilke sprechen können.

Ob es Cornelia wahrgenommen hat? Ihr traust du es am ehesten zu. Du kannst sie nicht mehr fragen. Wie viel zu viele deines Jahrgangs lebt sie nicht mehr. Cornelia hätte sich erinnert, wie das war, als die Saaltür aufging und Lehrer Wilke geholt wurde. Zu spät.

Opfer. – Am 8. November 2016 hat in Hamburg eine Wanderausstellung eröffnet, die Igor Karpenko vom Exekutivkomitee der Stadt Minsk als »im höchsten Maße symbolisch« bezeichnet hat. Dort, wo genau 75 Jahre vorher der erste Zug mit westeuropäischen Juden abfuhr, um diese Menschen später im Gut Trostenez bei Minsk zu töten, wurde erstmals öffentlich in Deutschland an das größte Vernichtungslager Weißrusslands erinnert. Malyj Trostenez, so schreibt Günter Saathoff vom Vorstand der Stiftung »Erinnerung, Verantwortung und Zukunft«, stehe wie Auschwitz, Majdanek und Treblinka in der Reihe der größten Vernichtungsorte des NS-Regimes und sei doch bis heute weitgehend unbekannt geblieben. Die Wanderausstellung, die im März 2017 auch im heutigen Staat Belarus in Minsk eröffnet wurde, soll das ändern. Sie lebt auch von der Vorstellung einzelner Schicksale.

Da ist Fjodor Schuwajew, Überlebender des Lagers und einer der bekanntesten Zeitzeugen. Bis zu seinem Lebensende 1989 hat er in

Schulen und Gesprächsrunden über seine Zeit als Zwangsarbeiter in Malyj Trostenez berichtet. Er war einfacher russischer Soldat, als er den Deutschen im Dezember 1941 als Kriegsgefangener in die Hände fiel. Er musste das Vernichtungslager mit aufbauen und wurde Zeuge der ersten Massenmorde in Blagowschtschina. Seine Aufgabe: Er hatte die Kleidung der Ermordeten zu sortieren und auszubessern, musste die Gaswagen reinigen, wenn darin Dutzende Menschen erstickt worden waren und alles unter sich gelassen hatten. Im Herbst 1943 gelang ihm die Flucht. Danach schloss er sich den Partisanen an – jenen Kämpfern, die zur selben Zeit von Artur Wilke mit allen Mitteln bekämpft wurden.

Da ist Hanuš (Hans) Münz, ein tschechischer Jude aus Prag. Der Zahntechniker plante die Flucht nach Shanghai, wurde im Herbst 1941 aber von deutschen SS-Leuten gefasst und zur Zwangsarbeit nach Theresienstadt verschleppt. Ende August 1942 wurde er zusammen mit 1 000 Juden nach Malyj Trostenez gebracht. Zu der Zeit kamen fast täglich Transporte aus dem Westen an. Selten, dass unter ihnen Zwangsarbeiter aussortiert wurden. Aus seinem Transport waren es 22, die ins Arbeitslager gesteckt wurden. Er unter den Glücklichen. 1943 gelang Münz die Flucht. Er ging zu den Partisanen, kämpfte danach bei der Roten Armee und kehrte nach dem Krieg zurück nach Tschechien. Er war fast 100, als er 2010 starb. Münz sagte über seine Deportation: »Da waren 70 oder 80 Menschen in einem Güterwagen. Wir mussten stehen. Ohne Wasser, ohne Essen. Die alten Leute haben am schlimmsten gelitten. Aber das Schlimmste war: Da gab es keine Toilette. Das war das Allerschlimmste.« Bei der Ankunft in Trostenez habe er einen Deutschen gefragt, wohin man seine Freunde gebracht habe. Der habe geantwortet: »Ah, die sind schon erledigt. Die sind schon im Himmel.«

Da ist das Schicksal Zyra Goldinas. Ihr Mann, ein Fabrikarbeiter, war zu Kriegsbeginn ins Innere der Sowjetunion evakuiert worden. Zyra musste mit ihren drei Kindern zu ihrer Schwester ins Minsker Getto ziehen. Als das am 28. Juli 1942 von der SS geräumt wurde, trieben Artur Wilke und seine Helfer rund 10 000 Menschen, darunter zwei Drittel einheimische und ein Drittel aus Deutschland deportierte Juden, zum Abtransport zusammen. Sie wurden allesamt erschossen oder in Gaswagen erstickt. Die Aktion dauerte drei Tage. Wilke wurde im Koblenzer Prozess später überführt, am ersten Tag Aufsichtsführender an

An der Grube

der Grube gewesen zu sein, also die Erschießung von 2 000 Menschen befohlen zu haben. Unter seinen Opfern Zyra Goldina, ihre Schwester Ida und ihr fünfjähriger Sohn Aron. Die beiden älteren Kinder, Rahil und Lazar, wurden am Tattag bei der Zwangsarbeit festgehalten. Sie durften nicht nach Hause ins Getto. Beide versuchten später, als sie den Pogrom begriffen hatten, sich den Partisanen anzuschließen. Sie wurden gefasst. Rahil kam nach Auschwitz, wo sie bis zur Befreiung überlebte. Das Los des Bruders ist unbekannt.

Da ist das Schicksal von Erich Klibansky aus Frankfurt am Main. Er war 1929 der Direktor des ersten jüdischen Gymnasiums im Rheinland. Das Jawne-Gymnasium in Köln wurde im Juli 1942 von den Nazis geschlossen. Vorher war es dem Direktor gelungen, 130 jüdische Schüler ins Ausland zu retten, indem er das ganze Gymnasium formal nach Großbritannien verlegte und einen Kindertransport dorthin organisierte. Klibansky wurde Wochen später mit seiner Familie, seiner Frau und drei Söhnen, sowie mit 100 seiner Schüler nach Minsk deportiert. Nach vier Tagen Fahrt erreichte der Transport Nummer Da 219 am 24. Juli 1942 Minsk. Die 1 164 Menschen aus dem Raum Köln wurden sofort vor frisch ausgehobenen Gruben erschossen oder in Gaswagen getötet.

Die Staatsanwaltschaft Koblenz hat 1961 keine Beweise dafür gefunden, dass auch Artur Wilke unter den Mördern war, die am 24. Juli 1942 eine ganze Schule samt ihres Direktors und seiner Familie im Wald bei Blagowschtschina auslöschten. Es konnte ja sein, dass Wilke bei dieser Erschießung einmal nicht eingeteilt war. Heute erinnert der Löwenbrunnen in Köln an die ehemalige jüdische Schule, und der Platz trägt den Namen Erich Klibanskys.

Trostenez. – Das Gut der Mörderbande von Minsk ist auf Blatt 6 623 der Prozessakte aufgezeichnet. »Ungefährer Plan vom Gut«, steht über der Zeichnung. Unten ist die »Rollbahn nach Minsk«, das Flugfeld, zu erkennen, davon zweigt ein »Feldweg zur Umsiedlung« ab, gesäumt von drei Rechtecken mit den Bezeichnungen »Gebüsch« und »Gruben«. Das Gut selbst, etwa zehn Kilometer südöstlich von Minsk an der Straße nach Mogilow und am Blagowschtschina-Wald gelegen, steht mit Teich, Bach, Aussichtsturm für die Wachen und zehn Gebäuden im Mittelpunkt. Das Herrenhaus dominiert. Links davon fünf Baracken für

Arbeiter, rechts der Sammelplatz. Oben begrenzt eine Bahnlinie das Blatt. Darunter der Weg in den Tod.

Anhand dieser primitiven Bleistiftzeichnung mussten sich die Richter in Koblenz ausmalen, wie es aussah an der größten Massenvernichtungsstätte Weißrusslands. Doch es gab schon andere Bilder. Während in Koblenz noch verhandelt wurde, ermittelte in Minsk eine sowjetische Kommission. Sie erstellte 1962 ein Panoramafoto, zusammengesetzt aus sieben Einzelaufnahmen und versehen mit roten Pfeilen, die auf 18 Markierungen zeigen. »Standort des Hauses des Lagerkommandanten« (Nummer 6) heißt es darunter, »Standort der Scheune, in der sich die Besitztümer befanden, die den Verhafteten abgenommen wurden« (10) oder »Richtung zum Erschießungsort« (18).

Vor dem Krieg war das Gut nahe des Dorfes Malyj Trostenez eine sowjetische Kolchose gewesen. Sie trug den Namen eines Deutschen: »Karl Marx«. Im Frühjahr 1942, nur einige Tage nach Artur Wilkes Ankunft, begannen die deutschen Besatzer von der SD-Hauptstelle in Minsk, hier ein Haftlager einzurichten. Es diente der Versorgung der Deutschen im Raum Minsk, war aber auch Basis für die schon bald beginnenden Erschießungen. Bis zur Ankunft der Roten Armee im Sommer 1944 schufteten hier täglich 200 bis 900 Zwangsarbeiter bis zu 15 Stunden täglich. Facharbeiter, Landwirte, Handwerker, später auch jüdische Männer, die bei der Beseitigung der Leichen helfen mussten und schließlich selbst erschossen wurden.

Weil vom Lager aus auch der Kampf gegen Widerstandskämpfer organisiert wurde, fanden hier die Agenten für das Ausspionieren von Partisanengruppen ihre Ausbildung. Das Schulungszentrum für Verräter machte Malyj Trostenez bald selbst zum Ziel der Partisanen. Mehrfach wurde das Lager überfallen. Im Januar 1944 wurde es zum »Wehrdorf« erklärt und als »Kl. Trostenieze« befestigt. Es war eines von sechs Wehrdörfern der Region. Hundert waren es insgesamt in Weißrussland. Für deren Verteidigung hatten die Deutschen 20 000 Einwohner, die ihnen als loyal galten, rekrutiert und an Waffen ausgebildet. Fünf Monate später stand die sowjetische Armee vor den Toren. Kurz vor der Flucht wurden die letzten 100 Bewohner des Wehrdorfes Trostenez in einer Scheune ermordet.

Als das Mördergut aufgegeben, geräumt, niedergebrannt wurde, war Wilke schon lange weg. Er hatte sich ganz auf die Partisaneneinsätze konzentriert. Dass er formal noch immer der Dienststelle angehörte, dass er dort noch ein Bett, einen Spind, auch noch private Dinge zurückgelassen hatte, sollte später im Prozess eine für ihn und seine Mitangeklagten verhängnisvolle Rolle spielen.

Bahnverkehr. – Du hast zahlreiche Vernehmungsprotokolle von ehemaligen Mitarbeitern der Reichsbahn gefunden. Ohne die Bahn war es nicht möglich, so viele Juden aus dem Westen dorthin zu bringen, wo die Minsker SS-Kommandos sie töten würden. Das Ausmaß der Transporte dokumentiert auch eine originale Reichsbahn-Aufstellung, die die Sowjets während des Heuser-Prozesses vorlegten. Der Inhalt muss den Ermittlern aber schon bekannt gewesen sein, er stand identisch schon in der Anklageschrift. Demnach wurden allein aus Wien am 6., 20. und 27. Mai (mit im Zug: Lili Grün), am 7. und 9. Juni, am 17. und 31. August, am 14. September und 5. Oktober Züge mit jeweils 1 000 Juden nach Minsk geschickt. 8 547 Todgeweihte allein aus Wien. Überwiegend aus westdeutschen Großstädten stammten jene Opfer, die mit Zügen aus Theresienstadt eingeliefert wurden. Diese Transporte begannen am 13. und 14. Juni und endeten in der zweiten Septemberhälfte mit beinahe täglichen Zügen. 21 550 Menschen kamen allein aus dem Konzentrationslager Theresienstadt.

Den Führungskräften der Reichsbahn blieb das Schicksal der menschlichen Fracht nicht verborgen. Das habe für Empörung gesorgt, sagte etwa der Zeuge Breitenbach (Name geändert). Empörung – aber nicht etwa, weil das Schicksal der Juden berührte, sondern »Ärger, weil die Juden mit ganz modernen Eilzugwagen« gebracht wurden und diese leer zurückfuhren. Die deutschen Verwundeten von der Front hingegen mussten mit deutlich weniger komfortablen Zügen heimgebracht werden. Dann sorgte auch noch ein Überfall auf zwei Transportanhänger dieser Judenzüge im Frühjahr 1942 für Aufsehen. Die Waggons waren vollgestopft mit den Wertgegenständen der Wiener Juden. Als Täter wurden später deutsche Eisenbahner des Güterbahnhofs Minsk ausgemacht.

Bei den Minsker Bahnarbeitern herrschte ohnehin Chaos. Die Sicherheitspolizei hatte im strengen Winter 1941/42 sämtliche Lokführer und Heizer festgenommen, weil sie Feindsender gehört hatten. Der Bahnverkehr war daraufhin zusammengebrochen. In diesem Fall allerdings, so gab ein damaliger Reichsbahn-Oberrat, inzwischen

Bundesbahn-Inspektor, 1961 den Ermittlern zu Protokoll, habe der Kripo-Chef Heuser geholfen und die Bahner freibekommen. Das Funktionieren der Infrastruktur für die Vernichtungsmaschinerie durfte nicht gefährdet werden.

Ein anderer Zeuge hatte es Heuser sogar zu verdanken, dass er nicht vors Kriegsgericht kam. Nach den Massenexekutionen im November 1941, so der Zeuge S., selbst in höherem Rang im Bahnwesen tätig, habe »das ganze Reichsbahnbüro kopf gestanden«. Wieder nicht aus Mitleid: »Wir konnten nicht verstehen, dass man in Zeiten angespannter Verkehrslagen diese militärisch unnötigen Transporte nach Minsk fuhr.« Er habe dann, so S., einem SD-Führer, der sich selbst als »Schlächter von Minsk« bezeichnet habe, »und das mit einem gewissen Stolz«, seine Beschwerde darüber vorgetragen. Kurz darauf war er festgenommen worden. Offenbar hatte jemand seine Bemerkung über die SS-Methoden weitergetragen: »Die bringen uns auch noch um«, hatte er im Kollegenkreis gesagt. Heuser, um Hilfe gebeten, habe widerwillig zugesagt. »Aber S. muss aus Minsk verschwinden«, habe Heuser verlangt. So berichtete Breitenbach. Der freigelassene Oberrat wurde darauf sofort nach Oppeln versetzt.

Damoklesschwert. – Auch Wilke war rechtzeitig aus Minsk verschwunden. Als angeblicher Lehrer kam er nach dem Krieg schnell im Schuldienst unter. Artur hieß jetzt Walter. Mit den Morden von Minsk brachte ihn niemand in Verbindung. Die Entnazifizierung hatte er problemlos geschafft. Mit Datum vom 1. Dezember 1947 war er »nach den Bestimmungen der Verordnung 79 der Militärregierung entlastet« worden, bestätigte das »Deutsche Entnazifizierungsschiedsgericht Landkreis Peine«. Wann genau er in den Schuldienst trat, das ist nicht klar. Belege fehlen in der Personalakte. Er selber sagte, April 1948, also zum Schuljahresbeginn. Immerhin hat er am 1. Dezember 1947 einen Lebenslauf bei der Schulverwaltung abgegeben und in einer Eidesstattlichen Erklärung vom 13. Januar 1948 nachgeschoben, dass seine sämtlichen Zeugnisse als Lehrer vernichtet worden seien. Und noch einmal erklärt er am 15. April 1948 unter Eid – ein Meineid von ihm, der sich später »gegenüber Führer, Volk und Vaterland als niemals eidbrüchig« gebrüstet hat –, dass »die von mir gemachten Angaben den Tatsachen entsprechen«.

Seine Lohnsteuerkarten – auch die liegen der Prozessakte bei – weisen erstmals für das Jahr 1948 Bezüge von der Schulverwaltung aus. Monatlich 275 Mark werden ihm nach der Währungsreform zugestanden. Belegt durch einen Kontoauszug der Kreissparkasse Peine ist nur die Zahlung für Dezember 1948. Bis Februar 1954 steigen die Monatsbezüge auf 581 Mark, ab August 1954 auf 621 Mark. 1960 ist der Sold schon auf 1 087 Mark gestiegen. Sogar das Vermögen des Bruders lässt sich Artur durch einen »Antrag auf Umstellung von Sparguthaben im Währungsausgleich für Vertriebene« überschreiben: 4 832,96 Reichsmark.

Die Arbeit an seiner Karriere wirkt zielstrebig: Am 28. April 1950 beantragt der falsche Lehrer unter dem Namen seines Bruders die »Wiedereinsetzung in die alten Beamtenrechte«. Der echte Walter war schließlich im Juni 1941 vereidigt worden. Am 24. Juli 1951 wird Wilke tatsächlich ins Beamtenverhältnis auf Lebenszeit berufen, und am 3. Januar 1952 – in diesem Monat ist seine Tochter aus zweiter Ehe geboren – spricht er vor dem Schulrat des Kreises Peine neuerlich, in Wahrheit erstmals, den Beamteneid, diesmal auf die Bundesrepublik. Zweifel an seiner Identität hat offenbar niemand, schon gar nicht an seiner Lehrerberufung, denn am 19. Mai 1949 bestätigt ihm die Hauptstelle für Erziehung und Schulwesen in Berlin-Schöneberg die bis dahin nur behauptete und nicht schriftlich belegte Lehrerausbildung– die des Bruders Walter. Und im März 1960 fühlt sich Wilke schon so sicher, dass er sich um die frei gewordene Stelle als Konrektor der Volksschule Stederdorf bewirbt, wenngleich erfolglos.

Obwohl es also doch recht gut für ihn lief, muss der falsche Lehrer stets unter einem Damoklesschwert gelebt haben. Was, wenn er entdeckt würde, was, wenn Angehörige, die es doch gewusst haben müssen, ihn verrieten, wenn die Stederdorfer Sportkameraden, von denen einige noch mit seinem Bruder Handball gespielt hatten, ihn melden würden? Aber alle schwiegen.

Und doch schwebte da noch ein zweites, ungleich schärferes Damoklesschwert, eines, von dem auch in seiner Familie niemand wusste, von dem kein Stederdorfer bis heute erfahren hat und auf das Wilke, Artur Wilke, selbst erst im Nachgang zu seinem Geständnis im Frühherbst 1961 verweisen würde. Ein Schwert, das weitaus Mächtigere in Händen hielten, als es die junge, noch im Aufbau befindliche und vielfach von ihrer Nazi-Geschichte belastete Bundesrepublik war:

die britische Besatzungsmacht. Sie hatte, so würde sich nach seiner Verhaftung zeigen, Wilke als ihren schlafenden Geheimagenten in der Hand.

Vorerst blieb ihm also nur der Aufbau der Fassade. Eine Ehe als Walter Wilke, dem bisher unverheirateten Lehrer, schien geeignet, die Täuschung zu festigen. Wilke war als todkranker Mann aus dem Krieg gekommen. Er lag lange in Peine im Kreiskrankenhaus an der Sundernstraße. Dort hatte er bei mehreren Aufenthalten, unter anderem wegen eines Magendurchbruchs, 1946 oder 1947 Ursula B. kennengelernt, eine junge Ärztin in der Ausbildung. Sie habe, hat sie später Verwandten anvertraut, Mitleid mit dem »Halbtoten« gehabt und ihn intensiv gepflegt. Man kam sich näher. Um zu heiraten aber brauchte Wilke einen neuen Ausweis auf den Namen seines Bruders, den er am 17. Dezember 1948 beantragte – wieder eine Straftat. Am 30. Dezember erfolgte bereits die Hochzeit, und schon mit Schreiben vom 5. Januar 1949 gab Wilke »dem Herrn Schulrat« seine Hochzeit mit der Ärztin Frau Dr. Wilke bekannt. Zehn Monate später, am 10. Oktober 1949, wurde Sohn Wolfdietrich geboren. Gut zwei Jahre später eine Tochter.

Das jähe Ende seiner Lehrerkarriere bahnte sich im Juni 1961 an. Dezernat I PN der Bezirksregierung Hildesheim bat beim Schulamt um »kurzfristige Überlassung der dort über Wilke vorhandenen Unterlagen«. Die Schulverwaltung sollte die Akte nie wiedersehen. Zweimal, zuletzt am 1. August, erfolgten schriftliche Bitten um Rückgabe. Vergeblich. Sieben Tage später wurde Wilke verhaftet.

Fräulein H. – Du hast Kuchen mitgebracht. Fräulein H. ist begeistert. Reinhard hat den Termin mit ihr ausgemacht und sitzt mit am Wohnzimmertisch. Für ihn war die Lehrerin und spätere Kollegin immer »das Fräulein H.«, auch als sie längst verheiratet war. »Wir haben sie geliebt!« Wenn Wilke Aufsicht hatte, »dann hatten wir einfach nur Angst, aber wenn Fräulein H. Schulhofaufsicht hatte, dann waren wir nett«. Umso schockierender sei es für ihn gewesen, als er als Sechstklässler miterlebte, wie die geliebte junge Lehrerin hinter der Schultreppe auf dem Weg zu den stinkenden Klos von einem Mann bedrängt wurde und sich gegen einen Kussversuch wehren musste. Danach, erzählt Reinhard, habe Wilke ihn, den zufälligen Zeugen, immer mit großer Vorsicht behandelt.

Heute ist Fräulein H. 95 Jahre alt und kocht Kaffee für die beiden Besucher, einst Schüler der Volksschule Stederdorf, in der sie fünf Junglehrerjahre lang unterrichtete. Wenige Wochen nach Wilkes Verhaftung wechselte sie die Schule. Geschickt kommt Reinhard auf die Sportwettkämpfe zu sprechen, bei denen sie Kampfrichterin war. Er hat ein Foto mitgebracht. Es zeigt Lehrer Wilke bei der Siegerehrung; er verteilt Lorbeerkränze. Einen hält links im Bild Reinhard selbst in den Händen. »Ein schönes Kerlchen«, sagt die 95Jährige und erinnert sich gut an seine Singstimme, an den Musikunterricht, in dem sie dem späteren Lehrer und noch immer Musiker Reinhard mit nur wenigen Handbewegungen in der Luft vorzeichnete, wann die Stimme im Chor zu heben, wann zu senken war.

Wenn sie den Namen Wilke hört, weicht die 95Jährige aus. »Ich erinnere mich nur schwach. Viel weiß ich nicht davon. Das war nicht so wichtig, dass da ein Wilke abgeholt wird.« Ob man im Kollegium nicht darüber gesprochen habe? »Ich habe nichts mitgekriegt, war ja nachmittags nie in der Schule.« Und was ihm vorgeworfen wurde? Schulterzucken.

Du versuchst es noch mehrfach. Vergeblich. Dass Wilke überheblich gewesen sei und nicht viel Kontakt mit den Kollegen gehabt habe – so viel immerhin noch. Konfrontiert mit der Szene unter der Treppe, weiß sie gar nichts mehr. Aber als Reinhard ein Foto des Kollegiums der später gemeinsamen Lehrerzeit auf den Tisch legt, kommt ihr wieder jeder Name ins Gedächtnis, weiß sie zu jedem Kollegen was zu berichten. Und auch über Lehrer, Rektoren, Schüler aus ihren fünf Jahren in Stederdorf plauscht ihr noch. Schmunzelnd urteilt sie über die Arbeitseinstellung einstiger Kollegen. Keiner von ihnen lebt mehr. Nur der Name Wilke fällt nicht mehr aus ihrem Mund.

Disziplin. – Das Morden machte ihm schon lange nichts mehr aus. Es war eine Arbeit, die es zu verrichten galt. Was ihm und seinen Leuten da zugetrieben wurde, das sah er nicht als Menschen an, das war Ungeziefer, das musste weg. Die Beseitigung dieser endlosen Kolonnen Menschen, die da aus den Lastwagen stiegen, mehr gestoßen wurden, als dass sie liefen, durfte man nicht an sich herankommen lassen. Das hatten die anderen geschafft, die da wie die Maschinen Schuss für Schuss Tote um Tote in die Grube beförderten, das hatte inzwischen auch er geschafft.

Und jetzt achtete er als Kommandoführer der Exekutionen oder der Wachmannschaften darauf, dass das auch bei allen seinen Schützen so blieb. Nix mit Sentimentalität oder gar Mitleid! Er verlangte Disziplin.

Die Erschießungen fanden jetzt am Wald bei Blagowschtschina statt, drei Kilometer östlich von Trostenez, nicht mehr gleich hinter dem Gutshof. Im Frühjahr hatten sie angefangen, das Gut westlich der Ortschaft Malyj Trostenez als Arbeitslager und neue Kommandostelle herzurichten. Dort hatten sie nahe dem Soldatenfriedhof die ersten Massengräber ausgehoben. Das hatte bei den Arbeitern für Unruhe gesorgt. Nun sollten die Züge voller Juden aus dem Westen abgearbeitet werden. Das machte man lieber an abgelegener, von der Straße nicht einsehbarer Stelle. Am 11. Mai 1942 war der erste Güterzug gekommen – 1 000 Juden aus Wien. Sie hatten sie antreten lassen auf dem Sammelplatz an der Bahnstrecke von Minsk, hatten sie gruppenweise in den Wald gefahren, wo die 50 Meter langen Gruben schon ausgehoben waren. Gepäck und Kleider hatten sie ins Gut bringen und dort sortieren lassen. Den Rest erledigten die Schützen direkt an der Grube.

Längst schoss er nur noch manchmal vorn mit. Er befehligte die Aktionen, diese unvermeidliche Aufgabe, die dem deutschen Volk ein reines neues Siedlungsgebiet bringen sollte. Manchmal wunderte er sich, wie sich die Lämmer so wehr- und widerstandslos zur Schlachtbank führen ließen. Dass es mal im Getriebe knirschte, war selten geworden.

Gestern war so ein Tag. Da macht eine Jüdin ein Geschrei um ihr Kind, will nicht weiter, hält den ganzen Laden auf. Als einer seiner Leute den Säugling packt und ihr aus dem Arm reißt, im hohen Bogen in die Grube schleudert und mit dem Gewehr darauf feuert, musste er eingreifen. So nicht! Das Gewehr will er nicht mehr sehen am Grubenrand. Bei den Wachen, die den Weg der Delinquenten säumen, dort ja. Aber nicht an der Grube. Zu laut, zu ungenau, die Munition zu teuer. Erst gestern hat er einen zusammenstauchen müssen, Kaul war's, weil der die teure Gewehrmunition in die Grube verballerte. Angeblich bloß, weil der Nebenmann zu ungenau geschossen und der Jude da unten in der Grube noch gelebt habe. Als wenn der nicht auch so genug gehabt hätte – spätestens wenn die Arbeiter das Loch wieder zuschaufeln.

Zwanzig Jahre später, im Prozess, da würde einer der Mitangeklagten diesen Vorfall berichten und ein Licht darauf werfen, wie mitleidlos Wilke als Chef der Erschießungen war. Und wie der sich aufgeregt hatte, als ein paar Schützen, die sich vorher Mut angetrunken hatten, ausgerechnet nahe der Gulaschkanone und bei den am Boden abgelegten Fresspaketen zum Gewehr griffen und auch noch ungenau drauflosballerten. Das Gehirn der von großkalibriger Munition im Kopf Getroffenen war durch die Gegend gespritzt. Die Stullen konnte man nur noch dem Arbeitsdienst überlassen. Eine Sauerei, fand Wilke, unwürdig eines deutschen SS-Führers. Da konnte er gestern noch so gesoffen haben – an der Grube hatte Disziplin zu herrschen.

Er hasste diese Schlamperei, diese Unpünktlichkeit der Kameraden, diese Besäufnisse vor, während und nach der Arbeit. Überhaupt – das war doch keine Aufgabe für eine Führernatur. Und draußen in den Dörfern rotteten sich die Partisanen zusammen oder wurden zumindest von den Dorfbewohnern heimlich unterstützt. Gleich morgen würde er direkt zu Strauch gehen – »Heuser kann mich mal!« – und um Einsätze im Partisanenkampf bitten, damit er wegkäme von dem öden Geballer an der Grube. Dann konnten die hier ihren Dreck allein machen. Bald sollten ja auch die neuen Gaswagen kommen – »saubere Sache«, würde Stark sagen. Jedenfalls sauberer als diese Sauereien mit Gewehrmunition.

Er sollte Erfolg haben mit seiner Bitte beim Kommandeur. Wilke wurde der wichtigste Mann der Partisanenkommandos. Aber ein paar weitere Exekutionen, die er zu befehligen hatte, blieben ihm nicht erspart. Zum Beispiel jene Ende Juli 1942, die sein späterer Mitangeklagter Kaul, jener Gewehrschütze, den er zusammengestaucht hatte, in Koblenz dem Gericht schildern sollte: Er, Kaul, sei an jenem Tag zu spät gekommen zu einer Aktion, die Wilke befehligt habe. Als er sich gerade habe einreihen wollen in die Schützenkette, um Jude um Jude mit Genickschuss in die Grube zu befördern, habe Wilke ihm zugerufen: »Nun mal ran! Lassen Sie sich mal los! Was weg ist, ist weg!«

»Was weg ist, ist weg!« Diesen Satz hob später in seinem Urteil auch das Schwurgericht hervor.

Weiber. – Am 3. Januar 1952 erreicht den Regierungspräsidenten in Hildesheim ein Schreiben des Generalvikariats über »unglaubliche Dinge aus der Schule in Stederdorf«. Die Beschwerde über den Lehrer Walter Wilke stammt von Kaplan Franz Plewnia. Ist die Täuschung aufgeflogen? Hat Plewnia, der Priester, der deine Eltern traute, die wahre Identität Wilkes aufgedeckt?

Keineswegs. Es geht um Schlimmeres als um einen untergetauchten Massenmörder, es geht um die Beleidigung des Papstes.

Die katholischen Schüler, so schildert der Kaplan mit Schreiben vom 15. Dezember 1951, hätten ihm berichtet, dass der Lehrer »Wilke den Unterricht nutzt, um den Glauben und das religiöse Empfinden der katholischen Kinder zu verletzen«. Dann listet Plewnia die von den Kindern übermittelten Äußerungen aus Wilkes Unterricht auf – in dem Wortlaut, wie es die katholischen Religionsschüler ihm berichtet hätten: 1) »Der Papst ist ein richtiger Schweinehund, und wenn er kein Geld mehr hat, dann betet er: Lieber Gott, lieber Gott …« 2) »Die Katholiken nehmen Knochen von Hunden und sagen: Das sind Knochen vom Heiligen Geist. Dann sollen die Leute kommen und einen Wallfahrtsort gründen.« 3) »Wenn der Papst genug Geld hat, dann holt er sich Weiber, und dann saufen sie soviel sie können.«

Das Regierungspräsidium fordert den so diffamierten Lehrer zur dienstlichen Äußerung auf. Der weist in seiner Stellungnahme alles von sich, er habe »weder wörtlich noch sinngemäß« Derartiges gesagt. Er verlangt eine Klärung der von den Kindern verbreiteten Vorwürfe gegen seine Person. Am 30. Januar 1952 nimmt die Polizei seine Aussage zu Protokoll: »Ich bestreite …«, heißt es in diesem Polizeibericht. Unterschrieben von Artur mit dem Namen Walter Wilke. Einen Monat später, nachdem Plewnia und Wilke sich getroffen und über die Vorwürfe gesprochen haben, wird der Fall sang- und klanglos beerdigt.

Man muss dazu wissen: Noch weit bis in die 60er Jahre wurden katholische Schüler, meist Kinder Heimatvertriebener, in der Diaspora nachmittags außerhalb der Schule vom Kaplan in Religion unterrichtet. Am evangelischen Religionsunterricht im Rahmen des Stundenplans nahmen sie nicht teil: Freistunde. Sie wurden dadurch automatisch Außenseiter – als Katholiken wie auch als Kinder von Flüchtlingen.

So wie Gretel und Elisabeth. Die beiden Flüchtlingsmädchen hatten damals Geschichte bei Wilke. Ob sie sich an ihn erinnern könne, fragst du Gretel. »Von dem Lehrer sprach keiner gut. Da war auch mal was, da hat er schlecht über die Katholiken gesprochen.« Sie habe das zwar ihrer Mutter erzählt, aber passiert sei nie etwas. »Unsere Eltern hatten ja auch gar keine Zeit, sich um sowas zu kümmern«, sagt Elisabeth. Und sie erinnert sich noch daran, wie Wilke vor den Schülern über unmoralisches Klosterleben geredet habe, dass die Nonnen und die Mönche heimlich ... »Über so etwas redet man doch nicht. Wir waren doch noch Kinder und außerdem katholisch.« Natürlich habe man davon den Eltern nichts erzählt. Aber irgendwie muss der Kaplan dann doch mitbekommen haben, dass Wilke behauptet habe, die Reliquien der katholischen Kirche seien nur ausgebuddelte Hundeknochen.

Vereine. – Die Flüchtlinge – erst später nannten sie sich Vertriebene – haben sich organisiert nach dem Krieg. Sie pflegten ihre Erinnerung an die Heimat und das Unrecht, das ihnen widerfahren war.

Auch die Täter organisierten sich. Die Hiag, die Hilfsgemeinschaft ehemaliger SS-Angehöriger, wurde 1951 als eine Art Traditionsverband von Offizieren der Waffen-SS gegründet. Die Rehabilitierung der SS war ihr Ziel, was ihr als einflussreicher Akteur in den Soldaten- und Traditionsverbänden in den 70er Jahren auch gelang. Den SS-Angehörigen wurden uneingeschränkte Rentenansprüche zugestanden, nachdem sich die Hiag von den Kriegsverbrechen, den Totenkopfverbänden und dem SD, bei dem ja auch Wilke gewesen war, distanziert hatte. Heimliche Unterstützung wurde den alten Kameraden, selbst wenn sie im Gefängnis saßen, aber dennoch zuteil. 1992 erst löste sich der Bundesverband auf.

Einer wie Wilke konnte auf die Hiag nicht zählen. Er musste die alten Kameraden meiden. Schließlich war er ja der Walter, war er ja nie bei der SS gewesen, war er ja der unbescholtene einfache Soldat, der jetzt als Lehrer Kindern das Schreiben, das Lesen und das Singen beibrachte.

Einer der späteren Mitangeklagten, Namensvetter Harder, der sein Arthur mit h schrieb und den Artur Wilke schon in Minsk nie hatte leiden können, pflegte ebenfalls das Liedgut: das der Waffen-SS, das nahtlos in die Folklore der Hiag übergegangen war. Das hatte Harder, damals 43 Jahre alt, schon 1954 vor den Richter gebracht. Zu dieser Zeit waren Harders Zugehörigkeit zur Minsker Mörderbande und sein Spezialauftrag zur Vertuschung der tausendfachen Morde noch nicht bekannt geworden. Ungeniert trat Harder als Hiag-Mitglied auf und stimmte im Frühsommer 1952 in Frankfurt in einer Kneipe mit SS-Kameraden an, was sie einst in Minsk gelernt hatten: antisemitische Kampflieder.

1952 – da wagte es noch niemand, wegen der verbotenen SS-Lieder Anzeige zu erstatten. Aber dann stand es doch in der Zeitung. Die

Staatsanwaltschaft musste ermitteln; ein Aushilfskellner bestätigte den zynischen Gesang. Darauf schwor Hauptsturmführer a. D. Harder Rache. Er lauerte dem Zeugen im August nach dem Dienst auf und schlug ihn mit einer Zaunlatte nieder. »Jetzt habe ich dich, du Hund«, waren laut Beweisaufnahme seine Worte.

Bemerkenswert am darauf folgenden Prozess, schrieb Ende Mai 1954 die Zeit, war nicht etwa der »schon unglaubliche Vorgang«, sondern das Urteil des Schöffengerichts Frankfurt: Harder wurde wegen Beleidigung und Körperverletzung zu lediglich zwei Monaten Gefängnis verurteilt. Die Strafe wurde außerdem zur Bewährung ausgesetzt, weil dem zur Tatzeit angetrunkenen Harder die Tat »persönlichkeitsfremd« gewesen sei und ihm eine günstige Sozialprognose gestellt wurde – ihm, Harder, dem Massenmörder. Die Zeit dazu: »Was aber soll man von einem Manne erwarten, der sich als so unbelehrbar erwiesen und der sich acht Jahre nach dem Zusammenbruch von 1945 noch als aktiver Verfechter verbrecherischer Gewaltmethoden gezeigt hat? Wer hier eine Strafe verhängt, die nur auf dem Papier steht, handelt nicht besser als jenes Gericht, das Adolf Hitler nach dem Hochverrat des Novembers 1923 pro forma nach Landsberg schickte, wo er sich bekanntlich keineswegs als bewährungswillig erwies.«

Selbstbetrug. – »Das bist du gar nicht«, sagte der Baron, als Wilke einmal laut über seine Verantwortung für diese Aktionen sinnierte. Von Toll fühlte sich nicht verantwortlich, und das verlangte er auch von Wilke. In der Datscha des KdS Minsk, wo sie abends beim Kartenspiel und manchem Trunk saßen, waren Zweifel an dem, was sie tagsüber trieben, nicht gern gehört und auch immer bald vom Tisch. Lieber erinnerten sie sich gegenseitig an ihren Eid auf Hitler, an ihre Rolle in der künftigen neuen Ordnung und daran, dass sie nun die Elite Deutschlands, dass sie privilegiert und eben die Herren, weit über der Masse, waren. Und wenn einer, wie jetzt Wilke, auch nur Zweifel andeutete, dann tippte bestimmt ein anderer mit dem Fingernagel auf sein Koppel. Was stand da unter dem eisernen Adler rund ums Hakenkreuz? »Meine Ehre heißt Treue«.

Doch so gut sich Wilke mit dem Baron verstand – dessen Nähe zu Heuser beunruhigte ihn. Und gleichzeitig spürte er, dass die anderen

SS-Führer von Toll schief ansahen. »Angeber, Drückeberger, Karrierist« – das alles hatte er von den anderen schon über den Baron gehört. Und »Arschlecker«. Denn von Toll wurde kaum noch ohne Heuser gesehen, und umgekehrt. »Geradezu kriecherisch«, so sollte 20 Jahre später der Sachverständige Hans-Günther Seraphim im Heuser-Prozess erklären, habe sich von Toll an Heuser gehängt und jeden seiner Befehle befolgt. Natürlich habe er, obwohl nur Dolmetscher, auch an der Grube mitgeschossen. Als Baltendeutscher habe der Baron alles Deutsche durch die rosarote Brille gesehen. Von Toll habe sich »voll und ganz jenem Mann zur Verfügung gestellt und seine Freundschaft gesucht, den man ohne jede Übertreibung als den bösen Geist der Dienststelle und den Motor der Vernichtungsaktionen bezeichnen kann«, schrieb der Historiker. Er meinte Heuser, nicht Wilke.

Dennoch blieb Wilke dem für andere als überheblich und unnahbar geltenden Baron zugetan, ein Freund. Er war noch immer ein interessanter Gesprächspartner für die Abende. Und draußen, auf Partisanenjagd, war von Toll einer der eifrigsten Schläger. Das war selbst einigen Mitstreitern oft zu brutal, aber ihm, dem Kommandeur der Aktionen gegen die Partisanen, waren Härte und Rücksichtslosigkeit draußen in den Russendörfern inzwischen ganz normal geworden.

Walser. – An die Diskussion am elterlichen Kaffeetisch – fast wäre es ein Streit geworden – kannst du dich gut erinnern. Es muss Anfang Dezember 1998 gewesen sein, Geburtstagskaffee deiner Mutter. Gerade hatte Martin Walser den Friedenspreis des Deutschen Buchhandels zugesprochen bekommen und in der Frankfurter Paulskirche jene umstrittene Dankesrede gehalten, die den Begriff »Moralkeule Auschwitz« zum geflügelten Wort machen sollte. Es war einer der wenigen Augenblicke, dass in der Familie über die NS-Zeit gesprochen wurde. Walser hatte beklagt, den Deutschen werde die nationalsozialistische Vergangenheit immer wieder vorgehalten. Gerade diese Schuldvorwürfe, so Walser sinngemäß, animierten doch zum Wegschauen.

Euch animierte die darauf folgende Diskussion zum Hinhören. Denn trotz der Holocaust-Filme, trotz Schindlers Liste und diverser Dokumentationen hattet ihr in der Familie nie offen über die NS-Zeit gesprochen. Das Thema Deutsche Schuld wurde schon aus Rücksicht auf die Eltern nie angeschnitten. Ihr hattet das Schweigen gelernt.

Und ausgerechnet jetzt kam auch an eurem Wohnzimmertisch das Totschlagargument der Nachkriegsgeneration: »Wir sind doch nicht schuld!« Und deshalb habe Walser ganz recht: Es müsse mal vorbei sein mit den Schuldzuweisungen.

»Nein, wir tragen keine Schuld. Aber wir tragen Verantwortung. Und wir werden sie immer tragen müssen, genau wie unsere Kinder und Enkel.«, war dein Argument.

Vater hatte sich, wie immer, aus dem Streit herausgehalten. Er ließ sich nichts anmerken, aber du glaubtest zu spüren, was er dachte: »Die reden wie Blinde über die Farbe.« Wir Kinder – jetzt längst Erwachsene mit eigenen Kindern – hatten diese Zeit doch gar nicht erlebt, wir hatten nicht einmal viel gehört darüber. Da hatte er recht: Es war Jahrzehnte geschwiegen worden. Und nun fordert da ein Intellektueller, einer aus der Tätergeneration – so wollten viele Walser gern missverstehen – das Ende des Erinnerns an die Nazi-Verbrechen. Dabei hatten wir nicht einmal damit angefangen.

Verantwortung. – Jede Form von Verantwortung schoben die Angeklagten im Heuser-Prozess weit von sich. Sie hatten ja nur Befehlen gehorcht. Jene, die diese Befehle zu verantworten hatten, waren doch in Nürnberg schon abgeurteilt worden. Sie indes waren einzig ihrem Eid treu geblieben: »Unsere Ehre heißt Treue«. Sie waren schließlich SS-Leute gewesen.

Dagegen stand ein zeitgeschichtliches Gutachten. »Göttingen, den 11. April 1962« stand unter dem Papier, das wenige Verhandlungstage vor dem Urteil der Lehrbeauftragte der Universität Göttingen, Dr. Hans-Günther Seraphim, dem Gericht vortrug. Der Titel: »Zum Problem der Gehorsamspflicht der Schutzstaffel und der Polizei gegenüber Vernichtungsbefehlen unter besonderer Berücksichtigung der Vorgänge bei der Dienststelle des KdS Minsk«. Darin beschrieb Seraphim die Situation und die öffentliche Meinung in der NS-Zeit, er bezeichnete die Schutzstaffel der NSDAP als »Träger der Terror- und Gewaltmaßnahmen« und er beleuchtete die Stellung und Verantwortlichkeit des Einzelnen innerhalb der SS.

Punkt sechs des Gutachtens: »Das Problem und Grenzen des Gehorsams in SS und Polizei in rechtlicher und tatsächlicher Hinsicht«. Schon die Differenzierung in »rechtlich und tatsächlich« deutet den

Konflikt an. Punkt sieben: »Das Problem des Gehorsams und der Befehlsverweigerung gegenüber Vernichtungsbefehlen in der SS-Ideologie«.

Seraphims Kernaussagen in diesem und in vielen weiteren Prozessen gegen NS-Verbrecher: Es gab in der SS die Möglichkeit, sich Tötungsbefehlen zu widersetzen, ohne selbst mit dem Tod rechnen zu müssen. Denn »blinder Gehorsam« bei Tötungsbefehlen war nach Paragraf 47 des Militärstrafgesetzbuches »ausdrücklich verboten«. Seraphim: »Wer die Bestimmungen kannte, handelte nicht im Befehlsnotstand, sondern nach eigener Gewissensentscheidung«, wenn er trotzdem tötete. Aber kannte jeder die Bestimmung? Wurde diese dem Schützen nicht sogar vorenthalten?

Mit dieser These vertrat der Göttinger Historiker, der bis weit in die 70er Jahre der am häufigsten gehörte Gutachter in solchen Prozessen war, eine Theorie, die vielen Angeklagten, die sich auf Befehlsnotstand beriefen, das Tor zur Freiheit öffnete. Nicht ob für ihn eine Zwangssituation vorlag, sondern ob er diese so empfunden hatte, war nach Ansicht des Gutachters entscheidend. Damit knüpfte der Sachverständige an jene Argumente an, die er und sein Mentor, der Göttinger Völkerrechtler Herbert Kraus, schon im Nürnberger Kriegsverbrecher-Prozess – damals auf der Seite der Verteidigung – geltend gemacht hatten. Nicht nur objektive Schuld war dem Angeklagten demnach nachzuweisen, sondern auch die Behauptung subjektiven Notstands war dem Täter zu widerlegen. Eine Sicht, die erst von dem seit Anfang der 70er Jahre in mehreren Prozessen tätigen Gutachter Wolfgang Scheffler revidiert wurde. Dessen Einschätzung wurde 1973 mit Urteil im Düsseldorfer Einsatzgruppen-Prozess erstmals juristisch anerkannt.

Wilke saß über zehn Jahre davor auf der Anklagebank. Würde also Heuser und seinen Mordgesellen die Behauptung eines Befehlsnotstandes helfen? Würde ihnen nachzuweisen sein, dass sie wussten: Befehlsverweigerung bei angeordneter Tötung würde nicht folgenlos, aber eben auch nicht tödlich für sie enden?

Schulrat. – Du hast lange nach der Personalakte gesucht. Die heutige Schulleitung hat sie nicht. Die Schulleiterin kennt weder Wilke noch den Vorgang lange vor ihrer Zeit. Die Schulsekretärin, historisch interessiert und verwandt mit dem Dorfchronisten, verspricht zu helfen. Die Schule zieht gerade um. Wenn das in verschiedenen Räumen verstaubende Archiv gesichtet wird, lässt sich vielleicht finden, wann genau umgebaut wurde im Jahr 1961, wo die Schüler unterrichtet wurden, vielleicht gar, ob damals über die Verhaftung etwas notiert wurde.

Du wirst verwiesen an die Schulverwaltung in Braunschweig. Natürlich weiß man dort auch nichts. Die offizielle Anfrage an die Landesschulbehörde – du bist schließlich Journalist, die Pressestelle ist professionell hilfreich – löst umfangreiche Suchen aus. Das Ergebnis ist gleich null.

Kein Wunder, wie du bald merkst. In der Koblenzer Prozessakte findet sich ein eigener Band über Wilkes Schulkarriere als Lehrer. Bestandteil des Beweismittelordners. Die Schule kann gar keine Personalakte mehr haben, denn die darin gesammelten Dokumente sind ja Stück für Stück jeweils ein Beweis für den Anstellungsbetrug, dessen Wilke schon vor dem Mordprozess verurteilt wurde. Da ist der Lebenslauf auf den Namen seines Bruders vom 1. Dezember 1947. Es findet sich die eidesstattliche Versicherung, »dass ich am 1. September 1936 in den Schuldienst eingetreten bin und bis zum 1. März 1945 in Gohren im Schuldienst gestanden habe« – gezeichnet Walter Wilke. Damit hat sich Artur Wilke seine Einstufung in die Kategorie V der Liste der Lehrerkategorisierung erschwindelt. Und da gibt es die Niederschrift über die Vereidigung des Lehrers Walter Wilke vor dem Schulrat des Landkreises Peine vom 3. Januar 1952 zur Berufung in das Beamtenverhältnis.

Dann stößt du auf einen »Bericht über die Unterrichtsbesichtigung bei Lehrer Walter Wilke« vom 11. Januar 1952. Da warst du noch nicht einmal geboren. Die Bewertung der Lehrerleistung Wilkes darin: »Die Kinder sind im allgemeinen aufgeschlossen und würden mehr aus sich herauskommen, wenn sie durch Denkanstöße zur Mitarbeit ermuntert würden.« Und weiter über die Person des Lehrers: »Seine Unterrichtsmethoden finden nicht das Interesse der Kinder.« Er müsse »versuchen, sie zum Denken anzuregen«, schrieb der Schulrat. Immerhin befindet er: »Die Disziplin ist einwandfrei.«

Deine Gedanken schweifen zurück in die Schulzeit: »Der Schulrat kommt!« Was war das immer für eine Aufregung! Und plötzlich bist du wieder mittendrin – nicht nur in Gedanken. Kurz vor dem Ende der Akte findest du einen weiteren Bericht über einen Schulratsbesuch, der vom 16. Dezember 1960, ein halbes Jahr vor Wilkes Verhaftung, also zu deiner Schulzeit. In einer der höheren Klassen unterrichtete Wilke Naturkunde: »Vom Wildtier zum Haustier«. Und in Deutsch musste seine zweite Klasse ein Gedicht aufsagen: »Weihnachten« von Joseph von Eichendorff. Dir fallen sofort die ersten Zeilen ein:

Markt und Straßen steh'n verlassen,
still erleuchtet jedes Haus.
Sinnend geh' ich durch die Gassen.
Alles sieht so festlich aus.

Das müsst ihr bei Wilke gelernt haben, das habt ihr auch bei der Weihnachtsfeier des Flüchtlingsvereins aufgesagt. Du oder aber Kurt, sicher er, im Auswendiglernen war er besser. Du hast dich in »Advent, Advent, ein Lichtlein brennt …« geflüchtet. Wer aus deiner Klasse hat es an jenem Dezembermorgen dem Schulrat vorgetragen?

Erst viel später, nachdem du viele deiner ehemaligen Klassenkameraden gefragt hast, wird klar: Das kann nicht deine Klasse gewesen sein. Keiner sonst außer Kurt und dir kennt das Eichendorff-Gedicht. Wohl aber erinnern sich ältere Jahrgänge daran, es bei Wilke gelernt zu haben.

Der Deutschunterricht wurde zumindest als »befriedigend« bewertet, für Naturkunde bekam der falsche Lehrer Wilke nur ein »Ausreichend«. Die schriftliche Beurteilung aber fiel vernichtend aus: »Der methodische Weg des Lehrers ist abzulehnen.« Wilke gestalte den Unterricht »zwar lebendig, aber zu hastig und drängend«. Und weiter: »Bei mehr Zurückhaltung (des Lehrers) würde sein Unterricht wertvoller sein.«

Zur »Lehrerpersönlichkeit« heißt es, »zwischen ihm und den Schülern besteht ein Vertrauensverhältnis«. Da wusste noch niemand, dass er das Vertrauen aller missbraucht hatte. An der Disziplin der Klassen gab es auch diesmal nichts zu tadeln. Die scheint ihm immer noch sehr wichtig gewesen zu sein.

Vollwaisen. – Es gibt in der Ermittlungsakte die Aussage eines Freundes der Familie Wilke. Der Beamte aus Hannover habe dem falschen Lehrer Rat gegeben, wie er es schaffen könne, seine Kinder aus erster Ehe aus der DDR herauszuholen. Ein gewagter Plan. Erst nach einigem Nachdenken wird dir klar, was Artur alias Walter Wilke für die Kinder riskierte. Und zugleich war er ein Rabenvater, der seine Kinder verleugnete, verleugnen musste, weil sonst seine falsche Identität aufgeflogen wäre. Am Ende ließ er die eigenen Kinder, angeblich Vollwaisen, von Fremden jenseits des Ozeans adoptieren.

Du bist hin- und hergerissen. Hätte er sich nicht gegenüber seiner ersten Ehefrau weiter als gefallen oder im Krieg vermisst ausgeben, also einfach weiter tot stellen können? Hätten seine älteren Kinder dann je erfahren, wer wirklich ihr Vater ist? Oder musste er sich nicht doch bekennen zu seinem eigenen Fleisch und Blut, wie es damals noch pathetisch hieß – trotz aller Risiken der Entdeckung? Und wusste seine zweite Frau, wen sie und ihr Mann sich ins Haus holen würden mit den drei Kindern des angeblich gefallenen Bruders, die in Wahrheit Artur Wilkes leibliche Kinder waren, die das aber nicht wissen durften? In seinem intensiven Briefwechsel mit seinem Gefängnisseelsorger hat Artur Wilke die Frage, was seine zweite Frau wirklich davon wusste, nie beantwortet. Er hat die Frage immer ignoriert – und seine zweite Frau dadurch geschützt.

Wilke war in erster Ehe mit Anne-Marie von O. verheiratet, einer Krankenschwester. Am 15. November 1940 wurden sie getraut – eine Kriegsheirat. Himmler hatte seine SS-Männer zuvor aufgefordert, für Volk und Vaterland möglichst viel ehelichen Nachwuchs zu zeugen. Wilke erfüllte, was er für seine Pflicht hielt. Oft gesehen haben sich die Eheleute nicht. Vier Kinder, darunter ein Zwillingspaar, von dem ein Zwilling früh an Diphtherie starb, wurden zwischen Mai 1941 und Januar 1944 geboren. Gesehen haben die Kinder ihren Vater nur als Säugling, dann war er wieder in Minsk – zum Töten. Gelebt hatten Ehefrau und Kinder bei Kriegsende in Danzig. Nach ihrer Ausweisung kamen sie 1947 in Born auf dem Darß, Bezirk Stralsund, bei Wilkes Schwiegereltern unter.

Wie sie einander wiederfanden, ist unklar. Es muss Anfang 1948 ersten Kontakt gegeben haben – da kannte Wilke seine zweite Frau schon zwei Jahre. Im Frühsommer gab es sogar ein Treffen in Salzwedel unweit der Grenze zwischen britischer und sowjetischer Zone. Nicht auszuschließen, dass die künftige neue Ehefrau sogar dabei war. Ob stimmt, was er später den Ermittlern sagte? Sie, seine erste Frau, sei es gewesen, die die Idee hatte. Sie habe ihn gebeten, noch einmal zu heiraten, erneut eine Familie zu gründen und die gemeinsamen Kinder zu sich zu nehmen, wenn sie stirbt. Sie hatte zu diesem Zeitpunkt nur noch sechs Jahre zu leben, war bereits schwer an Krebs erkrankt und starb 1954 in Rostock. Fünfeinhalb Jahre also lebte Wilke in Bigamie – entweder im stillschweigenden Einvernehmen mit beiden Frauen oder unter Täuschung der zweiten Frau, allerdings zum späteren Wohl der Kinder.

Der Plan war abenteuerlich und ähnelte seinen doppelbödigen Partisaneneinsätzen. Wenn die wenigen Dokumente nicht trügen, übersiedelten Wilke und seine neue Lebensgefährtin kurz vor ihrer Hochzeit zum Schein in die sowjetische Besatzungszone. Es gibt eine Bescheinigung des Landkreises Querfurt in Sachsen-Anhalt vom 4. Dezember 1948 für Walter und Ursula, das noch unverheiratete Paar. Darin wird beiden bestätigt, dass ihr Aufenthalt im Landkreis Querfurt »vorübergehend nicht erforderlich« sei und sie deshalb ausreisen dürften in den »Westen/Stederdorf«. Ein Dokument, wie es nur Bürgern ausgestellt wurde, die in der Ostzone, der künftigen DDR, gemeldet waren. Hatten sich also beide zu Bürgern der Sowjetzone machen lassen, um später leichter die Kinder holen zu können? Oder nur, um vom Onkel der Braut, einem evangelischen Pfarrer, möglichst schnell und ohne öffentliches Aufgebot in Roßleben an der Unstrut getraut zu werden? In Stederdorf, das muss er gewusst haben, gab es ja einige, die seine wahre Identität kannten, zumindest aber um die falsche wussten. Hätten sie geschwiegen, wenn erst das Aufgebot zur Eheschließung an der Kirchentür gehangen hätte? Mindestens jener Jugendliebe aus den Vorkriegsurlauben des 15- bis 18jährigen Walter bei der Tante muss doch klar gewesen sein, dass der aus dem Krieg zurückgekehrte Lehrer nicht der war, als der er sich ausgab.

Ein weiteres Dokument, überschrieben mit »Inter-Zonal Travel Permit«, gestattet Walter Wilke die Aus- oder Einreise in die Sowjetzone über Helmstedt-Marienborn. Begründung: »Dringende Familienangelegenheit«. Die Dringlichkeit ist glaubhaft: An diesem 30. Dezember 1948 haben Walter und Ursula Wilke geheiratet. Damit wurde er zum Bigamisten.

Alles für die Kinder? Artur Wilke wäre für Jahrzehnte in Sibirien verschwunden, hätte man seine wahre Identität in der Sowjetzone entdeckt. Oder gab es andere Gründe, so überstürzt und nur einen Tag vor Jahresende zu heiraten, noch dazu in der von den Russen beherrschten

Zone, in der es für den einstigen SS-Mann so gefährlich war? Das, was man damals »sie mussten heiraten« nannte, kann nicht der Grund gewesen sein: Sohn Wolfdietrich wurde erst gut zehn Monate später geboren.

Vormund. – Es sollte bis 1954 dauern, bis ihn die Kinder aus erster Ehe brauchen würden. Am 29. April 1954 starb die erste Ehefrau. Die Kinder waren zehn, elf und zwölf Jahre alt. Keines von ihnen kannte den Vater, der war nur jeweils wenige Tage zu Hause gewesen, als sie gezeugt wurden oder noch Babys waren. Jetzt wollte sie ihr vermeintlicher Onkel zu sich holen.

Die Eltern der verstorbenen Mutter machten den Deal mit. Ob sie eingeweiht waren? Über den Vater der Kinder gab die Schwiegermutter am 16. Dezember 1954 diese eidesstattliche Erklärung ab: Alle Papiere des Kindsvaters Artur Wilke seien im Krieg verloren gegangen. Von dem Ehemann ihrer Tochter habe man seit dem Krieg kein Lebenszeichen mehr gehört. Der Opa der Kinder hatte Wochen vorher den DDR-Behörden zudem schriftlich erklärt, die verstorbene Tochter habe »kurz vor ihrem Tod letztwillig verfügt, dass der Bruder des verstorbenen Ehemannes, der in Westdeutschland lebende Walter Wilke«, Vormund der Kinder werden solle. Er selbst, so der Schwiegervater des falschen Onkels, sei »damit einverstanden«. Die getäuschten DDR-Behörden waren es unter diesen Umständen auch.

Die Erklärungen wurden auch den bundesdeutschen Behörden vorgelegt. Am 30. April 1955 war es so weit: Der leibliche Vater wurde zum Onkel seiner drei Kinder aus der DDR. Das Amtsgericht Peine erließ dreimal eine »Bestallung für den Vormund eines Minderjährigen«, jeweils einzeln für Sigrid, Uwe und Elke, zu diesem Zeitpunkt dreizehn, elf und zehn Jahre alt. Drei Wochen später, am 21. Mai, unterschrieb Artur Wilke: »Ich versichere, dass ich die Vollwaisen (…), Kinder des vermissten Majors Artur Wilke, und der am 29. April 1954 verstorbenen Ehefrau Anne-Marie in meinem Haushalt unentgeltlich aufgenommen habe und die Absicht habe, dauernd für ihren vollen Unterhalt und die Erziehung der Kinder bis zu ihrer wirtschaftlichen Selbstständigkeit zu sorgen« – gezeichnet »Walter Wilke«. Das getäuschte Amtsgericht Peine erklärte danach die drei Waisen zu Mündeln ihres eigenen leiblichen Vaters.

An der Grube

Die Verhaftung ihres falschen Onkels, des falschen Lehrers, haben zwei der Kinder nicht miterleben müssen. Uwe war der Erste, der unter Vermittlung der evangelischen Kirche von einem Farmer-Ehepaar in den USA adoptiert wurde. Am 1. April 1960 wurde auch die Auswanderung Elke Wilkes »nach USA vormundschaftlich genehmigt« – mit 16 Jahren. Zwei seiner Kinder, die er unter Einsatz seiner Lebenslüge und seiner Freiheit aus der DDR geholt hatte, ließ der mit nun fünf Kindern »überforderte« angebliche »Onkel« von den einstigen Feinden in den USA adoptieren.

Gaswagen. – Einen ihrer Möbelwagen hatte Wilke in Berlin sicher schon einmal gesehen. Den Namen der Firma Gaubschat aber hatte er noch nie gehört. Die Firma aus Berlin-Neukölln, so ging das Gerücht, würde die lästigen Erschießungen überflüssig machen. Den Spezial-Lastern, die seit Wochen angekündigt waren, fieberte das Kommando geradezu entgegen. Dass im Westen, in Polen, schon Gas eingesetzt wurde, um Juden zu töten, durften sie hier eigentlich gar nicht wissen. Doch es war ein offenes Geheimnis. Und nun also sollten auch sie Gaswagen erhalten.

1941 schon hatte das Reichssicherheitshauptamt die Konstruktion dieser kastenförmigen Lastwagen bei Gaubschat in Auftrag gegeben. Von außen sahen sie aus wie Möbelwagen, innen waren sie solide, vor allem ausbruchsicher gebaut und luftdicht. Über einen Schlauch konnten die Abgase des Dieselmotors ins Innere geleitet werden. Mobile Tötungsmaschinen, rollende Gaskammern, in denen Zehntausende eines meist qualvollen Todes starben. Denn als die Dinger endlich da waren, das war so Mitte Mai, da stellte sich die neue Wunderwaffe als anfällig und keineswegs als Mittel für einen schleichenden Tod in voller Fahrt heraus.

Mehrere Aktionen, bei denen auch Gaswagen eingesetzt wurden, hatte Wilke zu beaufsichtigen oder zu leiten. Mal überwachte er das Ausladen der Leichen, mal sorgte er dafür, dass die Menschen nach dem Aussteigen aus dem Güterzug in die Gaswagen gepfercht wurden. Man gaukelte ihnen vor, sie würden zum Duschen gefahren. Anfangs drückte man ihnen sogar noch ein Stück Seife und ein Handtuch in die Hand, ehe der Laderaum mit bis zu 100 Menschen geschlossen wurde und der Laster losfuhr, bevor man nahe der schon ausgehobenen Grube den Abgasschlauch anschloss. Die Seifenstücke, in die sich die Finger der Opfer im Todeskampf gekrallt hatten, wurden später wieder eingesammelt und glatt gewaschen – für die nächste Fuhre.

Das als sanftes Töten angekündigte Vernichtungswerk funktionierte nicht so perfekt wie erwartet. Dass die Menschen im Todeskampf wie wild gegen die Bretter hämmerten, ehe das Abgas seinen Zweck erfüllt hatte, war zu erwarten gewesen. Doch dass ihnen beim Öffnen noch lebende Menschen, von Kopf bis Fuß mit Kot, Urin und Erbrochenem verschmiert, entgegenstürzen würden – damit hatten Wilke und seine Kameraden nicht gerechnet. Man musste die noch Lebenden nun doch an den Rand der Grube zerren und erschießen. Das sei viel schlimmer, viel belastender gewesen, sagte später im Heuser-Prozess einer der Mittäter, als die Menschen »von Reihe weg« direkt am Grubenrand zu töten. Das Innere der Wagen war zudem völlig verschmiert. Mühsam mussten die Zwangsarbeiter die Ladeflächen wieder reinigen, ehe der Gaswagen seine nächste todgeweihte Fracht abholen konnte.

Später, nachdem Harder in Minsk angekommen war, hatte der ihnen die Hölle heiß gemacht. Sie sollten angeblich selbst schuld sein, dass die Dinger nicht richtig funktionierten, behauptete Harder. Hätten sie den Schlauch nur gleich angeschlossen und wären ganz normal losgefahren, so hatte Harder behauptet, wäre alles gut gewesen. Die Fahrer aber, die wussten, wie viele Leben sie auslöschten, wenn sie Gas gaben, hätten alles falsch gemacht. Sie hätten im Stand Vollgas gegeben, um alles nur schnell hinter sich zu bringen. Dadurch sei jedoch nur schlecht verbranntes Abgas eingeleitet worden. Die Menschen seien aus Atemnot und unter Qualen erstickt, statt sanft einzuschlafen, wie es bei gut verbrannten Auspuffgasen geplant gewesen sei. Das hatte Harder ihnen vorgehalten.

»Klugscheißer«, hatte Wilke im Kameradenkreis dazu gesagt. Er hasste den Einsatz der Gaswagen. Er hasste auch Harder. Denn was der aufschneiderische Neuankömmling als künftige Aufgabe durchblicken ließ, das mochte Wilke sich gar nicht vorstellen: Enterdung, so nannten sie das. Die Spuren des Massentötens sollten beseitigt werden. Da war es für ihn doch höchste Zeit, sich nun ganz auf den Partisanenkampf zu konzentrieren, um hier wegzukommen, dachte Wilke.

Haftbefehl. – Beantragt wird der Haftbefehl am 28. Juli 1961. Die Strafverfolger sehen Fluchtverdacht und Verdunkelungsgefahr, »weil er seit Jahren unter dem Namen seines verstorbenen Bruders lebt«. Die Entscheidung fällt prompt: »Es wird angeordnet, daß der Genannte verhaftet und unverzüglich dem nächsten Amtsgericht vorgeführt wird.« Begründung: Es sei »zu erwarten, daß er nunmehr nach seiner Entdeckung durch Flucht der Strafverfolgung zu entgehen versucht«.

Mit Schreiben vom 7. August 1961 hat die Staatsanwaltschaft Koblenz den Kollegen in Hildesheim sowie der Peiner Polizei den Haftbefehl übermittelt. Im Begleitschreiben heißt es, »Wilke soll am 8. August festgenommen werden.« Und weiter: »Es ist mit Sicherheit zu erwarten, daß in der Wohnung des Beschuldigten Beweismittel (…) zu finden sind.« Das Amtsgericht Peine erließ für denselben Tag einen Durchsuchungsbeschluss.

Was in der Akte fehlt, ist das Protokoll der Verhaftung. Wo fand sie statt, unter welchen Umständen? Etwa in der Schule, im Saal einer Gaststätte oder doch in der Polizeiwache?

Noch am 8. August erfolgt die erste Vernehmung. »Um 15 Uhr zur Polizei Peine herbeigeholt, erscheint der angebliche Lehrer Walter Wilke«, heißt es im Protokoll. »Herbeigeholt«, also nicht freiwillig herbeigerufen? Oder doch aus Stederdorf abgeholt? Aber um 15 Uhr – da war kein Unterricht mehr.

Was dann folgt, spricht wieder gegen einen freiwilligen Gang zur Polizei. Wilke leugnet. Fast eine Stunde vergeht, ehe die Ermittler notieren: »Nach anfänglichem Bestreiten erklärt er um 15.55 Uhr, er sei Artur Wilke.« Und um 16.10 Uhr, nunmehr mit dem Tatvorwurf konfrontiert, erklärt er sich bereit, sich zu äußern. Es folgen Vernehmungen am 8. und 9. August sowie eine Nachvernehmung am 15. August.

Noch am 9. fährt Staatsanwalt Bornscheuer, der leitende Ermittler, zusammen mit Schulrat Handelmann aus Peine zur zuständigen Bezirksregierung nach Hildesheim, um dort mitzuteilen, dass der Schulbehörde einer ihrer Lehrer sicherlich für längere Zeit fehlen werde. Und weitere zwei Tage später bittet Bornscheuer den Vorstand der Haftanstalt Mainz, wohin Wilke wenig später gebracht wird, diesen »so zu halten, daß er mit dem im gleichen Verfahren angeschuldigten Georg Heuser keinen Kontakt aufnehmen kann«. Vorsorglich schreibt der Strafverfolger auch: Es bestehe zwar »keine akute Selbstmordgefahr, aber (es sei) geboten, ihn deshalb im Auge zu behalten«.

Die Vorsicht hat ihren Grund. Am 25. Juli hatte sich gerade der Mitbeschuldigte Erich Gnewuch in der U-Haftanstalt Moabit mit einem

Handtuch und einem Bettlaken in seiner Zelle erhängt. Zuvor hatte er gestanden: »Ich habe 150 bis 180 Personen vergast.« Gnewuch war Fahrer eines der in Minsk und im Gut Trostenez eingesetzten Gaswagen. Wilke war der, der ihm seine Ladung zuführte. Den Heuser-Prozess erlebte der Fahrer der Todesmaschine nicht mehr.

Hatto. – Irgendeiner hat behauptet, die Verhaftung fand auf dem Sportplatz statt. Oder im Park, wo im Sommer oft Sport war, weil es näher zur Schule lag, glaubt ein anderer. Lehrer Wilke hat doch immer Sport mit den Kindern gemacht, bestätigt ein Dritter: die Jungs militärisch exerzierend bei brütender Hitze in jenem Sommer seiner Verhaftung auf der Wiese, wo Pfingsten das Schützenzelt steht, Wilke selbst mit den Mädchen im kühlen Schatten der großen Kastanien. Die Jungen haben ihn gehasst dafür.

Wer das erzählt? Hatto, eigentlich Hartmut. Kein Klassenkamerad, sondern vier Jahre älter. Zur Zeit der Verhaftung schon in der sechsten Klasse. Ja, sagt der, als du ihn ansprichst, bei der Verhaftung sei er dabei gewesen. Nicht beim Sport, sondern in der Schule sei das gewesen. Wilke war sein Klassenlehrer. Seine Klasse habe Unterricht bei einem anderen Lehrer gehabt, und er habe aus den großen Schulfenstern gesehen, wie sie seinen Lehrer über den Schulhof abführten. Zwei Männer, je einer links und rechts, Wilke mit dem Fahrrad in der Mitte. »Wir waren froh, wir haben ihn gehasst.« Er und einige andere Jungs, erinnert sich Hatto, hätten unter Wilkes Drill gelitten und immer wieder Schläge mit dem Rohrstock bekommen. »Ich hatte keinen Vater, der ihn in die Schranken gewiesen hätte. Meine Mutter hat sich gegen ihn nicht durchsetzen können.«

Also doch in der Schule verhaftet? Als du nachfragst, wird Hatto unsicher. Es sei ein heißer Sommer gewesen. Die Ferien seien wegen der Hitze verlängert worden bis in den August. Oder wegen des Umbaus? So fragst du. Jetzt fällt Hatto der Umbau wieder ein. Ja, man sei doch damals im Saal des Gasthauses Winkel unterrichtet worden – oder doch bei Schönau? Du spürst, wie ihn Zweifel an seiner Erinnerung packen. So wie sie dich immer wieder befallen. Wie oft mag er seine Version mit dem Blick aus dem Schulfenster auf den abgeführten Lehrer erzählt haben? Wurde sie auch bei ihm von Erzählung zu Erzählung wahrer? Wer irrt, wer fantasiert?

Ob man ihnen, immerhin elf, zwölf Jahre alt, eine Erklärung abgegeben habe, fragst du. Nein, gar nichts. Erst Jahre später, als über den Prozess in den Zeitungen berichtet wurde, habe er sich aus Unterhaltungen Älterer erschließen können, dass das was mit seinem verhafteten Lehrer und mit der SS zu tun haben müsse. Und war der Nationalsozialismus in seiner Schulzeit je ein Thema, fragst du. Hatto muss lachen: »Kein Wort, niemals. Bei uns hier im Dorf haben alle geschwiegen. Und in der Schule kam das auch nicht vor.« Was die Deutschen im Krieg gemacht haben, habe er erst staunend an der Meisterschule erfahren – das war schon in den 70ern. »Das ganze Dorf hat geschwiegen und ging brav zu Frau Dr. Wilke, als wäre nie was gewesen.«

Geständnis. – Wilke beginnt mit einer Lüge: »Meine erste Frau starb schon 1948/49.« Er war doch ein intelligenter Mann. Es hätte ihm klar sein müssen, dass die Unwahrheit über seine zweite Ehe, der Straftatbestand der Bigamie, nicht verborgen bleiben würde. In seinem Geständnis vom 8. und 9. August 1961 behauptet er, »sofort nach dem Tod meiner ersten Ehefrau holte ich meine Kinder zu mir. Ich habe mir das Vormundschaftsrecht für meine eigenen Kinder übertragen lassen. Sie wissen bis heute nicht, daß ich ihr Vater bin.«

Dann gibt er an mit seiner Tapferkeit: »Ich habe die EK I. und II. Klasse« (»Eisernes Kreuz«, notiert der Protokollführer), »das Infanterie-Sturmabzeichen, das silberne Verwundetenabzeichen – ich bin dreimal verwundet worden, und zwar in beiden Knien und am Kinn – und das Bandenkampfabzeichen in Bronze und Silber.«

Befragt nach den Exekutionen, antwortet er: »Als ich hinkam, hatte ich keine Vorstellung von den Aufgaben des Einsatzkommandos.« Er habe sich anfangs mit dem Nachrichtendienst der orthodoxen Kirche befasst, später dann mit den Partisanenkämpfen. Das Minsker Getto habe es schon gegeben, und er sei nur zweimal zur Aushebung einer illegalen Druckerei und eines Munitionslagers mit im Getto gewesen. Bei der Räumung sei er nicht beteiligt gewesen, sondern nur im Partisaneneinsatz eingesetzt worden.

Schließlich räumt er doch ein: »Einmal war ich mit zur Exekution. Nach dieser habe ich es verstanden, mich immer wieder zu den gefährlichen Erkundungen in die Wälder zu begeben.« Über Heuser sagt er: »Alle wichtigen Dinge liefen in der Kripo-Abteilung bei Dr. Heuser zusammen, der in meinen Augen als Vertreter des Kommandeurs angesehen wurde.«

Befragt nach der Exekution, behauptet er, er habe diese vom Wagen aus, in dem auch der Kommandeur Eduard Strauch gesessen habe, lediglich mit angesehen. »Für mich war es ein so schreckliches Ereignis, daß ich von da an alle Mittel und Wege versuchte, um nur im Bandenkampf tätig sein zu können.« »Sie wollen also bei dieser Exekution nicht geschossen haben? Soll Ihnen das abgenommen werden?«, fragten die Ermittler. »Auch der Kommandeur hat nicht geschossen. Wir standen 30, 40 Meter entfernt.« Befragt, ob er Kaul – der ihn belastet hatte, was Wilke noch nicht wusste – kenne und mit diesem an einer Exekution teilgenommen habe, leugnet Wilke beides. Danach notiert der Vernehmungsbeamte: »Dem Beschuldigten wird fünf Minuten Zeit gegeben, sich diese Frage noch einmal zu überlegen.« »Ich kann mich nicht erinnern«, versucht es Wilke noch einmal. Um 19.15 Uhr ist die Vernehmung beendet.

Tags darauf, 9.45 Uhr, hat sich der Festgenommene besonnen: »Ich habe in meinen gestrigen Aussagen die reine Wahrheit gesagt, habe aber Folgendes hinzuzufügen: Ich musste befehlsgemäß an weiteren Exekutionen aktiv teilnehmen. Ich sah keine Möglichkeit, diesen Befehl zu verweigern, zumal mir der Kommandeur Strauch persönlich auf einen Einwand von mir erwiderte: Es sei ein Befehl Heydrichs, daß alle Angehörigen des Kommandos an diesen Exekutionen zu beteiligen sind.« Nach dem Gespräch mit Strauch sei er dann auch für Monate nicht eingeteilt worden. Von befürchteten Konsequenzen bei Befehlsverweigerung sagt Wilke in dieser ersten Vernehmung nichts. Die Geschichte, Strauch habe ihm angedroht, ihn für diesen Fall »eines humanen Todes sterben (zu) lassen«, hat er erst später in der Gerichtsverhandlung vorgetragen.

Und weiter im Geständnis: »Wegen zunehmender Bandentätigkeit habe ich mich dann fast ununterbrochen mit Erkundungsunternehmen kreuz und quer in Weißruthenien aufgehalten, bei fast allen Unternehmungen als Ic.« Also als alleiniger Befehlshaber des Erkundungskommandos vor Ort. Die Ermittler drängen weiter: Wie oft? Wilke behauptet, nur bei vier Exekutionen sei er dabei gewesen, zweimal bei der Absperrung, zweimal habe er selbst geschossen. »Kinder wurden nicht erschossen. Die Juden mussten sich nicht ausziehen«, schönt er seine Aussage. Einmal, so gibt er zu, sei er auch bei einer Vergasungsaktion beteiligt gewesen, sei aber nur für das Ausladen zuständig gewesen. »Ich bleibe dabei, daß ich für diese Geschichten keine Verantwortung getragen habe.« Er beschuldigt Strauch, Heuser und Merbach als Verantwortliche.

Und die Liquidierung des Gettos Sluzk? Auch dort sei Heuser »der maßgebliche Mann« gewesen, der befohlen habe, das Getto zu durchkämmen. Die Juden seien zusammengetrieben und weggefahren worden. »Wo sich die Grube befand, weiß ich nicht«, sagt er und geht wie selbstverständlich davon aus, dass alle erschossen wurden. Man habe angenommen, dass sich noch viele Juden im Getto versteckten. Aus einigen Häusern sei auch geschossen worden. »Der Gebietskommissar Carl wollte das Getto erhalten, aber ihm wurde klar, daß die verbleibenden Juden besonders gefährlich sind.« Deshalb sei »man sich einig gewesen, das Getto anzuzünden«. Und dann? »Überall wurde auf die brennend aus den Häusern kommenden Juden geschossen.« Und er selbst? »Meine Tätigkeit erstreckte sich darauf, Juden aus den Häusern zu treiben. Außerdem habe ich später beim Brand des Gettos auf Juden geschossen.« Warum? »Weil es befohlen wurde.« Und? »Weil in der damaligen Staatsführung die Ansicht bestand, die Juden müssten als Staatsfeinde verschwinden.« Und? »Ich habe mir damals keine Gedanken gemacht, ob diese befohlene Aktion eine Unrechtshandlung darstellt.«

An dieser Stelle wird die Vernehmung unterbrochen – Haftbefehl-Verkündung vor dem Ermittlungsrichter. Nach der Pause räumt Wilke nunmehr ein: »Ja, nach dem Ausfall eines der Gaswagen habe auch ich Männer, Frauen und Kinder erschossen.« Es seien immer sechs bis acht Juden gleichzeitig von einem Schützen zur Grube geführt und mit Genickschuss getötet worden. Selbst habe er 15 bis 20 Juden erschossen. An weiteren Aktionen habe er aber nicht teilgenommen. Was er vorher gesagt habe, müsse er durcheinander gebracht haben. »Nur diese eine Aktion!«

Im Bandenkrieg

Bigamie. – Das Urteil des Amtsgerichtes Peine wurde am 19. Dezember 1961 gesprochen. Da saß Wilke schon in Untersuchungshaft. Unter dem Aktenzeichen 8 Ls 43/61 der Staatsanwaltschaft Hildesheim werden rund 30 Fälle des Betrugs zu einem fortgesetzten Betrug und Anstellungsbetrug zusammengezogen, begangen von 1947 bis 1958. Außerdem ist Bigamie angeklagt.

Als Beweismittel liegen all die Dokumente auf dem Tisch, die Wilke, unter Eid oder nicht, als sein Bruder Walter unterschrieben hat. Der Betrug ist also schnell ausgeurteilt: drei Monate Gefängnis auf Bewährung. Mit der Bigamie gestaltet es sich schwieriger, denn die Mithilfe der Behörden der DDR wäre erforderlich. Das Amtsgericht setzt diesen Teil des Verfahrens zunächst aus. Das Urteil wird folglich nicht rechtskräftig. Erst zusammen mit den zehn Jahren Zuchthaus aus dem Koblenzer Mordprozess ist dies am 31. Mai 1963 der Fall: zehn Jahre und ein Monat Zuchthaus Gesamtstrafe. Den Bigamie-Vorwurf haben beide Gerichte einfach unter den Tisch fallen lassen.

Anne. Du zweifelst schon wieder an deiner Schlüsselszene. Anne, Konrads Schwester, hat sich an den Schulumbau erinnert. An Wilkes Verhaftung kann sie sich nicht entsinnen, da sei sie ja schon auf der Realschule gewesen. Ostern 1961 sei sie gewechselt. Aber die neuen Tische und Stühle in der Volksschule, die habe sie noch vor Augen – nach dem Umbau. Vorher, das wisse sie noch, sei sie mit der Klasse im Gasthaus Winkel unterrichtet worden und dann in den neuen Klassenraum zurückgekehrt.

Vor Ostern 1961? Also lange vor der Verhaftung? Aus der Bauakte der Schule weißt du, dass die Pläne ein Datum von 1959 tragen. Spätestens 1960 wurde begonnen. Die Einweihung war aber erst im April 1962. Da saß Wilke bereits in U-Haft. Sicher wird in Etappen gebaut worden sein – wohl erst neue Klassenräume, danach der Musik- oder

Zeichensaal unter dem Dach mit dem halbrunden Treppenhaus. Aber nirgendwo hast du finden können, von wann bis wann ihr Kinder Unterricht in den Gasthäusern hattet. Vielleicht wirklich schon viel früher. Dann aber kann die Verhaftung nicht in Schönaus Saal stattgefunden haben. Deine Erinnerung wäre Einbildung.

Unterlagen, wann der Saal vermietet war, hat auch Ulli, der heutige Seniorchef des einstigen Wirtshauses und heutigen Hotels, nicht finden können. Damals, 1960 bis 61, war er noch Lehrling, auswärts, nicht im Gasthaus seines Vaters. Von einer Verhaftung in seinem Saal hat er auch noch nichts gehört. Selbst am Stammtisch – darunter einige einstige Wilke-Schüler – kann man sich nicht an die Verhaftung erinnern. Dass sie Wilke aber aus dem Unterricht geholt hatten, da sind sich alle einig. Habe man schließlich damals im Dorf überall erzählt.

Aber vielleicht war der Besuch der zwei Männer, die du für Kriminalbeamte hieltest und die dir Jahrzehnte vor Augen standen, gar nicht die Verhaftung? Vielleicht hing es mit Wilkes Tbc-Erkrankung zusammen? Zimperlich waren die Behörden damals nicht, wenn es um Tuberkulose ging: »Sie müssen so lange dem Schulbesuch fern bleiben, bis nach Durchführung einer Heilstättenkur die Gefahr der Krankheitsübertragung auf die Kinder ausgeschlossen ist«, heißt es in einer amtlichen Anordnung, die du in Wilkes Personalakte gefunden hast. Zwar passt das Datum nicht: 1950. Aber die Erkrankung war ja immer wieder ausgebrochen, auch, als er ab 1959 euer Klassenlehrer war.

Und die Zeitung, was stand darin über die Verhaftung? Nichts! Du hast die alten Bände der Peiner Allgemeinen Zeitung durchgearbeitet, hast lesen können, was im fernen Jerusalem im Eichmann-Prozess geschah und dass, während Wilke in Koblenz auf seinen Prozess wartete, Adolf Eichmanns Todesurteil rechtskräftig wurde und seine Asche auf hoher See im Mittelmeer »in alle Winde verstreut« wurde. Aber über die Verhaftung des Volksschullehrers aus dem Nachbardorf hat die Zeitung kein Wort geschrieben. Selbst den Schuldspruch gegen deinen Lehrer konnte nur finden, wer dessen Doppelleben unter falschem Namen kannte. Am 22. Mai 1963 hat die Heimatzeitung im überregionalen Teil, der »Welt im Spiegel«, einen Agentur-Text von »Upi« veröffentlicht: »Zuchthausstrafen im Heuser-Prozess – Menschen wie bei einer Treibjagd abgeknallt«. Landgerichtsdirektor Randebrock wurde das Zitat zugeschrieben: »Welch ein Wahnwitz, einen Erdball judenfrei machen zu wollen.« Ganz zum Schluss, bei der Aufzählung der Strafen für die Mitangeklagten, stand: »... und Artur Wilke (Stederdorf/Kreis Peine) zu zehn Jahren Zuchthaus«. Mehr nicht. Nicht, was er getan, nicht, dass er unter falschem Namen 16 Jahre lang Kinder unterrichtet hatte. Wer den Lehrer nur als Walter kannte, dem fehlte jeder Bezug. Offensichtlich auch den lokalen Redakteuren. Von ihnen kein Wort über den sensationellen Kriminalfall mit Lokalbezug, stattdessen ein Bericht aus dem Amtsgericht, dass ein Peiner Autofahrer 30 Mark Strafe zahlen musste, weil er im Vorbeifahren eine Frau mit Matsch bespritzt hatte, sowie die Schlagzeile: »In ganz Peine keine Kellnerlehrlinge«.

Augenzeugen. – Der Prozess in Koblenz hatte kaum begonnen, da meldete sich am 25. Oktober 1962 überraschend ein Zeuge. Er habe aus Zeitungsmeldungen vom Heuser-Prozess gehört und fühle sich nun verpflichtet, seine Beobachtungen mitzuteilen, die er beim Rückzug aus Stalingrad zusammen mit einer Gruppe geschlagener Soldaten in der Nähe der Stadt Sluzk gemacht habe, teilte der ehemalige Gefreite Hermann B. aus Köln dem zuständigen Staatsanwalt mit. Das sei im April 1943 gewesen. Erst habe man Lastwagen voller Menschen gesehen, dann Feuerstöße aus dem nahen Wald gehört. Er und einige Kameraden, so B., seien neugierig näher gekommen. Wohl deshalb, weil sie deutsche Uniformen trugen, hätten die Wachmannschaften sich an ihnen nicht gestört. Sie hätten dann eine fünfzehn mal sieben Meter große Grube entdeckt, zu der Menschen geführt wurden. Alle seien nackt gewesen, und sie seien von zwei deutschen SS-Führern aufgefordert worden, in die Grube zu springen. Die Menschen seien tatsächlich widerstandslos hineingesprungen und dann von mehreren Schützen mit Maschinengewehren erschossen worden. »Nicht etwa hastig, sondern in aller Gemütsruhe«, so teilt der Zeuge mit, seien die Menschen getötet worden. Das habe ihn und seine Kameraden am meisten beeindruckt. Zwischendurch hätten sich gleich nebenan einige Schützen aus einer Gulaschkanone verpflegt – »in aller Seelenruhe«.

Nur kurze Zeit, sieben bis zehn Minuten, hätten er und die Kameraden es ausgehalten, dort zuzusehen. Aber was er in dieser kurzen Zeit gesehen habe, habe ihn schockiert. Ein Schütze habe Ladehemmungen an seinem Gewehr gehabt. Dem schon in der Grube hockenden jungen Mann, den er erschießen wollte, habe er zugerufen: »Warte noch, dreckiger Judenlümmel. Gleich ist es soweit!« Eine nackte Frau habe sich nicht wie die anderen auf den Körpern der zuvor in der Grube Erschossenen niedergekniet, sondern habe aufrecht stehend den Schützen ins Gesicht gesehen und gerufen, sie sollten gut zielen beim Schießen. »Du alte Judensau! Wo willst du getroffen werden? Herz, Leber oder Bauch?«, habe einer der SS-Leute ihr entgegnet. Eine Frau mit Kleinkind auf dem Arm, auch sie beide nackt, habe es nicht über sich gebracht, zusammen mit dem Kind in die Grube zu springen. Sie habe das Kind am Rand abgestellt, sei dann selber gesprungen. Einer der Mörder habe dann mit einem großen Spaten nach dem Kind geschlagen, es so in die Grube geschleudert und dann beide erschossen. »Das alles binnen weniger Minuten. Dann ist mir übel geworden«, notierte der Ermittler die Aussage des Augenzeugen. Noch am selben Tag habe dieser die beiden SS-Männer in Minsk zufällig wiedergesehen. Diese seien »Zigarren rauchend im dicken Mercedes-Benz vorübergefahren«. Namen konnte der Zeuge nicht nennen. Einfluss auf den Prozess hatten seine Aussagen auch nicht. Sie machten nur, was in Koblenz letztlich verurteilt wurde, umso glaubwürdiger. Offenbar bestätigte die Aussage jene Erschießungen nach Auflösung des Gettos in Sluzk, derer Heuser, Wilke und die anderen angeklagt waren.

Ganz konkret Heuser aber wurde von einem weiteren frisch aufgetauchten Zeugen belastet – aber auch in diesem Fall, ohne dass es zu einer Erweiterung der Anklage gekommen wäre. Beweise fehlten. Die Zeugenaussage allein reichte nicht. Wie B. hatte sich auch Herbert Sch. gleich nach Prozessauftakt beim Staatsanwalt gemeldet. Er habe (in Heuser) »den Mann gefunden, den ich jahrelang gesucht« habe, schrieb Sch. – seinen »einstigen Gegenspieler« in Minsk. Sch. war Werkmeister des Luftgau-Kommandos am Flugplatz Minsk, wo er eines Tages beobachtet habe, wie Heuser mit seinen Leuten »Treibjagd auf Bürger jüdischen Glaubens gemacht« habe. »Dasselbe Kommando hat einige Wochen später sechs Jünger desselben Glaubens, die ich in Sicherheit gebracht hatte, mitsamt dem Haus, in dem diese sich aufhielten, eingeäschert«, schreibt der Zeuge.

Jungfrauen. – Neunundachtzig Zuhörerplätze fasst der große Schwurgerichtssaal des Landgerichts Koblenz. Als du dort recherchiertest, lief gerade der Prozess gegen Mitglieder des rechtsextremistischen Aktionsbüros Mittelrhein. Braunes Haus nennt der Volksmund die als kriminelle Vereinigung angeklagte Gruppe: 26 Angeklagte aus der Neonazi-Szene, 52 Verteidiger vertreten sie. Es wird im ersten Anlauf zu keinem Urteil kommen. Der Vorsitzende Richter wird vor Prozessende pensioniert. Nach mehr als sieben Jahren Ermittlungen läuft die nächste Hauptverhandlung immer noch.

Längst ist der Saal renoviert, hat moderne Lautsprecher- und Videoeinrichtungen, zeitgemäßes Gestühl. Vorn aber, gleich hinter den Richtern, fällt der Blick der Angeklagten noch immer auf das riesige Mosaik der zehn törichten und klugen Jungfrauen. Auch Artur Wilke hatte die Mosaik-Jungfrauen der Andernacher Künstlerin Inge Steiner-Wiese in dem damals nagelneuen Landgerichts-Bau 1962/63 über viele Monate im Blick.

War er, wie die törichten Jungfrauen, mit völlig falschen Vorstellungen losgezogen? Jene, um ihre Bräutigame heimzuholen, er blindlings in den Krieg für Volk und Vaterland? Dabei nicht bedenkend, dass es auch einen Rückweg geben muss, wenn man in die Fremde zieht? Dass die klugen Jungfrauen, die dem Bräutigam entgegenzogen, gut beraten waren, Öl für ihre Lampen und den nächtlichen Heimweg mitzunehmen, kannte er aus der Bibel. Hätten die Deutschen auf ihrem mörderischen Eroberungsfeldzug auch ihren Rückweg bedenken müssen? Hätten sie nicht fürchten sollen, sich eines Tages einmal verantworten zu müssen? War er töricht gewesen, der Euphorie verfallen, den Befehlshabern vertraut, den Befehlen gehorcht zu haben?

Oder waren er und seine Mitangeklagten hier nur die Sündenböcke, die den Kopf hinhalten mussten, damit die großen Tiere, die in der Bundesrepublik Karriere gemacht hatten, auf sie mit den Fingern zeigen und sagen konnten: Seht, wir arbeiten die Schuld der Nazis ja auf? Jene großen Tiere in Justiz, Verwaltung und Regierung, auf die auch im Laufe dieses Prozesses ein Licht fallen sollte, von denen aber alle Anwürfe abperlten. Größere Tiere jedenfalls als Heuser, der oberste Polizist dieses Bundeslandes, der nun zu den Sündenböcken und Schuldigen zählte.

Schuld? Er fühlte sich nicht schuldig. Er hatte Befehlen gehorcht, mehr nicht. Sie hatten ihn losgeschickt, aber Öl für die Lampen, um den Rückweg, den Ausweg zu finden, hatten sie ihnen nicht mitgegeben.

Im Bandenkrieg

Aber hätte er es nicht besser wissen müssen? Er war doch Christ, er kannte doch die Bibel, er hätte doch Recht von Unrecht unterscheiden können. Aber er hatte auch der SS den Eid geschworen.

Wenn Wilke an den Abenden in Minsk bei Schnaps und Spielkarten mit dem Baron und auch mit dem örtlichen Popen, seinem Kontaktmann zur orthodoxen Kirche, zusammensaß, da war oft – meist nur in biblischen Gleichnissen – von Fehlern, von Schuld und Sünde, von »Peccatum« die Rede. Mit dem alten Popen konnte man sich auf Lateinisch unterhalten, und er hatte sich dem erfahrenen Geistlichen gegenüber immer beklommen gefühlt. So, als spotte der heimlich über ihre, Wilkes und von Tolls, Naivität, über die törichte Idee, ein erneuertes Christentum mit Mord und Totschlag gen Osten verbreiten und dabei Jesus Christus, den Allmächtigen, durch Adolf Hitler, den Führer, ersetzen zu können.

Ideologie. – Wilkes Vorstellung, sich auf einem Kreuzzug zu befinden, das Christentum gen Osten zu verbreiten und eine Art erneuerte Kirche, eine christliche Führer-Kirche in einem von Juden gesäuberten Reich zu etablieren, war ja unter seinen Kameraden durchaus akzeptiert. Eine »nordische Religion« sollte entstehen, ein Christentum, das sich zurückbesinnen sollte auf germanische Werte. Denn den Germanen wurde ein naturverbundener, »immerwährender Kampf ums Dasein« zugeschrieben, den man jetzt im Krieg brauchte und zu dem eine Führer-Ideologie wie die in der SS ideal passte.

»Der christlichen Verweichlichung standen die Urwerte gemanischen Wesens gegenüber: Härte, Heroismus, Rassestolz, Kampfwille, Dienst am Volk, Kameradschaft, Treue und Ehre«, schreibt Josef Ackermann 1970 in seinem Buch »Himmler als Ideologe«. Darin zeigt der Göttinger Historiker auf, wie sich gerade Himmler eine sowohl auf Christus als auch auf den Führer bezogene Ideologie ausmalte. Für den Reichsführer SS war Christus kein Jude. Er verbat der Schutzstaffel sogar derartige Beschimpfungen. Diese seien »unwürdig und geschichtlich bestimmt unwahr«. Im Völkischen Beobachter schrieb Himmler am 17. August 1934, »daß zur Verwirklichung höchsten Führertums Glaube, Vertrauen, Wille und Kraft der Millionen des Volkes nötig« seien.

Kein Wunder, dass sich auch Artur Wilke bei seiner Bewerbung zum SS-Dienst als »gottgläubig« bezeichnet hatte. »Ich dulde in der SS niemanden, der nicht an Gott glaubt«, hatte Himmler eine Mutter beschieden, die ihre Sorge geäußert hatte, ob sie ihre Söhne dem »schwarzen Orden« anvertrauen könne. Allen SS-Männern, so Ackermann, war Himmler zufolge zu lehren: »Die Stimme unseres germanischen Blutes, die sittlichen Kräfte in unserem deutschen Volk, das Leben und die Gesetze der Natur in und um uns geben uns die Gewissheit, daß es einen Gott gibt.«

So sehr sie auch gegen die bestehenden Kirchen, ihre Institutionen und vor allem gegen kritische Geistliche wüteten, so sehr bediente sich die SS denn doch christlicher Rituale und der in den Kirchen bewährten Methoden, ihre Anhänger bedingungslos an sich zu binden. So konnte man nicht mal eben so mitmachen, sondern war einem kleinlichen Auswahlprozess unterworfen, der eine Aufnahme in die SS umso wertvoller machte. Der Eidesschwur band die Auserwählten auf Lebenszeit, und wie die Bibel für die christlichen Glaubensgemeinschaften galt Adolf Hitlers »Mein Kampf« als »wichtigstes Buch für den SS-Mann« (Merksatz im SS-Katechismus »100 Leitsätze für den SS-Mann«). Es sei »das Lehrbuch des Nationalsozialismus«. Rituale wie die SS-Namensfeier, die einer Kommunion oder Konfirmation glich, zwangen den Ordensmitgliedern regelrechte Glaubensbekenntnisse auf:

Wir glauben an den Gott im All,
Und an die Sendung unseres deutschen Blutes,
Das ewig jung aus deutscher Erde wächst
Wir glauben an das Volk, des Blutes Träger
Und an den Führer, den uns Gott bestimmt.

Die größte Bedeutung aber, das impfte Himmler seinen Leuten immer wieder ein, habe die Treue. »Die SS ist ein Orden der Treue«, heißt es im Schulungsorgan der SS. Und diese Treue war für Himmler stets »an das nordische Blut gebunden«, sie sei nicht erwerbbar, sondern einzig ererbbar. In einer Rede 1935 in Goslar, ist bei Ackermann zu lesen, sagte Himmler: »Viele Dinge, so lehren wir den SS-Mann, können auf dieser Erde verziehen werden, eines aber niemals, die Untreue. Wer die Treue verletzt, schließt sich aus aus unserer Gesellschaft. Denn Treue ist eine Angelegenheit des Herzens, niemals des Verstandes. (…) Das Herz aber hat immer denselben Pulsschlag zu schlagen, und wenn es aufhört, stirbt der Mensch genau wie ein Volk, wenn es die Treue bricht.«

Artur Wilke hält diesen Treueschwur. Er schwört Meineide, hadert mit Hitler, Himmler und dem ganzen Nationalsozialismus, aber er wird ihnen nicht untreu. Denn nur so kann er sich bis zum Lebensende einbilden, er sei frei von Schuld. Schuldig an ihm hingegen habe sich gemacht, wem er die Treue schwor – das deutsche Volk.

Erinnerungen. – Du warst so lange Gerichtsreporter. Du weißt, wie wichtig Zeugenangaben sind – und wie unsicher. Da gab es Aussagen, die von der ersten Äußerung gegenüber dem zuerst am Tatort eintreffenden Notarzt über die polizeiliche und die richterliche Vernehmung bis hin zur Aussage im Prozess viermal unterschiedlich ausfielen. Und das binnen ein, zwei Jahren. In Koblenz aber wurde über Taten verhandelt, die zwei Jahrzehnte zurücklagen und über die seitdem geschwiegen worden war. Vieles war weg aus dem Gedächtnis, verschwunden, gelöscht, unwiederbringlich, weil man sich auch gar nicht erinnern wollte. Was weg ist …

Man erinnert sich ja gern an das Schöne, das Lustige. Man erzählt es immer wieder, es wird mit jeder Erzählung plastischer. Vergleicht man die erzählte Erinnerung mit dem, was man wirklich noch sicher weiß, entsteht oft ein bruchstückhaftes Bild. Die Lücken füllen sich mit Fantasie. So erst wird deine vermeintliche Erinnerung an die Verhaftung deines Lehrers rund. So muss es doch gewesen sein! Irgendwann glaubst du es selbst. Und weil du fast ein halbes Jahrhundert nicht nachgefragt hast, es nicht besser hast wissen wollen, weil dir dein Bild ausreichte, ist es dir zur Wahrheit geworden. Zur zweifelhaften Wahrheit.

Was wussten und was glaubten die Zeugen des millionenfachen Mordens? Erzählt haben sie es nie, was sie sahen, was sie taten, was sie erlitten. Zwanzig Jahre lang. Ausgelöscht, dieser Teil ihres Lebens? Oder haben sie auch für sich die Lücken ihrer Erinnerung mit Fantasie, mit Selbst-Zusammengereimten, mit Erklärungsversuchen gefüllt? Nicht beim Erzählen, denn erzählt haben sie nicht, aber vielleicht beim Erinnern, beim Rechtfertigen vor dem eigenen Gewissen, beim Verdrängen eigener Mitschuld. Wie wahrhaftig war also, was das Koblenzer Landgericht von all den Zeugen der Vorgänge im Mörder-Gut Trostenez zu hören bekam?

Die Genese einer Aussage – das ist oft der Schlüssel zur Einschätzung der Wahrhaftigkeit einer Erinnerung. Im Koblenzer Prozess aber gab es keine Entwicklung von Aussagen. Viele der Zeugen hatten im Ermittlungsverfahren gegenüber dem Staatsanwalt erstmals ihr 20jähriges Schweigen gebrochen. Andere sprachen im Gericht überhaupt erstmals über das Erlebte. Und etliche wollten sich auch im Zeugenstand weiterhin nicht erinnern. »Ich habe doch nur bei Kasinogesprächen von Erschießungen gehört«, sagte ein Zeuge, der als Wachmann bei unzähligen Erschießungen nachweislich dabei gewesen war. Andere glaubten noch immer, was ihnen damals vorgelogen wurde, um sie willig zu machen, beim Töten mit Hand anzulegen: »Da hatten sich Partisanen ins Getto eingeschlichen. Deshalb mussten wir alle exekutieren.« Die wehrlosen Frauen, die alten Menschen, die Kinder und Säuglinge auch?

Keller. – Da war ein Zeuge, der beschrieb detailliert den Keller des SD-Gebäudes in Minsk, in dem er als Wachmann Dienst tat. Wie viele Zellen es dort gab, wie viele Häftlinge täglich gebracht wurden, dass es besondere Räume gab, aus denen immer wieder Schreie, brüllende SD-Leute und Schmerzschreie der Gefolterten, zu hören waren. Daran erinnerte er sich. Ob auch er sich beteiligt habe an den Misshandlungen, wollten die Richter wissen (»an den Vernehmungen«, formulierte der Fragende vorsichtig). Da war es vorbei mit der Erinnerung.

Das Bild aber rundet sich durch immer mehr Aussagen. Ein Zeuge aus Vechta, wegen eines geringen Dienstvergehens zwangsversetzt zu den Wachmannschaften der SD-Zentrale, spricht von jeweils nur 200 Eingekerkerten in den Kellern. Zweimal pro Woche wurden sie abgeholt – wenn sie die Vernehmungen überlebt hatten. Er glaube, dass die Entlassenen in einem Wald nahe der Rollbahn des Flughafens erschossen wurden. Später seien sie gleich mit Gaswagen abgeholt worden, also in den als Möbelwagen getarnten Lastern vergast worden. Er schätze, dass 10 000 bis 20 000 Menschen in den Kellern der Minsker SD-Zentrale gequält und dann umgebracht wurden.

Und es gab nicht nur ein Gefängnis in Minsk. Der Autor Paul Kohl, der die Orte des Schreckens in Weißrussland auf seinen Recherchereisen in den 80er Jahren vielfach besuchte, beschreibt die Minsker Konzentrations- und Kriegsgefangenenlager so: das in der Daumannstraße, wo schon im Sommer 1941 bis zu 140 000 Männer hinter Stacheldraht (»15 Rollen übereinander!«) zusammengepfercht wurden, das am Güterbahnhof und der Puschkin-Kaserne, wo die Arbeitsfähigen aussortiert und die anderen in zahlreichen Erschießungsaktionen sogleich getötet wurden, das Lager in der Schirokaja-Straße (Breite Straße), wo all jene zusammengefasst wurden, die von hier aus in den sicheren Tod nach Trostenez gebracht werden sollten, das Lager Drosdy, in dem auf einer großen Wiese am Flüsschen Swislotsch bis zu 100 000 Kriegsgefangene und Zivilinternierte dahinvegetierten, sowie das große Stalag (Stammlager) 352 beim Dorf Masjukowschtschina. Auch in diesem »Waldlager« genannten Riesengefängnis mussten 80 000 bis 100 000 Kriegsgefangene und Zivilisten über Jahre und zumeist unter freiem Himmel ausharren – auch im Winter bei minus 30 Grad. Gerade einmal 20 Baracken gab es. Bis zu 86 000 Menschen sollen hier erfroren sein.

Das berüchtigtste Gefängnis aber war das Stadtgefängnis, in dem der SD seinen Folterkeller betrieb. »Justizgefängnis von Weißruthenien« hieß es offiziell, formal zuständig als Gerichtsgefängnis für die Untersuchungshaft volksdeutscher Straftäter sowie einheimischer Verdächtiger, die sich gegenüber den Besatzern etwas zuschulden hatten kommen lassen. Tatsächlich aber lieferte die Sicherheitspolizei hier alles ein, was irgendwie mit Partisanenaktivitäten in Verbindung gebracht werden konnte. Auch Wilke muss aufgegriffene potenzielle Informanten hierhergebracht haben, damit sie unter Folter vernommen werden konnten. Bis zu 1 000 Inhaftierte wurden zusammengepfercht und fast immer in Richtung Trostenez – das heißt zur Erschießung – entlassen. Die meisten wurden laut Kohl bereits mit einem kleinen »l« in den Papieren eingeliefert. Das bedeutete: »liquidieren«.

Wer die Mauern des Stadtgefängnisses nach April 1943 verließ, der trat den Weg zur Exekutionsstelle Blagowschtschina ohne Goldbrücken, -kronen und -plomben an. Getto-Kommandant Adolf Rübe, der 20 Jahre später Artur Wilke in verschiedenen Aussagen schwer belasten sollte, hatte eigens ein jüdisches Zahnarzt-Ehepaar aus dem Getto ins Gefängnis zitiert, um den Gefangenen ein, zwei Stunden vor ihrer Erschießung das Gold aus dem Mund brechen zu lassen. Als er 1962 gegen Heuser und Wilke aussagte, hatte Rübe seine Strafe bereits fast verbüßt. Zwar war er 1949 zu lebenslangem Zuchthaus verurteilt worden, und Gutachter hatten ihm eine »schizoide Persönlichkeit« beziehungsweise »sexuell-pathologische sadistische« Neigungen attestiert.

Doch nach 13 Jahren hinter Gittern, kurz vor Wilkes Schuldspruch, wurde Rübe bereits begnadigt. Damals, in der SD-Dienststelle in Minsk, hatte Rübe das gewaltsam aus den Mündern der Todgeweihten herausgebrochene Gold unter der Hand an seine SD-Kameraden verteilt. Ob auch Artur Wilke seinen Teil davon erhalten hatte?

Abserviert. – »Was weg ist, ist weg!« Wilke hat diesen Satz, ausgesprochen an der Grube mit Hunderten getöteter Juden, im Prozess nicht bestritten, wollte ihn aber nur als aufmunternde Aufforderung gegenüber dem zu spät zur Arbeit gekommenen Kameraden Kaul verstanden wissen. Nirgendwo sonst im Prozess ist so deutlich geworden, als was die Angeklagten die Massenmorde sahen – und auch 20 Jahre später noch arglos einstuften: als lästige Abarbeitung einer Anordnung, die von oben kam und der sie sich verpflichtet fühlten. Wer sollte das nicht nachvollziehen können?

Wilke behauptete aber gegenüber den Richtern, sich daran, allein verantwortlicher Kommandant von Massenerschießungen gewesen zu sein, nicht erinnern zu können. Es seien schließlich immer mehrere Führer verantwortlich gewesen für die Abwicklung der ihnen auferlegten Aufgabe. Dem widersprachen im Laufe des Prozesses mehrere seiner Mitangeklagten.

Und dann wiederholte Wilke seine Darstellung, zu Strauch gegangen zu sein mit der Bitte, von den Exekutionen befreit und stattdessen auf ungleich gefährlicheren Partisaneneinsatz geschickt zu werden. Strauch soll geantwortet haben, Heydrich habe auf Anordnung Hitlers den Befehl gegeben, jeder Angehörige der Einsatzkommandos habe sich an den Exekutionen zu beteiligen. Es könne nicht geduldet werden, dass sich einer ausschließt. Daraus, so argumentierte Wilke, habe er geschlossen, er werde »observiert«, falls er diesen Befehl verweigern würde.

Gustav. – Zu Bauer Kamps hatte deine Familie immer ein besonderes Verhältnis. Hier hat dein Vater deine Mutter an die Gartenmauer gedrückt, noch ehe du auf der Welt warst, wenn er die Magd von Bauer Schröder nach dem Tanz heimbrachte. Hier hast du als Kind deiner Oma geholfen, wenn sie im Hühnerstall Eier sortierte. Hier habt ihr als junge Erwachsene auf der Diele Geburtstage gefeiert. Hier haben sich mit kindlichem Vergnügen dein Sohn und die Enkeltochter des

Hauses im Hühnerstall mit »freundlichen gelben Landeiern« beworfen. Gustav Kamps senior war Vorsitzender des »Männer Turn Vereins«, als du dort mit 14 zum Jugendwart gewählt wurdest.

Auch Walter Wilke war im MTV, als er vor dem Krieg einige Monate bei der Tante lebte und Handball spielte. Der Lehrer Wilke aber neigte dem Fußballverein SSV zu. Hinterher wollten viele im Verein es gewusst oder geahnt haben, dass er nicht der ist, als der er sich ausgab. Das jedenfalls soll nach der Verhaftung kolportiert worden sein, besonders bei den Handballern. Noch so ein Gerücht also! Wen du auch fragst, niemand weiß, wer das je behauptet hat. Immer heißt es, »es hieß ...« Und es werden Namen genannt von Familien, verbunden mit den Worten, »die müssen es doch gewusst haben«. Warum mussten sie es wissen, und warum schwiegen sie? Ob es die Familie Wilkes gewusst hat? Niemand, den du fragst, weiß Zuverlässiges. Nur diesen Satz, der Gustav Kamps senior zugeschrieben wird, hast du mehrfach gehört: »Der Walter Wilke ist als Handballer in den Krieg gezogen und als Fußballer zurückgekommen – da stimmt doch was nicht.« Und Gustav junior, mehr als 20 Jahre Ortsbürgermeister, erinnert sich, dass es sein Vater, der MTV-Vorsitzende, war, der seinen Verdacht nach der Verhaftung bestätigt sah. »Dass mit dem Wilke was nicht stimmt, das haben wir doch geahnt«, habe er gesagt. Damit hatte sich die Handball-Fußball-Theorie bestätigt.

Man muss wissen: In eurem Dorf war man entweder Handballer oder Fußballer, entweder Dorfteich- oder Mispel-Kind, entweder Dr.-Wilke- oder Dr.-Kellner-Patient. So wie ihr später in der Jugend entweder Beatles oder Stones wart. Als Handballer wusste Gustav senior, wer mit ihm vor dem Krieg in einer Mannschaft gespielt hatte – der Walter war schließlich sein Jahrgang. Und als alteingesessener Bauer wusste Kamps auch, wer nach dem Krieg auf welchem Hof versteckt wurde, bis die Papiere korrigiert, die braunen Uniformen verbrannt und die Aussichten, als Mitläufer eingestuft zu werden, wieder besser waren. Schließlich hatte auch er Kriegsheimkehrer als Erntehelfer aufgenommen: den einäugigen Kurt, den sie im KZ wegen seines Glasauges nur als Wachmann eingesetzt hatten und der zeitlebens über das Erlebte schwieg. Und auch der Vater von Gerd – Gerd, auf dem Klassenfoto drei Sitze rechts von dir – hielt sich ab 1945 bei Kamps versteckt. Aber das hatte andere Gründe.

Aber warum haben alle geschwiegen? In den umfangreichen Prozessakten bist du an keiner Stelle auch nur auf den geringsten Hinweis gestoßen, dass jemand aus dem Dorf einen Verdacht gegen Lehrer Wilke geäußert hätte. Erst die Verhaftung und die Ermittlungen gegen Heuser führten die Justiz auf Wilkes Spur. Hat wirklich niemand etwas gewusst?

Täuschung. – In späteren Briefen aus dem Gefängnis beklagt sich Artur Wilke über die treubrüchigen, falschen Kameraden, die »nicht die Schnauze halten« konnten, die ihn verraten hätten, die den Ermittlern in die Hände gespielt hätten, weil sie nicht geschwiegen hätten. Sicher ist damit auch Georg Heuser gemeint, der ihn im Prozess schwer belastet hat. An einer Stelle verweist er auf eine Vernehmung in Goslar, wo ein SS-Mann »geplappert« habe. Ob er Helmuth A. gemeint hat? Der aber hat in Wahrheit vertuscht statt zu belasten.

A. wird am 29. Juni 1961 in Goslar von Beamten der Sonderkommission Z des Landeskriminalamtes Niedersachsen und einem Staatsanwalt aus Mainz befragt. Die Beamten legen dem inzwischen zum Regierungsoberinspektor avancierten A. Lebenslauf und Lichtbilder des vermeintlichen Lehrers Walter Wilke vor. Immerhin hat A. angegeben, den SS-Hauptsturmführer Artur Wilke aus einem Lehrgang in Bad Rabka in Polen, wo Wilke vom 15. Juni bis 15. Dezember 1944 lehrte, gut zu kennen. Der Vernommene behauptet, der SS-Mann sei nur 1,75 Meter groß, sehr schlank und leicht o-beinig gewesen, habe fast schwarze Haare und graue Augen gehabt und sei ein starker Trinker gewesen. Er habe, sagt A., Wilke grundsätzlich in SS-Uniform erlebt. Weiter notieren die Ermittler: »Wilke kannte nach Bekunden A.s keinerlei Hemmungen und war nach dessen Ansicht zu jeder Schandtat fähig«.

Das Entscheidende aber: Zu den ihm aus der Personalakte des Stederdorfer Lehrers vorgelegten Lichtbildern – Wilke beim Segeln, in Badehose am Strand und im Porträt – notieren Staatsanwalt und Polizisten: »Er (der Zeuge) erklärte mit voller Sicherheit, dass die dargestellte Person nicht Artur Wilke sei.« Eine Lüge, wie sich herausstellen sollte. Eine, die A. am 7. August bei einer neuerlichen Vernehmung in Goslar wiederholt. Er habe nach dem Unterricht oft mit Wilke zusammengestanden, sagt A. Er erinnere sich gut, »daß Wilke während der Abschlussfeier stark besoffen war.« Zum vorgelegten Bild vom vorgeblichen Walter Wilke, dem falschen Stederdorfer Lehrer, sagt er: »Ich meine mit Sicherheit, dass dieses Bild nicht Artur Wilke darstellt.« Überführt wurde der falsche Walter dennoch. Zu beweiskräftig waren die Dokumente über den Tod des echten Walter. Knapp einen Monat später, am 28. Juni 1961, wurde der Haftbefehl unterschrieben.

Molkerei. – Du hast es noch in der Nase: Milch, leicht angegoren, käsig und doch irgendwie frisch. An die Molkerei deiner Kindheit kannst du nicht denken, ohne dass der Geruch wieder präsent ist. Hierher bist du mit Oma Alma und dem Handwagen oft gefahren. Auf der Ladefläche die für dich riesig wirkende Milchkanne, die du später als 18Jähriger für den Partykeller als Aschenbecher rot angemalt hast. Den morschen Handwagen habt ihr im Herbst in der Allee nach Wendesse zentnerweise mit Eicheln beladen – für die Schweine, die jeder Heimatvertriebene für die Selbstversorgung hielt. Auf dem Rückweg eine Spur verlorener Eicheln durchs Dorf. Und auch die Milchkanne voller Molke, die ihr aus dem großen Hahn neben der hohen Laderampe der Molkerei kostenlos zapfen durftet, schwappte bei jedem Schlagloch der damals noch unbefestigten Siedlungsstraße über.

Die Molkerei fällt dir ein, weil hier die Tante der Wilke-Brüder lebte. Ihr Mann war der Betreiber. Hier hatte Walter, der jüngere Bruder, vor dem Krieg eine Zeit lang bei der Tante gewohnt und Sport beim örtlichen Handballverein betrieben. Hierher hatte sich Artur, der ältere Bruder, geflüchtet, nachdem er erst den Russen, dann den Amerikanern durch die Lappen gegangen und schließlich von den Engländern aus der Gefangenschaft entlassen worden war und sich fortan als Walter ausgab. Hier lebten zum Kriegsende bis zu 30 Familienmitglieder, die meisten aus Ostpreußen, die vor den Russen geflüchtet waren. Artur Wilke blieb nicht lange. Er fand bald eine erste eigene Wohnung in der Sundernstraße, später mit seiner zweiten Frau eine am Maschweg, wo sie, die Ärztin, auch die erste Praxis eröffnete.

Du hast hier wie dort betagte Nachbarn gefragt und zuletzt eine 82Jährige gefunden, die erstmals benennen konnte, woher sie den Verdacht kannte, dass Wilke nicht Wilke ist. Ein Onkel aus Braunschweig, ein Handballer, sei in den späten 50ern zu Besuch gewesen. Er habe im Nachbargarten Artur Wilke, den falschen Lehrer, arbeiten sehen.

Wer das sei? Das sei Walter Wilke, habe man ihm gesagt – und er habe geantwortet: »Das ist nicht der Walter, den kenne ich, gegen den habe ich Handball gespielt. Der da ist nicht der Walter.«

Peitsche. – Wie es zuging auf Gut Trostenez, zeigt eine Zeugenaussage aus den Prozessakten. Er habe beobachtet, gibt der Zeuge zu Protokoll, wie ein deutscher Junge, höchstens 13 Jahre alt, in kurzer Hose, mit weißem Hemd und Hakenkreuzbinde am Arm, eine Gruppe jüdischer Arbeiter beaufsichtigt. Dabei habe das Kind eine große Peitsche in der Hand gehalten. »Er tobte wie wild durch die Gegend und schlug auf die nicht arbeitenden Juden ein.« Das Wachpersonal ließ ihn gewähren. Es soll sich um den Sohn eines der SS-Führer gehandelt haben.

Ein anderer Zeuge gab den Ermittlern zu Protokoll: »Ich habe nicht recht verstehen können, wie Menschen so etwas machen können. Das habe ich auch laut gesagt.« Gemeint sind die Massenerschießungen, deren Zeuge er geworden war. Und weiter: »Ein SS-Angehöriger hat mir jedoch geantwortet, seinen Kameraden würde das nichts ausmachen, die seien richtig blutgierig.«

Hans-Jürgen. – In der Ausstellung über die Verbrechen der Wehrmacht in Hannover stand Hans-Jürgen plötzlich vor dem Porträt eines Bekannten: Lehrer Wilke, der Stederdorfer. Hans-Jürgen ist quasi der Dorfchronist. Er hat über die Geschichte der Höfe geforscht und geschrieben, hat die Chronik des Turnvereins und die anderer örtlicher Vereine erarbeitet, sammelt Hunderte Postkarten und Fotos der Region und kennt fast jeden im Ort. Seine Mutter, Kriegerwitwe mit fünf Kindern, war einst Wirtin des Gasthauses Zur Sonne – da hört man viel.

Hans-Jürgen selbst hat dies gehört: Die alten Handballer, die haben es gewusst, die müssen bemerkt haben, dass sie den falschen Wilke vor sich haben, der nun als Lehrer die Kinder Stederdorfs unterrichtete. Woher sie es wussten, willst du wissen. Hans-Jürgen zuckt mit den Schultern. Genau kann er, der es gewohnt ist, seine Chroniken sauber mit Quellen zu belegen, das nicht sagen. Gemunkelt wurde es. Den Ortschronisten hat der Ehrgeiz gepackt. Er will nach Fotos der Handballer suchen. Es müsse doch noch alte Mannschaftsfotos geben, zum Beispiel in der 60-Jahre-Chronik des MTV – die zum 50-jährigen Bestehen des Vereins fiel ja wegen des Krieges aus.

An Wilke als Lehrer kann sich Hans-Jürgen gut erinnern. Er zeigt zwei Klassenfotos aus den Jahren 1948 und 1950. Auf dem einen ist er als Drittklässler zu sehen. Das ältere Foto zeigt nur Jungen. Mittendrin im Sakko und mit weit gespreizten Beinen in Knickerbocker-Hosen der Lehrer. Wilke ist hager, schaut finster und starr in die Kamera. Auf dem zweiten Foto – inzwischen waren auch Mädchen in der Klasse – hat Wilke am rechten Bildrand einen großen dunklen Hut auf. Er ist immer noch hager.

Zwei ungewöhnliche Erinnerungen hat Hans-Jürgen an seinen Lehrer: Er hat Wilke als fürsorglichen Vater erlebt und – überraschend – doch als Geschichtenerzähler aus dem Russlandfeldzug. Mit den Kindern, Sohn und Tochter aus zweiter Ehe, habe er liebevoll am Rand des Fußballplatzes gespielt, während er die Jungs in der Sportstunde zum Geländelauf rund ums Trentelmoor schickte. »Wir natürlich gleich hinter der nächsten Böschung in Deckung und später erschöpft getan.« Und im Erdkunde-Unterricht habe Wilke erzählt, wie er und seine Kameraden in Russland kiloweise Kaviar gelöffelt hätten. »So etwas habe ich später nie wieder von einem in Russland kämpfenden Soldaten gehört.«

Und was hat die Mutter am Stammtisch der Sonne so erlauscht? »Nicht viel. Es werden ja meist nur die lustigen Geschichten erzählt.« Eine aber fällt ihm ein – die passierte, als Wilke seine Zuchthausjahre schon abgesessen hatte. »Na, wir zwei Knastologen …«, habe Wilke einen früheren Schüler jovial bei einer Begegnung begrüßt. Der Jüngere war empört. Er habe zwar seinen Bruder mit einer Gehwegplatte erschlagen und dafür wegen Totschlags im Gefängnis gesessen, »aber ich war besoffen, ihr aber habt aus Überzeugung gemordet!«

Heldentum. – Was waren das für Menschen, mit denen Wilke dort in Trostenez an die Grube trat und wie am Fließband Menschen tötete? Diese Frage hast du dir während der Recherche so oft gestellt. Balten, Ukrainer, Rumänen, auf Bewährung entlassene deutsche Kriminelle waren dabei, aber auch Freiwillige aus dem Reich, viele aus Österreich, wie Johann H. In seiner Vernehmung schilderte der junge Wiener, wie er sich aus Heldenmut und Hoffnung auf eine ehrenvolle Karriere freiwillig zur SS gemeldet hatte.

Johann H. war 15, als er zu Hause durchbrannte. Zwei deutsche Luftwaffenoffiziere, die bei seinen Eltern in Österreich Urlaub machten, hatten ihn beeindruckt; ganz begeistert war er von den heldenhaften deutschen Fliegern. Mit einem gleichaltrigen Freund schlich sich Johann nachts davon, meldete sich bei der Wehrmacht, die ihn aber wegen seines jugendlichen Alters nicht wollte. Der Sicherheitsdienst nahm beide und schickte sie mit 100 anderen Österreichern nach Minsk. Ihnen sei Hoffnung gemacht worden, in die SS aufgenommen zu werden. »Wir könnten zeigen, daß wir Kerle sind, hat man uns gesagt.« Im Gut Trostenez angekommen, hätten aber alle »gemeckert«, weil sie keine SS-Runen tragen durften, sondern nur SD-Ärmelkennzeichen. »Wir empfanden es alle als Schande, nur zum Sicherheitsdienst gekommen zu sein.« Und weiter: »Ich hätte doch in meiner Heimat nie erzählen dürfen, bei was für einer Truppe ich war.« Dort seien sie auf einen wilden Haufen gestoßen, schildert H. Wörtlich heißt es: »Die Ukrainer trugen schwarze Uniformen, die Letten fielen durch ihre Wildheit auf. Wenn sie betrunken waren, setzten sie sich Handgranaten auf ihren Stahlhelm und ließen sie detonieren.«

In dieser Gesellschaft der verrohten und meist betrunkenen Wachmannschaften, die die jüdischen Gefangenen beaufsichtigen und bei den Exekutionen die Absperrungen sichern mussten, fühlte sich das halbe Kind verloren. Fast väterliche Freundschaft verband ihn ausgerechnet mit einem Juden – dem jüdischen Schneider im Gut Trostenez. »Der sagte mir ganz deutlich, dass der Feuerschein, den wir sahen, von Leichenverbrennungen kommt.« Zu dieser Zeit hatte Harder mit seinen Leuten bereits begonnen, die Spuren der Massenexekutionen wieder zu verwischen. »Ich habe ihn gefragt, ob er abhauen würde, er war ja auch Jude.« »Ich komme nicht weit, dann haben die mich«, habe der Schneider geantwortet. Auch er selbst, sagte H. den Ermittlern, habe dort in Angst gelebt. »Ein rumänischer Rottenführer hat mir gesagt, ich würde wegen meiner nichtarischen Abstammung selbst verbrannt werden. Meine Mutter war nämlich Ungarin.«

Einmal sei er nur etwa 15 Meter von einem der Scheiterhaufen mit brennenden Menschenleichen entfernt eingesetzt gewesen. Der Geruch sei unerträglich gewesen, »ich musste mich übergeben«. Von dieser Aktion habe er »nur den Feuerschein und den Gestank in Erinnerung, weil mich das Grausen packte«. Und weiter: »Irgendwie war ich entsetzt, feststellen zu müssen, daß auf deutscher Seite offensichtlich dieselben Verbrechen begangen worden waren, wie sie die Russen begangen haben sollen.«

Im Bandenkrieg

Einmal habe er mit angesehen, wie ein Russe in den Wald geführt und von einem SD-Mann erschossen wurde. »Kurz vor den Schüssen konnte man sehen, daß der Russe anfing, schneller zu gehen oder zu laufen. Damals kam mir die Angst, daß mir sowas auch einmal geschieht.« Auf die Idee habe ihn der jüdische Schneider gebracht. »Aber dieser sagte mir, daß erst die Juden erledigt würden und dann die Zeugen der Morde.«

Der alte Jude sollte Recht behalten. Ende Juni 1944 zogen sich die SS-Führer und ihre verbliebenen Mannschaften vor der anrückenden Roten Armee zurück. 112 der noch überlebenden Angehörigen des jüdischen Arbeitskommandos wurden getötet. Nur zwei Männer konnten fliehen. Einzig die Geschwister T., Halbjuden und in besonderer Stellung in der KdS-Dienststelle, wurden nach Deutschland gebracht. Sie überlebten. Und der Jude M., der sich im Dienstgebäude so gut versteckt gehalten hatte, dass ihn die SS-Leute vor dem Abrücken nicht fanden, wurde von den Russen befreit, dann aber bis 1959 gewaltsam in der UdSSR zurückgehalten.

Und Artur Wilke? Der war schon längst nicht mehr in Minsk. Jeder SS-Führer hatte vor dem Rückzug nicht nur alle Zeugen beseitigt, sondern auch alle Büros gesäubert, alle Spinde geleert, die Beweise vernichtet – Befehle, Aufzeichnungen, Namens- und Opferlisten. Nur Wilke nicht, der war nicht mehr da. Seine Befehlskopien, seine Einsatzberichte und sein Tagebuch sollten 20 Jahre später zurückkehren nach Deutschland, überbracht von einer sowjetischen Delegation.

Der Zeuge Johann H. blieb am Leben, weil auch er das finale Morden auf dem Gut nicht mehr miterlebte. Als die Rote Armee anrückte und schon zu hören war, habe er, erzählte H. dem Ermittler, sich einfach von der Truppe entfernt, alles stehen lassen und sei nur mit seinem Gewehr bewaffnet dem Gefechtslärm entgegengelaufen, »um die Rote Armee aufzuhalten«. Er habe doch noch einmal etwas Heldenhaftes tun wollen. Die Russen haben ihn alsbald gefangen genommen. Da war er gerade 16 geworden. Das hat ihm das Leben gerettet.

Addi. – Es muss zwei, drei Tage nach der Verhaftung gewesen sein: August 1961. Addi feierte Verlobung, und Onkel Walter, also der wahre Onkel Artur, war nicht gekommen. Dafür aber dessen Mündel Sigrid, Artur Wilkes leibliche Tochter. Ob sie es an diesem Tag schon ahnte, dass der Onkel in Wahrheit ihr Vater ist?

Der Onkel sei verhaftet worden, berichtete sie aufgeregt der Verlobungsgesellschaft, als sie in der Kleinstadt nahe Hannover zur Feier eintraf. Schon wieder wachsen Zweifel an deiner Erinnerung. Denn der Bräutigam jener Feier berichtet auch noch, was Sigrid damals von der Verhaftung erzählte: Dass Wilke einen Anruf vom örtlichen Polizisten erhalten habe. Es gebe da noch Nachfragen zu seiner Person, sei ihm gesagt worden. Als der Polizist sich nicht auf nächste Woche vertrösten lassen habe, sei Wilke selbst in die Polizeistube am Stederdorfer Maschweg gegangen und von dort nicht zurückgekehrt.

Noch eine Variante also: in der Schule verhaftet, im Gasthaus Schönau, auf dem Schulhof, beim Sport im Ortspark – so viele Darstellungen hast du schon gehört. Jetzt also in der Polizeistation am Maschweg. Woher genau er das wisse, fragst du den Neffen von Artur alias Walter. Adolf, heute 84 Jahre alt und von Freunden und Familie Addi genannt, wird so unsicher wie alle anderen, bei denen du in diesem Punkt nachhakst. Das habe man, soweit er sich erinnere, in der Familie so erzählt. Aber sicher sei er nicht.

Was er aber ganz sicher weiß und was die Gerüchte um das vermeintliche Wissen der Handballer endlich klärt: Die Familie habe die wahre Identität Wilkes gekannt – und geschwiegen. Einige andere Stederdorfer wussten es auch, schließlich habe Walter damals, als er bei der Tante lebte und im Dorf Handball spielte, hier Sportkameraden und eine Freundin gehabt. In der Familie ließ sich das Geheimnis nicht verbergen. »Die sahen sich nämlich gar nicht ähnlich, der Walter und der Artur«, sagt Addi. Er hat Artur in seiner schneidigen SS-Uniform vor Augen, wie er schon in Kriegszeiten, wenn er Heimaturlaub hatte, in Stolp regelrecht umjubelt worden sei. Auch er selbst sei als Kind damals stolz gewesen auf den erfolgreichen Onkel Artur. Was sie dort taten im besetzten Russland, darüber fiel damals kein Wort.

»Natürlich haben wir es gewusst, dass er nicht Walter war. Auch, dass er ja noch verheiratet war, als er wieder heiraten wollte«, sagt Addi. An Bedenken, an familiäre Vorbehalte gegen die Bigamie kann er sich nicht erinnern. »Damals hatte jeder genug mit sich selbst zu tun und wollte die Kriegsvergangenheit vergessen.« Die erste Ehe, eine Kriegshochzeit, vier Kinder binnen kürzester Zeit, darunter ein Zwilling, der schon als Säugling starb, habe in den Kriegswirren in der Familie nie besonderes Gewicht gehabt. Artur Wilkes Frau und Kinder hatten in

Danzig gelebt – fern vom Rest der Familie. Alle hätten auch gegenüber den Kindern aus erster Ehe geschwiegen, als Wilke die eigenen Kinder aus der DDR holte und als vermeintlicher Onkel ihr Vormund wurde. Bis zuletzt, bis er ins Gefängnis musste beziehungsweise bis alle drei Kinder in die USA gingen und die beiden jüngeren dort adoptiert wurden, hätten die Kinder ihn nur »Onkel« genannt. Und doch wundert sich Addi bis heute, warum nicht alles viel eher aufflog. Sogar Wilke selbst habe viel früher damit gerechnet.

Einmal, erinnert sich der Neffe, habe ihm der Onkel anvertraut, »dass jetzt wohl bald alles herauskommt«. Durch Zufall habe Wilke »seinen Chef«, also Heuser, auf dem Bahnhof in Braunschweig getroffen. Das müsse vor 1959 gewesen sein. Heuser habe ihm zunächst nur erkennend zugenickt und so erstmals erfahren, dass Artur Wilke doch noch lebte. Und als nach Heusers Verhaftung am 14. Juli 1959 publik geworden sei, dass gegen diesen ermittelt werde, da sei Wilke klar gewesen, dass nun die ganze Minsker Gruppe im Visier der Fahnder stehe. Er, Wilke, hatte bis dahin als verschollen gegolten, aber Heuser wusste es seit jener Zufallsbegegnung besser. Der Onkel habe dann darüber nachgedacht, sich ins Ausland abzusetzen, erzählt Addi. Ägypten sei im Gespräch gewesen, »oder auch Argentinien, weil da schon viele Kameraden waren«. »Was mache ich bloß, was mache ich bloß?«, habe der Onkel immer wieder geklagt. Doch bis Sommer 1961, als Addi sich verlobte und Onkel Walter alias Artur eingeladen war und nicht kam, war alles längst vergessen. »Da waren wir doch völlig überrascht über die Verhaftung. Wir dachten, es wäre nur wegen der SS-Zugehörigkeit. Von den Morden wussten wir ja nichts.«

Davon konnten auch die beiden in den USA lebenden Wilke-Kinder nichts wissen. Die Unterrichtsstunde, in der sie es erfuhren, muss ein unvorstellbarer Schock gewesen sein – jene Schulstunde, als man euren Lehrer holte, war ein Nichts dagegen: Die Tür zum Englischunterricht der aus Deutschland stammenden Adoptivkinder geht auf, ein Lehrer kommt mit einer jüdischen Zeitung in den Händen herein und zeigt auf einen groß aufgemachten Artikel. Darin wird berichtet, dass in Deutschland »schon wieder« ein Massenmörder und Kriegsverbrecher unter falscher Identität entlarvt und verhaftet wurde. »Ein gewisser Wilke! Das ist euer wahrer Vater«, habe der Lehrer den beiden deutschen Kindern zugerufen. So habe es die Tochter Elke ihm erzählt, berichtet Großonkel Addi.

Im Spätherbst 1989 – »ich erinnere mich gut, denn die US-Zeitungen waren voller Berichte über den Mauerfall« – war Addi in den USA. Er hatte mit den dort lebenden Kindern, seinem Cousin und seiner Cousine, den Kontakt gesucht. Der älteste Wilke-Sohn, Uwe, inzwischen Farmer, zuvor US-Soldat und wegen seiner Deutschkenntnisse vorübergehend in Deutschland stationiert gewesen, hatte mit der deutschen Familie inzwischen völlig abgeschlossen. Er wollte niemanden der Wilke-Verwandtschaft sehen. Jeden Kontaktversuch habe er abgewehrt. »Er hatte wohl inzwischen erfahren, was sein Vater getan hatte«, vermutet Addi. Mit der Tochter aber, mit Elke, habe man sich auf einem Parkplatz bei Buffalo verabredet und lange auf sie warten müssen. »Sie muss uns eine halbe Stunde beobachtet haben, ehe sie sich zu erkennen gab. Sie blieb abweisend. Wie könnten wir ihr das verdenken?«, sagt der Neffe ihres mörderischen Vaters. Sie habe nur wissen wollen: »Wie war mein Vater eigentlich?«

»Welch ein Schicksal, welch ein Vater?«, geht es dir durch den Kopf. Doch dann erzählt der Neffe von einer ganz anderen Seite des Mörders: Wie Wilke geweint habe, als ihn Addi in der Untersuchungshaft Tage nach der Verhaftung besuchte. Wilke, der seinen »Bübi« (den jüngsten Sohn Wolfdietrich) stets »geliebt und gehätschelt« habe, habe ihn, den Neffen Addi, gebeten, sich um seinen Sohn zu kümmern. Aus dem Dachfester des Gefängnisses in Peine habe Wilke umständlich erspahen können, wie sein Sohn morgens zum Unterricht im 100 Meter entfernten Ratsgymnasium gekommen sei. »Es habe ihm das Herz gebrochen, hat er mir gesagt.« Da ahnte der Neffe noch nicht, wie viele Herzen der Onkel in Minsk gewaltsam zum Stillstand gebracht hatte. »Das haben wir später alle erst durch den Prozess erfahren.«

Welch ein Irrtum! Der Prozess brachte nur einen Bruchteil der Taten zur Verhandlung – nur jene im Gut Trostenez und bei der Getto-Auflösung in Sluzk. Was bei Wilkes Partisaneneinsätzen geschah, sollte in Koblenz nie erörtert werden.

Freibrief. – Das also war nun seine neue Aufgabe: Bandenkampf. Ein Krieg gegen die unsichtbaren Gegner, gegen Partisanen und solche, die des Widerstands, der Aufwiegelung und der Sabotage verdächtig waren – oder die einfach nur hätten noch gefährlich werden können. Das waren, so sollte Wilke schnell merken, alle, die sowieso schon als

Feinde galten: alle bewaffneten Partisanen, alle, die sie mutmaßlich unterstützten, und sei es nur durch Gewährung von Unterschlupf oder durch geringste Zeichen von Sympathie, alle bolschewistischen Funktionäre, alle, die sich durch den Versuch der Flucht verdächtig machten, selbstverständlich alle Juden, Zigeuner, Geisteskranken, Gesindel.

Wer im Einzelnen der Feind war, das festzustellen war Wilkes neue Aufgabe. Wie er schon in Minsk im Kontakt mit den Kirchenvertretern Spitzel angeworben, Spione geführt, Verbindungsleute in der einheimischen Bevölkerung geködert und ihre Informationen abgeschöpft, notfalls auch mögliche Informanten hat gefangennehmen und den Verhören im Keller der Minsker Kommandantur zuführen lassen, so war er nun dort draußen im Lande für das Sammeln, Bewerten und Melden von Hinweisen zuständig. Am 11. September 1942 wurde er mit einer schriftlichen Nachricht erstmals aktenkundig – die »Meldung Nr. 1« des SS-Hauptsturmführers Wilke liegt heute im Bundesarchiv in Ludwigsburg. Wilke meldet aus Brzozki: »Nach verschiedenen Aussagen von Landeseinwohnern wurden starke Bandengruppen in Dobromisl (…) und Sielce (…) beobachtet, letztmalig am 6. 9. 42. Die Bande war mit Gewehren und MG bewaffnet, verfügt über PKW und Pferdefuhrwerke. Die Bande sammelt Lebensmittel ein und entfernt sich in südliche Richtung (…) und verschwand in Richtung Sumpfgebiet um Wolka.« Kurz darauf der Einsatzbefehl vom 19. September 1942: »Kommando Heuser und Wilke beteiligen sich bis zur Beendigung des Unternehmens im Raum südlich der Gitterlinie 2 an der Bereinigung des Raumes durch die SS-Brigade. Die SS-Brigade wird bis zum Abend des 19. IX. mit ihren Aufgaben fertig sein.«

In seinen Berichten aus diesen Wochen beklagte sich Wilke: »Die Arbeit des Erkundungskommandos ist hier besonders dadurch erschwert, daß sie erst in dem Augenblick begann, als die Batl. in die Ausgangsstellungen gelegt wurden. Dadurch sind evtl. vorhandene Banden bereits gewarnt und sind unsicher geworden, sodaß das Erkundungskommando in den leeren Raum stößt. Dadurch, daß die Angriffseinheiten mehrere Tage in den Dörfern liegen, können sich auch entfernter liegende Banden rechtzeitig warnen lassen, entfernen oder in ungreifbare kleinere Truppen auflösen.«

Wilkes Klage wurde gehört: »Der Höhere SS- und Pol.-Führer hat zur Bekämpfung dieser Banden die Durchführung einer sofortigen Erkundung befohlen«, heißt es im nächsten Einsatzbefehl aus Minsk am 10. November, nachdem von Spitzeln Meldungen über »größere Banden« eingingen, die »ihr Zentrum wahrscheinlich im Dwinossa-Bogen bei Krasme-Lesniki haben«. Und weiter: »Es werden eingesetzt: SS-H-Stuf. Wilke als Führer«. Ihm werden 15 Mann zugeteilt, darunter drei Fahrer, zwei »Zivilerkunder« und zwei Dolmetscher. Zweck der Erkundung sei die Feststellung der genauen Lage, der Sicherung und Bewaffnung der Bande und »die Erkundung des von der Bande kontrollierten Vorgeländes hinsichtlich der Einstellung der Bevölkerung und der Erkundung des Geländes«. Der von Obersturmführer Feder – Wilkes späterem Mitangeklagten – »im Auftrag« des Kommandeurs unterzeichnete Einsatzbefehl verweist auch auf die »Richtlinien für das Verhalten bei der Erkundung«: Es »ist von den Angaben der Landesbewohner, Ordnungsdienstmänner und gegebenenfalls zu werbender V-Männer weitgehendst Gebrauch zu machen. Die Erkundungstätigkeit hat unauffällig zu geschehen, damit vom Nachrichtendienst des Gegners nicht auf eine bevorstehende Aktion geschlossen werden kann.«

Tags darauf bekommt Wilkes Trupp noch eine Art Freibrief mit auf den Weg: »Marschbefehl, Minsk, 11. November 1942«: »Der SS-Hauptsturmführer Artur Wilke befindet sich (…) mit einem Kommando von 16 Mann (…) auf dem Marsch von Minsk nach Glebokie. Er ist mit Marschverpflegung bis 17. 11. abgefunden und nicht im Besitz von Lebensmittelmarken. Alle militärischen Dienststellen und Behörden werden gebeten, ihn ungehindert reisen zu lassen und ihm notfalls Schutz und Hilfe zu gewähren.«

Ob Wilkes Kommando Erkenntnisse mitbrachte, ob er Feinde identifiziert, Angriffsziele ausgemacht und Dörfer als mögliche Schlupflöcher von Partisanen benannt und dadurch das Schicksal ungezählter Bauernfamilien in diesen Dörfern besiegelt hat, ist unbekannt. Sein Bericht über die Glebokie-Erkundung ist verschollen. Am Tag nach seiner Rückkehr nach Minsk aber wird seine neue Aufgabe geradezu geadelt: Er und die »Führer aller Erkundungskommandos« erhalten ein vom »Chef des Einsatzstabes der Sicherheitspolizei u. d. SD Ostland«, SS-Standartenführer Dr. Pifrader, unterzeichnetes Schreiben. Eine »Geheime Reichssache«, die »allen Unterführern und Männern« lediglich mündlich weitergegeben werden dürfe.

Im Bandenkrieg

Deren »Tagebuch-Nummer 41/42, Geheime Reichssache, Minsk, den 18. November 1942« markiert für Wilke den eigentlichen Beginn der organisierten Bandenbekämpfung. »Der Reichsführer SS hat SS-Obergruppenführer von dem Bach mit der Durchführung der Bandenbekämpfung im Generalkommissariat Weißruthenien beauftragt«, heißt es darin. Von dem Bach lege »größten Wert auf die Erkundungsergebnisse der Sicherheitspolizei und des SD.« Pifrader zählt die Ziele der Erkundungen auf und will »überhaupt alle Anhaltspunkte, die zur Vorbereitung der militärischen Aktion irgendwie dienlich sein können«, von den Kommandos wissen. Er verlangt, diese »sofort« – dick unterstrichen – an den Einsatzstab Minsk durchzugeben. Dann regelt das Papier die Verfahrensweise, wie nach den entsprechenden Erkenntnissen erst ein militärischer Einsatzbefehl, dann ein sicherheitspolizeilicher Befehl einzuholen und erst dann die Aktion zu beginnen sei.

Pifrader warnt allerdings auch – und wird ungewöhnlich konkret: »Erfahrungen lehren, dass Kollektivverschießungen, das Niederbrennen von Dörfern ohne die gesamten Einwohner zu liquidieren oder sie ordnungsgemäß zu evakuieren, nur nachteilige Folgen für uns haben.« Und weiter: »Im Auftrag des Bevollmächtigten des RFSS für Bandenbekämpfung, SS-Obergruppenführer von dem Bach, obliegt die Entscheidung, ob Dörfer abgebrannt, die Bewohner liquidiert oder evakuiert werden, ausschließlich und allein dem Führer des SD-Kommandos.« Also ihm, Wilke.

Das Morden und Brandschatzen musste ab nun seine Ordnung haben. Kommandoführer wie Wilke waren damit zum Herrn über Leben und Tod ganzer Dörfer berufen. Weil »Dörfer dauernd unter dem Druck der Banden« stünden, sei »ausschlaggebend«, »wie sich die Einwohner eines Dorfes im Augenblick des Vorgehens gegen die Banden verhalten haben«, gibt Pifrader noch Entscheidungshilfen mit auf den Weg. Wilke und Kollegen durften die unglücklichen Dorfbewohner – Frauen, Kinder, alte Leute – fortan also nach freiem Dünken töten, sie leben lassen oder sie gar belohnen: »Dem SD-Kommandoführer steht weiter ausschließlich und allein das Recht zu, Dorfbewohner, die sich besonders verdient gemacht haben, durch Übergabe von Beute, wie Vieh usw. zu belohnen.« Und Pifrader mahnt noch: »Ich weise auf die hohe Verantwortung derartiger Entscheidungen hin. Es sind dabei stets politische und propagandistische Auswirkungen zu berücksichtigen.«

Und dann spornt der Standartenführer Wilke und seine Kampfgenossen noch an: »Ich erwarte Aktivismus, höchste Einsatzbereitschaft, kameradschaftliche Zusammenarbeit mit allen beteiligten Dienststellen, Schnelligkeit und objektive Berichterstattung. Motto: Schwierigkeiten sind nur dazu da, um sie zu überwinden!« Er verspricht zudem, »beseelt vom unbedingten Willen, das Generalkommissariat Weißruthenien bandenfrei zu machen und das Gebiet total zu befrieden«, die Leistungen der einzelnen Führer dem Obergruppenführer vorzutragen und diesen zu bitten, »fallweise dem Reichsführer über die Tätigkeit der Sicherheitspolizei zu berichten«.

Das war nun ein Freibrief anderen Kalibers. Er, Artur Wilke, er, der Kommandoführer, durfte selbst entscheiden, ob Dörfer in Flammen aufgehen, ihre Einwohner liquidiert oder evakuiert werden, ob Bauernfamilien erschossen oder mit dem Vieh, das seine Leute gerade den anderen Familien geraubt hatten, belohnt werden. Und wenn er sich dabei einen Namen machen würde, würde dieser sogar ganz oben, bei Himmler selbst, dem Reichsführer SS, lobende Erwähnung finden. Welch ein Freibrief! Daumen rauf? Daumen runter? Vor Ort alles seine Entscheidung! Er hatte die Befugnis, anzuordnen, ob er Freund oder Feind vor sich hatte. Wenn er auf »Feind« erkannte, war dessen Schicksal besiegelt. Da bedurfte es künftig keiner weiteren Befehle von oben mehr – und die gab es dann auch nicht.

Code. – Was mit all diesen von ihm und anderen Kommandoführern als Feind identifizierten Dorfbewohnern zu geschehen hatte, war von nun an jedem klar. »Aktion« hieß es fortan in den schriftlichen Befehlen. Wie ein geheimer Code entwickelten sich weitere Begriffe, deren Bedeutung unerklärt blieb. »Aufgabe«, »Lösung«, »Erledigung«, »Bereinigung des Raumes«, »Sonderbehandlung«, »Liquidierung« – so lauteten in den Befehlen die neuen Schlagworte, von denen jeder wusste, dass es stets um das Töten des jeweiligen Verdächtigen ging. Besonders perfide war der Begriff »Überholung«. Dahinter verbarg sich die Ausplünderung und Liquidierung ganzer Dörfer, deren Einwohner erschossen, deren Vieh und Vorräte geraubt wurden und deren Gebäude dem Erdboden gleichzumachen waren. Selten war fortan ein Befehl so deutlich wie noch der »Angriffsbefehl Nr. 1« zum Beginn des »Unternehmens Nürnberg«, der zwei Tage nach Pifraders Freibrief an die 1. SS-Infanterie-Brigade ging und als »Geheim« eingestuft wurde. Darin heißt es: »… greift diesen Feind an und vernichtet ihn. Als Feind ist anzusehen jeder Bandit, Jude, Zigeuner und Bandenverdächtige«. So genau wurde es später nicht mehr ausgesprochen. Je vager die Befehle, umso mehr konnten sich Wilke und seine Kommandos darauf verlassen, dass sie durch Pifraders Freibrief auch hier freie Hand hatten – beim Töten.

Schulze. – Die Szene in Braunschweig, die dir der Neffe Wilkes aus der Erinnerung geschildert hat, hast du wiedergefunden in der Prozessakte. Schon am ersten Tag, in seiner Vernehmung nach der Festnahme, hat Artur Wilke sie so beschrieben. Ihm muss klar gewesen sein, dass jene Begegnung mit seinem einstigen Chef ihn eines Tages ans Messer liefern würde: »Auf dem Schwarzen Markt in Braunschweig (am alten Bahnhof) traf ich einmal Dr. Heuser. Es war alsbald nach dem Kriege. Er sagte mir, er sei auf dem Weg nach Berlin. Ich sagte ihm, ich heiße Schulze oder ein beliebiger Name. Und ich wohnte in Essen. Aus dem Gespräch ergab sich, daß er Rechtsanwalt in Goslar war.«

Wilke muss all die Jahre geahnt haben, dass diese Begegnung, in der Heuser ihn natürlich erkannt hatte, wie ein Damoklesschwert über ihm und über seinem Doppelleben schweben würde.

Überholung. – Immer mehr entwickelte sich Wilke in diesen eineinhalb Jahren zum Spezialisten: zum Erkunder, zu einem, der mit kleinen Trupps und einigen ortskundigen Spionen und Dolmetschern die Dörfer in den möglichen Rückzugsgebieten der Banden auszukundschaften hatte und dem schon deshalb alle Freiheiten gelassen wurden. Ob »Bereinigung«, »Lösung« oder »Sonderbehandlung«, er entschied, wer zum Feind erklärt wurde und was mit ihm geschah. Zum Beispiel beim »Unternehmen Erntefest« vom 17. bis 23. Januar 1943. In dessen Vorfeld wurde dem aus Litauern bestehenden SS-Polizeiregiment 13 eigens ein aus 14 Personen bestehendes »Erkundungskommando« des Sicherheitsdienstes »unter Leitung des Hauptsturmführers Wilke« zugewiesen. Das hatte am 17. Januar erst einmal einen Fehlstart: »10 Uhr: 10 Kilometer vor Tscherwen fährt der Lkw auf eine Tellermine auf und hat Glück, daß die Granate nicht auseinandergeht, die an die Mine gebunden ist«, meldet Wilke. Erst abends konnte sich Wilke deshalb beim Kommandanten der Aktion, Oberst W., melden, der ihn »sehr freundlich« empfing und ihm Gastrecht in seinem Stab anbot.

Wilke hat über diese Erkundungsaktion Tagebuch geführt. Die Aufzeichnungen zeigen, mit welchem Feuereifer er bei der Sache war: Die Einladung des Kommandanten schlug er aus. Er erklärte W., er habe »kein Interesse, beim Regimentsstab zu bleiben, sondern wolle mit meinem Kdo. dorthin gehen, wo voraussichtlich etwas los wäre«. Und Wilke mokierte sich noch über die Gemächlichkeit des Kommandoführers: »Ich bin erstaunt über die Ahnungslosigkeit des Herrn Oberst über die Feindlage und über die eigene Situation.«

Aus den Notizen spürt man noch heute, wie der SS-Führer den Aktionen entgegengefieberte. »Die drei Kompanien des Bat. sollen sofort eingesetzt werden (…) die in den Abschnitten liegenden Dörfer nach Partisanen überholen«, schrieb er am 19. Januar. Und schwärmte tags darauf vom Erfolg: »Der Angriff (…) auf das Banditenlager bei Kolodino-Radkowa ist ein voller Erfolg geworden. Erfolg insofern, als das Lager auf der Insel tatsächlich vorhanden war. 12 neue, große Bunker. Im Lager selbst waren nur noch 12 Mann.«

Fast 30 Jahre später, im Ermittlungsverfahren der Staatsanwaltschaft Hamburg gegen die Mitglieder der Kampfgruppe von Gottberg (Aktenzeichen 202 AR 509/70), sollten Wilkes Notizen aus diesen Januartagen 1943 mithelfen, den Begriff »Überholung« zu verstehen. Wilke berichtete vom »Unternehmen Erntefest« und dem Einsatz »der 1. und 2. Kompanie des litauischen Schutzbataillons 13 bei der Überholung der Dörfer Kowalewitschi, Ssegrejewitschi und Russakowitschi«, von der »Erschießung flüchtender Einwohner«, dem »Einsatz von Landwirtschaftsführern zur Erfassung von Getreide und Vieh« sowie von der »Sonderbehandlung der Einwohner des Dorfes Wollossatsch durch das Kommando«. Übersetzt heißt das: Wer flieht, wird erschossen, Vorräte und Vieh werden geraubt, wer sich ergibt, wird auch erschossen. Auch für das leidige Minenproblem, dessen Opfer Wilke im Januar 1943 bei der Erkundung zur Aktion »Erntefest« beinahe geworden war, fand die Kampfgruppe von Gottberg eine Lösung: Dorfbewohner wurden zusammengetrieben und mussten zu Fuß oder mit Panjewagen jene Wege als Vorkommando marschieren, die im Verdacht standen, vermint zu sein. Menschen als Minenhunde.

Genutzt haben Wilkes Aufzeichnungen den Hamburger Strafverfolgern nicht. Das Ermittlungsverfahren gegen Angehörige der Kampfgruppe Curt von Gottbergs, der auch Artur Wilke angehörte, währte 26 Jahre. 1996 wurde es ohne Ergebnis eingestellt. Dabei lagern im Bundesarchiv zahlreiche Dokumente, darunter die Einsatzbefehle, die die Rote Armee nach dem Einmarsch im Vernichtungslager Trostenez in Wilkes Spind fand, die Wilkes maßgebliche Rolle als SD-Verbindungsführer bei diversen Einsätzen belegen. Etwa der Einsatzbefehl zum »Unternehmen Fritz« vom 17. September 1943, das sich gegen die im August 43 zu den Partisanen desertierten Druschina-Bataillone unter Wladimir Rodionow richtete. Nach Wilkes Erkundung griffen von Gottbergs Truppen am 25. Oktober an. Bis 9. November wurden 5 452 Menschen – Partisanen oder einfach nur verdächtige Landbewohner – getötet. 8 000 Zwangsarbeiter wurden verschleppt, ehe der Durchbruch der Roten Armee der Aktion ein Ende setzte.

Sumpffieber. – Dabei hatte doch alles so gut begonnen für Artur Wilke. Er war weg vom Grubenrand, musste in Trostenez nicht mehr mitschießen, profilierte sich stattdessen als Partisanenjäger und hatte auch schnell Erfolge zu vermelden. Das »Unternehmen Sumpffieber« vom 21. August bis 21. September 1942 war seine erste Bewährungsprobe gewesen. Er hatte den Geheimbericht über die Erfolge sowie die Verlustliste zu liefern. Seine abschließende Bemerkung unter dem Bericht zeugt von seinem Stolz auf das Erreichte: »… kann man als Hauptergebnis die Tatsache bewerten, daß die Bevölkerung, die sich sicher schutzlos den Terroraktionen der Banditen preisgegeben sah und die nicht geringe Zweifel an der Schlagkraft der deutschen Sicherheitsverbände hegte, wieder Vertrauen zu den deutschen Ordnungskräften gewonnen hat.«

Welch ein Irrtum. Je intensiver die Deutschen gegen die Partisanen vorgingen, umso mehr Landbevölkerung lief zu diesen über. Mit zunehmender Härte der SS-Leute waren die Banden immer zahlreicher geworden. Die Menschen sahen, was mit den Juden passiert war. Immer mehr Dörfer waren bei den Partisanenkämpfen in Flammen aufgegangen. Nachdem ganze Landstriche entvölkert, alle Dörfer abgebrannt worden waren, hatten die Banden Zulauf, wurden heimlich unterstützt und mit Informationen versorgt – und Wilkes Truppe hatte immer neue Arbeit.

Polizei. – Jürgen ist jünger als du, seine älteren Schwestern müssten aber noch bei Wilke Unterricht gehabt haben. Jürgen fällt dir ein, weil du nach dem Verhaftungsprotokoll suchst. Ob es das bei der Polizei noch gibt? Da müsste Artur alias Walter Wilke doch eine Akte gehabt haben.

»Ausgeschlossen! Die ist weg.« Danach zu suchen, sei sinnlos, sagt Jürgen, der zuletzt ein Kommissariat leitete. Die Akten müssen nach vorgeschriebenem Zeitablauf vernichtet werden. Aber an Wilke erinnert er sich sofort – und auch an dessen Akte. Denn als junger Kriminalpolizist habe er die einmal in den Händen gehabt. »Ein Zufall, aber es hat mich interessiert. Der war ja aus unserem Dorf.« Wo genau Wilke verhaftet wurde, das weiß Jürgen nicht mehr, etwas anderes hingegen schon: »Ich habe mich damals gewundert, wie unspektakulär das abgelaufen ist. Immerhin – bei dem Vorwurf.« Ob sich Wilke vielleicht freiwillig gestellt habe? »Nein, sicher nicht. Es muss eine ganz reguläre Verhaftung gewesen sein.« Und wie sähe heute eine ganz reguläre Verhaftung eines Lehrers aus? »Na, wir würden ihn aus der Schule holen. Da könnten wir sicher sein, ihn anzutreffen.«

Bandendörfer. – Er also besiegelte das Schicksal der Bauern in den zahllosen Dörfern des Bandenkampf-Gebietes. Eine grobe Richtschnur war ihm mitgegeben, wie er zu bewerten hatte, ob Dörfer von den Kampftruppen, die ihm nachfolgten, zerstört oder verschont werden sollten. Der Einsatzbefehl zum »Unternehmen Nürnberg« verdeutlicht das. Unter Ziffer 6 heißt es: »Bandenfreundliche oder bandenverdächtige Orte, die noch schriftlich bekanntgegeben oder im Verlauf des Unternehmens durch die dem Rgt. zugeteilten Kommandos des SD und der Landwirtschaftsführer bezeichnet werden oder eine feindliche Haltung zeigen, sind gründlich zu überholen und rücksichtslos zu behandeln. In diesen Ortschaften sind unter Heranziehung der Gemeindeältesten (Starosten) oder sonstiger geeigneter Persönlichkeiten die bandenverdächtigen oder bandenfreundlichen Bewohner festzustellen und wie die Juden und Zigeuner zu vernichten. Jeder Berittene ist zu erschießen, desgleichen als Kundschafter oder Posten anzusehende Halbwüchsige oder andere Bevölkerung.« Und weiter heißt es zum Vorrücken der Einheiten: »Das Erreichen dieser Linie ist in rücksichtslosestem Vorgehen gegen alle in Ziffer 6 erwähnten Elemente durchzuführen.« Und schließlich unter Ziffer 10: »Sämtliche in unmittelbarer Umgebung des Feindgebietes liegenden Ortschaften sind als bandenfreundlich anzusehen. Dieses gilt insbesondere für Koziany (…). Eine Ausnahme bildet der deutschfreundliche Ort Siemionowicze.« Außerdem: »Soweit Gefangene gemacht werden, sind sie zunächst dem SD zur Vernehmung sicherzustellen.« Mit anderen Worten: Gefangene waren Wilke und seinem Kommando zu übergeben – »zunächst«. Was dann mit ihnen geschah, lässt sich nur erahnen.

Auch vor der Kirche und ihrem Personal machte die Kampfgruppe nicht Halt. Da aber wollte sich der studierte Theologe Wilke dann doch rückversichern. Text eines Funkspruchs vom 26. Juli 1943 an das SD-Kommando nach Minsk: »Gilt Befehl Gruppenführer noch, der in Nowogrodek gegeben, daß polnische Popen wegen Verdacht festzunehmen sind?« Die Antwort funkte der spätere Mitangeklagte: »Nach Rücksprache mit SS-Brigadeführer v. Gottberg gilt der Befehl über polnische Geistliche noch im vollen Umfang. i. A. gez. Dr. Heuser«

Wehrdörfer. – Er war nicht nur für die Bandendörfer zuständig, sondern auch für die Wehrdörfer. Das hat Christian Gerlach herausgefunden. Für sein Buch »Kalkulierte Morde. Die deutsche Wirtschafts- und Vernichtungspolitik in Weißrußland 1941 bis 1944« hat Gerlach das Ermittlungsverfahren 113 Ks 1/65a-b der Staatsanwaltschaft München ausgewertet und darin die Vernehmung des Zeugen Alfred Renndorfer gefunden. Der beschreibt, dass der »SD-Partisanenexperte Artur Wilke« damit beauftragt und befasst gewesen sei, das Wehrdorf-Konzept für den Raum Minsk zu planen. Gerlach nennt die Wehrdörfer den »Schlussstein im Gebäude der deutschen Besatzungspolitik in Weißrußland«. Vorgeschlagen hatte das Konzept der Abteilungsleiter Landwirtschaft im GK Minsk, Freitag. Zu Wehrdörfern ausgebaut und sodann finanziell und mit Arbeits- und bewaffneten Kräften gefördert wurden deutschenfreundliche Dörfer, die sich bereit erklärten, nicht nur zu kollaborieren und für die deutschen Truppen landwirtschaftliche Erzeugnisse anzubauen, sondern zugleich paramilitärische Einheiten zu unterhalten. So konnten sich die wichtigsten Agrarproduktionsstätten einerseits selbst vor Partisanen schützen, andererseits zu Kristallisationspunkten für die erhoffte künftige Entwicklung der deutschen Besatzungsregion werden.

Auch das Dorf Maly Trostenez, ganz in der Nähe des Gutes, wurde ab März 1943 zum Wehrdorf ausgebaut. Nach Darstellung des in München vernommenen Zeugen soll Wilke auch beim Aufbau der Wehrdorf-Miliz geholfen haben, indem er mit plante, auswärtige bewaffnete Einheiten in den neuen Wehrdörfern anzusiedeln. Kollaborateure der Kaminski-Bewegung, Kosaken und Kaukasier wurden von den Deutschen leicht bewaffnet, den Stützpunkten in den Wehrdörfern zugewiesen und bei Partisanenkämpfen gezielt eingesetzt. Historiker gehen heute davon aus, dass es Ende 1943, Anfang 1944 bis zu 100 Wehrdörfer mit zusammen etwa 20 000 Einwohnern beziehungsweise Milizangehörigen in den besetzten Gebieten Osteuropas gab. Teils wurden die Wehrdörfer gerade dort wieder aufgebaut, wo Monate vorher Großunternehmen wie Cottbus oder Hermann ganze Landstriche entvölkert hatten.

Allzu lange kann Wilke nicht in das Wehrdorf-Konzept eingebunden gewesen sein. Vor Weihnachten 1943 wurde er bereits abberufen – und die immer weiter heranrückende Front besiegelte das Schicksal der Wehrdörfer rasch. Doch auch wenn Wilke in keiner seiner Vernehmungen seine Wehrdorf-Erfahrung preisgegeben hat – diese Aufgabe erklärt, warum er in seiner dritten Kriegsgefangenschaft, der bei den Briten, rasch als Mitarbeiter des Secret Service gewonnen wurde: Er hatte Spezialwissen. Auch Gerlach schreibt: »Nach dem Krieg stieß das deutsche Wehrdorfkonzept, wie die deutschen Methoden der Partisanenbekämpfung überhaupt, im Westen auf Interesse. Einige der in dieser Arbeit verwandten Darstellungen (zum Wehrdorf-Konzept) basieren auf Forschungsaufträgen der US-Armee.«

Und es sei nicht bei Theorie geblieben, schreibt Gerlach. »Die deutschen Erfahrungen wurden ausgewertet und teilweise nachgeahmt oder aber andere Modelle entwickelt, von den Franzosen in Algerien, wo sie 1,5 Millionen Menschen umsiedelten, in Vietnam und Kambodscha; von den Briten in Malaysia und Kenia. In der Regel handelte es sich um eine Kombination aus der Schaffung toter Zonen durch Umsiedlung und Massenmord sowie Einwohnermilizen in befestigten Dörfern, die wirtschaftliche und soziale Vergünstigungen erhielten.« Auch die US-Armee habe ähnliche Methoden in Griechenland und den Philippinen angewandt. Als bekanntestes Beispiel nennt Gerlach den »Stanley-Taylor-Plan« für den Aufbau von 16 000 befestigten »strategischen Dörfer(n)« in einem zuvor entvölkerten Gürtel entlang des 17. Breitengrades, die die USA 1960 bis 1965 in Südvietnam errichteten. Zehn Millionen Einwohner wurden dafür umgesiedelt. Der Plan scheiterte am Widerstand der zwangsweise bewaffneten Vietnamesen.

Kein Wunder also, dass die Briten 1945 den Partisanenjäger Wilke für einige Wochen auf die Insel holten. Der Secret Service wird ihn nicht geschult, sondern ausgehorcht haben.

Hauptübeltäter. – Hat Artur Wilke selbst getötet oder töten lassen im Bandenkampf? Strafrechtlich zur Verantwortung gezogen wurde er für diesen Teil seines Russlandeinsatzes nie, und auch das Hamburger Ermittlungsverfahren gegen die Verantwortlichen der Kampfgruppe von Gottberg versandete letztlich im Nichts. Das Verfahren hat ihn sogar überlebt. Erst 1970, nachdem Wilke sich daheim längst wieder eingewöhnt hatte, wurde es eröffnet, und 1996, also sieben Jahre nach Wilkes Tod, ist es ergebnislos eingestellt worden. Dabei hatte 1966 die Generalstaatsanwaltschaft Berlin in einem anderen NS-Mordverfahren befunden, »Wilke stellt in der Kampfgruppe von Gottberg eine Zentralfigur dar, da er zumeist mit den SD-Aufgaben betraut war«. Vielfach hatte Wilke nämlich mit seinen Erkundungsgruppen die Erkenntnisse für die blutigen Angriffe auf die als »Banditendörfer« abgestempelten Ortschaften geliefert.

Eine kurze Notiz vom 2. August 1943, 12.25 Uhr, an seine Dienststelle belegt darüber hinaus, dass er persönlich Tötungsbefehle gab. Das mit »geheim« markierte Blatt, das sich im Berliner Bundesarchiv findet, lautet: »zur information : der dort gefangene führer (…) posnanski ist nach aussagen der hauptübeltäter. eingehende schriftliche vernehmung und sonderbehandlung.« Unterschrift: »f. d. kampfgruppenstab i. a. Wilke, ss-h-stuf.«

Selbstzweifel. – Ob er damals schon am Erfolg des Partisanenkampfes zweifelte? Oder kam er erst im Gefängnis zu der Einsicht, die er 20 Jahre später in einem Brief an seinen Sohn Wolfdietrich schreiben würde? Der gefürchtete Partisanenjäger Artur Wilke schrieb 1967 aus dem Gefängnis:

»Es bleibt ein schauerliches Schauspiel, wie wir es selbst in einem Partisanenkampf erlebt haben, und andere noch erleben werden, und wie es sich noch vervollkommnen wird, wo jede Seite nach den Befehlen seines Chefs der Bandenkampfverbände sich in brutalen Vergeltungsmaßnahmen überbietet, aber nicht mehr sieht, wie man mit seinen Methoden die Feindseligkeiten weitertreibt und steigert, hier immer mehr statt weniger Partisanen macht (was den Wünschen und Berechnungen der Gegenseite entgegenkommt), und dort auf der anderen Seite auch nur Öl in die Flammen des Hasses gießt, jenes Hasses auf dessen Fahnen so merkwürdige Parolen und verhängnisvolle Signa stehen vom ›Totalen Krieg‹, von ›Kampf auf Leben und Tod‹, von ›vincere, aut mori‹ oder ›Mit Gott für König und Vaterland‹ oder ›Für die Freiheit und Gerechtigkeit‹. Und am Ende kam es für die Leidtragenden (soweit sie am Leben bleiben) doch nur darauf an, daß sie rechtzeitig auf Seiten des mordenden Siegers standen – nur die besten Chancen, so flüstert man sich auch heute hinter vorgehaltener Hand zu, hat man dabei wohl bei den Partisanen!«

Geschlechtsteile. – Was das für eine Partisanenjägertruppe war, in die sich Wilke quasi geflüchtet hatte, um den verhassten Massenexekutionen zu entgehen, hätte niemand besser beschreiben können als der, der sie befehligte: Erich von dem Bach-Zelewski. Der General der Waffen-SS und der Polizei war Chef der Bandenkampfverbände. Er hatte schon ab 1941 die Befehle zur massenhaften Tötung von Juden an die Einsatzgruppen und Polizeibataillone verteilt. Von ihm stammt die Aussage, Himmler habe ihm erklärt, »daß grundsätzlich jeder Jude ein Partisan« sei. Himmler persönlich war es auch, der von dem Bach im Oktober 1942 den Befehl gegeben hatte, in aller Härte gegen »das Bandenunwesen« vorzugehen, und der ihn am 21. Juni 1943 zum »Chef der Bandenkampfverbände« ernannte. Zigtausende Tote, die wenigsten von ihnen vermutlich tatsächlich Partisanen, waren die Folge. Es galt die Devise »Ausrottung durch Einkesselung«. Am bekanntesten aber wurde von dem Bach durch die blutige Niederschlagung des Warschauer Aufstandes. Hitler hatte ihn am 5. August 1944 damit beauftragt. Binnen 64 Tagen wurden 170 000 polnische Zivilisten durch von dem Bachs Truppen getötet.

Wie Wilke hatte auch Erich von dem Bach-Zelewski den Krieg unbeschadet überstanden, war sogar bei den Nürnberger Kriegsverbrecherprozessen 1949 von einer Anklage verschont geblieben, weil er sich als Kronzeuge zur Verfügung stellte und so einer Auslieferung an die Sowjetunion entging. Als Kronzeuge schrieb er am 10. Mai 1949 jenen Bericht, der heute im Bundesarchiv in Ludwigsburg liegt und der

Wilkes Arbeitsplatz im Jahr 1943 am besten charakterisiert: Es ist die Bilanz der »Partisanenbekämpfungsaktion Cottbus«, an der auch Wilke als verantwortlicher Kommandoführer teilnahm. Laut Bericht an das Generalkommissariat Minsk vom 5. Mai 1943 gab es 4 500 »Feindtote« und weitere 5 000 »bandenverdächtige Tote«. Auf deutscher Seite seien lediglich 59 Opfer zu beklagen gewesen. Das Fazit des »Fachmanns« von dem Bach: »Die genannten Zahlen zeigen, daß auch hier wieder mit einer sehr starken Vernichtung der Bevölkerung zu rechnen ist, wenn bei 4 500 Feindtoten nur 492 Gewehre erbeutet wurden, dann zeigt dieser Unterschied, daß sich auch unter diesen Feindtoten zahlreiche Bauern befinden.« Und dann nennt von dem Bach explizit jene Einheit, der auch Wilke angehörte: »Besonders das Bataillon Dirlewanger ist dafür bekannt, daß es zahlreiche Menschenleben vernichtet. Unter den 5 000 Bandenverdächtigen, die erschossen wurden, befanden sich zahlreiche Frauen und Kinder.« Geradezu zynisch wirkt der Nachsatz: »Ich hoffe, daß ich auch Nichtfachmännern eine ungefähre Ahnung von dem tatsächlichen Partisanenkampf vermittelt habe. Ich bin auch heute noch der Ansicht, daß man dieser Bewegung hätte Herr werden können, wenn man meine Vorschläge berücksichtigt und befolgt hätte«, weiß es der Schreiber auch gegenüber den alliierten Ermittlern noch immer besser.

Schließlich beklagt er das eigene Schicksal, sieht sich geradezu als Opfer: »Ich hatte 1943 die wohl einmalige und furchtbare Aufgabe zudiktiert bekommen, über jeden Partisanenüberfall, bei dem mehr als zehn Soldaten ermordet worden waren, einen Tatbericht an Ort und Stelle des Überfalls zu erstellen.« Zwei Flugzeuge Fieseler Storch und zwei Piloten hätten ihm dauernd zur Verfügung gestanden, und er sei »Tag und Nacht von einem Ende Osteuropas zum anderen unterwegs« gewesen. Wollte er Mitleid oder gar Verständnis von den Westalliierten für die deutschen Vergeltungsmaßnahmen, als er ihnen schilderte: »Alle die Tausenden ermordeten deutschen Soldaten lagen ausgeschlachtet am Tatort vor mir. Sehr oft der abgeschnittene Geschlechtsteil im Mund der Leichen, die Augen ausgestochen.«

Gewissen. – Und da sollte man nicht mit gleicher Härte zurückschlagen? Da sollte man sich Gewissensbisse machen? Wilke legte sich diese Frage oft genug vor. Unruhige Nächte hatte er, seit er in Minsk angekommen war. Erst diese irrsinnige Ballerei an den Gruben, dann die abscheulichen Gaswagen, jetzt sogar die unvorstellbar ekelige Enterdung, das Ausheben der Massengräber, das Wühlen in verwesenden Menschenleibern, das Verbrennen der Leichen und jener gleich mit, die die Leichenberge auftürmen mussten. Wie passte das in das Weltbild eines gebildeten, feinsinnigen Theologen, eines humanistisch gebildeten Akademikers aus dem Land der Dichter und Denker, eines Hölderlin-Verehrers, wie er es war?

Er war Minsk und Trostenez entflohen, um daran nicht mehr teilnehmen zu müssen. Jetzt hatten sie ihn zum Hauptsturmführer und zum Herrn über Leben und Tod ganzer Landstriche befördert. Macht, ja die hatte er nun, aber hier in den Dörfern und Wäldern, auf dem flachen Land rund um Minsk ging es nicht minder blutig zu. Nun befolgte er nicht mehr nur Befehle zum Töten, jetzt gab er sie. Und wieder blieben Leichen in Massen, verbrennende Menschenleiber, apokalyptisch zerstörte Siedlungen. Das belastete sein Gewissen, und er bemerkte mit Schrecken – von Unternehmen zu Unternehmen mit zunehmender Abgestumpftheit –, wie es ihm zur Routine wurde.

Belastete es sein Gewissen?

Schluss! Hier muss Schluss sein mit diesen Szenen, mit diesen Spekulationen – was Wilke wohl gedacht hat, was er gefühlt haben müsste, worüber er sich mit seinen Kameraden wohl unterhalten hat, was ihn wohl bewegte, als er vor all den Gewalttaten stand und einer von denen wurde, die diese Gewalt ausübten. Das alles kannst du nicht mehr beschreiben. Du weißt es einfach nicht. Du glaubst es auch nicht mehr. Nicht mehr nach all dem, was du gelesen hast über deinen falschen Lehrer.

In seinen späteren Briefen, in seinen Aufzeichnungen, in seinen Zeugenaussagen und in all dem, was er je offenbarte über diese Zeit, hast du zwar immer wieder sein Klagen darüber gefunden, dass er habe mitmachen und darunter leiden müssen bei diesem schrecklichen Töten. Aber immer war er das Opfer, nie machte er sich Vorwürfe. Immer standen ihm Pflichterfüllung, Gehorsam, Eidestreue vor Gewissensnot. »Was ich tun musste, habe ich wider meinen Willen und wider mein Herz getan«, schrieb er später einmal an seinen Gefängnis-Seelsorger. Mehr nicht.

Dabei hat er so viel Schriftliches hinterlassen, dass Generationen von Juristen, Historikern, Theologen, Psychologen sich daran abarbeiten könnten – oder es teils auch schon getan haben. Aber wie sein Gewissen zu den Taten stand, ob er sich Vorwürfe machte, ob er je eigene Verantwortung anerkannte, das haben sie nicht ergründen können. Du auch nicht, obwohl du mehr aus Wilkes Feder lesen konntest als jeder vor dir. Eine Gewissenserforschung des Massenmörders Artur Wilke war auch dir nicht möglich.

Schluss! Vorbei! Du hast nicht die Fantasie, dir diese Gedanken auszumalen, so wie du vorher nicht für möglich gehalten hast, was Menschen einander antun können. Du wirst dich jetzt an Fakten, an Akteninhalte halten. Material genug liegt vor. Man muss es nur in Beziehung setzen zu dem Menschen, der an all den beschriebenen Taten beteiligt war – in Beziehung zu deinem Lehrer.

Vor dem Richter

Braunbuch. – Der Umschlag ist aus Leder und minderwertiger Pappe von einem schmutzigen Dunkelbraun. Auf dem Buchdeckel kyrillische Buchstaben, die Zahlen »500«, »NO. 1« und »769«. Hinter den Ziffern verbirgt sich eine Signatur des Sonderarchivs Moskau – heute »Zentrum zur Aufbewahrung historisch-dokumentarischer Sammlungen«: Bestand 500, Findbuch 1, Akte 769. Zusammengestellt haben den Inhalt Nikolai Alexejew, Professor für deutsches Recht an der Universität Leningrad, und der Attaché beim Außenministerium der UdSSR in Moskau, Jouri Kouzminykis. Sie haben in diesem im Heuser-Prozess vorgelegten Werk auch Dokumente einbinden lassen, die heute nicht mehr in der Akte 500–1–769 zu finden sind. Übersetzt wurden die russischen Texte in der Zentralen Stelle der Landesjustizverwaltungen in Ludwigsburg. Die enthaltenen Dokumente seien geprüft, an der Echtheit bestehe kein Zweifel. Die Originale wurden auf sieben Mikrofilmen archiviert. Sie befinden sich im Bundesarchiv.

Das also ist das »Braunbuch«. Es hat den Heuser-Prozess maßgeblich beeinflusst. Es enthält die entscheidenden Dokumente, die zu den Schuldsprüchen und zu etlichen weiteren Ermittlungen, Strafverfahren und Urteilen führten. Und sie stammen zu einem großen Teil von – Artur Wilke.

Schon der erste der sieben Filme, der Ablichtungen von 40 Einzeldokumenten zeigt, weist auf zwölf der Papiere den Namen des Hauptsturmführers auf. Jene Einsatzbefehle, Anordnungen, Funksprüche und Notizen, die Wilke einst empfangen und aufgehoben oder abgeschickt hat, sowie dessen Tagebuchaufzeichnungen wurden jetzt zu den entscheidenden Beweismitteln des Prozesses. Für Historiker sind sie heute unschätzbar wertvolle Quellen. In vielen Büchern zum Russlandfeldzug oder Dokumentensammlungen sind sie zu finden. Und vielen hochrangigen Politikern, Beamten und wohl auch einigen Strafverfolgern im Nachkriegsdeutschland waren sie ein Dorn im Auge.

Dass es Wilkes ganz persönliche Unterlagen waren, nicht etwa Dokumente aus irgendeiner Dienststelle, beweist Dokument 27 939, Position 34 des Mikrofilms 1. Wilke, dein erster Lehrer, bei dem ihr auch Sport hattet und der bei den Bundesjugendspielen vor in Reih und Glied stehenden Schülern immer die Ehren- und Siegerurkunden ausgab, hatte sogar die eigene Sportauszeichnung mit in den Krieg geschleppt. Im Braunbuch findet sich die »Ehrenurkunde für Artur Wilke anlässlich des Reichsjugendwettkampfes 1923«. Da war er 13 gewesen.

Wie genau Wilkes Papiere in die Hände der Roten Armee gerieten und von den sowjetischen Anklägern zusammen mit anderem belastenden Material aus der Dienststelle zum Braunbuch gebunden werden konnten, ist nicht restlos klar. Mutmaßlich wurden sie in den Trümmern der zerstörten Massenvernichtungsstätte Trostenez in einem von Wilke benutzten Spind gefunden. Oder aber in der SD-Zentrale in Minsk. Wilke jedenfalls muss Einsatzbefehle und Tagebuch zurückgelassen haben, als er Weihnachten 1943 nach Danzig flog – und wegen seiner überraschenden Versetzung nicht zurückkam. Jedenfalls gehört seine Sammlung zu jenen wenigen Beweisstücken, die vor dem Abrücken vor der herannahenden Front nicht vernichtet werden konnten.

Sogar Dokumente, die gar nicht für ihn gedacht waren, die Anweisungen für die SD-Arbeit gaben, noch ehe er überhaupt in Minsk war, die er sich aber beschafft haben musste, fanden sich in dem Wilke zugerechneten Konvolut. Darunter das Schreiben des Chefs der Sicherheitspolizei, Reinhard Heydrich, vom 2. Juli 1941 an die Sipo-Dienststellen: »Zu exekutieren sind alle Funktionäre der Komintern (wie überhaupt der kommunistischen Berufspolitiker schlechthin), die höheren, mittleren und radikalen unteren Funktionäre der Partei, des Zentralkomitees, Volkskommissare, Juden in Partei und Staatsstellen, sonstige radikale Elemente (Saboteure, Propagandeure, Heckenschützen, Attentäter, Hetzer usw) …« Und auch eine Rede von Wilhelm Kube, dem Generalkommissar für Weißruthenien, gehalten bei der Tagung der Gebietskommissare am 8. April 1943, findet sich im Braunbuch: »Die Bevölkerung hier ist doch weiter nichts wert, als geprügelt und erschossen zu werden.« Wilkes Chef Strauch hatte auf dieser Tagung in seinem Referat geprahlt: »Von den 150 000 Juden sind schon 130 000 verschwunden.«

Überhaupt liefern Wilkes Papiere für viele der Tötungsaktionen, insbesondere der Partisanenunternehmen, die Zahlen, die Historiker auch heute noch nennen. Schließlich war Wilke bei den Unternehmen »Erntefest«, »Cottbus«, »Hermann«, »Fritz«, aber auch bei der Vernichtung des Gettos in Sluzk nicht nur der für Aufklärung zuständige SD-Offizier, sondern auch Chronist, der die Zahlen Getöteter und zur Zwangsarbeit Verschleppter für spätere Erfolgsmeldungen nach Berlin addierte.

Und dann erst das Tagebuch: Mit der Hilfe dieser privaten Aufzeichnungen konnten die sowjetischen Historiker, später Staatsanwälte und das Gericht Zusammenhänge herstellen, den Ablauf der Vorbereitung von Partisanenunternehmen rekonstruieren und die Planmäßigkeit des Entvölkerns ganzer Landstriche erst verstehen. Über diese Notizen schrieben die sowjetischen Autoren in das Braunbuch: »Von unerhörtem Zynismus sind die Aufzeichnungen im Tagebuch Wilkes.«

Vertuschung. – Unerhört auch die Dreistigkeit, mit der politische Kreise versuchten, diese wichtigen Beweise deutscher Verbrechen niemals öffentlich werden zu lassen. Fast wäre der Koblenzer Prozess daran gescheitert. Zum Polit-Skandal wurden die Versuche, den Richtern das Braunbuch vorzuenthalten, nur deshalb nicht, weil ein ungleich skandalöserer Vorfall noch für ein Jahrzehnt die politisch interessierte Öffentlichkeit beschäftigte. Und dabei ging es um die alle Staatsbürger noch heute beschäftigende Kernfrage: Was haben die Deutschen von der Ermordung der Juden gewusst?

Doch zunächst einmal musste das Gericht das Buch auf dem Tisch haben. Die sowjetische Historiker-Kommission hatte bereits vor Prozessbeginn der deutschen Botschaft in Moskau eine Kopie übergeben. Von dort ging es ans Auswärtige Amt nach Bonn. Und noch ehe das Gericht auch nur ein Blatt zur Kenntnis nehmen konnte, waren in Bonn bereits Kopien angefertigt und mutmaßlich an jene verteilt worden, die in dem Buch Erwähnung fanden und die zu dieser Zeit wieder in hochrangigen politischen Positionen saßen. Mindestens einer, so sollte sich zeigen, konnte sich auf seine Aussage prima vorbereiten.

Damit nicht genug. In deutschen Gerichten gilt die Maxime der Unmittelbarkeit. Die Richter wollten das Original, und sie wollten Zeugen hören, jene, die das Buch zusammengestellt, die Fakten ermittelt und bewertet hatten. Doch die Autoren durften nicht einreisen. Die Behörden begründeten das Einreiseverbot damit, es sei zu befürchten, dass die Delegation Propaganda verbreiten wolle. Das Gericht drängte, drohte mit dem Platzen des Prozesses. Dann doch noch die Einreiseerlaubnis. Alexejew und Kouzminykis, der Professor und der Attaché, waren bereits in Koblenz, hatten aber noch nicht ausgesagt, als ihnen mitgeteilt wurde, sie müssten die Bundesrepublik wieder verlassen. Sofort, hieß es kategorisch aus Bonn. Ihre Papiere seien ungültig. Versehentlich sei auf der Aufenthaltserlaubnis ein falsches Datum angegeben. Die Visa seien bereits abgelaufen.

Bemerkenswert ist, dass einen Tag vorher der Bonner Staatssekretär im Bundesministerium für wirtschaftliche Zusammenarbeit, Friedrich Karl Vialon, schriftlich als Zeuge vor das Koblenzer Gericht zitiert worden war. Vialon galt damals als eine der einflussreichsten Persönlichkeiten in Bonn. Als Leiter der Abteilung Wirtschaft, Finanzen und Soziales hatte er noch drei Jahre zuvor unter Konrad Adenauer und neben Hans Globke das Bundeskanzleramt geleitet. Der ranghohe politische Beamte sollte also nun aussagen. Denn in dem Braunbuch fanden sich gleich sechs Dokumente, die »gez. Dr. Vialon« unterschrieben waren. Eines davon trägt das Datum 20. August 1942 und ging an die Verwalter jüdischer Gettos, auch an den des Gettos Minsk. Vialon machte darin darauf aufmerksam, dass »die Arbeitskraft der Juden« der Finanzverwaltung im Reichskommissariat Ostland, der er vorstand, »als Vermögen gilt«.

Das Gericht hat die Dokumente des Braunbuchs dann doch noch im Original einsehen können, sie seien »in ihrer Echtheit über jeden Zweifel erhaben«. Das Material, so dankte Richter Randerbrock der kleinen sowjetischen Delegation, habe die Vorgänge in Minsk erst verständlich gemacht.

Christine. – Doch, es gab eine Klassenkameradin, in deren Familie über die Taten Wilkes gesprochen wurde, auch mit der damals noch sehr jungen Tochter. Christines Eltern betrieben einen Flaschenbierhandel, genau wie deine. Zu jeder Tageszeit konntest du dort klingeln, Bier und Zigaretten holen. Einer der Kunden war der damalige evangelische Pastor. Von ihm, so ist Christine sicher, hatten die Eltern von

Wilkes Verhaftung und seinen Taten erfahren. Auch mit ihr haben die Eltern darüber gesprochen. Keine Einzelheiten, aber wohl, »dass der Lehrer im Krieg Böses getan« habe. Die Verhaftung, erinnert sich Christine, sei ja »im Dorf eingeschlagen wie eine Bombe«.

Einzelheiten erfuhr die Schülerin, die später Geschichtslehrerin werden sollte, Jahre danach ebenfalls vom Pastor. Sie war mit Wilkes Tochter in einer Klasse, hat aber nie mit ihr über den Vater gesprochen. Der Pastor aber erzählte bei seinen Biereinkäufen, wie ihn der inzwischen aus der Haft entlassene NS-Täter irritiert, ja verstört habe. »Der hat überhaupt kein Unrechtsbewusstsein«, habe der Pastor den Eltern berichtet. Der im Gefängnis angeblich zu Reue und christlichem Glauben Bekehrte habe sich im Gespräch sinngemäß so geäußert: »Ich habe mir nichts vorzuwerfen.« Da wusste Christine noch nicht, was Wilke wirklich getan hatte. Die Eltern hätten ihn für einen Lagerkommandanten gehalten, weil er doch für Morde im Lager Trostenez verurteilt worden war.

Hat der erste Lehrer Christines Leben beeinflusst? »Ich habe ihn nie gemocht. Er hat uns Kinder abgewertet, uns runtergemacht.« Die schlechten Schüler belegte er mit hässlichen Spitznamen; selbst die, die er mochte, habe er nicht mit Namen, sondern mit »Fräulein A« oder »Meister B« angesprochen. »Man fühlte sich als Kind von ihm nicht angenommen.« Für die Geschichtslehrerin Christine war ihr erster Lehrer das schlechte Vorbild – abschreckendes Beispiel dafür, wie man mit Schülern nicht umgehen darf. Wenn Faschismus und deutsche Barbarei auf dem Lehrplan standen, wurde er – »ohne Namen natürlich« – als Beispiel angeführt: »Auch ich hatte noch einen Lehrer, der war einer der Täter!« Und so wenig – oder so spät – wie unsere Jahrgänge in den Schulen über Nationalsozialismus erfahren haben, so sehr sei es in späteren Jahren übertrieben worden, meint Christine: »Die Schüler konnten es manchmal nicht mehr hören.«

Zwei Fragen beschäftigen Christine noch heute: »Warum habe ich mit der Tochter nie über ihren Vater gesprochen? Und warum hat Frau Wilke ihren Mann nach der Haft überhaupt zurückgenommen?«

Tagebuch. – Tagebücher sind privat, ja intim – in der Regel. Es kommt nicht oft vor, dass ein Tagebuch, wenn es nicht gerade ein Prominenter geschrieben hat, besonders bekannt wird. Dass Strafverfolger und Historiker es auswerten, ist eine Ausnahme. Das Tagebuch Artur Wilkes aber, geschrieben zwischen Februar 1942 und Dezember 1943, ist intensiv erforscht und im Koblenzer Prozess öffentlich geworden. Es hat geholfen, die Einsätze, ihre Abläufe und Abfolge sowie Vorgehen und Motivation der SS-Täter 20 Jahre nach den Verbrechen in Weißrussland besser zu verstehen. Dabei waren die Eintragungen Wilkes keineswegs regelmäßig, eher lückenhaft, weder logisch aufgebaut noch auf das Wesentliche beschränkt. Vielleicht beeinflussten ja auch diese teils wirren, sprunghaften, oft zwischen Banalitäten wie Hautjucken oder Wetter zu lakonisch hingeschmierten Mordopferzahlen wechselnden Aufzeichnungen die Koblenzer Richter in ihrem Urteil über Wilke: Er sei »zu einem klaren und geraden Denken nicht in der Lage«.

Einige Beispiele:
- 13. 11. (1942) »überfallen worden von 20 köpfiger Bande.«
- 19. 11. »Juden-Apotheke umgesiedelt, sonst keine Juden.«
- 19. 1. Sehr ausführliche, mehrere Seiten lange Beschreibung eines Einsatzes mit »einer Reihe von Toten«, darin die Bemerkung: »Es ist aber kaum erwiesen, daß es sich wirklich um Banditen handelt«, sowie weiter: »Ich bin abends innerlich überzeugt, daß kaum ein wirklicher Bandit gefallen ist.«
- 22. 1. »15 Männer, 41 Frauen, 50 Kinder, zusammen 106 Personen als partisanenverdächtig oder Begünstigte sonderbehandelt. Ein tolles Banditendorf … 14.30 Uhr es regnet. Seit Stunden sind unsere Filzstiefel nur noch nasse Lappen.«
- 25. 1. »Mit E. nach Rudkowo, dort aufgeräumt und abgebrannt.«
- 26. 1. »Theater mit ZHO (?)«
- 4. 3. »Mit Dirlewanger nach (? – unleserlich)«
- 5. 3. »7.30 nach Minsk zum Bericht (Brief von Mutter, daß Walter gefallen)«
- 8. 3. »abends mit dem Popen gespielt.«
- 9. 3. »Sonnenschein. In der Nacht hatte ich wieder das elende Hautjucken …«

Die sowjetische Delegation bewertete Wilkes Tagebuchaufzeichnungen nach ihrer Auswertung so: »Die Aufzeichnungen überführen die Hitlerfaschisten der Ermordung friedlicher Einwohner unter dem Vorwand, sie sein Partisanen.«

Sluzk. – Wenn er wirklich geglaubt hatte, sich durch seine Partisaneneinsätze den Massentötungsaktionen seiner Minsker Kameraden entziehen zu können, hatte er sich getäuscht. Er war längst der Bandenspezialist, der berüchtigte Partisanenjäger, aber zur Getträumung im Februar 1943 wurde er trotzdem eingeteilt, diesmal in herausgehobener Position. Die Aktion muss auch für Wilke selbst von besonderer Wichtigkeit gewesen sein, denn so ausführlich, wie er die Tage vom 7. bis 10. Februar in seinem Tagebuch beschrieben hat, wurde er nie wieder. Es beginnt auf Seite 583 der von den Sowjets im Prozess vorgelegten Kladde.

– »Sonntag, d. 7. 2. 43. 11.30 Abfahrt des gesamten Kommandos mit 24 Wagen nach Sluzk (…) 16.30 Ankunft, Unterbringung in der Volksschule.
– Montag, 8. 2., 4h Wecken, 4.30 Antreten, 4.45 Abmarsch, 5h Beginn im Getto, Anfang sehr gut, 1 300 Juden werden rausgeholt, 3 100 sollen es sein, nachher entscheidet sich der GK Carl zum Abbrennen (ca. 300 bis 400 Juden kommen aus ihren Bunkern), 20h Abrücken, geschlafen wie ein toter Bär.
– Die. 9. 2. 43, vorm. mit Hans M. ins Getto, 15h Einsatzbesprechung, 16h zum Pol. Reg. 2, Aufstellung von 4 Kos. (Kommandos), 23h ins Stroh.
– 10. 2. 43, 10.15 mit S. nach Starobin. Der Weg ist stark verschneit (…) Voraussichtlich bleiben wir 2–3 Tage in St., ich richte mich darauf ein. Wir finden schnell ein einigermaßen sauberes Haus. K. (der Fahrer) ist wie immer der große Besorger.«

2 000 bis 3 000 tote Juden in Sluzk (so Wilkes eigene Einschätzung), dann gleich weiter in die Sumpfgebiete südlich der Stadt – das war gar keine Rückberufung des Bandenjägers zu routinemäßigen Mordaktionen, sondern nur der Auftakt zu einer von Wilke maßgeblich mit vorbereiteten Großaktion: dem »Unternehmen Hornung«. Es begann am 8. Februar mit der Liquidierung des Gettos Sluzk und endete am 26. mit 5 500 sofort getöteten Menschen und weiteren 7 400 in die Vernichtungslager abtransportierten Juden. Grund der Aktion: Die Bahnlinie zwischen Brest und Gomel, auf die mehrfach Anschläge verübt worden waren, sollte gesichert werden. Das sogenannte Randgetto, das im nahen Sluzk, einer damals rund 50 000 Einwohner zählenden Kreisstadt südlich von Minsk, wurde gleich mit liquidiert.

Wilkes Rolle bei der Auslöschung des Gettos hat dessen Kollege Adolf Rübe – der Mann, der als Minsker Getto-Kommandant später allen zur Liquidierung bestimmten Juden die Goldplomben herausbrechen ließ – in einer richterlichen Aussage festgehalten. Rübe beschreibt Anfahrt und Unterbringung genau so wie Wilke im Tagebuch. »Am nächsten Morgen in der Früh mussten wir auf dem Flur antreten und der Hauptsturmführer Wilke hat die Einteilung vorgenommen. Die Einteilung für den Exekutionsplatz und das Transportkommando war einige Mann vor mir beendet und ich selbst und etwa zehn Mann waren praktisch zu keiner besonderen Aufgabe eingeteilt. Wir waren als Reserve vorgesehen. Wir wurden von Wilke an den Eingang des Gettos von Sluzk beordert und sahen zunächst nur dem Abtransport der Juden aus dem Getto zu. (…) Nach einiger Zeit – vielleicht eine Stunde – hatten die Juden jedoch von dem wirklichen Zweck des Transports Wind bekommen, wurden unruhig und haben sich teilweise versteckt, auch haben sie geweint und geschrien. Die (…) Schutzpolizei – Bayrische Schutzpolizei mit einem Major aus Bayern als Führer – hat die Juden aus den Häusern geholt und unter Anwendung von Gewalt auf die Lkw verladen. Dabei hat sich dieser Major durch besondere Brutalität ausgezeichnet. Schließlich hat der Major befohlen, die Häuser im Getto in Brand zu stecken, um auch die Juden herauszubringen, die sich versteckt hielten. Gegen 11 Uhr kam Hauptsturmführer Wilke an den Gettoeingang und beauftragte mich damit, die Fahrzeuge zu zählen, die das Getto mit Juden verließen. (…) Ich weiß nur noch, dass nach der Zahl der Lkws mindestens 1 800 Juden zur Erschießung gebracht wurden.«

Unter den von Rübe gezählten Lastwagen, das hat der Heuser-Prozess ergeben, waren auch die Gaswagen, sodass viele Opfer schon nicht mehr lebend am Erschießungsplatz ankamen. Die anderen Menschen wurden sofort erschossen. Auch das Anstecken des Gettos war keine einsame Entscheidung des benannten Majors. SD-Leute, vor allem Kommandoführer Wilke, und der örtlich zuständige Gebietskommissar Hinrich Carl hatten lange gestritten. Carl wollte die Häuser erhalten; die SS drängte, dass anders die Versteckten nicht herauszuholen, ein Durchkämmen aller Häuser zu gefährlich sei. Erst als es schon dunkel war, stimmte Carl doch noch zu. Ganze Häuserzeilen standen in Flammen, und Wilkes und Heusers Leute brauchten nur noch zu warten, bis die teils schon in Flammen stehenden Menschen auf die Straße liefen und abgeschossen wurden. Es sei »wie beim Preisschießen« gewesen, hat in Koblenz ein Zeuge gesagt.

Ein anderer schilderte den Richtern, dass selbst auf die hilflosesten Menschen ohne Erbarmen gefeuert wurde. Eine alte Frau hatte sich mühsam aus einem brennenden Haus geschleppt und war von Hauptwachmeister H. S., einem Angehörigen der 1. Kompanie, abgeführt worden. Sie habe nicht gut laufen können, weil ihr Schlüpfer bis zu den Knöcheln heruntergerutscht war. Darauf habe S. aus nächster Entfernung von hinten auf die Frau gefeuert und andere Juden angewiesen, die Leiche zu den anderen Opfern auf einen Lastwagen zu werfen.

Im Urteil heißt es zu Wilkes Rolle in Sluzk: »Bei der Einsatzbesprechung (…) wurde er beauftragt, im Getto für die Durchkämmung der Häuser und den Abtransport der Juden zur Exekutionsstätte zu sorgen. Am frühen Morgen des folgenden Tages war Wilke bei der Besprechung mit dem Gebietskommissar Carl zugegen, in der dieser Einwendungen gegen die Tötung der jüdischen Arbeitskräfte erhob. Anschließend begab Wilke sich ins Getto (…). Er beaufsichtigte (…) das Heraustreiben der Juden und ihren Abtransport mit Lastkraftwagen zur Grube. (…) Als am späten Nachmittag ein Haus des Gettos in Brand gesetzt wurde, und zwei oder drei brennende Menschen hervorkamen, schoss Wilke auf sie.« Und die Tagebuchaufzeichnungen Wilkes zum Sluzk-Einsatz lassen noch eine Besonderheit erkennen: »Major Dr. K. aus dem Getto verwiesen.« K. war immerhin Bataillonskommandeur des Reserve-Polizeibataillons 22. Die kurze Notiz belegt, welche Befugnisse den SD-Leuten verliehen worden waren, wenn sie sogar Bataillonskommandeure maßregeln konnten.

Kritik. – Selbst die ranghöchsten lokalen Befehlshaber bekamen die Macht des SD zu spüren. Es war nicht das erste Mal, dass Gebietskommissar Carl von der mörderischen Gewalt seiner SS-Kameraden geradezu überrollt worden war. Schon 16 Monate früher, am 27. Oktober 1941, hatte ihn ein Adjutant des Polizeibataillons 11 nur wenige Stunden vor Beginn der Aktion darüber informiert, dass noch an diesem Tag mit der Liquidierung sämtlicher Juden in Sluzk begonnen werden sollte. Carl hatte protestiert, wollte wenigstens die jüdischen Handwerker als Arbeitskräfte behalten – vergeblich. Erst nach dieser Massentötung wurde für weitere, aus den Dörfern Deportierte Juden das Getto eingerichtet, das dann im Februar 1943 von Wilkes Leuten endgültig geleert wurde. Carl hatte sich schon nach dem ersten Massaker an Gebietskommissar Kube gewandt und geklagt, »mit einer unbeschreiblichen Brutalität sowohl von Seiten der deutschen Polizeibeamten, wie insbesondere von den litauischen Hilfspolizisten wurde das jüdische Volk (…) zusammengetrieben. Überall in der Stad knallte es und in den Straßen häuften sich Leichen erschossener Juden.« Er habe »versucht, zu retten, was zu retten ist«, und habe »mehrfach buchstäblich mit gezogenem Revolver die deutschen Polizeibeamten (…) aus den Betrieben herausdrängen müssen«.

Kube hatte danach gegen das gesamte beteiligte Offizierskorps Strafantrag wegen Disziplinlosigkeit gestellt und in einem Brief nach Berlin von der »bodenlosen Schweinerei« geschrieben, angeschossene Juden, wie in Sluzk geschehen, lebendig zu begraben. Kube klagte: »Mit derartigen Methoden läßt sich die Ruhe und die Ordnung in Weißruthenien nicht aufrechterhalten.« Und er lieferte gleich eine Liste mit, in der er viele im Ersten Weltkrieg ausgezeichnete Juden aufführte. Mit denen dürfe man so nicht umgehen.

Zwar hatte Kube darauf von Reinhard Heydrich eine Abfuhr erhalten – es gebe »wohl kriegswichtigere Aufgaben als dem Geseiere von Juden nachzulaufen«, und er »bedauere, sechseinhalb Jahre nach Erlass der Nürnberger Gesetze noch eine derartige Rechtfertigung schreiben zu müssen.« Kube ließ aber nicht locker: »Diese Art unseres Vorgehens ist eines deutschen Menschen und eines Deutschlands Kants und Goethes unwürdig«, schrieb er an SD-Kommandeur Eduard Strauch. Wenn der deutsche Ruf in aller Welt untergraben werde, so sei das die Schuld der SS. Mehr noch: Kube warf Strauch vor, seine Männer würden sich »an diesen Exekutionen geradezu aufgeilen«.

Es begann ein Ränkespiel: Strauch beschwerte sich bei Himmler, der forderte Kubes Vorgesetzten, Ostminister Alfred Rosenberg, dazu auf, Kube zu verwarnen. Kube aber zog Ostland-Reichskommissar Hinrich Lohse auf seine Seite, der Himmlers SS ohnehin verabscheute. Und als nun erneut Sluzk Schauplatz eines weiteren Massakers geworden war und auch das folgende Partisanenunternehmen »Cottbus« mit unzähligen Liquidierungen und zerstörten Dörfern aus dem Ruder gelaufen war, schaltete sich Lohse auch formal ein: »Was ist dagegen Katyn? Man stelle sich nur einmal vor, solche Vorkommnisse würden auf der Gegenseite bekannt und dort ausgeschlachtet. Wahrscheinlich würde eine solche Propaganda einfach nur deshalb wirkungslos bleiben, weil Hörer und Leser nicht bereit wären, derselben Glauben zu schenken.«

Strauch war ob solcher Kritik nun offenbar unwohl geworden. Im Schreiben an die Führer der Erkundungskommandos vom 18. November 1942 hatte er zwar noch gefordert, die Kommandos seien »beseelt vom absoluten Willen, das Generalkommissariat Weißruthenien bandenfrei zu machen und das Gebiet total zu befrieden«. Am 11. Mai 1943, nach dem Massaker in Sluzk, nach der Vernichtung zahlreicher Dörfer in den folgenden Unternehmen und der daran erneut aufgeflammten Kritik Kubes, forderte er nun aber: »Das Abbrennen von Dörfern und einzelnen Häusern hat zu unterbleiben!« Verdächtige seien aber weiter festzunehmen. Sollte ihre Überstellung nach Minsk aus zwingenden Gründen nicht möglich sein, »sind sie der Sonderbehandlung zuzuführen«.

Das Thema Kube-Kritik war dann aber bald erledigt. Am 22. September 1943 flog Wilhelm Kube mitsamt seinem Bett in die Luft. Ein Dienstmädchen hatte ihm eine Bombe unters Bettgestell platziert. Himmler soll Kubes Tod so kommentiert haben: »ein Segen«.

Das Sagen hatte zu dieser Zeit ohnehin bereits ein anderer als Kube oder Strauch. SS-Brigadeführer Curt von Gottberg als oberster Partisanenbekämpfer ordnete jetzt noch viel rigorosere Methoden an: Er ließ ganze Regionen evakuieren und verfügte (Befehl vom 1. August 1943): »In dem evakuierten Raum sind Menschen in Zukunft Freiwild.« Partisanenjäger Wilke kam das sehr entgegen.

Nichtwissen. – In einem Brief aus dem Gefängnis an Seelsorger Hermann Schlingensiepen hat Artur Wilke später jene Frage, die durch den Heuser-Prozess unbeantwortet für alle Deutschen im Raum stand, so zusammengefasst: »Da tritt Herr Staatssekretär Dr. Vialon vor das Kreuz und schwört, dass er in Riga nichts von den Judenerschießungen gewusst habe, und als ihm von den Sowjets sein, von ihm selbst unterschriebener, mehrseitiger Geheim-Erlass über das ihm in Riga abzuliefernde Vermögen der Juden bei teilweiser oder gänzlicher Auflösung der Gettos vorgelegt wurde, da schwört er weiter, dass er das wohl nicht vor der Unterschrift gelesen haben müsse, was er da unterschrieben hat!

Das schwor vor einem Jahr ein Staatssekretär – und er ist es noch!« Tatsächlich war Vialon der bekannteste Spitzenbeamte der noch jungen Bundesrepublik, der das Wissen um das Schicksal der Juden öffentlich leugnete. Er wurde damit zum personifizierten Nichtwisser – so wie sich nach den Jahren des Terrors fast alle Deutschen gaben: ahnungslos.

Der Nichtwisser Vialon hatte Karriere gemacht in Bonn, obwohl er nachweislich in das mörderische System eingebunden war und das auch allgemein bekannt war. Vialon, Jurist und seit 1937 Mitarbeiter im Reichsfinanzministerium, war ab Mitte 1942 Leiter der Finanzabteilung im Reichskommissariat Ostland gewesen. Er hatte in geheimen Verfügungen unter anderem angeordnet, einen Teil des aufzulösenden Rigaer Gettos in ein Arbeitslager der Zivilverwaltung umzugestalten und seinem Haushalt die Erlöse aus der Veräußerung des Mobiliars der umgesiedelten Juden zugutekommen zu lassen. Selbst die noch auszubeutende Arbeitskraft der Juden in den Lagern schrieb er sich als Haben-Posten in seinen Ostland-Haushalt, wie die Papiere im Braunbuch belegen.

Dass die Juden ermordet worden waren, das wollte er aber nicht gewusst haben. Im Koblenzer Prozess gegen Heuser und Wilke sagte er am 25. März 1963 wörtlich aus: »Der Tatbestand der Vernichtung der jüdischen Bevölkerung ist mir nicht bekannt gewesen. Ich habe das, was da passiert ist, nach dem Kriege – ich möchte sagen, wie alle anderen – erfahren. Ich kannte keinen anderen Tatbestand als den der Kasernierung der Juden und der Beschlagnahme des Vermögens.« Das beschwor er, darauf hat ihn das Gericht vereidigt. »Es ist damals gemunkelt worden über Einzelausschreitungen von SS-Angehörigen«, behauptete der, der Millionen durch den Verkauf jüdischen Vermögens in seine Kassen gespült hatte. Wo das Vermögen denn hergekommen sein soll, fragte man ihn: »Die Juden hatten ja viele Sachen im Koffer mit ins Getto gebracht.«

Selbst als ihm im Heuser-Prozess der im Braunbuch befindliche und von ihm unterschriebene sogenannte »Nacktbefehl« vorgehalten wurde, nach dem Juden sich vor der »Sonderbehandlung« nackt auszuziehen hätten und ihre Kleidung einzuziehen sei, blieb Vialon dabei. Er müsste sich »ja noch heute schämen«, wenn er so etwas wissentlich befohlen hätte, wurde der sonst so besonnene Beamte richtig fuchtig. Auch dieser Befehl sei von ihm unterschrieben worden, ohne dass er den Inhalt gekannt habe. Da ging es Vialon wie auch den Angeklagten: Wenn die Rede auf die Nacktheit ihrer Opfer kam, bestritten sie, selbst wenn sie das Töten schon zugegeben hatten. Die Nacktheit von Frauen, Kindern, Greisen – diese Erinnerung rief mehr Scham auf als die Tatsache, dass sie geschossen und ihre Opfer in die Grube gestoßen hatten. Gerade Wilke, der ja etliche Massenhinrichtungen zugab, betonte mehrfach, niemals seien die von ihm Erschossenen nackt gewesen. Doch spätestens als Zeugen über das spätere Öffnen der Massengräber mit all den unbekleideten, verwesenden Leichen berichteten, waren auch die geständigen Leugner widerlegt.

Nicht so Vialon. Er kam mit seiner Behauptung durch. Der unter den Nazis ranghöchste Finanzbeamte in den besetzten Ostgebieten wollte nichts gewusst haben über die Endlösung, über den Tod von Millionen Juden und schon gar nicht, dass er den Nacktbefehl gegeben hatte. So »wie alle anderen« Deutschen, die auch nichts gewusst haben wollten. Vialon blieb im Amt, obwohl die Staatsanwaltschaft wegen einer alsbald erstatteten Strafanzeige wegen Meineids ermittelte, und die deutschen Politiker und die Öffentlichkeit nahmen es so hin.

Der Spiegel schrieb im Mai 1971 dazu: »Es geht schon lange nicht mehr um Herrn Vialon. Man mag ihn verurteilen, man mag ihn freisprechen. Es sollte allerdings anlässlich dieser Verhandlung um das gehen, was wir uns vormachten, als wir (…) Herrn Vialon noch für drei Jahre im Amt duldeten. Es geht darum, dass der Staatssekretär Vialon tatsächlich wie jeder andere war, wie jeder Deutsche; eine Tatsache, der wir uns per Vergangenheitsbewältigung, mittels Strafurteilen entzogen haben und eben auch mit der Duldung der Vialons, der Kiesingers in den Ämtern. Wir sollten uns endlich der Ausrede aller Deutschen stellen: Ja, wenn wir gewußt hätten …«

Vialon jedenfalls hat nichts gewusst vom Holocaust. Er hatte die Erträge der Sklavenarbeit bilanziert und wie ein Hehler die Beute der Räuber verwaltet. Aber das Schicksal der Millionen Opfer blieb für ihn im Dunkeln. Das wurde ihm geglaubt. Nach jahrelangen Ermittlungen und einer 66seitigen Anklage wegen Meineids wurde er 1971 vom Landgericht Koblenz freigesprochen. Der alte Herr, 1971 dann doch im Ruhestand, blieb dabei: »Ich verneine ausdrücklich die Frage nach meinem Wissen von Juden-Vernichtungsaktionen. Wir haben nur gelegentlich von Einzelausschreitungen gehört, aber nichts Zuverlässiges erfahren.« Damit wurde Vialon die Symbolfigur des gutgläubigen Deutschen, der von all den Morden nichts hatte wissen können.

Aber wie es zum Freispruch kam, das ist in der Rechtsgeschichte der Bundesrepublik einmalig. Bis September 1967 hatten die Ermittlungen gebraucht. Eineinhalb Jahre hatte es dann gedauert, bis die 4. Große Strafkammer des Landgerichts Koblenz die Eröffnung des Verfahrens ablehnte. In dieser Zeit hatte es eine Hauptverhandlung im Geheimen gegeben. Das Gericht hatte auf eigene Faust Zeugen vernommen – was es im Prinzip durfte, was in diesem Umfang aber mit Sicherheit rechtsmissbräuchlich war. Es ließ klammheimlich 55 Zeugen vernehmen, mehr als die Staatsanwaltschaft zuvor. Die für die Nachvernehmungen ersuchten Richter hatten gar die Aussagen beeiden lassen, damit also unter Ausschluss jeder Öffentlichkeit die Beweisaufnahme vorweggenommen und so die Weichen für den folgenden Freispruch gestellt. Das durch Beschwerde der Staatsanwälte angerufene Oberlandesgericht Koblenz ordnete zwar Ende 1969 noch die Eröffnung des Hauptverfahrens an. Doch der Freispruch folgte zwei Jahre später zwangsläufig. »Es konnte damit nur noch einen längst eingetretenen Konkurs der Justiz anerkennen«, schrieb der Spiegel.

Eckhardt. – »Die haben uns nur Nebensächlichkeiten erzählt.« Eckhardt ist vier Jahre älter als du, einer der großen Jungs aus der Nachbarstraße, zu denen du als Kind aufgeschaut hast. Wenn du heute mit Eckhardt über eure Schulzeit sprichst, kann auch er es nicht fassen, wie wenig die unmittelbare Vergangenheit, der Horror und das Leid der Nazizeit, in den Erzählungen der Elterngeneration und vor allem in der Schule eine Rolle spielten. In der Grundschule sei darüber kein Wort gefallen, im Geschichtsunterricht am Gymnasium sei vor 33 Schluss gewesen. »Klar, wir hatten natürlich auch belastete Lehrer, nicht nur den Wilke.« Und auch Eckhardt, heute im Rentneralter, macht sich Vorwürfe, als Kind nicht nachgefragt zu haben.

Einmal, sagte Eckhardt dir, habe sein Vater wie beiläufig von einem Zug voller Juden gesprochen. »Ich hätte fragen müssen. Keine Ahnung, warum ich es nicht tat – warum ich es nicht wissen wollte.« Erst Jahrzehnte später, als das Internet dabei half, wollte er es wissen. 2008, 2009 mag das gewesen sein. Denn Eckhardt war im Haus des Massenmörders ein und aus gegangen – genauer, bei dessen Familie, noch ehe Walter Wilke verhaftet wurde und als Artur Wilke ins Zuchthaus musste. »Ecki«, wie ihn die Familie nannte, war der beste Freund des Sohnes Wolfdietrich. »Eine fantastische Freundschaft«, erinnert er sich. Ob er etwas mitbekommen hat von der Verhaftung des Vaters? Immerhin war Wilke vier Jahre lang auch Eckhardts Klassenlehrer gewesen. »Nein, wir waren ja da schon am Gymnasium.« Bis zu eurem Gespräch hat Eckhardt geglaubt, Wilke sei zu Hause verhaftet worden, nicht in der Schule. Erzählt habe der Freund davon nichts. »Aber Wolfdietrich hat mich danach gefragt, ob wir Freunde bleiben können.«

Freunde bleiben, obwohl der Vater im Gefängnis saß? Das war für Eckhardt überhaupt keine Frage. Was der Vater des Freundes getan hatte, das erschloss sich dem Pennäler damals genauso wenig wie dir. »Und wir haben auch kein Wort mehr darüber gesprochen.« Der Freund, sensibel und verschlossen, habe das Thema niemals angeschnitten. »Wir haben es wahrhaft totgeschwiegen.« Engste Freundschaft bis zum Abitur – und doch waren die Verbrechen des Vaters einfach verdrängt. »Ich kann noch immer nicht fassen, wie das möglich war. Aber wir sind zum Schweigen über die Vergangenheit erzogen worden und haben es so hingenommen.« Und auch, dass das ganze Dorf verdrängt habe, dass die Bewohner der Ehefrau, der angesehenen und beliebten Landärztin, die Treue gehalten haben, bleibt Eckhardt unverständlich eingedenk dessen, was er heute weiß.

Allerdings: Er habe den Vater des Freundes, den Naziverbrecher, auch von einer anderen Seite kennen gelernt – als liebevollen Vater, der mit dem Sohn im Dänemark-Urlaub aus Hühnergöttern eine Streitaxt bastelte und der den Jungen mit klassischen Sagen als Lesestoff versorgte. Selbst ihm, dem Freund des Sohnes, habe er ein kleines Büchlein Heldensagen geschenkt und die ersten Karl-May-Bücher geliehen. Bildungsbürgertum – »intellektuell in einer anderen Welt als wir, aber eben auch von oben herab gegenüber den Dorfbewohnern«, sagt Eckhardt. Und in den Jahren der Haft war der verurteilte Vater kein Thema mehr unter den Pennälern. »Beim Abi-Ball war er plötzlich wieder da – als sei nichts geschehen.«

Erst als er jenseits des 60. Lebensjahres war, hat Eckhardt zu recherchieren begonnen, was dem Vater des Freundes damals eigentlich vorgeworfen wurde. Da ist er auf die Arbeit von Katharina von Kellenbach über Schuld und Sühne gestoßen. Darin erwähnt ist der Brief, den Artur

Wilke im Gefängnis seinem Sohn zum 17. Geburtstag schrieb. Siebenundsiebzig Seiten, überwiegend hilflose Erklärungsversuche. Eckhardt hat sich eine Kopie der Zeilen beschafft, die den besten Freund über die Kindheit ohne Vater hinwegtrösten sollten. Nicht sicher ist, ob der Brief jemals das Geburtstagskind erreicht hat: Briefkontrolle im Gefängnis, vielleicht auch ein Eingreifen der Mutter? »Wir waren im Abitur. Wenn Wolfdietrich ihn je erhalten hat, so hat er sich nichts anmerken lassen.« Auch dem einzigen echten Freund gegenüber nicht?

Nach dem Abi studierten sie, verloren sich aus den Augen. Der Freund wandte sich der Medizin zu und verpflichtete sich bei der Bundeswehr, wurde Stabsarzt. »Ich habe nie verstanden, warum er zum Militär ging. Er hätte doch verweigern können, bei der Vorgeschichte in der Familie!?«, wundert sich Eckhardt noch heute.

Sonderaktion 1 005. – Er konnte sich nur immer wieder beglückwünschen, dass er mit der Partisanenjagd seine Nische gefunden hatte. Vor weiteren Massenexekutionen hatte er sich damit gedrückt – hatte schon an genügend, an zu vielen teilgenommen. Was aber jetzt im Erschießungswald geschah, daran wollte er ums Verrecken nicht teilnehmen. Das war Harders Ding. Der war erst mit den Gaswagen, dann mit der neuen Aufgabe des Großreinemachens angekommen, hatte gar genaue Pläne mitgebracht, wie alles abzulaufen hatte. Aufbau-Pläne für die Scheiterhaufen gab es, Diesel, Benzin, Petroleum, Teeröl und herausgekratzte Reste aus alten Bomben und Granaten als Brandbeschleuniger, sogar Konstruktionen riesiger primitiver Verbrennungsöfen in Form von Gruben und als Rost darüber gelegter Eisenbahnschienen. Das habe man in mühsamen Versuchsreihen herausgefunden, protzte Harder. Er sei dabei gewesen, als Paul Blobel, Kommandeur des Sonderkommandos der Einsatzgruppe C, in Kulmhof die Vorgaben für die »geheime Reichssache 1 005« machte. Dafür waren eigens mehrere Dutzend Juden erschossen worden, um mit ihren Leichen die Verbrennungsversuche unternehmen zu können. Aktion 1 005, nach dem Aktenzeichen, so hieß das Ganze – oder »Enterdung«. Nein, damit wollte Wilke wirklich nichts zu tun haben. Und dennoch blieb es ihm nicht erspart, mit Heuser, Strauch, später mit Ehrlinger hinzufahren. Alles deutet darauf hin, dass Wilke allenfalls von weitem zusah; gesprochen hat er nie darüber.

Sonderaktion 1 005 – das ist eines der grausigsten Kapitel der Gräuel des Russlandfeld- und -rückzugs. Der Versuch, die Spuren der Massenmorde in Osteuropa zu verwischen, indem die Massengräber wieder geöffnet, die zigtausend Leichen exhumiert und auf riesigen Scheiterhaufen verbrannt wurden, ist inzwischen gut belegt. Umfangreich hat Jens Hoffmann dazu geforscht, hat die Aktion 1 005 in seinem Buch »Das kann man nicht erzählen« sowie in einem Band mit Augenzeugenberichten unter dem Titel »Diese außerordentliche deutsche Bestialität« dokumentiert. Schließlich hat der Hamburger Historiker Andrej Angrick, gefördert von der Hamburger Stiftung für Wissenschaft und Kultur, zwei Bände mit 1 400 Seiten über die Enterdungsaktionen vorgelegt.

Die Idee war gerade gereift, als Artur Wilke in Minsk eintraf. Reinhard Heydrich hatte im Januar 1942 Blobel nach Berlin einbestellt und mit der Beseitigung der Massengräber beauftragt. Ob es wirklich nur das Verwischen der Spuren millionenfacher Morde, die Beseitigung der Beweise, quasi das restlose Auslöschen der Ausgelöschten war? Immerhin hatten sich bei den Alliierten erste Gerüchte über die Massentötungen herumgesprochen. Es wird wohl auch um das Verhindern von Seuchen, den Schutz des Grundwassers und das Vermeiden von verräterischem Gestank gegangen sein. Die Massengräber von Treblinka und Auschwitz-Birkenau waren von übelriechenden Gaswolken umgeben, teils sogar quollen Flüssigkeiten des Zersetzungsprozesses an die Oberfläche.

Im Sommer 1943 begannen dann die ersten Einheiten des Sonderkommandos 1 005 ihren grauenvollen Dienst. Gefangene – teils jüdische Arbeiter, teils russische Kriegsgefangene – wurden gezwungen, die Massengräber zu öffnen, die Leichen herauszuziehen und zu riesigen Scheiterhaufen aufzuschichten. Immer im Wechsel – eine Lage Menschenleiber, eine Lage Baumstämme – wurden teils schon in den Verwesungszustand übergegangene menschliche Körper und Brennmaterial im exakt vorgegebenen Verhältnis aufgehäuft, mit brennbarer Flüssigkeit übergossen und angezündet. Tausend Leichen je Stapel. Die, die diese schauerliche Arbeit machen mussten, wurden getötet, sobald der Scheiterhaufen brannte. Auch ihre Leiber wurden schließlich ins Feuer geworfen. Zeugen durfte es nicht geben.

Arbeitskräfte gab es genug. Dafür sorgten auch Wilke und seine Partisanenjäger, die immer wieder neue Gefangene aus den »bandenverdächtigen« Dörfern heranbrachten oder die sich aus den Randgettos der kleineren Städte noch überlebende jüdische Arbeiter holten. Mehrere Tage lang loderten die Feuer, bis schließlich Asche und Knochenreste übrig blieben. Eigens für diesen Zweck konstruierte Knochenmühlen beseitigten auch die allerletzten Spuren der Tausenden Toten. Und dort, wo nicht bereits einer wie Adolf Rübe schon vor der Erschießung dafür gesorgt hatte, dass kein Goldzahn mehr von den Leichen übrig blieb, hatten die Gefangenen die Asche auch noch nach den letzten Gold- und Silberresten in der Glut zu durchsuchen und diese Schätze abzuliefern. Die zermahlenen Knochenreste wurden teils in den Wäldern verstreut, teils gezielt als Dünger in den Gütern der Wehrdörfer eingesetzt.

So auch im Wehrdorf Maly Trostenez. In Wilkes Basislager war das Sonderkommando 1 005 Mitte zuständig, kommandiert von Adolf Rübe und dem späteren Mitangeklagten Harder. Blobel hatte, um die Aufgabe zu verselbstständigen und möglichst alle, auch die kleineren Massengräber zu beseitigen, eigens »Schulungskurse« für SS-Leute in Lemberg-Janowska organisiert. Weil die Sache aber so streng geheim war, selbst die Kommandeure stets nur mündliche Befehle für die Aktion 1 005 erhielten und sämtliche Zeugen am Ende jeder Massengraböffnung beseitigt wurden, ist über die Enterdungsaktionen vergleichsweise wenig dokumentiert. Bekannt sind nach aktuellem Forschungsstand 17 Enterdungskommandos. Es dürften mehr gewesen sein.

Sport. – Der Zeuge war immer nur Bewacher, das betont er mehrfach in seiner Vernehmung. Schießen habe er nie gemusst. Bis Juni 1944 war er in Minsk. Anfang 1945 war er dann selbst ins Konzentrationslager Ravensbrück gesteckt worden, weil ihm »Begünstigung von Gefangenen« vorgeworfen wurde. Jetzt, 1961, wollte der Hochofenarbeiter aus Salzgitter endlich reden über die Vergangenheit bei der Aktion 1 005. In Wilkes Prozessakte liest sich das so:

»Die eigentlichen Enterdungsarbeiten wurden von Russen durchgeführt. Wir waren nur die Bewacher. Als wir zu der Stelle (Massengrab bei Trostenez) kamen, waren schon Stapel von Holz und Leichen aufgeschichtet. Auch frische. Ich erkannte ein jüdisches Mädchen wieder, das ich am Tag zuvor im Gut gesehen hatte.«

Und weiter: »Die Russen lebten in Erdbunkern, die Tag und Nacht bewacht wurden. Zum Abschluss wurde das russische Arbeitskommando in Gaswagen getötet. Die Russen erhielten Handtuch, Seife und Tabak. Dann mussten sie in den Wagen. Man hielt ihnen zuvor noch eine Ansprache.« Und wenig später: »Ein Teil der Leichen fiel beim Öffnen heraus. Die Leichen wurden von vier, fünf Leuten weggeschafft, ehe man auch diese erschoss.«

Gefragt, wer das Kommando hatte: »Mutmaßlich Harder. Aber ich habe ihn nicht erkannt. Er trug immer eine Reitpeitsche bei sich.«

Schließlich beschreibt er, wie er als Zeuge aus nächster Nähe verfolgte, was den Hauptangeklagten Georg Heuser 20 Jahre später in Haft bringen sollte: Eines Tages seien in der Abenddämmerung zwei Laster und zwei, drei Pkw vorgefahren. Zehn bis fünfzehn SD-Leute hätten eine Frau und zwei Männer aus den Autos gezerrt. Sie hätten sich ausziehen und auf einen drei Meter hohen, bereits vorbereiteten Stapel aus Holz und ausgegrabenen, teils schon verwesten Leichen klettern müssen. Darauf seien zwei oder drei Pfähle eingerammt gewesen, an denen die drei Opfer festgebunden wurden. Dann sei der Stapel mit einer Flüssigkeit übergossen worden. Es seien angeblich Leute gewesen, die das Attentat auf die Dienststelle in Minsk begangen oder geplant hatten. Mit Fackeln sei der Stapel in Brand gesetzt worden.

Wörtlich weiter: »Sie schrien furchtbar. Ich musste mir die Ohren zuhalten. Bei einem Mann, der bereits in Flammen stand, müssen sich die Fesseln gelöst haben. Er kullerte von dem Leichenstapel herab. Ein Oscha (Oberscharführer) sprang hinzu und erschoss ihn mit der Pistole.«

Den Moment habe einer der russischen Zwangsarbeiter nutzen wollen, um zu fliehen. Der Oscha habe den Wachmannschaften zugerufen, nicht zu schießen, sondern sei dem Flüchtenden selbst nachgelaufen, habe ihn eingeholt und erschossen. »Wie beim Sport«, sagte der Zeuge.

Figuren. – Es gibt noch weitere Augenzeugenberichte. Jens Hoffmann hat sie gesammelt. Zum Beispiel Leon Eliezer Mandel. Sein Bericht – allerdings aus einem anderen Lager – beschreibt eindrücklich, wie es auch in Trostenez zugegangen ist: »Man rief uns dort nicht beim Namen, wir waren ›Figuren‹. Man schrieb die Anzahl der Figuren auf und rief uns zum Beispiel: ›Fünf Figuren raus!‹ Aber mit Figuren bezeichneten die Deutschen auch die Leichen. Sie schrieben die Anzahl der ausgegrabenen und verbrannten Figuren auf. Wir waren lebendige Figuren, und die Leichen, das waren leblose Figuren.«

Und so sah die Arbeit genau aus: »Man bildete fünf Gruppen. Die erste kleine beschäftigte sich mit dem Ausgraben der Gräber und dem Herausziehen der Leichen. Die Leichen zog man mit Haken heraus. Es zeigte sich, daß die Erde sehr feucht war, und dann ging die Arbeit schwer, da die Leichen zerfielen und man sie in Teilen aus dem Grab herausziehen musste. (…) Es zeigte sich auch, dass die unteren sehr tief lagen und man dann die Leiche nicht mit dem Haken fassen konnte. Man musste in die Grube springen, und wenn die Leiche nicht bekleidet war, zerfiel sie oft, ehe sie aus dem Grab herausgehoben wurde.«

Und weiter: »Die zweite Gruppe war für den Transport der Leichen und ihr Stapeln auf einem Scheiterhaufen bestimmt. Der sah so aus, daß in einer Höhe von einem halben Meter über der Erde eine Schicht Holz gelegt wurde, auf die eine Schicht Leichen gelegt wurde, dann wieder eine Schicht Holz und darauf wieder eine Schicht Leichen. (…) Der Scheiterhaufen war in Form eines Kegels zusammengesetzt und so hoch wie ein zweistöckiges Haus. Dann wurde über den Scheiterhaufen Benzin oder Petroleum geschüttet. Es zündeten ihn die Deutschen an. Dagegen wachten immer zwei oder drei Juden und passten auf, dass das Feuer nicht ausging. Bei dem Scheiterhaufen war immer ein Loch gegraben, in das das Fett der verbrannten Leichen floss. Und so konzentrierte man an einem Ort das ganze Fett, das nach der Verbrennung aus der Grube geholt wurde. Es kam vor, dass die Leichen nur schlecht brannten (…), dann zerrissen jene, die Wache standen, die Leichen, die dann schneller brannten.«

Und weiter: »Die dritte Gruppe beschäftigte sich mit dem Sieben der Knochen. (…) Dann suchte man das Gold, Goldzähne und Dollar. Das gefundene Gold wurde in Holzkisten gelegt. Dann schrieb man mit schwarzen Buchstaben »Sonderkommando 1 005« drauf. Wenn einige solcher Kisten fertig waren, lud man sie auf Lkw, die aus dem Lager fuhren.«

»Die vierte Gruppe beschäftigte sich mit dem Zermahlen der Knochen. Nach dem Sieben trug man die Knochen mit Eimern hinüber und füllte sie in eine Maschine, die sie zu Staub zermahlte. Die Maschine bediente ein Jude, der ein guter Mechaniker war. (…) Mit den zermahlenen Knochen von 1 000 Leichen füllte man fünf Eimer voll

Staub. (…) Dann führte die fünfte Gruppe die letzte Aufgabe aus, die darin bestand, den Staub zu verstreuen. Zu dieser Gruppe gehörten 20 Leute, und wenn ein starker Wind wehte, nahm jeder einen Eimer und verstreute den Staub im Wald. (…) Es war verboten, dass irgendwo irgendein Häufchen bleibt. Diejenigen, die ihn verteilten, hatten danach den Mund und die Haare voll Staub. – Alle, die zu dieser Brigade gehörten, wurden während der Flucht getötet.«

Aschenputtel. – Du hattest Skrupel, auch die Töchter anzusprechen. Der Ehemann der jüngsten hat dich am Telefon sofort abgewimmelt: »Kein Interesse!« Hörer aufgelegt. Du hast es dennoch geschafft, die Tochter – sie ist dein Jahrgang – über dein Vorhaben zu informieren. Sie sollte nicht von Dritten erfahren, dass du nach ihrem Vater fragst. Als du ihr die Szene der Verhaftung, deinen Anlass für all die Recherchen, schildertest, lautete die Antwort: »Das kenne ich aber anders.« Der Vater sei von sich aus nach Peine zur Polizei gegangen und nach seinem Geständnis verhaftet worden. Mehr will sie auch nach einem weiteren Kontaktversuch nicht sagen.

Die älteste Tochter zu befragen, fällt dir leichter. »Das Aschenputtel« hat eine betagte Nachbarin sie genannt. Sie habe »uns allen leid getan, nicht nur wegen des Vaters, der im Gefängnis sitzt«. Vor allem wegen ihrer Rolle in der Familie, wegen all der Arbeit. »Die Wilkes fuhren in Urlaub, und die Sigrid musste den Haushalt hüten.«

Sigrid war gerade 13 geworden, als sie mit ihren Geschwistern Uwe und Elke aus der DDR in den Westen übersiedelte – als Vollwaisen zu Onkel Walter und seiner Familie. Ihr letztes Schuljahr, die achte Klasse, erlebte sie in der Volksschule Stederdorf, jener Schule, in der Wilke Lehrer und du Schüler warst. Ihr leiblicher Vater, den sie nur als Onkel kannte, war gar ihr Klassenlehrer. »Er hat mich – ja, eigentlich links liegenlassen, jedenfalls nicht vorgezogen.« Ein halbes Jahr lang lebte Sigrid sogar im Schulgebäude. Weil es bei den Wilkes mit fünf Kindern zu eng wurde, hatte ein Kollege der Familie ein Zimmer der Lehrerwohnung überlassen – jene Räume, die nach dem Umbau 1961 zu Klassenräumen wurden. In der Schule lebten die beiden Wilke-Mädchen, bis die Familie eine neue Wohnung bezog.

Einfach war es nicht, erinnert sich Sigrid. Dass die beiden leiblichen Kinder von der Stiefmutter bevorzugt wurden, habe man hingenommen. Sie lebten ja, glaubten sie, beim Onkel. Dass er ihr Vater war, erfuhren alle drei erst lange nach der Verhaftung. Sie durch ihre Stiefmutter, als es gar nicht mehr anders ging, erzählt Sigrid, die Geschwister in den USA durch einen Lehrer, der ihnen eröffnete, dass der in Deutschland festgenommene Nazi-Mörder in Wahrheit ihr Vater sei. Schwer sei es aber auch durch die Enge der Wohnung und den Jähzorn des Onkels beziehungsweise Vaters gewesen. Geschrei, Schläge – sogar Polizei oder Jugendamt, »so genau weiß ich das nicht mehr«, sei einmal da gewesen, weil ein Nachbar »das Gebrüll und die Angst der Kinder vor dem Vater nicht mehr ausgehalten« habe. »Wir hatten Angst, nach Hause zu kommen.« Dass alle drei Kinder, für die Wilke Vormund geworden war, zur Adoption in die USA freigegeben wurden, war für diese folglich mehr Erleichterung als Schock.

Sigrid, die Älteste, war die Erste. Für Monate war sie schon in den USA, kam aber in der Familie, die sie adoptieren wollte, nicht zurecht. »Ich hatte in der DDR in der Schule Russisch, verstand kein Englisch – das war alles nichts für mich.« Nach ihr gingen der Bruder (mit 14) und die jüngere Schwester (mit 16) in die USA, wo beide später adoptiert wurden. Sigrid selbst arbeitete nach der Schule in Minden in einem Haushalt und war danach im dritten Lehrjahr in einer Krankenschwesterausbildung, als die Tante sie im Wohnheim in Hannover anrief und ihr berichtete: »Der Onkel Walter ist verhaftet worden!«

Sie hat »der Onkel« gesagt. Sigrid wusste es nicht besser. Und angeblich, so habe die Stiefmutter ihr gesagt, habe auch sie es damals noch nicht gewusst. Später, als die Familie durch den Prozess das ganze Ausmaß von Wilkes Schwindel erfuhr, habe die Stiefmutter ihr gesagt: »Wenn ich das gewusst hätte, hätte ich ihn doch nicht geheiratet.«

An jenem Sonnabend nach der Verhaftung des Vaters hat Sigrid, 20jährig, ihren späteren Ehemann kennengelernt, ein Freund des Cousins Addi. Addi verlobte sich an diesem Tag und musste von Sigrid erfahren, dass Onkel Walter zur Feier nicht kommen würde. Als Addi Jahre später heiratete, war Sigrid die Tischdame des Freundes. Und als ihr Vater im Gefängnis saß, hielt dieser Freund gar schriftlich beim Inhaftierten um Sigrids Hand an. Vorher, gesteht er heute augenzwinkernd, habe er – immerhin Jurist und aufstrebender Beamter – sich erkundigt, ob ihm die Verbindung mit der Tochter eines Naziverbrecher womöglich schaden könne.

Dann wagst du auch diese Frage noch: Aschenputtel? So haben Nachbarn sie genannt. »Ja, ich habe doch alles gemacht.« Sie unterbrach ihre Ausbildung nach der Verhaftung, unterstützte ihre Stiefmutter, führte ihr über Jahre den Haushalt, die Arztpraxis, ging ihr als Sprechstundenhilfe zur Hand. Eine schwere, wirre Zeit sei es gewesen. Viele Patienten hätten die Straßenseite gewechselt oder sich einen anderen Arzt gesucht, nachdem sie von den Taten des Ehemannes gehört hatten. Die meisten aber blieben der beliebten Landärztin treu. »Bei uns wird bis heute nur sonntags gewaschen«, ergänzt Sigrids Ehemann. Damals, als seine Frau noch unverheiratet Haushalt und Praxis der Stiefmutter führte, habe es wochentags doch keine Zeit für so etwas gegeben.

Und wann genau hat sie erfahren, dass es ihr leiblicher Vater war, der das Versprechen an seine erste Ehefrau einlöste und die zu Vollwaisen gemachten Halbwaisen aus der DDR holte? Erst als die Behörden dem Bigamisten und Massenmörder die Vormundschaft über seine eigenen Kinder entzogen. »Plötzlich war ich Vormund meiner beiden in den USA lebenden Geschwister – und ich war doch selbst noch nicht einmal mündig«, sagt Sigrid. Da war sie, Monate nach der Verhaftung, noch 20. Und da musste die Stiefmutter ihr schließlich gestehen, dass ihr verbrecherischer Vater, der sich zu ihrem Vormund geschwindelt hatte, nicht weiter würde über die drei derart verratenen Kinder bestimmen können.

Von Sommer 1961 bis zur Hochzeit 1968 hat Sigrid in der Praxis geholfen – also genau jene Jahre, in denen ihr Vater in Haft saß. Eines Tages kam ein Anruf. »Ich hörte nur: Ich komme!« Dann habe die Stiefmutter den entlassenen Strafgefangenen abgeholt. Wie es ihm im Gefängnis ergangen ist? Wie er danach mit seinen Taten umging? »Wir haben darüber nicht geredet.« All die Jahre bis zu seinem Tod sei über Haft und Verstrickung in die Nazi-Verbrechen nicht mehr gesprochen worden. Der Vater sei zu Besuchen oder Geburtstagen gekommen, man habe gemeinsam gefeiert, aber über das Vergangene habe man geschwiegen. Als hätte der Vater, ja die ganze Familie mit dem Ende der Haft mit allem Erlebten abgeschlossen.

Plötzlich merkst du, dass du hier die Antworten gibst. Der Reporter, der die Tochter des Massenmörders befragt, muss ihr Auskunft geben, was er über den Vater weiß, wofür der verurteilt wurde, wie er sich verteidigt hat, wie ihm überhaupt hatte gelingen können, in die

Rolle des Bruders zu schlüpfen, die Vormundschaft für die eigenen verleugneten Kinder zu erlangen und 16 Jahre Verstecken zu spielen. »Meine Stiefmutter glaubte immer, er sei von jemandem aus dem Dorf verraten worden«, erinnert sich Sigrid noch. Erst als du erklärst, wie die Ermittlungen laut Prozessakte zusammenhängen, merkt sie, wie unrealistisch ein solcher Verrat erscheint.

Und dann verschwindet die Wilke-Tochter im Nebenzimmer und kommt wieder mit einem dicken Briefumschlag und einem gebundenen Heft. »Hier, die Gedichte, die er mir zum Geburtstag aus dem Gefängnis geschrieben hat.« Das Buch, fast 200 Seiten stark, ist eigentlich ein broschierter und illustrierter Geburtstagsbrief an den jüngsten Sohn. Wilkes Opus magnum aller Erklärungs- und Rechtfertigungsversuche. Die Neuauflage und Ergänzung jenes Briefes, den er seinem Bübi zum 17. Geburtstag schrieb und den er ihm dann zum 18. erneut vermachte. Er hielt sein Werk für so wichtig, dass er es hat binden lassen. Es wirkt nicht so, als habe die Tochter damit etwas anfangen können. Seine Taten erwähnt er darin nicht. Mit dem Vater darüber gesprochen hat sie auch nie. Sie hat das dicke Heft bis heute einfach nur aufgehoben und nun dir, dem Fragensteller, in die Hand gedrückt.

Bilanz. – Das andere dicke Heft, das Braunbuch, das die sowjetische Delegation in Wilkes Prozess in Koblenz vorgelegt hatte, beschäftigt sich auch mit den Ergebnissen der Enterdungsarbeiten der Aktion 1005, jenem Vertuschungsversuch, der auch die letzten Spuren der Massenmorde beseitigen sollte. Es bilanziert die Ergebnisse der rechtsmedizinischen Untersuchungen an all den Massengräbern, die die Deutschen hinterlassen hatten.

»Kommissionsbericht zu Erschießungen im Bereich Minsk mit gerichtsmedizinischen Untersuchungen auch der Asche und Knochenreste sowie exhumierter Leichen«, steht über dem Papier. Dann werden acht Schauplätze aufgelistet:

»1. Kriegsgefangenenfriedhof Glinischtscha, 80 000 Tote, teils wg. Flecktyphus und Ruhr.
2. Petroschkewitsch-Weiher, 25 000 Tote, meist exhumiert und verbrannt.
3. Urutschje-Wald, 30 000 Erschossene durch Kopfschuss aus nächster Nähe.

4. Drosdy-Wald, 10 000 Exhumierte.
5. Dorf Trostenez, im Wald 34 Massengräber, 50 Meter Länge, 150 000 Menschen getötet. In fünf geöffneten Gräbern in Tiefe von drei Metern eine einen Meter dicke Lage von Asche und Resten von Menschenknochen gefunden.
6. Schaschkowe-Wald, 500 Meter von Trostenez entfernt. Spezielle Verbrennungsöfen, 1943 gebaut. Darin verbrannte, erschossene, vergaste, teils mit Handgranaten getötete (Menschen). Anzahl unklar.
7. Leichenverbrennung in Scheune bei Maly Trostenez. Ungeheuere Menge von Asche und menschlichen Knochen. Zur Brandbeschleunigung wurden Überreste deutscher Fliegerbomben genutzt. Die Art mancher Verletzungen weist darauf hin, daß in etlichen Fällen der Tod nicht sofort eintrat, sondern daß noch am Leben befindliche Menschen zusammen mit Leichen verbrannt wurden. Etwa 6 500 Menschen verbrannt kurz vor Abrücken.
8. Noch nicht untersuchte Massengräber an 6 bis 10 anderen Orten wie Friedhöfen und Parks.«

Die Kommission schließt daraus, daß in und um Minsk »300 000 Sowjetbürger ausgerottet wurden, ohne dabei die Hunderttausenden Bürger mit zu rechnen, die im Verbrennungsofen umgebracht wurden!«

Mit diesen Worten endet das im Koblenzer Prozess vorgelegte Braunbuch. Für viele Bonner Politiker aber, darunter Friedrich-Karl Vialon und Hans Globke, der frühere Kommentator der Nürnberger Rassegesetze und spätere rechte Hand Konrad Adenauers im Bundeskanzleramt, galt das Buch nur als »Propagandawaffe der Sowjetunion im Kalten Krieg«.

Freundschaft. – Das Schreiben dürfte es eigentlich nicht geben. Und der, der den Brief unterschrieb, den gab es wirklich nicht mehr. Der war schon seit 20 Jahren tot. »Sag nichts von diesem Brief! Er ist über die Hintertreppe gegangen! Dein Walter«

Das vergilbte Stück Papier trägt das Datum vom 2. Mai 1963, wurde also 19 Tage vor dem Urteil in Koblenz geschrieben. Seit sieben Monaten verhandelte das Schwurgericht gegen Artur Wilke, den falschen Lehrer Walter. Und der schmuggelt aus der Untersuchungshaft einen Brief an einen Freund und nennt sich selbst darin noch immer »Walter«.

Der braune Briefumschlag ohne Absender, frankiert mit roter Zwanzig-Pfennig-Marke, abgestempelt am 5. Mai 63 (»Keine Anschrift ohne Postleitzahl«), ist adressiert an »Elektromeister Hermann H.«, die Hausnummer fehlt, Ecke K.-Straße steht da nur. Er enthält die Bitte »um einen kleinen Freundschaftsdienst«.

Du bist aus purem Glück darauf gestoßen, Reporterglück. Aus welchem Nachlass der Brief in wessen Hände überging, wer ihn aus abermaliger Hinterlassenschaft einer Verstorbenen barg und ihn schließlich deiner Mutter ins Haus trug, als er hörte, dass dich das Thema interessiert, das weißt du, aber es muss nicht öffentlich werden. Du bewunderst den klugen Blick derer, die das Stück Papier als bedeutend erkannten und retteten.

»Das Traurigste in der Welt der Menschen ist, wenn man deine Wahrheit zur Lüge und die Lügen zur Wahrheit macht! Und auch das darfst du nicht aussprechen, weil man es bitter übel nimmt! Wir müssen schweigen. Jede Zeit richtet sich selbst zugrunde, so gut sie kann! Aber die letzten ›höheren Weisungen‹ liegen in einer besseren Hand.«

So also denkt einer, der gerade zugegeben hat, Tausende unschuldiger Menschen eigenhändig getötet zu haben. Vom Gericht erwartet er kein faires Urteil, aber von Gott, jener »besseren Hand«, erhofft er sich Gerechtigkeit. In eigenartiger Mischung aus Verbitterung, Selbstmitleid und Hoffnung auf »deutsche Treue«, die ihm bald schon wieder die Freiheit bringen soll, schreibt er dem Freund. Und behauptet darin: »Es geht nicht um mich! Es geht um mehr!«

Seine Bitte: Der Freund Hermann soll (»und vielleicht auch andere, die Du findest und die noch einen Funken Ehrgefühl und eigene Scham im Herzen tragen«) dem Schwurgericht »höfliche Bittgesuche (ohne jede innere Formverletzung)« schicken, um Wilkes zu erwartende Strafe zur Bewährung auszusetzen. Die Gesuche sollten möglichst in regelmäßigen Abständen von drei, vier Monaten erfolgen.

Hat er wirklich geglaubt, er käme mit einer Strafe davon, die man zur Bewährung aussetzen kann? Für mehr als 6 600 Morde? Seine Erklärung: »Wenn ich auch nicht große Hoffnung habe, aber aufgeben kann ich sie noch nicht.« Sein weiterer Plan: »Wenn das Urteil rechtskräftig ist, will ich sofort versuchen, d. h. ich werde den Antrag stellen, daß man mich nach Celle ›verschiebt‹, obwohl ja leider die Parteien, auf die man ein bißchen Hoffnung auf ›deutsche Treue‹ und etwas weniger Ehrbrüchigkeit hätte setzen können, sich auch dort (in Niedersachsen) zerfleischen. Warum habt Ihr nur so viele Heuchler ›nach oben‹ gewählt!!, die alle vergessen haben, wie sie den ›Verbrecher‹ gesegnet haben, daß wir als junge Menschen den abverlangten Eiden Treue hielten! Weil wir nicht wußten, daß der Meineid wichtiger als der Eid und in der erdrückenden Mehrzahl lebt.«

Dann konkrete Anweisungen: »Sobald Du hörst, daß ich in Celle bin, sprichst Du vielleicht mal mit einigen ordentlichen Rechtsanwälten, wobei Ihr Eure Bitterkeit nur in welcher Form schicken sollt, wie Ihr am besten und ehesten beim Justizminister zum Erfolg kommt!« Wilkes Appell: »Laß nicht nach!« Und weiter: »Aber immer in höflicher Form! Ohne Bitterkeit! Ohne Spott! Sonst schadest Du mehr als Du nützt. Du darfst einem Lügner und Heuchler nicht sagen, daß er es ist, ohne daß er Dir in die Visage haut!!«

Wilke dankt »für Deine Freundschaft« und bittet Hermann, seine Frau »und andere anständige Leute im Dorf!, die nicht zu den Meineidigen gehören und nicht die Wahrheit des Vaterlandes vergessen haben«, zu grüßen. Am Rand notiert er: »Steh meiner Frau und den Kindern bei! Sie verdienen es!«, und erneut: »Sag niemanden etwas von dem Brief!«

Der Elektriker konnte nicht helfen – er wird es auch nicht gewollt haben. Später, nach Wilkes Haftentlassung, wurden er und der verurteilte Massenmörder nie wieder zusammen gesehen.

Idealbild. – Es gab lange Hoffnung, noch einmal davonzukommen. Befehlsnotstand – das Zauberwort so vieler NS-Prozesse. Doch das – aus heutiger Perspektive so täterfreundliche – Gutachten des Göttingers Dr. Hans-Günther Seraphim erwies sich für die Person Wilkes eher als vernichtend. Seraphim bezog sich auf Äußerungen von ganz oben: »Himmlers Ausführungen (…) lassen erkennen, dass die Fähigkeit zur Teilnahme an Vernichtungsaktionen und der physischen Ausrottung des Gegners des Nationalsozialismus als Zeichen einer besonderen, dem Idealbild der SS entsprechenden Charakterstärke und Geisteshaltung angesehen und gewertet wurde. Von einem solchen Mann konnte und sollte die Teilnahme an den Aktionen als eine gesunde Leistung der Elite des deutschen Volkes angesehen werden.« Sich hingegen den Tötungsbefehlen zu widersetzen, wäre Beleg einer Charakterschwäche gewesen – unehrenhaft für einen SS-Mann.

In dem speziell auf Wilkes Persönlichkeit abzielenden Teil des Gutachtens beschreibt Seraphim diesen als »staatsgläubig«. Wilke habe nach eigener Behauptung »nicht den geringsten Zweifel daran gehabt, dass sich die staatliche Obrigkeit nicht nach den Gesetzen Gottes und des Staates gerichtet habe«. Er habe sich zudem durch den Eid gebunden gefühlt, nicht nur in religiöser, sondern auch in juristischer Hinsicht. Wilke habe vor Gericht ausgesagt, es sei »nicht seine Sache« gewesen, »als Meineidiger Treu und Glauben unter den Menschen zu erschüttern und Gott zu lästern«. Schließlich hätten auch juristisch geschulte Beamte und Kriminalisten (wie Heuser) diese Befehle ausgeführt und damit deren Rechtmäßigkeit anerkannt. Und er habe sich schließlich auf Verbrechen gegen Deutsche in Polen berufen, etwa den Bromberger Blutsonntag (ein Massaker an der in Bromberg lebenden deutschsprachigen Minderheit zwei Tage nach dem deutschen Überfall auf Polen), bei dem ein Verwandter ums Leben gekommen sei.

Aus heutiger Sicht heißt das: Der studierte Theologe berief sich auf Gott (Eidestreue statt Gotteslästerung), auf den Staat (Mordauftrag als rechtmäßige Verpflichtung) und auf berechtigte Aufrechnung von Bluttaten (Gräuel um Gräuel).

Allerdings sagte Wilke auch: Er habe »versucht, auf anständige Weise dort fortzukommen, wo so Entsetzliches geschah«. Es sei ihm »einfach nicht gelungen«, sich selbst »als SS-Führer wegen Feigheit abservieren« zu lassen. Und schließlich habe Wilke behauptet, falls er wirklich den Befehl verweigert hätte, hätte ihn Strauch »eines sanften Todes sterben lassen«.

Den Behauptungen, so Seraphim, stünden Aussagen von Zeugen gegenüber. Der Mitangeklagte Feder etwa beschrieb ein »recht gutes Verhältnis zu Strauch«. Wilke sei ein »starker Trinker, aber aktiv« gewesen. »Vielleicht deswegen, weil er zu jedem Einsatz, sei es gegen Partisanen oder Juden, herangezogen wurde.« Der Zeuge Kaul meinte, Wilke habe »den Kommandeur in weltanschaulicher und ideologischer Hinsicht gestützt«. Strauch habe sich auf Wilke, Schlegel und Stiller, die Kollegen in der KdS-Dienststelle, »in jeder Hinsicht verlassen«. Wilkes von Zeugen bestätigte Aussage »Was weg ist, ist weg«, mit der er den zu spät gekommenen Schützen gedrängt habe, bei den Exekutionen sofort mitzutöten, nennt der Gutachter als Beleg für Wilkes Eifer.

Dessen Behauptung, vor den Einsätzen in Weißruthenien nichts Negatives über die SS gehört zu haben, hält Seraphim für »befremdend bei einem Mann, der jahrelang Theologie studiert hat«. Es müsse vorausgesetzt werden, dass er wusste, welche Kampfmaßnahmen die SS gerade gegen Kirchen betrieben habe. Das sei ja nicht geheim begangen worden, sondern sei ständig in der Wochenschrift »Schwarze Korps« der SS zu lesen gewesen. Wenn Wilke aber diesen Kirchenkampf positiv beurteilt habe (wenn er also nichts Negatives gehört haben will), dann habe er sich aus innerer Überzeugung zu den Zielen und Methoden der SS bekannt, so der Sachverständige. »Er zog es vor, lieber an der Massenvernichtung unschuldiger Menschen teilzunehmen, statt den Eid zu brechen, der ihn an den Mann band, der in erster Linie für diese ungeheuerlichen Verbrechen die Verantwortung trug.« Seraphims Urteil über Wilke lautete daher: »Überzeugter Anhänger der SS-Ideologie«.

Wenn Wilke zudem behaupte, er habe die Judenvernichtung einfach für eine Folge des Krieges gehalten, überzeuge das nicht bei einem studierten Menschen. Die Juden waren keine Kriegsgegner, sie trugen keine Waffen. Und schließlich: »Wenn sich Wilke einerseits auf den Zwang der Befehle beruft, aber gleichzeitig die Befehle als rechtens ansah, dann hätte er sich mit dem Paragrafen 47 des Militärstrafgesetzbuches auseinandersetzen müssen.« Unbekannt könne ihm, dem Studierten, dieser nicht gewesen sein. Er hätte also wissen müssen, dass er rechtswidrigen Befehlen nicht blind hätte folgen dürfen.

Da half es auch nicht, dass im Koblenzer Prozess einer der bekanntesten NS-Juristen, Rüdiger Graf von der Goltz (in der Prozessakte wird er bei seinem weiteren Vornamen Karl genannt), für die Angeklagten in die Bresche sprang. Der Cousin Dietrich Bonhoeffers, Militärattaché und Reichstagsmitglied von der Goltz, bezweifelte plötzlich das Wissen der SS-Führer um die Möglichkeit der Befehlsverweigerung: »Wenn ich bei früheren Vernehmungen angegeben habe, dass Mitte 1943 ein Befehl Himmlers bekannt gemacht worden sein soll, nach dem zumindest die Möglichkeit bestand, sich zu weigern, an Exekutionen teilzunehmen, so kann ich heute nicht mehr sagen, ob ein derartiger Befehl damals tatsächlich bekannt gemacht wurde.« Wurde also der Befehl zur möglichen Befehlsverweigerung auf Befehl verschwiegen?

Dem Angeklagten Wilke hat der Graf damit nicht helfen können. Des Gutachters Fazit: Es spreche vieles dafür, dass Wilke die Vernichtungsaktionen bejaht und gebilligt habe. Er, so Seraphim, »finde keinerlei Gründe und Tatsachen«, aus denen sich eine »zeitgeschichtlich bedingte Erklärung oder Entschuldigung für Wilke ergeben könnte«.

Befehlsverweigerung. – Er hätte es eigentlich wissen müssen. Es gab den Fall, und er selbst hatte ihn provoziert, dass einer einen willkürlichen Tötungsbefehl verweigerte und das ohne große Nachteile überstand. Adolf de S.-A. war einer von Wilkes Kraftfahrern aus der SD-Dienststelle. Eine schillernde Figur, aber einer, der eine Befehlsverweigerung aufrecht überlebte.

De S.-A. war Holländer mit französischen Wurzeln. Bei der Besetzung der Niederlande hatten die Deutschen den gelernten Automechaniker zwangsverpflichtet. Später meldete sich der Französisch, Flämisch und Deutsch sprechende Mann freiwillig zur Armee der Besatzer. Er wurde beim Sicherheitsdienst eingesetzt – in Minsk. Bei seiner Vernehmung durch die Staatsanwaltschaft Koblenz 1961 schilderte der SS-Fahrer den Ermittlern seinen »Zusammenstoß mit Wilke«. Über dem Protokoll steht: »Selbst diktiert!«

»Bei einem Partisaneneinsatz wurden wie üblich die im Dorf zurückgebliebenen Zivilisten in einer Scheune zusammengetrieben und erschossen. Als am nächsten Tag ein solches Dorf von uns verlassen wurde, wurde es angesteckt. Ich habe danach Gennert (einem Unterführer) gesagt, daß ich nicht imstande sei, an solchen Grausamkeiten mitzumachen. Gennert hat aber auf den Befehl verwiesen, dem auch ich zu gehorchen hätte.«

Am nächsten Tag sei Adolf de S.-A. zu Wilke, dem Einsatzleiter des Unternehmens, beordert worden. Es sei ihm sofort klar gewesen, dass Gennert mit Wilke über den Disput des Vortages gesprochen haben musste. Man war gerade auf sumpfigem Gelände unterwegs. Die Fahrzeuge hatten anhalten müssen. Unweit der Kolonne passierten drei russische Bauern mit einem Pferdefuhrwerk die morastige Straße.

»Von ihm (Wilke) bekam ich den Befehl, zusammen mit Gennert die drei Russen umzulegen. Ich wusste sofort, daß dieser Befehl nur auf das Gespräch vom Vortag beruhte. Wir gingen zu den drei Bauern. Gennert fragte, ob ich meine Waffe dabei habe. Ja, sagte ich. ›Dann leg sie um!‹, hat Gennert befohlen. Ich in meiner Wut brüllte ihm zu: ›So mach das doch selbst! Du tust das ja so gern.‹ Darauf schickte mich Gennert zu Wilke zurück: ›Dann sag das dem Alten auch selber!‹ Ich tat es und wurde fürchterlich angeschrien. Ich habe mich damit verteidigt, daß ich nur Kraftfahrer sei, und für Exekutionen wären andere da. Darauf ging Wilke zu Gennert mit den Worten: ›Dann mach ich es selber!‹ Danach hörte ich mehrere Schüsse und konnte beobachten, wie das Fuhrwerk der Russen zerlegt wurde und damit die Straße ausgebessert wurde.«

Noch am selben Abend, so die Zeugenaussage des Niederländers, habe er von Wilke den Befehl erhalten, allein nach Minsk zurückzufahren – was mitten im Partisanengebiet einem Todesurteil gleichkam. Wilke teilte mit, er werde die Dienststelle in Kenntnis setzen. De S.-A. habe nach Begleitschutz gefragt, aber erst nach langem Zögern seien ihm zwei russische Freiwillige zugeteilt worden, die ihn auf dem Rückweg schützten. »Ich musste mich danach bei Kommandeur Strauch melden. Bei ihm war es innerhalb weniger Minuten abgetan. Ich wurde der Fahrbereitschaft als Werkstattleiter zugeteilt. Wegen der Befehlsverweigerung habe ich also keine Nachteile gehabt.«

Willi. – Er ist ein Jahr jünger als du. Als Wilke verhaftet wurde, war er in der ersten Klasse. Es sei der Tag der Einschulung gewesen, 1. April, »ein schöner Sonnenschein-Tag«. Das beweisen die Schmalfilmaufnahmen, die sein späterer Schwiegervater von dieser Einschulung machte. Willi weiß noch genau, in welchem Klassenraum es war; der gerade renovierte Raum im früheren Lehrerwohnungsanbau. Darin hatten Jahre vorher die beiden Wilke Töchter gelebt. Es seien zwei Männer in Zivil hereingekommen, sie hätten Wilke festgenommen und ihn über den Schulhof abgeführt.

Das klingt so überzeugt wie deine Version der Verhaftung. Nur, dass das Datum unmöglich stimmen kann. Ja, es könne auch ein paar Tage später gewesen sein, sagt Willi. Doch es kann sich keiner der Mitschüler erinnern. Aber Willi muss es doch wissen, er war beinahe Nachbar der Familie Wilke. Dessen Frau, die Ärztin, hat ihn über Jahrzehnte behandelt. Warum passen seine Erinnerungen nicht zu den Fakten aus der Prozessakte – so wie auch deine nicht? Und warum weiß er bis heute nicht, aus welchem Grund Wilke damals von der Polizei geholt wurde?

Urteil. – Deshalb: Am 21. Mai 1963 hat das Landgericht Koblenz sein Urteil gesprochen. Artur Wilke wurde zu zehn Jahren Zuchthaus verurteilt. Er habe »nach Heuser am häufigsten an Vernichtungsaktionen von Juden mitgewirkt«, stellten die Richter fest. Er habe »hierbei zum Teil eine massgebliche Funktion inne« gehabt. »Die Zahl der mit seiner Hilfe Ermordeten ist groß.«

Schuldig war Wilke in sechs Punkten der Anklage. Da war zum einen die Aktion vom 1. bis 3. März 1942. Wilke war nach Überzeugung des Gerichts als Schütze eingeteilt worden. Tags darauf war er mit einer geringen Verspätung am Erschießungsort in Koidanow eingetroffen, als schon 200 Menschen getötet worden waren. Er stellte sich an die Grube, schoss bis zum Ende der Aktion mit und »tötete mit seiner Pistole eigenhändig mehrere Menschen, deren genaue Zahl nicht festgestellt werden kann«. Und weiter: »Der Angeklagte gibt zu, sich in der geschilderten Weise an einer Massenexekution beteiligt zu haben.« Das Gericht geht davon aus, dass es sich bei dieser Exekution um russische Juden gehandelt habe. »Wie viele Menschen an dem ersten Tag der Märzaktion getötet wurden, ist nicht sicher geklärt. Nach den Feststellungen des Schwurgerichts waren es aber mindestens 1 000 Opfer.«

Ebenso ist Wilke laut Urteil der Beteiligung an der Vernichtung eines Judentransports aus dem Westen am 11. Mai 1942 schuldig. Auch hier war er Schütze an der Grube. »Diese Feststellung beruht auf den Angaben des Mitangeklagten Heuser. Wilke hat deren Richtigkeit nicht bestritten, ohne sich allerdings näher zu erklären.« Das Gericht geht davon aus, dass mindestens 900 Menschen umgebracht wurden.

Ebenfalls auf Heusers glaubhaften Angaben beruht der Schuldspruch mit Blick auf die Transportaktion vom 26. Mai 1942. Hier sei zwar nicht erwiesen, dass Wilke selbst mitgeschossen habe, wohl aber, dass er in »irgendeiner Funktion« beteiligt gewesen sei, »sei es als Aufsichtsperson, als Leiter der Erschießungen oder als Angehöriger der Absperrungen«, also ebenfalls mitschuldig. Auch hier wird von wiederum 900 Opfern ausgegangen.

Punkt vier des Schuldspruchs bezieht sich auf eine Transportaktion, die nicht genau terminiert werden konnte. Wilke habe den Befehl gehabt, sich um das Verladen der Opfer in die Gaswagen und das Aussondern noch arbeitsfähiger Juden zu kümmern. Zeugen hatten ihn beim Aussteigen aus den Güterzügen und Ausladen des Gepäcks beobachtet. Später hatte man ihn an der Grube gesehen, wo er eigenhändig mindestens 15 Menschen erschoss, die in den Gaswagen nicht ums Leben gekommen waren. Auch diese Beteiligung habe Wilke gestanden. Seine Behauptung, die Gaswagen hätten nur zum Transport, nicht zur Tötung der Beförderten gedient, hielt das Gericht für widerlegt. Weil die Aktion nicht zu datieren und nicht auszuschließen sei, dass es der kleinste Transport – der vom 26. Juni – war, bei dem 465 Menschen registriert waren, wurde zugunsten des Angeklagten von lediglich 400 Opfern ausgegangen.

Am schwerwiegendsten wurde die Räumung des Gettos von Minsk gewertet, bei der mindestens 2 000 Opfer ihr Leben ließen. Hier sei Wilke am ersten Tag (28. Juli) Aufsichtsführer gewesen. Er habe die Erschießungen an der Grube geleitet. Als Beweis wertete das Gericht Wilkes Rüffel gegen den Mitangeklagten Kaul, als dieser zu spät erschien. Wilke habe Kaul eingeteilt und ihn später erneut gerügt, weil Kaul »unsachgemäß geschossen« habe. Schon daran »lässt sich einwandfrei erkennen, dass er die alleinige Aufsicht an dieser Grube hatte und die Exekutionen dort leitete«.

Schließlich wurde Wilke wegen der Aktion im Getto Sluzk am 8. Februar 1943 verurteilt. Hier gab es 1 600 Opfer. Wilke war verantwortlich für das Durchkämmen der Häuser im Getto und den Abtransport der herausgetriebenen Juden zur Exekutionsstätte. Auch am 9. Februar, als das Getto in Brand gesetzt wurde und »zwei oder drei brennende Menschen hervorkamen, schoss Wilke auf sie«.

Die sechs Einzelstrafen: für die Märzaktion vier Jahre, für die drei Judentransporte ebenfalls je vier Jahre, für die Juliaktion im Getto Minsk acht Jahre und für die Liquidierung des Gettos Sluzk sechs Jahre Freiheitsentzug – das belief sich auf zusammen 30 Jahre Zuchthaus. Daraus bildete das Gericht eine Freiheitsstrafe von zehn Jahren. Insgesamt sprach es Wilke schuldig für den Tod von mindestens 6 600 Menschen. Weil er einmal nicht von Beginn der Erschießungen an dabei war, rechnete man ihm bei dieser Aktion weniger Opfer zu als die Gesamtzahl der dabei Getöteten.

Das Urteil ging schließlich noch einmal auf Wilkes Verteidigung ein: Er habe vorgetragen, Zweifel an der Rechtmäßigkeit der Ausrottung von Juden gehabt zu haben. Kommandeur Strauch habe aber verlangt, dass jeder an den Exekutionen teilnehme. Als er um Freistellung gebeten habe, so Wilke, habe Strauch ihn gefragt, ob er einen »NS-Betriebsunfall« erleiden wolle. Er habe das nicht für eine leere Drohung gehalten, sondern befürchtet, beseitigt zu werden. Wilke hatte sogar behauptet, einmal im Kasino auf Strauch geschossen zu haben, um auf diese Weise von Minsk wegzukommen. Eine Befehlsverweigerung würde er aber als einen Affront gegen Hitler angesehen haben. Die Urteilsbegründung weiter: »Bei seinem ersten Einsatz sei er völlig verwirrt gewesen. Es sei ihm unbegreiflich gewesen, dass so etwas geschehe, und er habe es als grausam empfunden, dass man von ihnen so etwas verlangt habe«, heißt es wörtlich. »Er habe persönlich keinen Antisemitismus gekannt. Das Leid, vor dem er gestanden habe, habe er tief beklagt. Er habe das Töten nicht gebilligt, sondern nur dem Befehl gehorcht.« So Wilkes Worte.

Die Richter sahen es gänzlich anders: »Das Schwurgericht ist davon überzeugt, daß Wilke niemals befürchtete, er könne im Falle einer Befehlsverweigerung getötet werden oder einen sonstigen Schaden an Leib oder Leben erleiden. Seine Äußerung, er habe eine Befehlsverweigerung als Affront gegen Hitler angesehen, beweist vielmehr, dass er aus blinder Gefolgstreue handelte, nicht aber unter dem Druck einer vermeintlichen oder wirklichen Gefahr.« Auch dass er auf Strauch geschossen habe, glaubte das Gericht ihm nicht. »Von den befragten Mitangeklagten und Zeugen wusste niemand etwas von einem solchen Vorfall; bei einem ernst gemeinten Tötungsversuch wäre sicherlich den zu dieser Zeit in Minsk anwesenden übrigen Angeklagten ein solches fast als sensationell zu bezeichnendes Unterfangen nicht verborgen geblieben und sicherlich nicht ohne Folgen für Wilke geblieben.«

Wilkes Charakter beschrieb das Gericht schließlich so: »Er bietet das Bild eines fanatischen, schwärmerischen Nationalisten, der durch die damaligen Machthaber in seinem irregeleiteten Idealismus missbraucht und ausgenutzt wurde. Wilke ist zu einem klaren und geraden Gedanken nicht in der Lage, er neigt vielmehr zu Ausflüchten und Entschuldigungen. Diese Gesinnung kommt auch darin zum Ausdruck, dass er nach dem Kriege bis zu seiner Verhaftung unter einem falschen Namen gelebt hatte. Für ihn spricht, dass er einmal in Nowogródek eine sich ihm bietende günstige Gelegenheit nutzte und einer ihm angesonnenen Tötung von Juden aus dem Wege ging.«

Nowogródek. – Dieser letzte Satz der Urteilsbegründung gegen Artur Wilke gibt Rätsel auf. Was war in Nowogródek? »… aus dem Wege ging«, heißt es da. Hat er sich verdrückt? Hat er Befehle verweigert?

Oder hat er sich human gezeigt gegenüber Todgeweihten, hat er sie laufen lassen, Leben verschont? Wenn ja, um welchen Preis?

Du hast in den Prozessakten nichts gefunden. Taten in Nowogródek, der Kreisstadt 140 Kilometer südwestlich von Minsk, waren nicht angeklagt. Ja, er war dort. Du hast einen geheimen Einsatzbefehl gesehen, der aber den Auftrag nicht beschreibt. Wenn er sich gebrüstet hat mit seinem Verhalten in Nowogródek und das Gericht es ihm sogar als einziges entlastendes Element anerkennt, dann scheint es zumindest nicht aufgeschrieben worden zu sein. Wie so oft bei Gericht: Richter nehmen eine Aussage des Angeklagten oder von Zeugen zur Kenntnis, protokollieren sie nicht, berufen sich im Urteil aber darauf. Das ist das Prinzip mündlicher Verhandlung. Du hast es als Gerichtsreporter unzählige Male erlebt. Selbst in den kaum zu entziffernden handschriftlichen Notizen des Vorsitzenden ist dir das Wort »Nowogródek« im Zusammenhang mit Wilke nicht begegnet. Oder warst du zu unaufmerksam, zu oberflächlich? Es sind immerhin 24 000 Blatt Prozessakte!

Manni. – Du hast immer noch ein schlechtes Gewissen. Du hattest dir vorgenommen, ihn im Gefängnis zu besuchen. Du kannst nicht einmal sagen, warum das nicht geklappt hat. Nur ein einziger Klassenkamerad hat ihn jemals in Celle-Salinenmoor besucht. »Damals habe ich gemerkt, dass ich mich in meinen Freunden geirrt habe«, sagt Manni.

Wie dein Klassenkamerad Manni, Wilke-Schüler wie du, ins Gefängnis gekommen ist, hat dich damals mächtig beeindruckt. Du hast dich gleich gefragt, ob dir das auch hätte passieren können. Du musst dir heute eingestehen: Ja. Du erinnerst dich an den Abend mit dem Zufallsbekannten, mit dem ihr zu viert von einer Disco zur anderen fuhrt. Er hat dir das Steuer angeboten, obwohl ihr schon was getrunken hattet. Du hast abgelehnt. Was, wenn nicht? Auf der Rückfahrt erst hat er damit geprotzt, dass das Auto geklaut war. Am Ziel wartete schon die Polizei. Hättest du jetzt Gas gegeben, wenn du am Steuer gesessen hättest?

Manni hat Gas gegeben. Angst um Job und Führerschein. Er war schließlich Bierfahrer. Damals trank man sein Deputat auch schon mal während der Fahrt. Zur Tatzeit 1,6 Promille, errechnete später der Gerichtsmediziner.

Er war kaum erwachsen geworden, als er auf dem Heimweg aus der Kneipe mit dem Auto seines Vaters vier Mädchen begegnete, die trampten. Alles Freundinnen der Schwester. Er nahm sie mit; es hatte geregnet. Ein Streifenwagen kam ihm entgegen. Er startete durch, die Polizei hinterher. Dass die Beamten aus dem fahrenden Auto heraus auf seine Reifen schossen, habe später im Prozess vor dem Landgericht niemanden interessiert. Die vier Mädchen wurden dazu nicht einmal befragt. Sie kreischten auf dem Rücksitz, waren in Panik. Manni am Steuer auch. In Wendesse riskierte er ein Wendemanöver. Der Polizeiauto-Fahrer stellte sich ihm in den Weg – und gab später an, er habe in den Graben springen müssen, um nicht erfasst zu werden. »Dabei war seine Uniform nicht einmal schmutzig«, sagt Manni.

Noch einmal stand ein Polizeiauto quer. Wieder schossen die Beamten auf das Auto mit den vier Mädchen und dem betrunkenen Fahrer. Wieder behauptete ein Polizist später, er habe beiseite springen müssen. Dabei waren es seine Kugeln, die den Kotflügel zweimal von der Seite her trafen. Manni entkam, stellte Vaters durchlöchertes Auto in die Garage, schlief bei seiner Freundin – und wurde tags darauf in Handschellen abgeführt.

Von der Anklage des zweifachen versuchten Mordes blieb am Ende lediglich ein vorsätzlicher gefährlicher Eingriff in den Straßenverkehr. Der Richter aber sei ein »scharfer Hund« gewesen, sagt Manni. Zwei Jahre und fünf Monate Freiheitsentzug gab es für den unbestraften Ersttäter, die ersten Wochen sogar im Zuchthaus, danach im offenen Vollzug.

Du weißt noch, wie empört du warst: Gefängnis, obwohl niemand auch nur einen Kratzer abbekommen hatte und die größte Gefahr nach deinem Empfinden von den Kugeln der Polizisten ausgegangen war? Keiner der Beamten hatte angegeben, verletzt worden zu sein. »Alle empfanden das Urteil als ungerecht«, sagt Manni. Aber: »Für mich war es nur gut.« Er war weg vom Alkohol, erinnert sich wenn nicht an gute, so doch an interessante »Erfahrungen mit schweren Jungs« und durfte nach 18 Monaten bei seiner Firma wieder anfangen. Zwar nicht als Fahrer, denn den Führerschein musste er für fünf Jahre abgeben und nach einem »Idiotentest« erneut bestehen, jedoch immerhin als zuverlässiger Mitarbeiter.

Du setzt die zweieinhalb Jahre für Manni ins Verhältnis zu den zehn Jahren deines falschen Lehrers, der den Tod von mehr als 6600 Menschen auf dem Gewissen hat, der vielen Hundert Opfern eigenhändig ins Genick schoss, ganze Dörfer entvölkern ließ und die meiste Zeit seiner Strafe in einem Justiz-Krankenhaus absaß. Du setzt diese Zahl auch in Relation zu dem, was heute als blutrünstig gilt: In der Krimiserie Tatort – wahrlich nicht arm an Leichen – starben in 1 000 Folgen seit 1970 insgesamt 2 280 Menschen. Es würde noch ein ganzes Menschenleben und weitere 2 000 Folgen dauern, bis in der Krimiserie, die fast nie ohne Tote auskommt, so viele Leichen zu zählen sind, wie sie Artur Wilke in weniger als zwei Jahren in Minsk auf sein Gewissen lud.

Möglich, dass die damalige Empörung über Mannis Verurteilung deine Berufslaufbahn beeinflusst hat. Gerechtigkeit war immer dein Thema. Als Sportreporter hast du aus den Sitzungen des Sportgerichts berichtet, als Korrespondent die großen Prozesse besucht, als Gerichtsreporter hast du dich bemüht, das Ringen der Richter um gerechte Strafe selbst bei kleinen, nachvollziehbaren Verfehlungen im Amtsgericht zu beschreiben. Immer unter dem Blickwinkel: Hätte dir das auch passieren können?

Auch Artur Wilke, der nach seinem Empfinden zu Unrecht verurteilte Massenmörder, hat sich über Gerechtigkeit und Strafmaß Gedanken gemacht. In einem Brief an seinen Sohn vergleicht er später Richter mit Künstlern. Es komme »nur darauf an, wie man den Pinsel schwingt, wie man die Schreckenslichter in das Bild setzt«, schreibt er. Und weiter:

»Mit entsprechender dichterischer Phantasie und künstlerischer Ausmalung kann man (als Richter)
- das Töten, das ein betrunkener Kraftfahrer auf der Straße an einem anderen Menschen vollbringt, genau so entsetzlich und erschütternd darstellen wie zu jedem Fall, wo das Blut vergossen wird.
- wie bei dem Mord an unschuldigen Frauen und Kindern vor großen Gruben oder die man mit Brandbomben von oben in Städten zu lebenden Fackeln macht und jämmerlich qualvoll verenden lässt (– damit sie Licht in die menschliche Finsternis bringen) – ich habe es gesehen.
- oder wie beim Morden im Nahkampf, wenn man dem bösen Anderen seine Maschinengewehrgarbe in den Leib oder auf den Kopf zielt – ich habe es erlebt.
- oder wie beim Morden, den ein Partisan mit triumphierender, sadistischer Zerstückelung an seinen Gefangenen vollzieht – ich habe die Opfer zu Hunderten gesehen.

– oder das Morden bei verschärften Vernehmungen bei denjenigen, aus denen man die Kenntnisse von weiteren Plänen der Heimtücke oder Brutalität gegen die eigene Seite herausschlagen wollte – ich habe es gesehen.«

So relativiert der verurteilte Mörder: Alles nur eine Auslegungssache – betrunken im Straßenverkehr, Kinder töten an der Grube, Bomberpilot, Partisanenjäger, sadistischer Folterknecht – alles relativ.

Nirgendwo sonst hat Wilke je über Massenerschießungen, Partisanenkampf oder Folterungen geschrieben. Nur hier, wo er die von Richtern festgestellte Schuld relativiert und sich selbst in den Kreis der Täter nicht einschließt. Er hat nur »gesehen« oder es »erlebt«. Nicht etwa »getan« oder »auf mein Gewissen geladen«.

Zweifel. – Du bist der Lösung deines Rätsels keinen Schritt näher gekommen. Jetzt sind es sechs verschiedene Varianten der Verhaftung, die du gehört hast. In der Schule – dafür hast du unzählige »Soll ja sein« gehört, aber nur zwei unsichere Zeugen. Im Gasthaus-Saal – daran erinnerst du dich, aber du bist dir nicht mehr sicher. Auf dem Sportplatz oder beim Sport im Park – dazu gibt es nur vage Spekulationen.

Dass er zur Polizei nach Peine gegangen sei – sagt die eine Tochter – oder zur Stederdorfer Dienststelle im Maschweg – sagt die andere –, erscheint zunächst glaubhaft. Das hörst du schließlich aus der Familie. Vorausgegangen sei ein Anruf der Polizei, er möge doch einmal vorbeikommen, es gebe noch etwas zu klären. Und beim zweiten Blick? Aus der Familie war niemand dabei, als der angebliche Anruf kam. Bei der Verhaftung auch nicht. Welcher mutmaßliche Massenmörder wird wohl telefonisch höflich zur Verhaftung gebeten? Immerhin gab es seit gut zehn Tagen einen Haftbefehl, ehe Wilke damit festgesetzt wurde. Bei Heuser hatte man auch nicht gewartet, bis er von der Kur kam. Und wo würde man einen Lehrer mit Sicherheit antreffen und verhaften können, wenn nicht im Unterricht? Immerhin wurde am selben Tag auch sein Wohnhaus nach Beweismitteln durchsucht.

Von einer Verhaftung zu Hause will der beste Freund des jüngsten Sohnes gehört haben. »Ich habe nichts Unrechtes getan«, soll Wilke bei der Festnahme zu seiner Familie gesagt haben. Aber zu wem eigentlich? Von den Töchtern war keine dabei. Zwei Kinder lebten schon in den USA. Einzig der Jüngste und die Ehefrau könnten dabei gewesen sein. Den Sohn kann man nicht mehr fragen. Und seiner Frau hätte er nichts vorlügen müssen. Sie muss um seine SS-Zugehörigkeit und die falsche Identität gewusst haben.

Hat die Familie nur behauptet, der Vater sei zur Polizei statt in den Unterricht gegangen, um die Schmach – er gab sich ja als unschuldig, weil er nichts als seine Pflicht getan habe – nicht tragen zu müssen, vor aller Kinder Augen in Handschellen gelegt zu werden? Du musst weitersuchen!

Lebendverbrennung. – Zehn Jahre Zuchthaus wegen Beteiligung an sechs Massentötungen mit mindestens 6600 Todesopfern – damit hatte Artur Wilke die dritthöchste Strafe unter den elf Angeklagten des Koblenzer Heuser-Prozesses erhalten. Die Aberkennung seiner bürgerlichen Ehrenrechte sollte überdies drei Jahre betragen.

Die höchste Strafe traf Wilkes einstigen Einweiser an den Massengräbern: Franz Stark wurde zu lebenslanger Haft verurteilt. Was er mit den drei Friseuren Kubes gemacht hatte, ließ sich mit keinem Befehl bemänteln. Das war eiskalter Mord. Die anderen Angeklagten außer Heuser haben Strafen zwischen dreieinhalb und acht Jahren auferlegt bekommen. Harder kam mit drei Jahren und sechs Monaten am glimpflichsten davon. Er war nach Erkenntnis der Richter nur einmal bei Massenerschießungen beteiligt. Dass bei den Enterdungsarbeiten unter seiner Führung die Arbeiter am Ende liquidiert wurden, sei ihm nicht individuell anzurechnen gewesen. Dalheimer und Oswald wurden beide zu vier Jahren verurteilt (je eine Massenexekution), Feder und Kaul mussten viereinhalb Jahre hinter Gitter (je zwei Aktionen). Von Toll war viermal dabei, kam aber ebenfalls mit viereinhalb Jahren davon. Merbach und Schlegel hingegen, die je fünf Massenerschießungen mitgemacht hatten, erhielten sieben beziehungsweise acht Jahre Zuchthaus.

Die zweithöchste Strafe aber nach Starks »lebenslänglich« erhielt Wilkes unmittelbarer Chef, Georg Heuser, unter dessen Name der Prozess bekannt geworden war. Das Gericht sah bei ihm zehn Tatbestände als erfüllt an. Das waren sieben Massenerschießungen von Juden, an denen Heuser mitwirkte oder die er befehligt hatte, und das war die blutige Liquidierung des Gettos in Minsk, nachdem das Attentat auf Kube verübt worden war und von Gottberg als Vergeltungsmaßnahme die Tötung von mindestens 300 Gettobewohnern angeordnet hatte. Heuser wurden in diesem Punkt sogar 500 Tote angelastet. Schließlich schlugen zwei besondere Verbrechen, die ihm ebenfalls hohe Einzelstrafen eintrugen, zu Buche: die kaltblütige Erschießung einer Agentin sowie die Lebendverbrennung zweier mutmaßlicher Spione. Insgesamt sprach das Gericht Heuser der Beihilfe zum gemeinschaftlichen Mord in 11 103 Fällen sowie in einem Fall (dem der erschossenen Agentin) des Totschlags schuldig.

Diese Tat hatte Heuser sogar zugegeben. Die etwa 25 Jahre alte Frau wurde verdächtigt, mit einem deutschen Offizier eine Liebesbeziehung eingegangen zu sein und Informationen des Geliebten an sowjetische Stellen weitergegeben zu haben. Heuser tötete sie, ohne die Frau auch nur zu den Vorwürfen befragt zu haben. Er hatte sich zuvor eine Falle ausgedacht, hatte ihr eine angeblich geheime Zeichnung anvertraut und sie dann unter dem Vorwand festnehmen lassen, sie transportiere Geheimgut. Er hatte sie auf den Gettofriedhof Minsk fahren lassen und sie erschossen. In einem zweiten, ganz ähnlichen Fall wurde Heuser indes freigesprochen. Auf einem Trümmergrundstück hatte er eine andere junge Frau erschossen, die allerdings zuvor zugegeben hatte, ihr Verhältnis mit dem deutschen Pionierpark-Leiter zum Verrat ausgenutzt zu haben. Heuser hatte diese Tote absichtlich in den Trümmern liegen gelassen. Ihre Leiche, so das Kalkül, habe den russischen Schutzmannschaften als Abschreckung vor Verrat dienen sollen. Bis zum Schluss verteidigte Heuser die Bestrafung beider Agentinnen als rechtmäßig.

Schließlich wurde der ehemalige LKA-Chef für den Tod jener drei Menschen – eine Frau und zwei Männer – bestraft, die während der von Harder vorbereiteten Leichenverbrennung an eine Art Marterpfahl gebunden und bei lebendigem Leib mit verbrannt wurden. Zeugen hatten das grausige Schauspiel, als einer der Männer schon brennend von dem Leichenhaufen stürzte und dann erschossen und wieder ins Feuer geworfen wurde, eindrucksvoll geschildert. Zwar konnte nicht nachgewiesen werden, dass Heuser den Befehl gegeben hatte, er war aber nachweislich dabei gewesen.

Chronisten. – Im Juni 1963 schrieb Dietrich Strothmann für die Wochenzeitung Die Zeit: »Hinter den Mauern von Koblenz ging in diesen Tagen ein Prozess zu Ende, dem wohl kein heimatkundlicher

Geschichtenschreiber in der Chronik seiner Stadt je eine Zeile widmen wird: Ein NS-Kriegsverbrecherprozess, in dem der ehemalige rheinland-pfälzische Landeskriminalchef, Georg Heuser, und seine zehn Mitangeklagten wegen Beihilfe zum Mord von über 31 000 Juden (…) verurteilt wurden. Die zerbombten Koblenzer Häuser, die Toten des Luftkrieges, die Zahl der Verletzten – sie werden auch in fünfzig Jahren in jeder Stadtbeschreibung zu finden sein. Von diesem Gerichtsprozess aber spricht schon heute niemand mehr.«

Stimmt! Fünfzig Jahre wurde darüber geschwiegen. Jetzt mühst du dich, dass doch noch einmal an den damals spektakulärsten NS-Mordprozess erinnert wird. Du hast nach Chronisten dieses Prozesses gesucht und keine gefunden. Du hast Beteiligte der Hauptverhandlung – Richter, Anwälte, Staatsanwälte, Zeugen – gesucht. Niemand lebt mehr. Du hast ehemalige Koblenzer Landgerichts- und Oberlandesgerichtsrichter und -präsidenten kontaktiert, doch keiner war damals beteiligt oder auch nur als Zuhörer dabei. Einer, der etwas wissen könnte, ist hoch in den 90ern und zu krank, um sich zu erinnern. Ein anderer schrieb dir, dass er bei Haftprüfungen Georg Heuser zweimal gesehen, aber nur kurz mit ihm gesprochen habe. Und du bist auf die Namen von nur zwei Menschen gestoßen, die sich nach ihrer Schließung mit den Akten beschäftigt haben: ein Polizei-Ausbilder, der sich für die Karriere des Massenmörders Heuser interessierte, und ein Stadtchronist aus dem Städtchen Diez an der Lahn, wo die Verurteilten danach einsaßen.

Du bist auf dem Rückweg von Koblenz die Lahn entlang gefahren. In Diez die spontane Idee: die Kollegen! Hier muss es doch eine Lokalzeitung geben. Du findest die Redaktion der Rhein-Lahn-Zeitung, und der Kollege verweist sofort auf die Chronik: »100 Jahre Strafanstalt/ JVA Diez«. Daran mitgewirkt hat Adolf Morlang, ein kenntnisreicher Chronist der Stadtgeschichte. Er hat Teile der Akten studiert, hat für die Ausstellung »Befehl ist Befehl« (2004) zur Polizei in der NS-Zeit speziell den Fall Georg Heuser erforscht. Und Morlang hat sich mit der Geschichte der Gefangenenseelsorge beschäftigt, die in Diez ab Ende 1963 eine neue, sicher verstörende Aufgabe erhielt.

Laut Anstalts-Chronik kündigte sich die Herausforderung bereits bei der Tagung der Strafanstaltsseelsorger aus Hessen-Nassau und Kurhessen-Waldeck 1962 an: »Die Gefangenen dürfen grundsätzlich nicht untertaxiert werden, denn es braucht mehr als äußere Hilfe.« An anderer Stelle, so schreibt Morlang, wurden Pfarrer darauf hingewiesen, sich nicht von Scheinerfolgen täuschen zu lassen. »Mancher Gefangene setzt sich bei den Pfarrern und Fürsorgern nur deshalb in ein gutes Licht, um Vergünstigungen zu erhalten oder Pluspunkte für den Gnadenerweis zu sammeln.« Dann wurde es ernst mit dieser neuen Klientel für die Gefängnisseelsorge. Einer der in Diez, später in Bayreuth betreuten Zuchthausinsassen: Artur Wilke.

Aktenvermerk. – Du hast dann doch noch den Grund gefunden, warum Wilke 20 Jahre nach seinen Verbrechen vor dem Koblenzer Landgericht einen guten Eindruck machen konnte und was ihm die Richter als entlastend anerkannten. In einer Sammlung mit Befehlen und Dokumenten (»Sowjetunion mit annektierten Gebieten II: Generalkommissariat Weißruthenien«) fand sich ein Aktenvermerk Wilkes vom 9. Juli 1943. Wilke war gerade von Minsk nach Nowogródek abkommandiert worden und sollte sich eigentlich in Baranowitsche genaue Anweisungen abholen. Er schrieb: »Auf der Dienststelle in Minsk war mir von Obersturmf. Müller mitgeteilt, dass es sich um die Durchführung einiger hundert Verhaftungen handele. Genaues und konkrete Angaben machte mir Obersturmf. Müller nicht. Im Hinblick auf die besondere Gefährdung des Gebietes um Nowogródek entschloß ich mich, einen Lettenzug in Stärke von 1/30 mitzunehmen, so daß das Gesamtkommando 37 Mann zählte.«

In Baranowitsche allerdings wusste man von nichts. »Sie wüßten lediglich andeutungsweise, dass dort irgendwelche Judengeschichten geklärt werden und im Zusammenhang mit der polnischen Widerstandsbewegung irgendwas geschehen sollte.« Wilke protokollierte sein Erstaunen und zog weiter nach Nowogródek. Der dortige Gebietskommissar, Sturmbannführer Traub, war nicht minder überrascht. Als Wilke ihn bat, ihm nun seine »großen Aufträge« zu verraten, »machte SS-Stubaf. Traub ein sehr erstauntes Gesicht und meinte, es müsse sich dabei offensichtlich um eine falsche Auslegung« handeln. Mit einer solch starken Truppe – 37 Mann – habe er nicht gerechnet. Er glaubte offenbar, dass es um die von ihm jüngst erbetene Auflösung des Lagers jüdischer Zwangsarbeiter gehe. Er habe für diese Aufgabe lediglich mit einem Kommando aus vier, fünf Männern gerechnet, die sich »dort im allgemeinen einmal der sicherheitspolizeilichen Aufgaben annehmen«

würden. Denn er habe die Sorge, so Traub, dass das Lager bereits zum »Inspirator der Widerstandsbewegung« geworden sei und die Partisanen womöglich eine Invasion in diesem Gebiet vorhaben könnten.

Der Gebietskommissar, so Wilke sinngemäß in seinem Aktenvermerk, erwartete nun von ihm die »Auflösung« des Arbeitslagers mit rund 250 Juden. Das lehnte Wilke ab. Aber nicht etwa aus Menschenliebe, weil er die Tötung von 250 wehrlosen Gefangenen nicht auf sein Gewissen nehmen wollte – und wie es ihm später seine allzu blauäugigen Richter gern glauben wollten. Wilke hatte vielmehr gute strategische Gründe, wie er in seinem Vermerk auch andeutete: »Die (…) gewünschte Umsiedlung des jüdischen Arbeitslagers würde ich auch nicht durchführen, da nach meiner Beurteilung dieses nicht geschehen könne, ohne eine gleichzeitige Aktion bei den über 2 000 Juden in Lida (50 Kilometer nördlich gelegen). Es sei nicht möglich, in N. 250 Juden umzusiedeln, damit in Lida am nächsten Tage mit Sicherheit erfahrungsgemäß 1 000 Juden in den Wald zu den Banditen gingen.«

Den »Wunsch« des »Stuba. Traub, daß das jüdische Arbeitslager in Stärke von 250 Mann in Nowogródek beseitigt werden möchte«, beschied Wilke danach so: »In der POW-Frage würde ich nichts unternehmen, da die Angelegenheit mehr Zeit erfordere, als für meinen exekutiven Einsatz Zeit vorgesehen sei.« Schließlich schlug er auch Traubs Bitte aus, dann wenigstens die 250 Juden ins Lager Baranowitsche zu überführen. »Ich mußte auch dieses ablehnen, da nach meiner Meinung eine Fortführung der Juden in den Augen der Lidaer Juden einer Exekution gleichkommen müsse.«

Richtern galt die Weigerung Wilkes gegenüber einem ranghöheren SS-Offizier also als humane Anwandlung, Historikern mag sie als Beweis dafür dienen, dass gerade die SD-Leute und Kommandoführer durchaus Entscheidungsfreiheiten hatten. Tatsächlich erscheint sie in anderem Licht, wenn man die Ereignisse der nächsten Wochen kennt: Unmittelbar nach diesem 9. Juli 1943 wurden in Nowogródek 120 Menschen, meist Polen, jedenfalls überwiegend Katholiken, darunter der Kaplan des örtlichen Nonnenklosters, festgenommen, vernommen, gefoltert und ohne Prozess zum Tode verurteilt. Sie galten dem SS-Sicherheitsdienst als Kontaktpersonen, zumindest als Sympathisanten der Bielski-Partisanen im nahen Naliboki-Urwald. Und Wilke, eingebunden in die Vorbereitungen, wusste natürlich, dass das »Unternehmen Hermann« gegen diese große Partisanengruppe unmittelbar bevorstand. Gut zwei Wochen später, am 1. August, sollte der Dutzende Dörfer und fast 4 300 Menschenleben vernichtende Angriff starten.

Das also war Wilkes Geheimauftrag, den bis dahin nicht einmal der örtliche Gebietskommissar erahnte: Festnahme, Vernehmung und Folterung von 120 Verdächtigen. Wenige Tage nach Wilkes Weigerung einer Liquidierung des Lagers bezogen er und SS-Brigadeführer Curt von Gottberg mit seinem Stab ein Haus in Nowogródek. Es diente während des »Unternehmens Hermann« als zentraler Gefechtsstand. Wilke, den später mehrere Zeugen als Ic, also als führenden Offizier des SD-Kommandos, bezeichneten, erhielt eigene Räume zur »verschärften Vernehmung« der Gefangenen.

Wie es darin zuging, sollte 30 Jahre später einer der Angehörigen des von-Gottberg-Stabes einem Hamburger Staatsanwalt berichten. Und auch, dass er, der Zeuge, glaube, dass diese Leute letztlich liquidiert wurden: Er habe, gab Werner W.-B. im Juli 1973 zu Protokoll, selbst gesehen, wie eine Gruppe von 15 bis 20 Personen »zum Erschießen« weggefahren wurde. »Die Gruppe wurde von einem SD-Kommando unter der Leitung des Wilke begleitet.« Was der deutsche Fernmelde-Offizier Werner W.-B., bei dem damals alles, was wichtig war und gemeldet werden musste, hätte zusammenlaufen müssen, auch 30 Jahre danach noch nicht ahnte: Die 120 Todgeweihten wurden auf wundersame Weise gerettet.

Hinter Gittern

Haft. – In der JVA Diez zogen Ende Juni die Verurteilten aus Koblenz ein. Artur Wilke wurde, nachdem das Urteil gegen ihn am 19. Mai 1963 rechtskräftig geworden war, am »20. Juni 1963, 16 Uhr, verlegt in die Strafanstalt Freiendiez/Lahn«. So der Vermerk der Haftanstalt Koblenz. In einem weiteren Vermerk wird ihm die Untersuchungshaft angerechnet: vom 8. August 1961 bis 20. Juni 1963. Schon am 17. September 1963 wird Wilke zunächst vorübergehend umquartiert in die Strafanstalt Bayreuth, ein Tbc-Krankenhaus der bayerischen Justiz, wo er alsbald als Organist bei den Gottesdiensten und Helfer in der Anstaltsbibliothek zum Musterhäftling wird.

Die Gefängnisseelsorge, ob in Diez oder in Bayreuth, findet in Wilke einen regen, intellektuell gleichwertigen Austauschpartner – studierter Theologe wie die Seelsorger selbst, vertraut mit der Bibel, firm in Latein und Altgriechisch, bewandert in den Klassikern. Und Wilke wird im Laufe der Jahre hinter Gittern zum wichtigsten Briefpartner des einflussreichsten Gefängnispfarrers der jungen Bundesrepublik werden.

Mit den Verurteilten aus Koblenz begann die seelsorgerische Aufgabe in Diez, mit dem Urteil im ersten Auschwitz-Prozess im Dezember 1963 wurde Gefangenenseelsorge für NS-Täter dann auch kirchenintern zum großen Thema. In einem Rundschreiben vom 24. Februar 1964 erwägt der Rat der Evangelischen Kirche in Deutschland »geeignete Maßnahmen, um diesen schweren Dienst in guter Weise leisten zu können«. Die EKD fordert Listen der Gerichte über die verurteilten NS-Verbrecher und erhält auch Wilkes und Heusers Namen vom Oberlandesgericht Koblenz genannt. Plötzlich wird den Mördern von Minsk eine Aufmerksamkeit zuteil wie keinem anderen Straftäter in der Bundesrepublik. Im Prozess in Koblenz war ja das Interesse nach der ersten Aufregung über die Gräueltaten des damals ranghöchsten Polizisten des Landes rasch abgeebbt. »Oft schien es, als hörten die sechs Schöffen oben am Richtertisch gar nicht mehr hin, was die Zeugen aus Minsker Schreckensjahren berichteten«, hatte die Zeit geschrieben. »Dieser NS-Prozess, der bisher längste in der Bundesrepublik, überforderte alle, die Juristen, die Laienrichter und die Zuhörer.« Ein Schwurgericht, das ein solches Mammutverfahren zu bewältigen habe, sei »in einem schon unverantwortlichen Maße überfordert«, schrieb Zeit-Autor Strothmann. Nun waren also die Seelsorger am Zug.

Neben Wilke saßen schon 1964 vier weitere NS-Täter Strafen zwischen sieben und fünfzehn Jahren in Diez ab. Material, wie die besondere Seelsorge für sie konzipiert war, fanden die Diezer Chronisten aber nicht. Sie zitieren die seit 1955 auch an der Lahn geltende Handreichung der Arbeitsgemeinschaft hamburgischer Gefängnispfarrer: »Erstes und letztes Anliegen unseres Dienstes ist, den Menschen zu Christus zu führen.« Bekehrungsversuche aber sollten vermieden werden. Der wichtigste Ratschlag dieser allgemeinen Anleitung für Zuchthaus-Seelsorger lautete: »Versuche ihn nur sehr langsam zur Erkenntnis seiner Schuld und zur rechten Erkenntnis seiner bösen Tat hinzuführen. Bleibe dabei nicht am Delikt kleben, sondern führe zur Erkenntnis der Wurzeln des falschen Handelns hin.« Und weiter: »Eine große Gefahr ist die im Gefängnis allzu leicht aufblühende Scheinfrömmigkeit und Selbstgerechtigkeit mit ihren geradezu typischen Formen des religiösen Egoismus, des magischen Aberglaubens und der Panikreligiosität, aus Angstgefühlen und haftbedingten Depressionen geboren«.

Gerd. – Zu den wenigen, in deren Elternhaus über Wilke und seine Taten auch mit den Kindern gesprochen wurde, gehört Gerd. Gerd, den du als Schüler beneidetest: Er hatte eine Schmetterlingssammlung. Dutzende seltener Falter, aufgespießt mit Stecknadeln.

Ja, sein Vater habe mit ihm über die Verbrechen der Nazis gesprochen. Manche im Dorf hatten Gerds Vater selbst für einen der Täter gehalten, weil er sich in den ersten Monaten nach dem Krieg bei Bauer Kamps hatte verbergen müssen. Der wahre Grund: Er war den Briten aus Kriegsgefangenschaft entwischt. Erst als die nicht mehr nach ihm suchten, konnte er sich wieder zu erkennen geben. Bett an Bett hatten der KZ-Wachmann Kurt und der aus Kriegsgefangenschaft geflohene einfache Soldat in der Bauernkammer auf bessere Zeiten gewartet.

Am meisten aber, so sagt Gerd, habe die Oma erzählt. Alle hätten die »Doktorsche« bedauert. Schließlich sei man ja ihre Patientin gewesen. Die Ärztin, deren Mann abgeholt und eingekerkert wurde, war für viele im Dorf das eigentliche Opfer: »Die arme Frau – und hatte keine Ahnung, wen sie da geheiratet hat.«

Ostwind. – Noch keine fünf Monate waren seit dem Urteil vergangen, als Wilke versuchte, sich Hilfe von ganz oben zu sichern. Vier eng beschriebene Seiten verfasste der zu zehn Jahren Zuchthaus verurteilte Massenmörder an »den hochverehrten Herrn Bundeskanzler Ludwig Erhard, persönlich«. Die Zeilen kamen gar nicht erst an. Aus dem Gefängniskrankenhaus in Bayreuth über das Bayerische Staatsministerium der Justiz zum Justizministerium Rheinland-Pfalz und schließlich bis in die Akte des Generalstaatsanwalts in Koblenz reiste der Brief vom 20. Oktober 1963.

Wilke schmierte dem frisch gebackenen Bundeskanzler, der fünf Tage zuvor Nachfolger Konrad Adenauers geworden war, zunächst Honig ums Maul. Er lobte Erhards »persönlichen Mut« und seinen »warmfühlenden Schlag des Herzens für Volk und Vaterland«. Und er betonte, er schreibe ihm »in tiefster seelischer Not«. Einer »Not, die ich nun über zwei Jahrzehnte trage und bis zum Zusammenbruch der letzten Kraft an den Thron Gottes zu tragen haben werde«. Der Zuchthäusler betonte, er schreibe »nicht um meiner Person willen, sondern wegen des tiefen Leidens einer großen Familie«, die ein »Blutsopfer für das Vaterland« zu tragen habe.

Was der Brief auch deutlich macht: Wilke sah sich als »politischen Sträfling« und schreibt das auch wörtlich. »Jahrelang war uns an den Universitäten des Ostens die große, lebensbedrohliche Gefahr des Bolschewismus und die Notwendigkeit des Kampfes gegen ihn gepredigt worden. Ich habe mit Millionen dieser Predigt geglaubt.« Dann beginnt er zu jammern: »Ahnungslos, feldmarschmäßig, zum Opfer bereit«, sei er »ostwärts gefahren, in der Rocktasche Hölderlins Werke. Dann wurde ich wie tausende anderer vor diesen wahnsinnigen Befehl gestellt. Ein Befehl, den ich nicht nur gehaßt und in tiefster Seele verabscheut habe, sondern auch vergeblich an meinen Kommandeur zurückzugeben versucht habe.« Und er fragt: »Wer konnte einen solchen Befehl überhaupt bejahen, ohne nicht sein eigenes Menschtum aufzugeben?« Er schreibt nur schwammig von »Befehl«, den millionenfachen Mord an unschuldigen Menschen, an

Juden, Zigeunern, Homosexuellen und psychisch Kranken nennt er nicht.

Dann kommt er dem Kanzler mit dem Thema Eid: Man habe zuvor »unsere Seelen gebunden mit den heiligen Begriffen von Freiheit, Ehre, Vaterland, Treue, Familie, Opfersinn für Volk und Vaterland und uns mit dem heiligen Eide an das Heiligste, an Gott, gebunden.« Er beklagt, vor Gericht sei zu der Möglichkeit der Befehlsverweigerung »gelogen worden«, selbst von einem SS-General. Das SS schreibt er noch immer, 18 Jahre nach dem Untergang der NSDAP, mit den zwei blitzartigen S-Zacken. Schließlich wird er dramatisch: »Ich konnte den Freitod nicht wählen, auch nicht zum Feinde überlaufen. Was ich gegen meinen Willen habe tun müssen, ist seit 21 Jahren eine Marter der Seele.«

Der Häftling appelliert an die »menschliche Liebe, Gnade und Barmherzigkeit« des Kanzlers: »Setzen Sie Gnade vor Recht!« Auf eine solche Gnadenentscheidung könne Erhard »neue Fundamente für Treu und Glauben in einem besseren Vaterland legen«, Fundamente, »die Früchte tragen durch Liebe zu neuer letzter Opferbereitschaft, wenn der Ostwind möglicherweise wieder gnaden- und erbarmungslos wehen wird«. Und dann, wenn also die Nazi-Verbrecher begnadigt sind, »wird sich dankbar eine noch viel größere Zahl ehrlicher Herzen anschließen«. Und er verrät dem Kanzler – es wirkt beinahe augenzwinkernd, komplizenhaft –, davon gebe es »eine größere Zahl, als Sie vermuten«.

Schließlich schreibt er: »Nehmen Sie diese Zeilen nicht als eine um Vergebung ringende Bitte, … nicht als formelles Gnadengesuch, sondern als eine herzliche Weihnachtsbitte für eine Familie.« Pathetisch zählt er die Leiden seiner Familie auf, die ohne den Vater zurechtkommen müsse, und er endet mit dem Versprechen an den Kanzler der Bundesrepublik Deutschland: »Ich bin auch heute noch bereit, zu leben und zu sterben für unser Heiliges Vaterland«.

Agent. – Welch eine Hybris! Da glaubt ein verurteilter Massenmörder, der Kanzler der Bundesrepublik Deutschland könnte sich für ihn einsetzen, nur weil er einst der Hitler-Diktatur die Treue hielt und die den gleichen Gegner hatte wie jetzt die Bundesrepublik und ihre westlichen Partner. Sicher, man war mitten im Kalten Krieg, das Ostwind-Bild spukte durch viele Köpfe. Aber wer in der großen Politik sollte sich schon für einen ehemaligen SS-Mann interessieren?

Andererseits: Die Briten, die Besatzer, die hatten sich interessiert. Nach seinem Geständnis am 8. und 9. August 1961 und nach der Verkündung des Haftbefehls verlangte Wilke, auch diese Ergänzung noch zu Protokoll zu nehmen: »Ich möchte noch hinzufügen, daß ich aufgrund meiner Erfahrung im Partisaneneinsatz im Jahr 1948 vom Secret Service zu einem mehrwöchigen Lehrgang in der Nähe von Southampton geholt worden bin. Für den Fall, daß die Russen vordringen würden, sollte ich hier im Partisanenkampf gegen die Russen eingesetzt werden.«

Da soll er also von der britischen Besatzungsmacht zum Agenten ausgebildet worden sein, zum Schläfer, der eingesetzt wird, wenn der Russe kommt. Die Briten müssen folglich um seine wahre Identität und um seine Erfahrung im Partisanenkampf gewusst haben. Sie müssen den falschen Walter durchleuchtet, durchschaut, ausgequetscht und ausgebildet, geführt und jederzeit unter dem Druck der Enttarnung gefügig gehalten haben.

Ist das glaubhaft? Im Prozess wurde es nicht mehr thematisiert. Aber andere, vergleichbare Fälle sind bekannt. Eine ehemalige Zivilangestellte der SD-Dienststelle in Minsk, die als Zeugin zum Heuser-Prozess geladen war, versuchte etwa mit einem Schreiben an den Schwurgerichtsvorsitzenden einer öffentlichen Aussage zu entgehen. Die Frau war wegen ihrer Russischkenntnisse vom britischen Militärgeheimdienst Secret Service angeworben worden und war ebenfalls nahe Southampton in einer Schulung gewesen. Sie war danach in der DDR als Spionin eingesetzt, floh jedoch bald nach Westberlin. 1962, vor dem Heuser-Prozess, sorgte sie sich, dass ihre in der DDR verbliebenen Kinder Schwierigkeiten bekommen würden, wenn die Presse aus dem Prozess über ihre Aussage und ihre Geheimdienstgeschichte berichten würde. Das Schwurgericht nahm die Sorge ernst. Es fand einen Weg, die Geheimagentin nichtöffentlich aussagen zu lassen.

Und Artur Wilke? Seine Aussage würde erklären, warum ihn die Engländer binnen weniger Monate aus der Kriegsgefangenschaft entließen. Schon Anfang Oktober 1945 war er wieder frei – als Walter Wilke. Er gab dazu zu Protokoll: »Die Engländer haben mir damals empfohlen, meinen gewechselten Namen beizubehalten.« Die Besatzungsmacht wusste also, wer sich da unter falschem Namen in Stederdorf als Volksschullehrer verbarg. Die Briten deckten, dass du, dein

Jahrgang und eine ganze Generation deines Heimatdorfes einem falschen Lehrer und Massenmörder als Schüler ausgeliefert wart.

Und noch ein Rätsel löst dieses Geständnisprotokoll, notiert am Tag nach seiner Verhaftung: »Meine Ehefrau weiß, daß ich SS-Führer war und unter dem Namen meines gefallenen Bruders lebe.«

Kreislandwirt. – In den Unterlagen, die die sowjetische Delegation dem Koblenzer Landgericht mitgebracht hatte, findet sich der Bericht eines Kreislandwirts aus eben jener Region, die zuvor Artur Wilke mit seinen Leuten auf der Suche nach Partisanen durchkämmt hatte. Es ist nicht der Bericht eines Feindes, sondern die schriftliche Stellungnahme eines von den deutschen Besatzern eingesetzten Landwirtschaftsspezialisten, der den Nachschub an Agrarprodukten aus den besetzten Gebieten überwachen soll. Er schreibt an die Dienststelle der Sicherheitspolizei in Minsk: »Es ist jedem klar, dass es dort, wo Kämpfe stattfinden, Verwüstungen und Zerstörungen gibt. Aber unverständlich ist es, wenn man Dörfer erobert hat und die Bevölkerung nach und nach aus den Wäldern zurückkehrt und den Einheiten ihren Dienst anbietet, diese Menschen nach einigen Tagen erschossen und verbrannt werden.«

Und weiter sein Bericht über einen Besuch im Dorf Osiniwik: »Als ich am 22. Juni wieder dort war, fand ich an Stelle des Dorfes einen großen Scheiterhaufen. Das Dorf war verbrannt. Nach Aussage anderer Kameraden seien Männer, Frauen und Kinder erschossen. In einem Haus fand ich eine halb verkohlte Leiche.« Der Kreislandwirt zählt die Namen von sieben weiteren Dörfern auf, in denen er ähnliche Entdeckungen machte. »Am 24. Mai fand ich im Dorf Niebyzyno eine verbrannte Scheune mit sechs verkohlten Leichen. Die Bevölkerung muss doch wohl nun zu der Annahme kommen, dass diese Menschen bei lebendigem Leib verbrannt sind.«

Wilkes Tagebuchaufzeichnungen bestätigen solche Aktionen – nur ist seine Perspektive eine andere, seine Wortwahl auch: »Ein tolles Banditendorf«, schreibt er am 22. Januar 1943 über eine namentlich nicht genannte Siedlung. »Überall finden wir Ausrüstungsgegenstände deutscher Soldaten. In allen Häusern ist deutsches Benzin. Sieben Männer des Ortes waren bei der Bande, die am 2. Januar den Überfall bei Sasserjo machten.« Deutsches Benzin? Sieht das anders aus? Und weiter: »Alle Einwohner werden zusammengetrieben und sonderbehandelt.«

Danach heißt es lapidar: »14.30 Uhr mit acht Schlitten abfahrtbereit. Es regnet. Seit Stunden sind unsere Filzstiefel nur noch nasse Lappen.« Um 17 Uhr ist er »mit meiner neuen Pferdemotorisierung (zehn Pferde und Schlitten)« wieder in Sluzk.

Sein offizieller Bericht über jenen Tag, so wie oben schon zitiert, lässt erahnen, wie gefährlich das »tolle Banditendorf« in Wirklichkeit war: »15 Männer, 41 Frauen, 50 Kinder, zusammen 106 Personen als Partisanen verdächtigt oder als Begünstigte. Sonderbehandelt!« Fünfzehn Männer? Es werden Alte und Greise gewesen sein. Wer sich noch wehren konnte, lebte in den Wäldern.

Doch auch sie wurden von den Deutschen gejagt. Fast schwärmerisch berichtet Wilke in seinem Tagebuch über »herrlichen Sonnenschein und sternenklare Nächte mit Vollmond«. Ein Anfall von Romantik? Nein, Wilke denkt praktisch: »Vollmondschein – den man vor zwei Wochen beim Bandenkampf gebraucht hätte.«

Auslegungssache. – Tagebucheinträge sind für außenstehende Leser nie eindeutig. Nur der Schreiber selbst kann sie auslegen – zur wohligen eigenen Erinnerung oder bei Bedarf als schützendes Schild gegen Strafverfolgung. Letzteres gelang Wilke.

Er war kaum in Strafhaft, da begann die Staatsanwaltschaft Hildesheim erneut Ermittlungen. Es ging um die Auflösung des Gettos Dunilowicze. Unter Aktenzeichen 9 Js 1274/64 wurde der Tod von 1 300 Bewohnern des Gettos am 21. November 1942 untersucht. Dass Wilke dabei war, sollte sein Tagebucheintrag belegen. Dieser und ein Einsatzbefehl waren die einzigen Beweismittel. In seinem Heft hatte Wilke auch Opferzahlen genannt. Konkret heißt es darin: »21.11.1942, 3.30 Abfahrt nach Dunilowicze, Getto umgesiedelt (884 : 450 + 113) … 15 Uhr Abfahrt nach Postawy, Brigf. v. Gottberg …« Die Zahlen, deren Bedeutung sich selbst rechnerisch nicht erschließt, werden letzlich keine Rolle spielen. Denn die Hildesheimer Akte wird nach nicht einmal einem Jahr Ermittlungen am 9. Juni 1965 geschlossen. Wilke räumte zwar ein, zunächst für die Gettoauflösung eingesetzt gewesen zu sein und dies auch in sein Heft geschrieben zu haben. Dann aber sei er überraschend als Ic, also als Aufklärungs- und Abwehr-Offizier, für das »Unternehmen Nürnberg« zum Stab Curt von Gottbergs nach Postawy kommandiert worden, was er ja ebenfalls ins Tagebuch geschrieben habe. Das Getto sei dann stellvertretend für ihn vom Leiter der KdS-Außenstelle Wileika, Untersturmführer G., aufgelöst worden. Wie dann die Zahl der getöteten Juden in sein Tagebuch komme, wollten die Staatsanwälte wissen. Schließlich sei er ja erst nachmittags abgereist, als die Erschießungen beendet waren. Die Opferzahlen habe er zufällig mit angehört, als G. oder auch Strauch nach der Aktion bei von Gottberg Meldung gemacht habe. Er habe sie auf Befehl von Gottbergs oder aus eigener Initiative, falls er später einen Bericht darüber zu machen habe, lediglich für sich notiert.

Ausflüchte? Mag sein, aber die Ermittler konnten sie nicht widerlegen.

Das Verfahren in Hildesheim hatte eine Vorgeschichte. Derselbe Sachverhalt wurde zuvor schon von der Staatsanwaltschaft Hannover geprüft. Das Aktenzeichen 2 Js 388/65 umfasst alle Massenerschießungen im ehemaligen Generalkommissariat Glebokie von Juli 1941 bis Sommer 1944. Heute lagern dazu 36 Aktenordner im Niedersächsischen Staatsarchiv (Nds. 721 Hannover, Acc 90/99 Nr. 101/1). Zunächst ging es gegen den Chef der Polizei in Glebokie. Im dortigen Getto hatte es Anfang 1943 einen Aufstand gegeben, nachdem durchgesickert war, dass sich eine Einheit russischer Kollaborateure (Druschina-Brigade) gegen ihre deutschen Führer aufgelehnt hatte und zu den Radionow-Partisanen westlich von Glebokie durchzuschlagen versuchte. Die Gettobewohner hofften, dass sie versuchen würden, das Getto zu befreien. Die Deutschen hatten den Meuterern jedoch rasch nachgesetzt und im Schatten der Aktion mit brutaler Gewalt auch gleich das Getto Glebokies vernichtet. 4 000 Menschen (andere Quellen sprechen von 5 500), »praktisch der Rest der noch lebenden Juden«, heißt es im Bericht der Ermittler, seien getötet worden.

Die Staatsanwälte in Hannover stellten bald fest, dass es nicht die örtliche Polizei, sondern SS-Leute des Minsker Kommandeurs gewesen sein müssen, die den Getto-Aufstand niedermetzelten. Der Verdacht fiel auch auf Artur Wilke. Der gab nur zu, dabei gewesen zu sein, als von Gottberg in seiner Minsker Datscha die Nachricht von Meuterei und Getto-Aufstand erhielt. Und auch Georg Heuser hatte diese Nachricht in lebhafter Erinnerung, weil von Gottberg einen »Tobsuchtsanfall« bekommen habe. An der anschließenden Niederschlagung will Wilke aber nicht teilgenommen haben. Auch hat ihn keiner der vernommenen

Zeugen bezichtigt. Und als kurz vor dem Ende der Ermittlungen der Hauptverdächtige sich das Leben nahm, stellte die Staatsanwaltschaft Hannover das Verfahren ohne Anklage ein.

Allerdings: Sie gab diverse ermittelte Sachverhalte zur Weiterverfolgung an andere Staatsanwaltschaften ab. Darunter zwei mutmaßliche Mordtaten, deren Wilke verdächtigt wurde. Beide basierten wieder einmal auf Wilkes Tagebuchaufzeichnungen beziehungsweise auf einem in seinen Dokumenten gefundenen Befehl. Der betraf das Getto Dunilowicze: »Liquidierung des Gettos am 21.11.1942 durch ein Sonderkommando des KdS Minsk unter Führung des SS-HStuf. Wilke aus ca. 40 Angehörigen der Sipo und 33 Letten sowie einheimischer Polizei.«

Wilke war zunächst am 10. Februar 1964 in seiner Zelle in Bayreuth von Ermittlern einer Sonderkommission aus Hamburg aufgesucht worden. Bei der Befragung verwies er auf seine im Heuser-Prozess gemachten Aussagen. Diese seien »im wesentlichen richtig, soweit nicht durch Erinnerungslücken Irrtümer entstanden sein könnten«. Er bestritt eine Beteiligung in Glebokie, weil er zu dieser Zeit gerade zwei große Partisaneneinsätze am Narocz-See vorbereitet habe. In einer Nachvernehmung der Hildesheimer Ermittler bestritt er dann ebenso erfolgreich den geplanten, für ihn dann aber angeblich ausgefallenen Einsatz in Dunilowicze.

Und auch seine weitere verdächtige Tagebuchnotiz (»jüdische Apotheke in Hermanowitsche umgesiedelt«) blieb ohne Folgen. In der Einstellungsverfügung heißt es, »irgendwelche Anhaltspunkte für Massenerschießungen in Hermanowiecze haben die Ermittlungen nicht ergeben«. Die »Umsiedlung« der jüdischen Apotheke blieb also entweder unentdeckt, oder niemand, der Wilke hätte belasten können, hatte überlebt. Verfahren eingestellt.

Vollzugsakte. – Kaum eine Vollzugsakte ist so dick wie die Wilkes. Sie besteht aus zwei Bänden und wird ergänzt durch eine eigene Gnadenakte. Schon alsbald versucht der im Schriftverkehr gewandte Akademiker durch Eingaben, Gnadengesuche, Anträge und durch die Hilfe externer Fürsprecher frühzeitig freizukommen.

Die Vollzugsakte beginnt mit einer Rechnung: »Kostenrechnung Verteidiger, 7 586 Mark, Teilbetrag«, heißt es da mit Datum vom 21. Mai 1963. Am selben Tag unterschreibt Wilke erstmals nach 18 Jahren als falscher Walter mit seinem wahren Namen: »Artur Wilke« steht unter dem Schreiben »An das Schwurgericht, Herrn Landgerichtsdirektor«. Wilke möchte »im Hinblick auf die Not in meiner Familie in die nächstgelegene Haftanstalt Celle verlegt« werden. Darauf reagiert niemand. Stattdessen am 17. September die Verlegung in das Tbc-Krankenhaus St. Georgen, die bayerische Strafanstalt für kranke Häftlinge in Bayreuth. Erst am 1. Januar 1966 wird man Wilke zurück nach Freiendiez schicken. Schon 1968 aber ist er zurück im Tbc-Krankenhaus. Die erhoffte Heilung erwies sich als trügerisch. Auch die Verteidigerrechnung wird 1966 wieder aktuell: Am 11. August werden dem Inhaftierten 5 867,30 Mark der Schulden erlassen. Die Begründung: »Er sitzt bis 1974 (falsch, es muss heißen 1971) ein und erhält monatlich eine Rente von 380,50 Mark«. Er habe zudem kein Vermögen. Da die Eheleute Gütertrennung hätten, habe eine »Vollstreckung keinerlei Erfolgsaussicht«.

Erfolglos blieben auch die Versuche der Mutter Wilkes. Die Witwe, die bei Wilkes Familie in Stederdorf lebte und die immer behauptet hatte, nicht bemerkt zu haben, dass der ältere Sohn sich als der jüngere ausgab, war 1964 schwer erkrankt. Dem Häftling war am 24. September sogar eine sechstätige Strafunterbrechung wegen des lebensbedrohlichen Zustandes der Mutter gewährt worden. Danach hatte die alte Dame ein Gnadengesuch für ihren Sohn eingereicht. Mit Datum vom 9. März 1965 erreichte den Justizminister der Brief der 80Jährigen. Darin klagt sie über die »Opfer in der Familie«, die diese »im Kampf gegen den Bolschewismus« gebracht habe, sie erbittet einen »kristlichen Gnadenerweis« und sie lobt ihren inhaftierten Sohn: »Ich weiß noch, wie sehr er sich in seiner innerlichen Sauberkeit, Ehrlichkeit und Gutmütigkeit sich bemüht hat …«. Er sei »bereit zu jedem großen Opfer« gewesen. Und deshalb: »Gewähren Sie einer alten Mutter vor ihrem Lebensende diesen letzten irdischen Wunsch«.

Du hast mit Familienangehörigen gesprochen über diesen Brief. »Unmöglich« habe Wilkes Mutter so ein Gesuch geschrieben. Das sei nicht ihre Art gewesen, das müsse ihr jemand diktiert haben, womöglich Wilke selbst. Auch der Justizminister fiel trotz der eingebauten Schreibfehler nicht auf den »letzten irdischen Wunsch« herein. »Angesichts der Art und Schwere der abgeurteilten Straftaten ist ein Gnadenerweis (…) nicht vertretbar«, heißt es im Schreiben vom 4. Juni 1965 auf den »Antrag der Mutter und Witwe Amanda Wilke« in der »Gnadensache des früheren Lehrers Artur Wilke« – und dies »im Einvernehmen mit allen zur Gnadenfrage gehörten Stellen«.

Von Wilkes Mutter, die tatsächlich bald starb, kursiert heute noch ein Satz im Dorf, den sie, nachdem der Prozess ihr Leugnen widerlegt hatte, kurz vor ihrem Tod über das Doppelleben des Älteren gesagt haben soll: »Sollte ich denn meinen zweiten Sohn auch noch verlieren?«

Gedanken. – Im Gefängnis hatte Wilke viel Zeit, über seine erhoffte baldige Rückkehr ins bürgerliche Leben zu sinnieren. Tagebuch schrieb er hinter Gittern aber nicht mehr. Anders als im Krieg. Auch seine Zweifel an der Sinnhaftigkeit seiner Partisanenaktionen hatte er seinerzeit seinem Tagebuch anvertraut. Am 19. Januar 1943 – seine Gruppe war in mehrere friedliche Dörfer vorgedrungen – notierte er: »… war meine Annahme richtig, dass beim Annähern der Spitzenkommandos in ein Dorf die Bewohner in den Wald zu fliehen suchen und die Kp. das Feuer eröffnet. Es gab daher eine Reihe von Toten, die das Bat. als ›Feindtote‹ meldet. Es ist aber kaum erwiesen, dass es sich wirklich um Partisanen handelt. Ich sage dem Major, dass wir diese Toten besser als ›Partisanen-Verdächtige‹ gemeldet hätten. Er zählt sie als ›Erledigte‹! Seine Formulierung ist unklar, scheint mir aber den Zweck zu haben, die Zahl der im Kampf erledigten Banditen zu erhöhen.« Dann notiert er: »Ich bin abends innerlich überzeugt, daß kaum ein wirklicher Bandit gefallen ist.«

Offenbar der gnadenlose Partisanenjäger, der Mörder Tausender Juden, hier etwa Mitleid mit den unschuldigen Dorfbewohnern, auf die ohne jeden Grund geschossen wurde, nur weil sie aus Angst in den Wald flohen? Die Antwort gibt der nächste Eintrag. Wilke sorgt sich einzig um die Effektivität der Aktionen, ärgert sich über »die Bequemlichkeit der Truppe«, über ihr zu langsames Vorankommen. Denn einzig das litauische Bataillon durchstreift die Wälder zu Fuß und treibt dabei die Versteckten heraus. Die motorisierten Deutschen jedoch kämen Tag für Tag nicht weiter als die Litauer zu Fuß. »Warum können denn die Polizei Kp. nicht auch einmal einen Wald zu Fuß durchkämmen?«, schimpft er in sein Heft.

»Ernte und Viehbeitreibung ist auch eine Katastrophe. In einem Dorf wird ein Viehtreck zusammengestellt und nur die Hälfte kommt an, weil die Bewachung nicht klappt.« Und außerdem: »Die Auswahl des erbeuteten Viehs erfolgt ohne Sinn und Verstand«. Schließlich seien »Ferkel und trächtige Sauen einfach abgestorben«. Selbst die Unterbringung des Viehs sei so miserabel, dass »schon vier Stück eingegangen« seien.

Wochen später werden seine Tagebucheinträge grundsätzlich: »Mein Eindruck ist, dass das ganze Unternehmen auf zu großen Raum (…) angesetzt ist. Das Überraschungsmoment gegen die vorhandenen Banden ist völlig aus der Hand gegeben. Wegen der Ernteaktionen (…) sind die Banden längst gewarnt.« Und weiter: »Die taktischen Unternehmungen im Raum wirken mir völlig zersplittert.« Er beklagt zu viele »Einzelunternehmungen« anstelle von einem »planmäßigen Vorgehen«. »Warum macht man nicht erst die taktischen Unternehmungen gegen die Banden und anschließend die Erfassung?«

Die Sache muss ihm am Herzen gelegen haben. Und er fand Gehör. Seinem Heft vertraut er schließlich an: »Aufgrund Befehl Vortrag beim Brigadeführer von Gottberg.« Und später: »Vortrag gehalten, um zuständigen Major in dem Sinne zu beeinflussen.«

Gnadenakte. – Sein Brief an den Kanzler rund 21 Jahre später sowie das Gnadengesuch der Mutter hatten keinen Erfolg. Nun versuchte es Wilke weiter mit eigenen Überzeugungsversuchen. Er setzte auf weihnachtliche Gefühlsaufwallungen. Vor dem Fest, das gilt noch heute, werden viele Straftäter gnadenhalber entlassen. Nach dreieinhalb Jahren Haft schrieb er am 1. Dezember 1964 dem rheinland-pfälzischen Justizminister. Er bitte »vor dem vierten Weihnachtsfest, das ich in der Haft verbringe«, um einen »Gnadenerweis zur Bewährung«. Und er behauptet: »Meine Reue über meine Schuldbeteiligung ist tief und ehrlich.«

Beteiligung! Zu einer eigenen, ganz persönlichen Schuld kann er sich nicht bekennen. So wird das gehen bis zu seinem Ende im Mai 1989. Erstmals erwähnt er das Wort »Reue«, bleibt aber in der Schuldfrage auf Distanz. Und wieder bringt er in diesem Gesuch die Familie ins Spiel – den 15jährigen Sohn und die 13jährige Tochter. Sein 22jähriger Sohn sei »nach USA ausgewandert«, seine 20jährige Tochter sei »in USA in Schwesternausbildung«. Als hätte er nicht zuvor selbst als falscher Onkel dafür gesorgt, dass die verleugneten Kinder aus erster Ehe von amerikanischen Familien adoptiert wurden.

Das erste Gnadengesuch wurde am 18. Januar 1965 sang- und klanglos abgelehnt. Es folgte am 15. September 1966 das nächste Gesuch, diesmal mit der Betonung »tiefer Reue«. Was er gemacht habe, sei »gegen meine Natur und mein Wesen, für mich selbst heute unfassbar«. Er habe sich »freiwillig in den Kampf im Osten« begeben und sich »vor Gewalten wiedergefunden, denen ich damals nicht gewachsen war«. Und wieder relativiert er: »Ich trage bis an mein Lebensende und darüber hinaus an meiner Schuld und an dem, wozu ich damals in offener Auflehnung zu schwach war.« Erneut bittet er um Gnade zum Weihnachtsfest. Wieder hat der zuständige Oberstaatsanwalt »keine Veranlassung gefunden, einen Gnadenerweis herbeizuführen«.

Es folgt ein Gesuch am 28. April 1967 – durch Eilboten. Wilke bittet um Haftunterbrechung, weil es »viele Schwierigkeiten mit den Kindern, die noch zur Schule gehen«, gebe. Die Familie habe ihn drei Jahre nicht besucht, seine Frau sei in der Praxis überlastet. Gegenüber Hans Stempel, dem Präsidenten der evangelischen Kirche der Pfalz, der erstmals nach Korrespondenz und einem Besuch in Wilkes Zelle dessen Gesuch unterstützt hat, erfolgt eine ausführlichere Begründung der Ablehnung auch dieser Eingabe: »Die von dem Verurteilten vorgebrachten Schwierigkeiten sind jedoch solche, die nahezu bei jeder Strafvollstreckung im häuslichen Bereich auftreten«, schreibt die Generalstaatsanwaltschaft dem kirchlichen Gefangenenunterstützer Stempel.

Schließlich im Oktober 1967 ein neuerliches vorweihnachtliches Gnadengesuch. Nun bietet Wilke ein Sühnezeichen an: Er wolle »in Freiheit einen Sühne- und Versöhnungsbeitrag in Form eines Stipendiums für einen israelischen Studenten leisten«. So könne, glaubt er, ein »Gnadenerweis auch von der anderen leidbetroffenen Seite akzeptiert werden«. Man beachte die Wortwahl: Nicht nur er ist leidbetroffen, auch seine Opfer sind es. Und man versetze sich in einen israelischen Studenten, der von einem Stipendium eines Massenmörders leben soll. Der Antrag wird ergänzt von einem Begleitschreiben des Vorstandes der Strafanstalt. Darin heißt es, Wilke habe seine »Schuld voll eingesehen« und sei bereit, »einen Sühne- und Versöhnungsbeitrag zu leisten«. Die Beamtenkonferenz der Anstalt befürworte den Antrag. Nicht so der zuständige Minister. Er lehnt am 20. Dezember 1967, kurz vor Weihnachten, ab. Selbst Wilkes Erkrankung, so heißt es darin, lasse eine abweichende Beurteilung nicht zu.

Erntefest. – »Ich bin abends innerlich überzeugt, daß kaum ein wirklicher Bandit gefallen ist.«

Der Satz aus Wilkes Tagebuch wird ein Vierteljahrhundert später noch die Staatsanwälte interessieren, die sich mit den beiden Unternehmen »Erntefest I« (»805 bewaffnete Feindtote, darunter zwei Offiziere und zwei Kommissare, 1 165 Personen wurden wegen Bandenbegünstigung sonderbehandelt, 34 Gefangene wurden eingebracht«, hieß es in der Meldung) und »Erntefest II« (»2 325 Feindtote«) befassen. Diesmal waren es ausschließlich Wilkes Tagebucheinträge, die zum Ermittlungsverfahren der Staatsanwaltschaft Dortmund mit dem Aktenzeichen 45 Js 3/65 führten. Es richtete sich gegen Angehörige des Polizeiregiments 13 – nicht gegen Wilke selbst, denn es gab keine Hinweise, dass der in diesen Januartagen 1943 bereits Mitverantwortung als SD-Kommandoführer beider Aktionen gehabt hätte. Das Verfahren wurde am 20. August 1970 ohne Folgen eingestellt, weil sich Täter – verdächtigt wurden ausschließlich Angehörige der 3. Kompanie – nicht ermitteln ließen.

Die in Dortmund festgestellten Fakten aber lassen Wilkes »tolles Banditendorf« und das, was dort geschah, in einem anderen Licht erscheinen: Danach waren Wilke und das Polizeiregiment 13 am 22. Januar 1943 in das Dorf Wolossatsch eingedrungen. Die Bewohner waren in die Wälder geflohen. Auf Anordnung des Bataillonskommandeurs, Major Richard Dröge, wurden Dolmetscher in den Wald geschickt, um die Geflüchteten zu überreden, heimzukehren. Ihnen wurde zugesichert, dass ihnen kein Leid geschehen werde. Dem Versprechen glaubten 106 Menschen, nach Feststellung der Staatsanwälte weder Partisanen noch deren Helfer, sondern harmlose Bauernfamilien. Dennoch wurden alle in eine Scheune geführt und dort mit Pistolenschüssen ausnahmslos getötet.

Wie Wilke in sein Büchlein schreibt, waren es 15 Männer, 41 Frauen, 50 Kinder.

In dem Ermittlungsverfahren werden Wilkes Tagebuchaufzeichnungen in den Zusammenhang gestellt mit einem anderen, ungleich mächtigeren Tagebuchschreiber: Obergruppenführer und General der Waffen-SS und der Polizei, Erich von dem Bach-Zelewski. »Interessant ist in diesem Zusammenhang der sowohl von Wilke als auch von von dem Bach-Zelewski in ihren privaten Tagebüchern angesprochene

Sachverhalt, daß innerhalb dieses Unternehmens Tote bei der unbewaffneten und zum Teil flüchtenden Zivilbevölkerung als ›Feindtote‹ bzw. ›Erledigte‹ gemeldet wurden, um offensichtlich die Zahl der im Kampf gefallenen Partisanen auf diese Weise in den Meldungen erhöhen und die eigenen militärischen Erfolge hochspielen zu können.«

Gedichte. – Die bunte Zeichnung aus Wilkes Feder zeigt ein festliches Idyll: Weihnachtsmann und Christkind schmücken den Tannenbaum. Bücher, Nüsse, ein Ball und eine Puppe liegen als Geschenke bereit. Darunter in feiner Schönschrift und »für Sigrid« ein Gedicht aus der Feder des Vaters:

Hin zu euch aus weiter Ferne
meine Sehnsucht eilt,
daß sie fröhlich schenkt und gibt,
wenn sie bei euch weilt.
Laßt in euren Herzen leuchten,
was dort immer hat gewacht!
Geht in Liebe durch die stille
festliche Weihnachtsnacht!
Singt die alten frommen Lieder
aus den schönen Kindertagen.
Laßt euch aus der Muttermunde
von der großen Liebe sagen.

Weihnachten 1961, das erste Christfest ohne den Vater, den angeblichen Onkel und Vormund, den Ehemann. Kann, wer so etwas dichtet, ein schlechter Mensch sein? Einer, der Tausende Frauen, Männer und Kleinkinder in den Hinterkopf schoss und sie in die Grube stieß, der Häuser des Gettos in Brand legen ließ und auf die aus den Flammen flüchtenden Menschen wie auf Hasen feuerte, einer, der mithalf, ganze Wagenladungen voller Familien im Abgas der Motoren zu töten und der angeblich gar eine Kirche voller eingesperrter Menschen hat verrammeln und in Brand legen lassen?

Die Sammlung der schönen Verse, die Tochter Sigrid all die Jahre zu Weihnachten oder zum Geburtstag vom Vater aus dem Gefängnis bekam, ist verstörend. Noch nicht ein Wort der Erklärung hatte er ihr abgeben können, warum er sich all die Jahre als ihr Onkel ausgegeben hatte, warum er nicht als ihr Vater zu ihr stand. Und dann diese Gedichte an ein »herzliebstes Kind«. Anfangs noch leicht holpernd, später in immer beeindruckenderem Können. Wie gedruckt und in Schönschrift auf Büttenpapier. Immer voller religiöser Inbrunst, oft mit Motiven von der Küste, aus der Seefahrt, aus dem Alten Testament oder der griechischen Mythologie. Und so abgehoben, so romantisch und gefühlsduselig sie oft wirken, so lässt sich an vielen Stellen doch die tiefe Verzweiflung des Autors erspüren:

Rabenschwarze Nächte hüllen
alles, was noch ängstlich lebt.
Schwache, bange Träume füllen
unser Herz, das weint und bebt.
Alles Fragen unnütz quält,
wohin wohl das Ende führt.
Jeder nur von Schuld erzählt,
die er andern nachgespürt.

Diese Zeilen aus einem Gedichtzyklus, den er Sigrid zu Weihnachten 1966 schrieb, lassen erahnen, womit er sich beschäftigte in den stillen Gefängnistagen: mit Schuld und Sühne. Mit der Schuld derer, die ihn zum Ausführenden tausendfachen Mordes machten, und mit der Sühne, die ihm auferlegt wurde für die Schuld, die andere, so scheint er überzeugt, zu verantworten hatten.

Überall Hassen, überall Streit!
Wo ist die hohe, heilige Zeit?
Gestern noch wurde Hosianna geschrien,
heute verächtlich das »Kreuziget ihn«.
Die, die heute von Liebe reden,
töten sich morgen in grausamen Fehden.

Bei Artur Wilke war es anders herum. Er tötete tausendfach und reimte nun von Gottes und der Menschen Liebe.

In seinen Gedichten voller Festtagsharmonie und guter Ratschläge an sein »liebes, kleines Töchterlein« bahnte sich schon an, was seine künftigen Jahre hinter Gittern ausfüllen sollte: die intellektuelle Auseinandersetzung mit seiner als ungerecht empfundenen Situation. Niedergeschrieben hat er das in unzähligen Versen, Briefen, Übersetzungen und Interpretationen lateinischer Texte oder Bibelzitate, die allesamt auf das eine hinaussteuerten: auf den großen Fehler seines Lebens, den er nirgendwo als den eigenen Fehler anerkennt.

Nur an ganz wenigen Stellen seiner Gedichte ist er frei von Sentimentalität und Selbstmitleid. Da glaubt er, pädagogisch gegenüber seiner heranreifenden großen Tochter werden zu müssen, und wirkt aus heutiger Sicht ungewollt komisch:

Es gibt ja schon seit frühen Zeiten
die dicken und die dünnen Fädchen
und ebensoviel Möglichkeiten
für alle jungen Mädchen
Je kürzer Mädchenröcke sind,
sind um so kürzer die Gedanken.
Die Heckenrosen sind dem Wind
des Sommers keine Dornenranken.

Man schrieb das Jahr 1964 oder 65. Der Minirock war im Kommen, was auch hinter Gefängnismauern nicht verborgen blieb.

Sühnebereitschaft. – »Bedingt sühnebereit« – mit diesen zwei Worten fasst Peter Klein seinen Vortrag zusammen. Gemeint ist auch Artur Wilke. Klein ist Professor am Berliner Touro College, promovierter Historiker und Politikwissenschaftler. Er hat an der US-amerikanischen Hochschule auch über die Täter der NS-Zeit geforscht. Im Mai 2009 hielt er am Institut für schleswig-holsteinische Zeit- und Regionalgeschichte der Universität Flensburg einen Vortrag zur Tagung »Das Reichskommissariat Ostland«. Im Mittelpunkt: die Massenmörder Otto Bradfisch und Artur Wilke, die beide aus ihrer Strafhaft heraus regen Schriftverkehr mit dem evangelischen Theologen, Gefängnisseelsorger und emeritierten Professor Hermann Schlingensiepen führten.

Du hast Klein erklärt, was du vorhast. Dass du auch die Briefe Wilkes und Schlingensiepens im Archiv der Evangelischen Landeskirche des Rheinlandes einsehen willst. Er hat dich gewarnt: »Studieren Sie erst, was die getan haben in Minsk, ehe Sie sich mit ihren Rechtfertigungen befassen. Man muss erst wissen, was passiert ist.« Du bist seinem Rat gefolgt.

Schlingensiepen hat Wilke am 21. Mai 1963 den ersten Brief geschrieben. Der Professor hatte in dem studierten Theologen einen Mann erkannt, dem er die Reflexion über seine individuelle Schuld zutraute. Beide hatten in ihrer Studienzeit denselben Altgriechisch-Dozenten gehört und schrieben sich in einem anspruchsvollen, teils schwülstigen akademischen Stil. Der Briefverkehr sollte bis zu Wilkes Haftentlassung währen. Der Seelsorger besuchte gar gelegentlich Wilkes Familie. Er war mit den Jahren zum Fürsprecher der NS-Häftlinge geworden und verstand sich als ihr Lobbyist, meint Klein. Doch Schlingensiepen verband damit auch seine eigene Sache: die Forderung nach allgemeiner Anerkennung der kollektiven Schuld der Deutschen an den Verbrechen der NS-Zeit.

Wer sich mit dem Schlingensiepen-Nachlass im Archiv der Kirche in Düsseldorf befasst, findet die Namen der einflussreichsten Persönlichkeiten der Bundesrepublik in den 60er Jahren. Der Theologe korrespondierte mit Politikern wie Eugen Gerstenmaier, Gustav Heinemann, Richard von Weizsäcker, Willy Brand oder der Familie Adenauer. Er schrieb an Juristen wie Ernst Friesenhahn und Barbara Just-Dahlmann oder an einflussreiche Kollegen. Die Liste der kirchlichen Korrespondenzpartner wird als Who is Who des deutschen Protestantismus der ersten Jahrzehnte der Bundesrepublik beschrieben. Mit seinen Briefen hat Schlingensiepen maßgeblich zur Debatte um die Verjährung der NS-Verbrechen und zur Kollektivschuldthese beigetragen. Denn einerseits wurden ja nun nach bald zwei Jahrzehnten NS-Täter vor Gericht gestellt, andererseits wurde ihnen mit oft erstaunlicher Milde und mit »unverständlichem Maß an Verständnis« begegnet, schrieb etwa Just-Dahlmann an Schlingensiepen. »Und ich fürchte sehr, daß dies alles geschieht, weil man es letzten Endes für nicht so schlimm ansieht, wenn Judenkinder und Polenfrauen (›Polacken‹ pflegen unsere Kollegen zu sagen) umgebracht wurden als wenn z. B. ein Bankräuber auf der Flucht einen Polizeibeamten erschießt.«

Losgetreten hatte der Seelsorger der verurteilten NS-Verbrecher die Debatte im Mai 1965 in einem Artikel im Sonntagsblatt. »Friede sei den Menschen, die bösen Willens sind«, lautete die Schlagzeile. Schlingensiepen schrieb, dass die bisherigen NS-Prozesse als »makabere Schauspiele des Leugnens und Lügens« wahrgenommen würden, verwies aber auch auf den damals aktuellen Sonderfall: Im Prozess in Berlin gegen den stellvertretenden Leiter des Einsatzkommandos 9, Wilhelm Greiffenberger, hatte dieser vorbehaltlos seine Schuld anerkannt und sich Gottes und der Urteile irdischer Gerichte überantwortet. Schlingensiepen meinte dazu: »Ob nicht die Verstocktheit der Angeklagten vor unseren Gerichten weniger groß wäre, wenn die Erkenntnis des Versagens unser aller in jenen furchtbaren Jahren tiefer bei uns gewesen und schmerzlicher und rückhaltloser zum Ausdruck gebracht worden wäre?« Gehe da nicht eine tiefe Bitterkeit »durch die Herzen derer, die sich zu Verbrechen haben verführen lassen, ohne dass wir sie um jeden Preis gewarnt hätten, und die nun ihre Strafe tragen müssen, während wir leer ausgehen?« Sicher hatte er beim Schreiben dieses Satzes Artur Wilke im Sinn. Und dann traf der Autor die Wirtschaftswunderdeutschen, die so gern vergessen wollten und so erfolgreich verdrängt hatten, mit seiner Frage ins Mark: »Müssen wir nicht zugeben, dass in einem verborgenen, aber doch unleugbaren Sinn die Verurteilten heute für uns mitbüßen müssen, gewiss an ihrem Platz zurecht, aber doch so, dass wir in ihnen ein Stück von uns selbst erkennen sollten?«

Klein hat in seinem Vortrag herausgearbeitet, wie sich Schlingensiepen bemühte, gerade Wilke, den nach eigenem Empfinden gläubigen Christen und Theologen, zum Eingeständnis seiner individuellen Schuld zu bewegen. Er hat ihm vergeblich nahegelegt, seine Erinnerungen niederzuschreiben und aufgrund heutiger Einsichten sein Fazit zu ziehen. Er verlangte eine »lautere, sich selbst nicht schonende Rechenschaft«. Das »müsste, meine ich, für alle, die davon Kenntnis erhalten, eine Bedeutung haben, je weniger sie sich selbst dabei schonen«. Und er ergänzte kritisch: »Darf ich Ihnen offen sagen, dass es mich um Ihretwillen immer wieder beschwert hat, wenn ich aus Ihren Briefen herausmerke, dass es Ihnen wohl schwerfällt, darauf zu verzichten, andere, die gewiss an Ihnen schuldig geworden sind, und die böse Welt, die sie nun einmal ist, als die an Ihrem Lose eigentlich Schuldigen anzuklagen.«

Wilke reagierte pikiert: Er hätte »das Evangelium ja wohl falsch verstanden«, wenn er nur einseitig auf die Schuld anderer verweise. Er »denke nicht im Entferntesten daran, aus irgendeinem schwachen Selbstrechtfertigungsversuch andere (…) wegen meiner Schwäche oder meines Unglücks zu beschuldigen oder anzuklagen«. Und weiter: »Meine Sünden sind begangen!« Er habe nur festzustellen versucht,

»von wem ich mich selbst täuschen und vergewaltigen ließ«. Zum Vorschlag einer Niederschrift äußerte sich Wilke nicht. Und eigene Schuld räumte er auch nicht mehr ein.

Damit war die Hoffnung gescheitert, wenigstens diesen – gläubigen und intellektuellen – Nazi-Verbrecher, der ganz am Anfang der Korrespondenz den Vernichtungsbefehl gegen die Juden als den »größten Verrat und die größte Untreue gegenüber dem Gläubigsten« bezeichnet hatte, zum Eingeständnis eigener Schuld zu verleiten. Auch Wilke hatte sich nur »bedingt sühnebereit« gezeigt, hatte die eigene Schuld nur in anderen gesucht. In denen, denen er als SS-Mann Treue geschworen hatte.

Kleins Fazit in seinem Flensburger Vortrag: »Solange die Häftlinge zeigen konnten, dass die deutsche Gesellschaft an der kollektiven Annahme ihrer Schuld desinteressiert war, so lange würden sie mit ihrem persönlichen Schuldbekenntnis und ihrer Bußfertigkeit allein dastehen.« Und Klein denkt weiter: Er konstruiert daraus die Frage, »ob der Schuldvorwurf an die Generation der 68er, sie habe nur beschuldigt und nie das Gespräch gesucht, nicht mit Sicherheit in die Irre geht?« Denn: »Ein für Nazis und Täter verständnisvolleres Gesprächssetting dürfte es wohl kaum gegeben haben als die Korrespondenz bereits in Strafhaft Befindlicher mit Hermann Schlingensiepen, der es eben auch nicht vermocht hatte, dass die Täter sich erklären.«

Wunschdenken. – »*Ich war nicht dabei, nicht einmal in der Nähe, aber ich kann mir vorstellen, wie es da zuging …*« Etwa so? »*Sich das eigene Grab graben müssen, womöglich noch im gefrorenen Boden, und wenn es fertig ist, stürzt man von hinten erschossen hinein, stürzt ins Massengrab, auf Körper, die sich noch bewegen. Ja, auf Körper, die sich noch bewegen. Auch dein Körper bewegt sich noch. Du krallst die Nägel in einen Rücken, dein Kinn bohrt sich in einen Unterleib, aus dem die Eingeweide quellen. Eine neue Salve, da bohren sich fremde Nägel in dein Fleisch, und immer so weiter. Immer? Nein, immer nicht. Einmal ist Ruhe? Ja, einmal ist Ruh.*«

Texte wie diesen von Marie Luise Kaschnitz (Sammlung »Orte«) hast du erst kurz vor dem Abitur zu lesen bekommen – und konntest nicht viel damit anfangen. So fern war das Grauen schon – erfolgreich verschwiegen.

Die Literatur über das irrsinnige Töten im Faschismus hat dich betroffen gemacht, aber sie hat nicht getroffen. Sie hat dich angerührt, aber es gab keine Berührungspunkte mit deinem Leben – das glaubtest du. Ein Ergebnis des Schweigens. Du kanntest damals noch niemanden, der dabei war und davon erzählt hätte, einen, der den Nazi-Schergen ein Gesicht gegeben hätte, das du dir hättest vorstellen und in dein reales Leben einordnen können. Einen, der das Schweigen gebrochen hätte.

Du warst nicht dabei, nicht einmal in der Nähe, und du kannst es dir bis heute nicht vorstellen. Und wenn der, der dein erster Lehrer war, es aufgeschrieben hätte? Wenn Artur Wilke jene Beichte abgelegt hätte, die seine Seelsorger von ihm erwarteten? Von ihm, der im Zuchthaus für seine Taten hat büßen müssen, während viele, die die Befehle gaben oder weiterreichten, an die sich Wilke halten zu müssen glaubte, in Freiheit Karriere machten. Von ihm und seinen Leidensgenossen, als die sie sich sahen, die zur Rechenschaft gezogen worden waren für ihre Pflichterfüllung. Von den Märtyrern fürs deutsche Volk – als solche empfanden sie sich. Aber selbst diese Rolle wurde ihnen von der Nachkriegsgesellschaft vorenthalten. Von den neuen Demokraten mit dem schlechten Erinnerungsvermögen und der ausgeprägten Verdrängungsgabe.

Die, die nur ihr Leiden vergessen wollten, schwiegen über die Nazizeit. Ebenso die, die sich belastet hätten, hätten sie ihre Erlebnisse berichtet. Und auch Wilke, der schon büßte und der gefahrlos hätte reinen Tisch machen können, selbst wenn es nur für ihn selbst, für sein Gewissen gewesen wäre – auch er schwieg.

Wie hätte sich das angehört, jene rückhaltlose Beichte, die die so verständnisvollen Kirchenoberen von den in ihren Augen – oder nur in ihrem Wunschdenken – geläuterten Tätern erbaten? Wären es Zeitzeugen-, authentische Tatsachenberichte geworden? Oder nur die Fortsetzung jener Verteidigungsstrategie, der schon die Richter nicht glaubten, die aber auch noch in den Jahren der Haft alle Briefe, Eingaben, Gnadengesuche und formalen Äußerungen prägte: Wir haben nur unsere Pflicht getan!

Hätten sie die Wahrheit über ihr Tun überhaupt aushalten können? Oder mussten sie das Grauen, das sie angerichtet hatten, nicht gar vor sich selbst bemänteln?

Aufgeschrieben hat Artur Wilke in all den Gefängnisjahren nichts – jedenfalls keine Tatsachen. Was wird er angesichts der Forderung seines kirchlichen Brieffreundes gedacht haben?

Beichte. – Wilke war wütend. Was erwartete dieser Kirchen-Heini? Sollte er die Hose runterlassen, sich in den Staub werfen und »Mea culpa, mea culpa« schreien? Wollte der tatsächlich eine Beichte von ihm, obwohl er hier schon im Zuchthaus leiden musste, während andere, die die Befehle gegeben hatten, sich es wohl ergehen ließen im Wirtschaftswunder da draußen? Erwartete er eine Horrorbeschreibung, wie es wirklich war im Osten? Und er als das Oberschwein, als Schurke unter Schurken, als blutgieriges Monster mittendrin, als einer, der Kirchen voller Unschuldiger abfackelt und Kinder erschießt?

Ja, das hat es alles gegeben, aber es war Krieg! Und sie hatten Befehle. Sie mussten das Notwendige tun, um die Kameraden zu schützen, um nicht ihrerseits Opfer zu werden – jedenfalls gegen die Partisanen. Die Juden, ja, von denen ging keine Gefahr aus, jedenfalls nicht von denen, die ihnen da an den Grubenrand gescheucht wurden. Aber sie hatten geschworen, treu dem Führer, dem deutschen Volk zu dienen, und so war nun einmal der Auftrag. Gequält hatte er sich mit dieser Pflicht. Aber einer musste es ja tun, weil es der Führer so verlangte, weil es die Deutschen so wollten, damit sie eine Zukunft haben konnten dort im Osten.

Und nun erwartete dieser Oberpope seine Unterwerfung in Form eines Schulaufsatzes – mein schönstes Kriegserlebnis. Hinwendung zu Gott reichte ihm nicht, es sollte noch etwas druckreife Reue her, damit die Bekehrungserfolge der Kirche bei den angeblichen Kriegsverbrechern dokumentiert werden konnten.

Darüber konnten diese gedrechselten und wohlverleimten Intellektuellensätze nicht hinwegtäuschen: Der verlangte nichts anderes als runtergelassene Hosen von ihm. Womöglich sollte er noch alles ausplaudern, was nicht zur Sprache gekommen war in Koblenz. Diese Kirchengeschichte vielleicht?

Das war doch völlig egal gewesen, ob sie einen Schweinestall, einen Heuschober, einen Tanzsaal oder eine Kirche abbrannten. Auseinanderhalten konnte man diese Holzhütten sowieso nicht in den Drecksloöchern von Dörfern. Es gab Befehle! Die Dörfer waren zu zerstören, komplett, ihre Einwohner zu liquidieren – jedenfalls alle, die Partisanennester waren. Wenn die, wie in dem Kaff an diesem sumpfigen Fluss, dessen Namen er nicht einmal mehr kannte, die Kirche vollgepackt hatten mit Proviant für den Rückzug der Partisanen, dann war das logisch, da musste das Banditenlager brennen. Schon als Zeichen. Und natürlich hat man die Leichen gleich mit verbrannt, wenn das Dorf sowieso in Flammen aufgehen musste. Sollte man sie etwa beerdigen? Mitten in den Kämpfen? Wo war denn da der Unterschied, ob man vorher mit dem Maschinengewehr reinhielt oder nicht. Umgekommen sind sie ja so oder so. Sie mussten weg! Sicher waren Dirlewangers Wilddiebe nicht zimperlich. Das konnte ja keinem gefallen. Primitiv und brutal waren sie, aber auch effektiv. Sollte er das nun schön alles erklären und damit den nächsten Staatsanwalt auf den Plan rufen, der sowieso keine Ahnung hatte vom Krieg und von Eidestreue?

So mag Artur Wilke in seiner Zelle gedacht haben. Nur gedacht. Er schwieg jedenfalls – lebenslang.

Tuberkulose. – Warum ist dir nur dein Zeugnisheft so spät eingefallen? Da müsste er doch eingetragen sein als Klassenlehrer. Dein falscher Lehrer, auf den du dir deinen kindischen Zorn noch immer, sechs Jahrzehnte später, nicht verkneifen kannst. Du kramst es heraus und staunst: Hier fehlt jeder Beweis, dass Walter alias Artur Wilke je dein Lehrer war. »Lt. Klassenkonferenz versetzt nach Klasse 2« hat als Klassenlehrer ein anderer geschrieben, einer, von dem du genau weißt, dass ihr ihn allenfalls ganz kurz und vertretungsweise zum Klassenlehrer hattet. Danach, Herbst 1960 und Ostern 1961, folgen die Unterschriften von »Fräulein Weiß«, deiner Lieblingslehrerin. Die wurde doch aber erst im August 1961 offiziell eure Lehrerin? Nach Wilkes Verhaftung also. Oder doch schon früher? Du hast in der Schule nach der Personalplanung jener Jahre gefragt. Die ist nicht mehr aufzutreiben.

Wo war Wilke? Warum gibt es ein Klassenfoto mit ihm, aber kein Zeugnis der ersten zweieinviertel Schuljahre mit seiner Unterschrift? Du bildest dir doch am Ende nicht bloß ein, Wilke zum Lehrer gehabt zu haben?

Noch einmal durchwühlst du deine Aufzeichnungen aus der Personalakte, später die aus der Vollzugsakte. Zwei Ordner, die sich auch als Krankenakte bezeichnen ließen. Dann wird es klar.

Sie haben euch vor Lehrer Wilke geschützt. Nicht vor dem Massenmörder, sondern vor seiner Krankheit. Er hatte eine Tuberkulose aus dem Krieg mitgebracht. Wie ein roter Faden ziehen sich immer wieder Belege seines Fehlens im Unterricht, ärztliche Bescheinigungen und amtsärztliche Gutachten durch die Schulakte. Seit Dezember 1950, nachdem die Tbc wieder aufgebrochen war, war er immer wieder in Behandlung, teils über Monate.

Ein früher Entlassungsbericht aus der Klinik Bad Rehburg nennt ein interessantes Detail: Körpergröße 1,78 Meter. Die offiziellen Dokumente des Bruders Walter wiesen stets zwei Zentimeter weniger aus. Zeugen hatten den wahren Walter gar als 1,75 Meter groß beschrieben. Der falsche Lehrer aber war gewachsen auf 178 Zentimeter.

Rund 30 Dokumente finden sich zu Wilkes Krankheit, darunter die Anordnung vom September 1959, Wilke dürfe auf keinen Fall die Schüler durch seine Krankheit weiter gefährden. Das war Mitte deines ersten Schuljahres. Im Februar 1960 dann das Ergebnis des amtsärztlichen Gutachtens: »Ab April 1960, Beginn des neuen Schuljahres, als wieder dienstfähig anzusehen«. Dein erstes Zeugnis also hatte Wilke nicht unterschreiben können. Warum er auch im Oktober 1960 und März 1961 zu Herbst- und Osterzeugnis fehlte, hast du nicht feststellen können. Zum nächsten Versetzungszeugnis schmorte er schon in Untersuchungshaft.

Die Tuberkulose sollte auch später im Strafvollzug eine wichtige Rolle spielen. Wie die anderen Angeklagten war Wilke anfangs in der Heimatstadt, dann in Koblenz in Untersuchungshaft, und zwar vom 8. August 1961 bis zur Verurteilung am 21. Mai 1963. Danach wurde er wie die anderen Naziverbrecher am 20. Juni 1963 in das Zuchthaus Hohendiez bei Diez an der Lahn gebracht. Da waren sie wieder zusammen, die Männer von Minsk. An der Spitze wieder Heuser, der Alte. Wilke würde nicht lange bleiben. Seine Tbc meldete sich erneut. Am 17. September desselben Jahres wurde er in die auf Lungenkrankheiten spezialisierte Strafanstalt St. Georgen im bayerischen Bayreuth gebracht. In diesem Tbc-Krankenhaus verbrachte er den Großteil seiner Haftzeit, immer wieder einmal unterbrochen durch kurze Verlegungen nach Diez, wenn die Krankheit irrtümlich als geheilt galt.

Sogar in der Zeit der Untersuchungshaft hatte die Erkrankung schon eine Rolle gespielt. In einem Schreiben vom 9. September 1962, in dem sie bei der Generalstaatsanwaltschaft Koblenz um eine Besuchserlaubnis bat, äußerte sich die Ehefrau und Ärztin Dr. Wilke »besorgt über seine Gesundheit«. Ihr Mann unternehme wegen seiner Krankheit nichts und tue das »bewusst, um nicht den Anschein einer Flucht in die Krankheit zu erwecken«. Der Generalstaatsanwalt kündigte darauf eine ärztliche Untersuchung an und bedankte sich bei Frau Wilke für den Hinweis.

Die anhaltende Lungenerkrankung sollte später bei der Vielzahl der Gnadengesuche eine wichtige Rolle spielen und ihm am Ende tatsächlich einen Teil seiner Strafhaft ersparen. Von der erst mit Beschluss des Landgerichts Koblenz vom 27. August 1964 zusammengezogenen Gesamtstrafe beider Urteile aus Peine und Koblenz – zehn Jahre und ein Monat Zuchthaus – hat Wilke tatsächlich nur knapp acht Jahre verbüßt. Im April 1968 wurde er entlassen. Als von Tbc geheilt galt er da noch immer nicht.

Erinnerungskultur. – Ja, du warst in Bergen-Belsen, du warst in Auschwitz. Es hat dich erschüttert, hat dich berührt. Du spürst als Deutscher die Verantwortung. Und doch war es so weit weg von deinem Alltag. Dir unbekannte Nazis – glaubtest du – haben dir unbekannte Juden, Sinti, Roma, Homosexuelle und Behinderte getötet. Aber diese Zeit, über die jeder schwieg, war so weit weg für dich. Weiter als die griechische Antike oder das Römische Reich. Darüber hast du in der Schule mehr erfahren als über die Zeit des Faschismus. Das mag in der nächsten Schülergeneration anders gewesen sein, aber bei dir und deinen Altersgenossen, den Jahrgängen zwischen 1940 und 1965, dominierte das Schweigen. Kriegerdenkmale oder Kranzniederlegungen am »Heldengedenktag« waren dir lange präsenter. Die Opfer des Faschismus waren dort meist eine Fußnote: ein Textzusatz auf dem Denkmal für gefallene deutsche Soldaten, eine kleine Gedenkstätte zusätzlich und am Rande.

Du erinnerst dich des ungläubigen Staunens eines Freundes – er war Arzt geworden –, nachdem ihm ein betagter Patient erzählt hatte, wie er dabei war, als in deiner Heimatstadt die Synagoge brannte und die Juden durch die Stadt getrieben wurden. Plötzlich hatte leblose Geschichte ein Gesicht bekommen.

Dann Mitte der 80er die Berichte der Heimatzeitung über Sally Perel, »Hitlerjunge Salomon«, jener jüdische Junge aus Peine, der die Verfolgung seines Volkes überlebte, weil er sich als Arier ausgab. Die Straßen, wo er lebte, kanntest du. Die Orte, wo man sich traf, auch. Dann kam Perel in die Redaktion – dein erster Zeitzeuge, jedenfalls der erste für dich, der sein Schweigen brach. Perels Geschichte wurde 1990 verfilmt. Von immer mehr Zeitzeugen hast du danach gehört, über sie gelesen, später als Journalist einige beim Besuch in Schulklassen kennengelernt. Die Opfer hatten ein Gesicht bekommen, das der Überlebenden. Die Täter hatten für dich noch immer keine Identität. Dabei kanntest du einen. Er war dein Lehrer. Sein Name war Wilke, Artur Wilke, heimlicher Agent ihrer Majestät. Wie nachhaltig hat das kollektive Schweigen gewirkt, dass du das Offensichtliche nicht sahst?

In Göttingen gibt es den Verein NS-Familien-Geschichte. Er fordert auf und unterstützt dabei, die Verstrickung der eigenen Vorfahren ins Naziregime zu erforschen. Schulen wird Hilfe angeboten, daraus Projekte zu machen, der Weg in Archive wird unterstützt. Geschichte, auch die Familiengeschichte, soll dadurch einen persönlichen Bezug bekommen. Auf die Idee kamen Katrin Raabe und Roland Laich, als sie in der eigenen Familienlegende forschten und auf Friedrich Schmidt stießen, einen berüchtigten Abteilungsleiter der Gestapo im besetzten Luxemburg. Nach dem Motto des Vereins – hinterfragen, erforschen, aufklären – hatten sie Geschichte für sich und ihre Familien begreifbar gemacht.

Denn die Mehrheit der Deutschen hat nach Studien der Stiftung »Erinnerung, Verantwortung und Zukunft« ein großes Interesse an Geschichte. Für 88 Prozent der Befragten gehört das Wissen über den Nationalsozialismus zur Zugehörigkeit zu Deutschland. Fragt man aber nach dem wichtigsten historischen Ereignis, hat der Fall der Mauer die Erinnerung an den Faschismus längst verblassen lassen. Und selbst wenn die Zahl der Besucher im ehemaligen deutschen Vernichtungslager Auschwitz stetig steigt (2017 rund 2,1 Millionen, davon aber nur relativ wenige Deutsche), verliert die Erinnerungskultur ihre Gesichter. Die Zeitzeugen sterben, die zeitliche Distanz zu den Taten wird größer. Bilder von Tätern standen uns ohnehin nie vor Augen, nur die von überlebenden Opfern. Selbst wem es gelingt, aus der Informationsflut über den Holocaust den Rückschluss auf einzelne Menschen und Tatorte zu schaffen, hat eher Anne Frank und Bergen-Belsen vor Augen als Täter wie Artur Wilke und das weitgehend unbekannte Massenvernichtungslager Trostenez.

Doch die Shoah war eben nicht nur die industrialisierte Tötung in Auschwitz, sondern auch die blutige Handarbeit ungezählter ideologisch verblendeter Verbrecher, von denen nur die wenigsten nach dem Krieg zur Rechenschaft gezogen wurden, die aber als Lehrer, Beamte, Juristen, Politiker ein, zwei Nachkriegsgenerationen in ihrer Haltung zu Krieg und Völkermord mit beeinflusst haben. Sei es durch Worte, durch ihr Schweigen, sei es nur durch ihre Haltung.

Dort, wo die Nazis wüteten, wird dieser Zeit anders gedacht. Veteranen und Partisanen werden als Helden verehrt, der militärischen Opfer wird 70 Jahre nach Kriegsende noch immer intensiv gedacht, das Leid der Zivilbevölkerung ist unvergessen. Nur an die ermordeten Juden gab es während der sowjetischen Zeiten kaum eine eigenständige Erinnerung. Das Gebiet des heutigen Belarus erlitt unter den europäischen Ländern die schwersten Kriegsschäden. Ein Viertel der Bevölkerung starb, der jüdische Bevölkerungsanteil wurde von den Deutschen praktisch ausgelöscht. An den »Großen vaterländischen Krieg« erinnerte schon vier Monate nach der Befreiung von Minsk ein Museum. 2014 erhielt es einen Neubau.

In Malyj Trostenez, wo zwischen Frühjahr 1942 und Sommer 1944 nach Schätzung einer staatlichen Kommission 206 500 Menschen – überwiegend jüdischer Abstammung – von deutschen Besatzern getötet wurden, gab es seit 1945 lediglich eine kleine Erinnerungsstätte, erst seit 2015 eine größere Gedenkanlage. Künftig soll Trostenez als europäischer Tat- und Erinnerungsort in der öffentlichen Wahrnehmung verankert werden. Pläne für Denkmale im Todeswald Blagowschtschina und in Schaschkowska liegen bereits auf dem Tisch.

Geburtstag. – So viel Zeit in der Zelle, so weit weg von der Familie. Wilke hat in der Haft fleißig geschrieben und sich der Bibellektüre gewidmet. Nach sechs Jahren, in denen »du die Freiheit und das Leben durch die eisernen Kreuze des Kittchens sehen lernst« (Wilke), schrieb er 1967 einen denkwürdigen Geburtstagsbrief an seinen Sohn. Ob der Gruß zum 17. Geburtstag je angekommen ist, ist fraglich. Eine Kopie, die Wilke an seinen intellektuellen Briefpartner Hermann Schlingensiepen sandte, liegt heute als dessen Nachlass im Archiv der Evangelischen Kirche des Rheinlandes in Düsseldorf. »Nehmen Sie, sehr geehrter Herr Professor, die Mitteilung dieses Briefes so, wie er sich offen und ehrlich mit einem verirrten und verfehlten Glauben auseinanderzusetzen versucht hat!«, schreibt Wilke an Schlingensiepen. Denn es gebe Fragen, schreibt er, »die nicht nur die Kirche, sondern auch die Gläubigen angehen«.

»Diese Woche soll Dir gehören, und ich will versuchen, Dir einen guten Brief als einen kleinen Ersatz dafür zu schreiben, daß ich Dir an Deinem Geburtstag nicht näher sein kann, wie Du und ich es wohl wünschen.« Es folgen 77 Seiten, die später zu einem Theologenstreit führen werden und denen vielleicht ein erfahrener Philologe oder Theologe hätte geistig folgen können, sicher aber nicht ein 17jähriger Pennäler. Und er wäre Stoff für Psychiater oder Psychologen, die das Denken eines verurteilten Massenmörders analysieren wollen, der sich um seelische Erleichterung bemüht, indem er in der Bibel, speziell im Matthäus-Evangelium, nach Rechtfertigung, Tröstung und Entlastung sucht. Schließlich ist es ein Brief, der tödliche Folgen haben sollte.

Anfangs schreibt der Häftling noch in jugendgerechten Bildern, etwa aus der Seefahrt, dass er versuchen wolle, »einige gute erste Gedanken ins Netz zu bekommen, die für Dich nicht nur eine Geburtstagsfreude, sondern auch zu einer Freude, die noch lange eine gewisse Zuversicht in Dein Leben strahlen läßt«, werden sollen. Dann nimmt er den Jungen mit auf »einen gemeinsamen Gedankengang durch das Evangelium des Matthäus«. Doch schon bald ist er bei der eigenen Gemütsverfassung, »daß man im Grunde seines Herzens doch recht einsam und verlassen bleibt, wenn man sich von den anderen zu viel verspricht«. Er ist alsbald bei den Scheidewegen des Lebens, den Kreuzwegen und bei den Fehlern, die man bei seinen Entscheidungen machen könne.

Wenn der Junge nun ein Bekenntnis des Vaters ob der eigenen Fehler erwartet hätte, wäre er enttäuscht worden. Wilke philosophiert über »peccatum, das Versehen, das Vergehen, den Fehler, die Sünde« und erklärt, dass es Fragen gebe, »die wir nicht mit Fragen beantworten dürfen und uns mit Gegenfragen um die Antwort drücken« und »auf die wir eine Antwort geben müssen, und zwar eine klare und unzweideutige Antwort«. Auf die Fragen aber, die jeder Sohn stellen würde, dessen Vater im Gefängnis sitzt – Warum? Was hast du getan? Bereust du es? –, geht der Brief auch auf 77 eng beschriebenen Seiten nicht ein.

Dabei leitet Wilke seinem Sohn auf diesen Seiten gerade aus der Heiligen Schrift ab, »daß Ihr anderen verzeiht und ihnen ihren Irrtum vergebt, aber Eure eigenen Fehler nicht vergesst und Euch selbst nicht verzeiht, sondern ehrlich zu einem Irrtum steht, weil nur dann Euch eine Wiederholung (…) erspart bleibt. (…) Darin liegt die gnadenvolle Vergebung des Himmels für Euch.« Denn: »Jesus sagt: Ich will Dich nicht verdammen. Gehe hin und vermeide weitere Fehler!«

Doch schon bald wird deutlich, dass Wilke nicht seine Taten – von denen er dem Sohn kein Wort bekennt – als Fehler betrachtet, sondern der Fehler darin liegt, dass er sich geirrt und falschen Befehlen gehorcht habe. Und er rät dem 17Jährigen: »Dass ER dich nicht verlassen wird in Deinem ehrlichen Bemühen, darauf kannst Du Dich verlassen. Verlasse Du ihn nicht, indem Du Dich verwirren läßt von denen, die glauben, neben Gott noch rückversicherungshalber einige andere Götter haben zu können (…). Unterscheide gewissenhaft zwischen Gottes Gesetzen und den Gesetzen in Ost und West (…) und die jeder nächste nachfolgende Gott wieder ändern und aufheben kann, wie er will (…).«

Noch seitenlang setzt er, mal geradezu simpel, mal philosophisch überhöht, seinem Sohn seine Sicht auf Fehler auseinander, dass er seine gesunden Sinne sich erhalten möge und »daß wir dieses Versehen und Vergehen, diese Sünden nicht noch einmal wiederholen«. Seine Morde – ein Versehen und Vergehen? Dazu bemüht er einen Klassiker des Leidens an innerer Unfreiheit, Goethes Faust:

Bei vollkommenen äußeren Sinnen
wohnen Finsternisse drinnen!

»Doch Du weißt ja, daß Du die Möglichkeit auch in diesem Sinne hast, eine Wahl zu treffen.«

Auch Wilke hätte die Wahl gehabt, seinem Sohn nun zu erklären, was ein Kind von einem im Gefängnis sitzenden Vater an Erklärung erwartet. Für wenige Zeilen sieht es so aus, als ob das nun kommt: »Was habe ich falsch gemacht? Wie kann ich es anders, besser machen? Dein Vater käme sich wirklich wie ein Lump vor, wenn er mit einer Weisheit an irgendeinem Fehler Deines Lebens oder seines Bruders beteiligt wäre …«

Bald muss es dem Leser dämmern: Er meint gar nicht seine Fehler, er meint die Sünden, die an ihm begangen wurden, das, wozu ihn fremde Befehle getrieben haben. Befehle, die der Vater (der Staat) ihm gegeben hat. Deutlich wird das hier: »Dann zieht er sich auch noch einen Richtertalar an, holt aus der Tasche das Verdammungsurteil für

Dich und legt den Zeigefinger auf das Kreuz auf seiner Brust (…). Und dabei läßt Dich Dein leiblicher und geistiger Vater mit getrösteten Gewissensbissen seelenruhig absaufen!« Denn, so ermahnt er ein paar Seiten weiter seinen Sohn: »Ohne Treue geht es nicht im Leben«, sowie: »Jeder Verrat an der Treue zerstört mehr noch als nur sich selbst.«

Um das zu verstehen, hätte der Sohn um den Treueeid der SS-Leute wissen, den unbedingten Gehorsam dieser Männer gegen jedes Gebot der Menschlichkeit kennen und vor allem etwas über die Taten seines Vaters erfahren haben müssen. Doch weil Wilke dem 17 Jährigen davon kein Wort schrieb, bei den wenigen Besuchen der Familie im fernen Bayreuth wohl auch kaum Gelegenheit war, den Kindern Taten und Verurteilung zu erklären, ist das, was er des Weiteren als gute Ratschläge fürs Leben und als »Herzenswunsch zu Deinem 17. Geburtstag« verkauft, nur eines: Selbstmitleid. »Erwarte nicht, wenn Du Dich Zeitgesetzen unterwirfst, daß diejenigen, die Dir diese Gesetze preisen und segnen, mit Dir das geringste Mitleid und Erbarmen haben werden, wenn sie in ihren irrtümlichen, falschen Gesetzen morgen unterliegen, ihr Spiel verspielen, wenn für sie die Stunde der Wahrheit eine ganz andere Wahrheit bereit hält! Dann werden sie dich opfern! Tu videris, das ist ihre Menschlichkeit (…) Tu videris, warum warst Du so dumm? Sie werden sich rechtfertigen oder rückversichert haben, und Du wirst erstaunt – sie auf Seiten der Sieger sehen. Machs besser!«

Es folgen Dutzende Seiten, in denen er seine Sicht auf Schuld und Vergebung aus der Bibel herzuleiten versucht. Dann wieder argumentiert er geschichtlich mit 100 Millionen Toten des Ersten Weltkrieges (»ein ganz schönes Massengrab«), damit, dass auch die Bischöfe stets Waffen und in den Krieg ziehende Soldaten gesegnet haben, und er setzt sich grundsätzlich mit der »belastendsten Frage unserer Religionsgeschichte« auseinander, »ob man seine Feinde töten dürfe«. Er zitiert Papst Pius XII: »Wenn die Schäden, die der Krieg mit sich bringt, in keinem Verhältnis zu der ertragenen Ungerechtigkeit stehen, kann es Pflicht sein, das Unrecht hinzunehmen.« Aber, so fragt Wilke: »Ist mit menschlichen, unbeschreiblichen Morden eine Gerechtigkeit herzustellen?« und »Wo sind die Ungerechtigkeiten, die den Krieg provozieren?«

Am Ende tut er sich wieder selbst leid: »Verstehe Du, mein Junge, der Du um das ernste und tapfere Bemühen Deines Vaters um das

Leben einiges weißt, daß uns die Wahrheit über den Fehler, für den wir einen so hohen Preis zu zahlen hatten, indessen andere mit zwei Gewissen profitieren, daß uns diese Wahrheit über den Fehler auch entsprechender Wert ist.«

Was soll ein 17Jähriger damit anfangen? Vielleicht aber würde der junge Mann Jahre später, wenn er mehr – oder überhaupt etwas – über die Taten seines Vaters, des studierten Theologen und Massenmörders, erfahren hat, mit diesem einen Satz des Briefes etwas anfangen und ihn auf den Schreiber beziehen können: »Gibt es ein größeres geistiges Armutszeugnis als jenes, das sich für den Dienst an den Geboten Gottes und gleichzeitig für den Dienst an der Bratpfanne des Satan bekennt!« Er setzt hinter die Frage ein Ausrufezeichen, kein Fragezeichen.

Polizeibericht. – An die Polizeistation deines Heimatortes hast du noch gute Erinnerung. Die Namen der Polizisten kanntet ihr alle. Nicht, dass du mit ihnen je dienstliche Bekanntschaft gemacht hättest. Als die Straße noch Maschweg hieß, bist du dort mit dem aus dem Sperrmüll geklaubten Damenrad, an dem du Licht, Schutzbleche und Gepäckträger abgeschraubt hattest, besonders unauffällig-zügig vorbeigefahren – vorsorglich. Die Beamten dieser Dienststelle wurden in den 60er Jahren mehrfach losgeschickt, um zu ermitteln, was die Generalstaatsanwaltschaft wissen musste, wenn wieder einmal ein Gnadengesuch Wilkes eingegangen war. Stets hatte er mit Problemen in der Familie argumentiert, und stets wurde der Familie auf den Zahn gefühlt, wie es um sie wirklich stand.

Am 7. Juli 1965 etwa listet der »Bericht zur Familiensituation« lückenlos alle Details zum Einkommen der Ehefrau und ihrer Arztpraxis von 1961 bis 1963 auf. Haarklein wird vorgerechnet, welche festen Kosten die Familie hat und was die Putzfrau verdient. Selbst der Vater der Ehefrau muss sein Einkommen offenlegen, denn »Geld ihres Vaters ist oftmals Retter in der Not«, schreibt der zuständige Polizeimeister.

Zwei Jahre später vermag ein anderer Polizist, diesmal ein Obermeister, seine persönliche Betroffenheit nicht zurückzuhalten. Die »Frau Doktor« sei von ihrem »Beruf so stark in Anspruch genommen, dass von Überarbeitung die Rede sein kann«. Die Familie genieße »ein Achtung gebietendes Ansehen«, und »es wäre der Familie zu vergönnen, wenn einem Gnadengesuch stattgegeben würde«. Der Beamte vergisst nicht zu erwähnen, dass er »weder zum Bekanntenkreis, noch zum Patientenkreis der Ärztin gehöre«.

Der zuständige Oberstaatsanwalt kommt wie jedes Jahr zu dem Ergebnis, es habe sich »kein Anlass gefunden, einen Gnadenerweis herbeizuführen« (Vermerk vom 3. November 1966), denn »ein Gnadenerweis« sei »angesichts der Art und Schwere der (…) abgeurteilten Straftaten (…) nicht zu vertreten« (Entscheidung des Justizministers Rheinland-Pfalz vom 4. Juni 1965), und im Übrigen seien »die von dem Verurteilten vorgebrachten Schwierigkeiten« in der Familie, speziell der schulischen Leistungen der Kinder, »jedoch solche, die nahezu bei jedem Strafgefangenen bei seiner Strafvollstreckung im häuslichen Bereich auftreten« (Begründung des Behördenpräsidenten Generalstaatsanwaltschaft Koblenz am 5. Mai 1967).

Selbstbetrug. – Dabei mangelte es nicht an Unterstützung. Auch Hermann Schlingensiepen half. Der hatte sich schon am Tag der Verurteilung, am 21. Mai 1963, direkt an Wilke gewandt, weil er in ihm einen intellektuell gleichwertigen Briefpartner erkannte. Der Theologe Heiner Süselbeck erforschte den Briefwechsel Hermann Schlingensiepens, auch den mit verurteilten NS-Tätern, in dem Buch »Niemanden verloren geben«. Süselbeck war 2002 bis 2010 Rektor des Pastoralkollegs der Evangelischen Kirche des Rheinlandes und promovierte mit dieser Doktorarbeit. Er schreibt: »Wilkes souveräner Stil sowie sein Vermögen, sich durch griechische und lateinische Zitate mühelos und treffsicher auszudrücken, zeigen einmal mehr, wie sehr die SS-Führung auf überdurchschnittlich und außerordentlich allseits gebildete Deutsche zurückgreifen konnte. Es ist anzunehmen, dass die Bemerkung der Koblenzer Richter, dass Wilke »zu einem klaren und geraden Denken nicht in der Lage war«, auf einer kalkulierten Selbstinszenierung beruht, in der er sich als naives und treu agierendes Opfer seiner mörderischen Zeit stilisierte.«

Wilke pflegte regen Schriftverkehr mit Schlingensiepen, offenbarte ihm Einzelheiten seines Lebens- und Bildungsweges, betonte, so gute Lehrer wie Schlatter in Erlangen, Preuss und Ehlert, Deissner, Baumgärtel und Jeremias in Greifswald gehört zu haben und will ein Jahr vor dem Krieg schließlich überzeugt gewesen sein, sein »Leben für den

Kampf gegen den Bolschewismus hingeben zu müssen«. Der Schlingensiepen-Nachlass macht deutlich, dass der Verurteilte noch immer an seine eigene Unschuld und sein selbstloses Handeln glaubte – auch wenn er die Tötungsbefehle als falsch und als »Verrat am Gläubigsten, der jemals in die Welt gekommen« ist, erkannt habe. Der Massenmörder verstieg sich gar in einen solchen Satz: »Mein ganzes Leben ist bis zum heutigen Tage vom reinsten Herzen erfüllt gewesen und von einem unermüdlichen Bestreben, dem Höchsten in unserem menschlichen Dasein zu dienen. An mich habe ich dabei nie gedacht.« Er habe nie lügen können, schrieb er. Danach bat er den Professor noch, sich seiner Familie anzunehmen, denn beim Besuch von Ehefrau und zwei der Kinder hätten diese sich »in einem außerordentlich trostlosem seelischen Zustand« befunden.

Was antwortet man einem Massenmörder, der so gar kein Gefühl für eigene Schuld zeigt? »Ich dürfte so von mir nicht sprechen«, schrieb Schlingensiepen seelsorgerisch, »wir müssen ja den Augen Gottes standhalten, und in seinen Augen bin ich und sind doch auch wohl Sie elend und jämmerlich, arm, blind und bloß.« Das werde ihn, den gerade Verurteilten, zwar nicht trösten, aber er müsste heucheln, wenn er in Wilkes Äußerungen etwas anderes sehen würde als »Selbstbetrug«. In einem späteren Brief macht es der Professor noch deutlicher: »Wir empfangen, was unsere Taten wert sind.« Er fordert von Wilke, »keine Bitterkeit mehr gegen andere Menschen« zu hegen, denen man die Schuld am eigenen Schicksal geben könne, und auch »kein geheimes Hadern mehr mit diesem Schicksal und mit Gott selbst« zu pflegen.

Auf so viel Deutlichkeit reagierte Wilke »sehr niedergeschlagen«. Jedenfalls teilte der Bayreuther Gefängnispfarrer Müller das Schlingensiepen so mit. Wilke selbst antwortete zunächst nicht mehr. Nun wurde Schlingensiepen sanfter. In seinem Brief vom 24. August 1963 sprach er Wilke gar mit »Lieber Bruder« an, weil sie beide ja einmal »zu Füßen unseres gemeinsamen Lehrers Adolf Schlatter gesessen« hätten. Und dann erteilt er einen Rat, der beim Inhaftierten auf fruchtbaren Boden fällt, wie sich später eindrucks- und verhängnisvoll zeigen sollte: »Lesen Sie doch (…) Ihre Bibel (…) mit dem Bleistift in der Hand und unterstreichen alle die Stellen, in denen Gott uns dessen versichert, daß er uns liebt, daß er uns vergibt, daß er Geduld mit uns hat, auch Mitleid mit unserer Schwachheit.«

Der verlorene Sohn, dem vergeben wird – auf dieses Gleichnis hat der Brieffreund den Mörder schon in einem anderen Brief gebracht, einem, in dem er sich selbst »in eine Reihe mit Ihnen« stellt: »In die Reihe der Verlorenen, denen der gute Hirte nachgegangen ist, um sie für immer zu seiner Herde zurückzuholen.« Und er fordert auf, »vor allem für die Opfer jener furchtbaren Jahre zu beten«.

Wilkes Reaktionen müssen den Theologen frustriert haben. Süselbeck fasste es in seiner Arbeit so zusammen: »Wilke entnahm diesen Kontakten jedenfalls nur Hilfen, wie er sie suchte: Er instrumentalisierte seinerseits Hermann Schlingensiepen, als er ein Gnadengesuch ausgearbeitet hatte, und wünschte sich, dass Schlingensiepen es als Professor der ev. Theologie namhaft unterstützen würde.« Der aber durchschaute den Plan, verlangte nun seinerseits eine schriftliche Beichte, in der sich Wilke nicht nur als Organ staatlicher Mordbefehle, sondern auch klar als handelnder Täter offenbaren sollte. Doch dieses Bekenntnis blieb aus. Vielmehr stellte er sich weiter als zu Unrecht verurteilt dar und gab seine Schuld als »Schwäche« aus.

»So rasch wird da wohl kaum was zu machen sein«, wies Schlingensiepen in einem Schreiben an Anstaltsseelsorger Müller alle Chancen eines Gnadengesuches zurück. Darum müsse »die Tröstung des unglücklichen Wilke, die ja ohnehin das Wichtigste ist, für uns Beide nach wie vor im Vordergrund stehen«. Aber: »Ich will diese Sache mal mit dem ehemaligen Minister Heinemann besprechen«, versprach er noch. Der Familie schrieb der Theologe in einem Brief an die Tochter seine Kritik an deren Vater nur verklausuliert: Der habe »ehrlich beklagt, was er damals unter fremden Druck getan hat und dass er wünscht, er hätte es trotz allem nicht getan.« Beklagt, nicht bereut! Dennoch versichert Schlingensiepen der Tochter, der Vater dürfe »mit dem heiligen und barmherzigen Vater unserer aller im Reinen sein«.

Im Reinen? Das wird der Schreiber selbst nicht geglaubt haben. Es dauert weitere zwei Jahre, ehe Schlingensiepen Wilke noch einmal, diesmal drängender, um ein schriftliches Bekenntnis seiner Taten bittet. Der lehnt ab: »Meine Sünden sind begangen!« ist das Äußerste, wozu sich Wilke aufrafft.

Der Briefwechsel ist damit beendet. Und doch unterstützt Schlingensiepen später das Bemühen des offiziell von der EKD beauftragten Seelsorgers für die NS-Täter und ehemaligen Kirchenpräsidenten der Pfalz,

Hans Stempel. Der hat Wilke nicht nur im Gefängnis besucht und ihm ein Altes Testament, eine Vulgata, mitgebracht, sondern sich schließlich auch persönlich bemüht, Wilke vorzeitig freizubekommen.

Kirchenpräsident. – Plötzlich wird alles ganz eilig: »BEFUERWORTE NACHDRUECKLICH GESUCH DES GEFANGENEN ARTUR WILKE ...«, telegrafiert am 30. März 1968 der Kirchenpräsident von Landau und Pfalz, Hans Stempel, aus dem Urlaub in Locarno. Wilke solle »sofortiger Heimaturlaub« gegönnt werden, »wegen dringender Familienangelegenheiten«.

Eine Woche später, wieder daheim, wird der »Beauftragte der Evangelischen Kirchen Deutschlands für die Seelsorge an den Kriegsverurteilten« konkreter: »Ich erlaube mir, um seine auf dem Gnadenwege zu verfügende Entlassung zu bitten«, schreibt Stempel in einem mehrseitigen Schreiben an die Justiz. »Er hat seine Schuld schon bei der Gerichtsverhandlung offen zugegeben«, behauptet Stempel ohne Kenntnis des wahren Verhaltens vor Gericht, »und seine Einsicht während der Haft vertieft.« Weiter: »Er hat sich auch in bemerkenswerter Weise in eigener Arbeit um Vermehrung seiner christlichen Glaubenserkenntnisse bemüht und mit großer Intensität auf das Studium der Bibel geworfen, die er in mehreren Sprachen las.« Er habe seinem Sohn »die Bibel zu erklären versucht«. Zudem habe Wilke ein »ausgesprochenes Sühnebedürfnis«. Und Stempel weiß mehr als die Stederdorfer: Bei der Haftunterbrechung »hat sich die Bevölkerung positiv geäußert«, schreibt er. Die Prognose des Kirchenpräsidenten: »Es darf angenommen werden, dass der Entlassene (…) auch in Anbetracht seines schweren Leidens und seines elenden Aussehens in seiner Umwelt keinen besonderen Unwillen erregen wird.« Schließlich wird deutlich, dass der Kriegsverbrecherbeauftragte, der Wilke am 23. August 1966 in seiner Zelle besucht hatte, längst die Sichtweise seiner Schützlinge übernommen hat: »Wilke ist einer der aufs schmählichste missbrauchten, durch hervorgehobene Nationalsozialisten verführten Gestalten. Das innere Ringen dieses geistig stark bestimmten Mannes um Erkenntnis der eigenen Schuld und um den Gedanken der Sühne beeindruckt und unterscheidet ihn von vielen anderen Gefangenen der Kategorie.«

Drei Tage später die nächste prominente Hilfestellung: Er unterstütze »das Gesuch aufs wärmste«, schreibt Professor Hermann Schlingensiepen, der Seelsorger der Verurteilten Wilke und von Toll. Ihm erscheinen »beide Fälle als besonders tragisch«. Ein Gnadenbeweis »würde gewiss keinem Unwürdigen zuteil«. Er habe, so Schlingensiepen, Wilkes Familie in Stederdorf vielfach besucht »und kann nur sagen, dass es sich hier um eine sogenannte heile Familie handelt«. Wilke sei »im ersten Semester von seinem Professor dazu verführt worden, in die SS einzutreten«. Es sei »tragisch, als Verführter schwere Schuld auf sich geladen zu haben«.

Die Anstaltsleitung unterstützt den Antrag mit dem Attest »beanstandungsfreier Gesamtführung«. Wilke »ordnet sich widerspruchslos der Anstaltsdisziplin unter und ist erkennbar von der Strafe beeindruckt.« Die Bayreuther bescheinigen ihm außerdem »eine erkennbare Tatreue« sowie eine »wahrscheinlich geringe Lebenserwartung« wegen seiner Tbc-Erkrankung.

Theologie. – Mit Tatreue hat sich auch Katharina von Kellenbach befasst. Mit ihr fing alles an – jedenfalls deine Recherche. Die Suchmaschine hatte dich auf eine Seite des Evangelischen Arbeitskreises Kirche und Israel geleitet. Der Name Artur Wilke war dort in einem Manuskript der Theologin von Kellenbach erwähnt. »Die Rede von Schuld und Vergebung als Täterschutz« – so der Titel des im November 2007 gehaltenen Vortrags in der Akademie Arnoldshain. Darin lernst du einen ganz anderen Wilke kennen als den geläuterten, bekehrten Häftling, den Kirchenpräsident Stempel und Seelsorger Schlingensiepen in ihm sehen wollten.

Dein erster Lehrer ein Thema der Theologie? Das hat dich elektrisiert. Die Religionswissenschaftlerin stellt deinen Lehrer als Musterbeispiel des unverbesserlichen, auch durch Bekehrungsversuche der evangelischen Kirche in der Haft nicht geläuterten Kriegsverbrechers dar. Als einen überzeugten Nazi, dem auch die Befreiungstheologie nicht hilft. »Blindheit und Verblendung der Unterdrücker: Sie sehen die Leiden der Opfer nicht, die sie verursachen. Sie rechtfertigen ihre Niedertracht mit vielen Gründen«, zitiert von Kellenbach Jürgen Moltmanns Befreiungstheologie, nach der die Gerechtigkeit Gottes auch den Unterdrückern gilt. Moltmanns Formel: »Wie kommt also die Sühne zu den Tätern von Unrecht und Gewalt? Sie kommt aus dem Erbarmen des Vaters, durch die stellvertretend erlittene Gottverlassenheit des

Sohnes und in der entlastenden Kraft des Heiligen Geistes. (...) So wird Gott zum Gott der Gottlosen. Seine Gerechtigkeit rechtfertigt die Ungerechten.«

Von Kellenbach sieht das anders: »Das folgende Dokument wird (...) darstellen, warum Moltmanns Kreuzestheologie und Rechtfertigungskonzeption in der Begegnung mit dem Gottessohn zu kurz greift und keine Reue, Umkehr und Schuldeinsicht bei staatlich legitimierten Gewalttätern auslösen kann.« Das Dokument, das sie vorstellt, ist jener Brief des eingesperrten Artur Wilke an seinen Sohn zu dessen 17. Geburtstag. In dem, was Wilke seinem Sohn über seine Auslegung der Bibel schreibt, erkennt von Kellenbach »traditionellen theologischen Antijudaismus«, der dem »christlichen Gott der Liebe einen angeblichen Gott der Vergeltung im alten Testament gegenüberstellt«. Wilke setze »die unbedingte Vergebungsbereitschaft des Neuen Testamentes gegen den als jüdisch charakterisierten Rache- und Vergeltungsgeist«.

Die Theologin seziert Wilkes 77 Seiten und deckt dessen irreführende Täter-Sichtweise auf. »Jeglicher moralische Handlungsspielraum wurde geleugnet. NS-Täter präsentieren sich als Werkzeuge eines übermächtigen Regimes, dem sie nicht widerstehen konnten. Wilke empfindet sich als hilfloses und ohnmächtiges Opfer zweier übermächtiger Staatsführungen«, schreibt von Kellenbach, also sowohl als Opfer der nationalsozialistischen Diktatur als auch der Bonner Demokratie, die er gleichermaßen als willkürlich zu empfinden scheint. »Die Täter wollten lediglich Befehle befolgt haben, für die sie keine Verantwortung übernehmen wollten. (...) Der Fehler, den Wilke bereut und aus dem er seine Lehren für seinen Sohn schmiedet, besteht also darin, der Obrigkeit und ›falschen Lehrern‹ gefolgt zu ein. (...) Seine Opferrolle wird bekräftigt, wo ihn die folgende Staatsregierung nun aus veränderten politischen Gründen zur Rechenschaft zieht ohne Eigenverantwortung zu übernehmen. Er wird (unschuldig) verurteilt.«

Die Theologin zeigt an weiteren Passagen des Briefes auf: »Die Feindbilder, die den Völkermord an den Juden legitimieren, bleiben hier fast ungebrochen bestehen. Zwar sind sich Täter in den sechziger Jahren bewusst, dass rassistischer Antisemitismus nicht mehr offen ausgesprochen werden darf, aber traditionelle Chiffren transportieren denselben Inhalt.« Und weiter: »Empathie oder Mitgefühl für die Opfer seiner Gewalthandlungen kann in diesem Weltbild nicht aufkommen.

(…) Die Entmenschlichung der Feinde wird festgeschrieben und so wundert es nicht, dass Wilke an keiner Stelle über die Männer, Frauen und Kinder, die zu erschießen er mithalf, spricht. (…) Die Einzigartigkeit des Massenmordes bleibt unerwähnt.« Und weiter: »Er wirft der Kirche die Tradition des Gerechten Krieges vor, weil sie seiner Meinung nach die moralische Verwirrung des kleinen Mannes mitzuverantworten hat. (…) In dem er das Tötungsverbot der zehn Gebote und der Bergpredigt universalisiert und verallgemeinert, verschwindet das Anstößige seines Einsatzes. Wo jeder Krieg zum Massenmord ausartet, da wird das Besondere des Völkermords aufgelöst.«

Ausführlich befasst sich von Kellenbach auch mit Wilkes Sicht vom »Täter als Opfer«. Dann schließt sie: »Die evangelische Rechtfertigungslehre suggeriert eine fast magisch anmutende Befreiung von der Schuld, die der Realität der Zerrbilder und Vermeidungsstrategien, die wir hier am Originalton eines weitgehend unbekannten, verurteilten NS-Täters festgestellt haben, nicht gerecht wird. (…) Die planmäßige Vernichtung des europäischen Judentums stellt ein Trauma dar, aus dessen Verstrickung auch eine wahrhaftig erlebte Glaubenserfahrung nicht retten kann.« Ein solcher Glaube geht dabei von falschen Voraussetzungen aus: »Wilke missversteht die Schuldvergebung als Erlaubnis, das Vergangene hinter sich zu lassen, obwohl er mit jeder Faser seines Wesens in dieser Vergangenheit verhaftet bleibt.« Und ehe die Theologin dem von Wilke gewählten Bild der Heimkehr des verlorenen Sohnes ihre Idee des Kainsmals als Strategie im kirchlichen Umgang mit den NS-Tätern gegenüberstellt, schreibt sie dann noch diesen Satz: »Die Gnade des barmherzigen Gottes besteht nicht darin, den abtrünnigen Sohn willkommen zu heißen, indem die Vergangenheit vergeben und vergessen wird, sondern darin, ihm ein Leben im Angesicht und in der Verantwortung für diese Vergangenheit zu ermöglichen.«

Im Angesicht und in der Verantwortung für diese Vergangenheit. Aber wer, wie er, nicht hinschaut, wer, wie du, mit schweigt, es über Jahrzehnte nicht hat wissen wollen – handelt der verantwortlich?

Kostbarkeit. – »Was sein Sohn wohl erwartet hätte, wäre einen Vater, der auch nur an einer Stelle dieses langen Briefes Mitgefühl für die Opfer hätte durchscheinen lassen.« Auch diesen Satz hat die Theologin geschrieben. Dabei ist sie davon ausgegangen, dass das Geburtstagskind Wolfdietrich den Brief gar nicht erhalten hat. Hier irrt sie, glaubt ein Kollege. Noch ein anderer Religionswissenschaftler hat sich mit Wilkes Werken aus dem Knast befasst: Heiner Süselbeck. Auch er hat den Schriftverkehr Schlingensiepens mit Artur Wilke studiert und darin Wilkes Äußerung gefunden, sein Sohn habe ihm seinen Geburtstagsbrief auf seine Bitte hin wieder überlassen.

Doch da wiederum irrt auch Süselbeck. Denn wäre es so, hätte Schlingensiepen diesen Brief erst im August 1973 erhalten, fünf Jahre, nachdem er geschrieben wurde. Zudem mit der Bitte, ihn zurückzugeben. Dabei wirkt der abschließende Gruß an den Brieffreund, den Wilke in unveränderter Handschrift gleich nach dem Gruß »Dein Vater« auf Seite 77 schrieb, wie aus einem Guss und zudem wie eine Bitte um weiteres Wohlwollen des Seelsorgers beim Ringen um vorzeitige Entlassung: »Ihr sehr ergebener Artur Wilke« – Artur ohne »h«. 1973 schrieb er sich aber schon seit vier Jahren »Arthur« und war längst entlassen. Und außerdem soll ja die Kopie des Geburtstagsbriefs Schlingensiepen nicht etwa per Post, sondern aus der Hand des Bayreuther Anstaltspfarrers Müller erreicht haben. Und er hat sie definitiv nicht zurückgegeben, sie befindet sich ja im Archiv. Dass der Sohn sie erhalten hat, ist hingegen unbewiesen.

Viel wahrscheinlicher ist es, dass die Mitteilung Wilkes vom 1. August 1973 ein anderes Werk betraf: einen zweiten Brief an den Sohn, fast dreimal so lang, noch theologischer, abgehobener, fixiert auf die Übersetzung der von Stempel mitgebrachten Vulgata und dem Sohn geschenkt zum 18. Geburtstag, also ein Jahr später als das den beiden Theologen bekannte Werk. Diese 196 Seiten hat sich Wilke nach seiner Haftentlassung tatsächlich vom Sohn zurückerbeten, um sie binden zu lassen. Sehr wahrscheinlich, dass er das entstandene Buch danach Schlingensiepen sandte. Das erklärt auch, warum er diesen 1973 bat, er möge es zurücksenden. Den zweiten Geburtstagsbrief kennen weder von Kellenbach noch Süselbeck – den hast du erst 45 Jahre später bei der ältesten Tochter Wilkes gefunden.

Diesen zweiten Geburtstagsbrief, das gebundene Buch, nennt Schlingensiepen in seinem Antwortschreiben vom 18. September 1973 »die große Kostbarkeit«, die er nun »unter Einschreiben« zurückschicke. »Ich kannte ja, wie Sie sich erinnern werden, schon vieles davon aus Bayreuther Zeit«, spielt der Professor auf den ersten Geburtstagsbrief an, den allein von Kellenbach und Süselbeck lasen. »Es hat mich damals schon bewegt, wie erstaunlich fruchtbar Sie jene schweren Jahre genutzt haben; nun das alles noch einmal im hellen Lichte sehen zu dürfen, war ein wahres Fest für uns.«

Das helle Licht würde bald zur stockfinsteren Nacht werden. Schlingensiepen konnte nicht ahnen, welche Folgen das zurückgegebene 196seitige Buch für Sohn und Vater haben würde. Vorerst stehen ihm noch »die bornholmer Freuden« vor Augen, die der jüngst aus dem Familienurlaub gesandte Brief Wilkes atme. Und er freue sich, »daß Sie beide eine so ungetrübte Freude an Ihren Kindern haben, Gott erhalte ihnen das in seiner Güte.«

Nein, der gütige Gott hatte andere Pläne mit Wilke und seinem Sohn.

Unter neuem Verdacht

Entlassung. – Die namhaften Unterstützer machten Eindruck. Am 10. April 1968 fasste das Landgericht Koblenz diesen Beschluss: »... wird die bedingte Entlassung mit Wirkung vom 13. April 1968 angeordnet«. Die Begründung: Nach zwei Dritteln verbüßter Haft und »unter diesen Umständen (gemeint ist der schlechte Gesundheitszustand), ist die bedingte Entlassung des jetzt 57 Jahre alten Inhaftierten gerechtfertigt«.

Doch zwei Tage vor der geplanten Entlassung legt der zuständige Oberstaatsanwalt »sofortige Beschwerde« ein. Er erkennt zwar »die einwandfreie Führung« an, jedoch dürfe »demgegenüber nicht in den Hintergrund treten, dass durch seine Mitschuld Tausende unschuldige und wehrlose Menschen in bestialischer Weise umgebracht worden sind«. Es sei die »Forderung nach gerechter Vergeltung unabweisbar«, was die »Vollstreckung der Strafe im Rechtsbewusstsein des Volkes zu einem öffentlichen Anliegen« mache. Fazit: »Sühnebedürfnis und Vergeltungsgedanke stehen einer bedingten Entlassung entgegen.«

Das Oberlandesgericht Koblenz sah das am 26. April 1968 anders: Das Sühnebedürfnis sei zwar »unbedingt zu berücksichtigen«, die Entlassung erscheine aber wegen des Gesundheitszustandes des Verurteilten »gerechtfertigt« – Beschwerde verworfen!

Noch am selben Tag, 16 Uhr, wird Wilke aus der Strafanstalt St. Georgen in Bayreuth entlassen.

»Michel«. – »Hermann, der Krieg ist aus. Die Kameraden melden sich zurück.« Mit diesen Worten, erzählt Michel, habe sich Lehrer Wilke bei seinem Vater, dem alten Freund seit 1945, im Frühsommer 1968 zurückgemeldet. »Michel«, den Spitznamen trägt der Landwirt aus dem kleinen Nachbarort Wendesse, heute noch. Wilke hat ihm den zu Schulzeiten gegeben. Fünf Jahre Unterricht hatte Michel beim »Herrn Wilke«. Er sagt noch heute »Herr« und »Lehrer Wilke«. Er hielt den falschen Lehrer bis zu eurem Gespräch für einen »Studienrat, der sich unter Wert an der

Volksschule verkauft hat«. So hatten es Vater und Tante damals gesagt – und wohl auch selbst geglaubt. Der Scherzname »Michel« ist hängengeblieben, weil er damals blond und langhaarig gewesen sei. »Der deutsche Michel halt«, sagt der Wilke-Schüler, der in Wahrheit Friedel heißt.

Auch andere erinnern sich an Spitznamen, die Wilke verteilte: »Rhinozeros« habe Wilke ihn gerufen, weiß Kurt-Dieter. »Meine Mutter hat es zufällig gehört und ihm aus dem Küchenfenster ein vorwurfsvolles ›Aber Herr Wilke!‹ zugerufen.« Danach begegnete der Lehrer diesem Schüler mit Respekt. Anders der Sohn des erklärten Sozialisten, den die Nazis ins Arbeitslager gesteckt hatten. Der Junge hatte keinen guten Stand beim Alt-Nazi. Dieter erinnert sich voll Schmach an das Wort »Brandstifter«, nur weil er mit Streichhölzern gespielt hatte. »Ich könnte ihm dafür heute noch eins in die Fresse hauen …«

Und Heinzi? Keiner habe so viel Schläge von Lehrer Wilke bekommen wie Heinzi. Das hörst du immer wieder. »Der brauchte Heinzi nur zu sehen, da wurde er unausstehlich und hat zugeschlagen. Was hat der Heinzi für Dresche gekriegt!? Einfach ungerecht!«, sagt Michel. Doch Heinz trägt nichts nach. »Ich war aber auch ein schwieriges Kind. Mit Lernen und Schule hatte ich nichts am Hut«, sagt der heute 69Jährige. Mit etwas Pappe im Hosenboden habe er sich auf die Wutanfälle des Lehrers vorbereitet. »Blöde nur, dass man dann nur so steif sitzen konnte.« Und dann habe es außerdem Schläge mit dem Rohrstock auf die Finger gegeben. Dagegen konnte man sich nicht schützen. Seine Mutter, sagt Heinzi, habe ihm immer wieder erzählt, wie Wilke am Elternsprechtag zu ihr gesagt habe: »Der ist nicht dumm, aber der braucht morgens, mittags und abends Schläge.«

Erziehung anno 1960, gerade mal ein Menschenleben her, verabreicht durch einen Massenmörder. Auch Wilkes Sohn, das »Bübchen«, der gemeinsame Klassenkamerad, wurde nicht verschont. »Der hat gezittert wie Espenlaub vor seinem Vater«, sagt Michel. Heinzi hingegen, das am häufigsten geschlagene Opfer, kann seinem einstigen Klassenlehrer sogar Positives abgewinnen. Der Unterricht habe oft im Freien, in der Natur, bei Wanderungen oder auf dem Sportplatz stattgefunden. »Der brauchte ja viel frische Luft, wegen seiner Tb.«

Michel war auch oft dabei, wenn Wilke mit Bübchen ins Wendesser Moor radelte, um Vögel zu beobachten. Oder zum Luhberg, wo er den Jungs den Bunker zeigte und das Schlageter-Denkmal. Auch du warst als Kind oft dort. Ihr habt Geländespiele gemacht und mit schlechtem Gewissen versucht, den Turm aus Findlingen zu erklettern. Was das Mahnmal bedeutete, hatte dir niemand beigebracht, auch Wilke nicht. Nur, dass so einem Denkmal mit Ehrfurcht zu begegnen ist. Ehrfurcht vor einem deutschen Märtyrer. Soviel hattet ihr verstanden.

Das Denkmal steht noch heute. Es erinnert an Albert Leo Schlageter, den »ersten Soldaten des Dritten Reiches«, wie die NS-Propaganda nach seinem Tod formulierte. Der Freikorpsführer und militante Aktivist während der französisch-belgischen Ruhr-Besetzung muss für Wilke ein Gesinnungsgenosse und Vorbild gewesen sein. Schlageter wurde wegen Spionage und wegen einiger Sprengstoffanschläge verurteilt und Ende Mai 1923 hingerichtet. Die NSDAP machte den Saboteur und Spion mit völkisch-antisemitischer Gesinnung später zum Märtyrer für das deutsche Volk. Und vermutlich fühlte sich Wilke nach seiner Haftentlassung auch wie ein Märtyrer: wie einer, der im Gefängnis hatte büßen müssen für das, was doch – so bildete er sich ein – ganz Deutschland gewollt hatte. Deutlich macht das eines seiner Gedichte aus dem Gefängnis:

Es lohnt wohl nicht, im Räuberladen
nach wirklich Schuldigen zu suchen.
Es ist, als säßen Wurm und Maden
in einem schönen Mutterkuchen

Im größeren Betrieb kennt man die Pannen
und bindet sie den Sündenböcken an
und jagt sie in den Wüstentod von dannen!
Ob man die Schulden so bezahlen kann?

Wie leicht man doch die Fehler sühnen kann,
hängt man sie einem andern Dummen an!
Der größte Bruch und Jammer gibt Gewinn,
wälzt man ihn ab und auf den Herrgott hin!

Auch in deiner Heimat wurde in der NS-Zeit ein regelrechter Schlageter-Kult betrieben. Ein national-konservativer Verein hatte das Denkmal – eines von einst rund 100 in Deutschland – zum Gedenken an den vermeintlichen Nationalhelden errichtet. Der Steinturm auf dem Luhberg – für Wilke nur ein kleiner Fußmarsch mit den Hunden von seinem Wohnhaus aus – ist eines der wenigen Schlageter-Denkmale, die noch existieren. Und die Bunker-Ruine in Sichtweite erinnert als eines der letzten Relikte an die Kriegszeit. Dass der rechtsextreme Schlageter einst dafür kämpfte, alle Juden Europas vollständig zu entrechten, hat man dich als Schüler ebenso wenig gelehrt wie die Tatsache, dass im Bunker auf dem Luhberg einst Menschen darauf warteten, Menschen auf der vorbeiführenden Autobahn zu töten. Ehrfurcht und Gruseln – mehr hat man euch hier nicht beigebracht.

Belastungszeuge. – Die Schatten der Vergangenheit holten ihn auch nach der Haft ein. Am 10. Januar 1966 verfügte die Generalstaatsanwaltschaft Berlin, dass eine »Zentralfigur« der Kampfgruppe von Gottberg, der »zur Zeit in Strafhaft in St. Georgen« befindliche Artur Wilke, als Zeuge zu vernehmen sei. Es ging um das Ermittlungsverfahren wegen der Tötung von mindestens 12 000 Juden während der Bandenbekämpfung im Raum Minsk gegen den SS-Sturmbannführer Helmut Herzig. Den Adjutanten des Chefs der Bandenbekämpfung kannte Wilke gut. Mit Curt von Gottberg, Heuser und Herzig sowie einigen anderen hohen SS-Führern hatten sie in der Datscha des Kommandos Minsk an den freien Abenden oft Doppelkopf gespielt und gezecht. Um sie herum wuselnd Lubu, das russische Dienstmädchen – und wohl für einige auch anders zu Diensten. Lubu war verschwunden, als Wilke von einem Einsatz zurückkehrte. Es hieß, sie habe für die Russen spioniert, habe Verbindungen zu den Partisanen gehabt. In seiner ersten Vernehmung nach der Verhaftung hatte Wilke 1961 ausgesagt, er habe gerüchteweise gehört, Heuser selbst habe Lubu erschossen. Beweisen ließ sich das im Prozess nicht.

Nun also sollte Wilke zu Herzig befragt werden. Das geschah erst am 13. Juni 1969, mehr als drei Jahre später. Wilke war längst entlassen, machte mit der Familie Ferien auf Langeoog, als ihn Polizeibeamte am Urlaubsort aufsuchten. Es ging um »Randgettos«, also um jene Quartiere am Rande von Dörfern und Kleinstädten, in denen die jüdische Bevölkerung zusammengepfercht lebte. Das Kommando bei der »Auflösung der Randgettos« wurde Herzig zugeschrieben, weil von Gottberg das in einem lobenden Bericht nach Berlin so dargestellt hatte.

Doch Herzig hatte alle Befehlsgewalt von sich gewiesen, gab vor, gar nicht gewusst zu haben, dass beim Bandenkampf auch Zivilisten und Juden starben.

Anders Wilke. Er hatte schon im Koblenzer Prozess einräumen müssen, was bereits in der Anklage stand, aber nicht Gegenstand von Verhandlung und Urteil geworden war: dass die »Partisaneneinsätze jeweils zum Anlass genommen wurden, die jeweiligen Gettos aufzulösen und deren Insassen der ›Sonderbehandlung‹ zuzuführen«. Allein im Bereich Minsk waren das laut Anklage 8 350 beim »Unternehmen Sumpffieber« (August und September 1942), 1 826 Juden und sieben Zigeuner beim »Unternehmen Nürnberg« (19. bis 25. November 1942), 2 958 Juden und 30 Zigeuner beim »Unternehmen Hamburg« (10. bis 21. Oktober 1942) und 3 300 Juden beim »Unternehmen Hornung« (8. bis 26. Februar 1943).

Den Befehl der Auflösung, so sagte Wilke aus, habe stets von dem Bach direkt gegeben, nicht etwa von Gottberg oder gar Herzig. »Mit aller Gewissheit«, betonte Wilke, denn »ein so weitgehend eigenmächtiger Befehl des SS-Gruppenführers konnte meines Ermessens von ihm nicht gegeben werden, ohne sich zumindest von der höheren Dienststelle rückversichert« zu haben. Eigene Beteiligung räumte Wilke sogar ein: »Die Grundlage für diesen Befehl haben die Ergebnisse und Berichte der Sipo und des SD (…) dafür geliefert.« Also auch Wilkes Berichte. Durchgeführt hätten die Aktionen »Sonderkommandos der Sipo, der Polizei, der Wehrmacht und anderer beteiligter Einheiten«. Ob Herzig über diese Befehlsgewalt gehabt habe? Da könne er keine sichere Auskunft geben. Wilke bezweifelte aber, dass sich Kommandeur Strauch von einem wie Herzig, der ja nur Adjutant von Gottbergs war, »überhaupt Befehle erteilen lassen« würde. Wilke: »Das halte ich für unmöglich.«

Damit hatte Wilke den einstigen Protegé von Gottbergs entlastet. Die Anklage gegen Herzig brach zusammen. Tatsächlich folgte ein Jahr später, am 10. Juli 1970, die Einstellungsverfügung. Begründung: »Im übrigen hat keiner der Zeugen, die auf Grund der damaligen Verhältnisse hiervon Kenntnis haben mussten, den Beschuldigten als mittäterlichen Führer von Einheiten erlebt.« Es müsse davon ausgegangen werden, dass von Gottberg in seinen lobenden Erwähnungen Herzigs im Zusammenhang mit den Aktionen diesen lediglich in ein gutes Licht habe setzen wollen. Schließlich habe er sich als väterlicher Freund Herzigs empfunden.

Herzig war gerettet. Nur in einem Punkt hatte Wilkes Aussage den Beteuerungen Herzigs vehement widersprochen: Der wollte vom Befehl zur Erschießung der jüdischen Gettobewohner in eineinhalb Jahren als Adjutant bei von Gottberg nie etwas gehört haben. Wilke dazu spöttisch: »Ich bin damals vor 25 Jahren in meinem großen Umkreis keinem begegnet, der von diesem Befehle und ihrer Ausführung – aus welchem Grund auch immer – gewußt habe.« Handschriftlich fügte Wilke selbst mit Kugelschreiber eine Korrektur ins Protokoll ein: »nicht«. Keiner also, der es »nicht gewußt« hat. Dann unterschrieb Wilke mit demselben Kugelschreiber, mit dem er den Protokollfehler korrigiert hatte: »Arthur Wilke«, erstmals bei einer Vernehmung mit einem »h« im Vornamen.

Bewährung. – Noch stand der Rest der Strafe, also gut drei Jahre, unter Bewährung. Entsprechend musste die Polizei ein Auge auf den Entlassenen haben. Die Anfrage der Staatsanwaltschaft an Bürgermeister und Polizei in Stederdorf vom 23. Oktober desselben Jahres beantwortete der zuständige Polizeiobermeister mit der Aufzählung von Fakten, die ihm Wilke selbst anvertraut hatte: »Gesuchter wohnhaft in Stederdorf (…), ohne Beruf, Ehefrau und fünf Kinder, Gütertrennung mit Ehefrau, kein Grundbesitz, kein Pachtland, kein Einkommen, keine Beschäftigung, Rente 640 Mark.«

Nach einer neuerlichen Anfrage am 7. Mai 1971, ob Wilke »ein zufriedenstellendes Gesamtverhalten« an den Tag lege, und die Polizei dies bejahte, erfolgt am 14. Juni 1971 der Erlass der Reststrafe durch die 1. Strafkammer des Landgerichts Koblenz. Zwei Ausfertigungen und vier Durchschläge davon liegen auch 46 Jahre später noch der Prozessakte bei.

Kriegsverbrechen. – Das war's! Die Verbrechen des Hauptsturmführers, Massenmörders, Bigamisten, Betrügers, falschen Lehrers und heimlichen britischen Agenten Artur Wilke waren gesühnt. Oder?

… und Kriegsverbrechers, müsste es heißen.

Seine Kriegsverbrechen waren es nicht. Wilke war wieder in Freiheit, seine Reststrafe aber noch nicht erlassen, da schrieb am 22. Februar 1971 der Leiter der Zentralen Stelle der Landesjustizverwaltungen zur Aufklärung nationalsozialistischer Verbrechen in Ludwigsburg, Dr. Adalbert Rückerl (Zitat: »Wer die NS-Prozesse aus Patriotismus ablehnt, zeigt nur, wie unterentwickelt sein Patriotismus ist.« Rückerl in der Zeit vom 9. März 1984), einen Brief an den Generalstaatsanwalt am Hanseatischen Oberlandesgericht Hamburg. Gerade hatte der Bundesgerichtshof bestimmt, dass das Landgericht Hamburg weitere Ermittlungen wegen der Gräueltaten der Kampfgruppe von Gottberg im Bandenkampf in Weißrussland betreiben solle. Die Zentrale Stelle hatte sich gegen die Zuweisung nach Hamburg gewehrt und argumentiert, vieles sei ja schon im Heuser-Prozess in Koblenz angesprochen worden, deshalb müsse Koblenz zuständig sein. Doch die Entscheidung des BGH fiel am 3. Februar 1971. Nun musste Hamburg ermitteln – und tat dies 26 Jahre lang.

Konkret ging es um das, was Artur Wilke nach seinen bereits verurteilten Morden im Vernichtungslager Trostenez und im Getto Sluzk im Partisanenkampf getan hatte. Die Taten der Kampfgruppe von Gottberg, in der Wilke als SD-Kommandoführer eine zentrale Rolle spielte, waren trotz der zahlreichen Hinweise in den Prozessen der 60er Jahre ein Jahrzehnt lang nicht weiter ermittelt worden. »Dies beruht darauf«, schreibt Rückerl, »daß der verfahrensgegenständliche Sachverhalt als solcher bereits in vorangegangener Zeit in mehreren Verfahren bekannt geworden war und daß sich ein Großteil der Einzelakte des Gesamtkomplexes als reine Kriegsverbrechen darstellen, für deren Verfolgung die Zentrale Stelle nicht zuständig ist.«

Wie bitte? Die Ludwigsburger, so dachte und denkt bis heute die deutsche Öffentlichkeit, jagen Kriegsverbrecher. Welch ein Irrtum! Für Verbrechen an der Zivilbevölkerung, die aus Kampfhandlungen heraus begangen wurden und die nicht allein der Vernichtung der jüdischen Bevölkerung dienten, fühlte sich die Behörde nicht zuständig. Sie macht dies am Ende der 76 Seiten umfassenden Aufzählung all der grauenhaften Verbrechen gegen die weißrussische Landbevölkerung, die den Hamburger Ermittlern übergeben wurde, noch einmal unmissverständlich deutlich: »Diese Taten waren noch nicht Gegenstand eines staatsanwaltschaftlichen Ermittlungsverfahrens. Es handelt sich hierbei um Kriegsverbrechen (unterstrichen), für deren Verfolgung die Zentrale Stelle nicht zuständig ist.« Rückerl bittet die Hamburger Kollegen zudem um Verständnis, dass die Zentrale Stelle zwar bereit sei, Auskünfte zu erteilen, nicht aber, selbst zu ermitteln, »selbst wenn sie hierum ersucht werden sollte. Sie könnte einer entsprechenden Bitte schon aus rein personellen Gründen nicht entsprechen.« Der oberste Nazi-Verfolger bittet die Hamburger noch um ihr Aktenzeichen und erklärt sich »dankbar« für die »Übersendung von Kopien der wesentlichen Verfügungen und Entscheidungen«.

Das Aktenzeichen, 147 JS 11/71 U, »Ermittlungssache gegen unbekannte Angehörige der Kampfgruppe von Gottberg«, geführt wegen Mordes, erfährt Rückerl. Viel mehr aber nicht. Im Februar 1984 ging er in den Ruhestand, im Juli 1986 starb er. Da sollten die Hamburger noch weitere zehn Jahre ergebnislos ermitteln.

Feindtote. – Es waren die »Unternehmen«, also der »Bandenkampf«, die die Strafverfolger erneut auf den Plan riefen. Sie hatten Namen wie Nürnberg, Hamburg, Erntefest I und II, Hornung, Cottbus, Hermann und Heinrich. Wilke stand von Beginn an mit im Visier. Als Ic-Offizier des Sicherheitsdienstes, zuständig für Feindaufklärung und Abwehr, ausgestattet mit der Vollmacht, über Leben und Tod ganzer Dorfgemeinschaften zu bestimmen, war er bei fünf der acht Aktionen gegen Partisanen dabei – so häufig wie kein anderer. Schon einer der ersten Zeugen hatte ihn als »hochgewachsen, blond« und ihm gut bekannt beschrieben und erklärt, er »hielt sich grundsätzlich bei den Einsätzen bei der Einheit Dirlewanger auf«.

Auch in dem, was die Ludwigsburger den Hamburger Kollegen als Basis ihrer Ermittlung lieferten, war Wilke schon klar benannt – auch wenn sich das Verfahren formal gegen Unbekannt richtete. In der Rubrik »Die in Betracht kommenden Täter bzw. Tätergruppen« steht: »In erster Linie verantwortlich sind die Angehörigen des Kampfgruppenstabes (…). Ic der Kampfgruppe: SS-HStuf Wilke«. Es folgt eine Auflistung der »eingesetzten Angehörigen der Sipo und des SD«. An erster Stelle der folgenden elf Namen steht: »Führer: SS-HStuf Wilke (Nach seinen Angaben Ic beim Stab der Kampfgruppe)«. Auch unter dem Punkt »Aus den Beweismitteln zu entnehmende konkrete Hinweise auf bestimmte Täter« sticht Wilkes Name hervor: »SD-Angehörige Wilke und Eiche – Nach Dok 1 kommen beide Personen für die unter IV 1a-d bezeichneten Taten als Täter in Betracht, weil sie dem SD-Kommando angehörten, das dem Pol. Rgt. 13 zugeteilt war.«

Bei den »Beweismitteln«, die von Ludwigsburg nach Hamburg geschickt wurden, handelt es sich in vielen Fällen um jene Dokumente, die Wilkes Namen tragen, darunter seine Tagebuchaufzeichnungen, aber auch seine in Trostenez im Spind zurückgelassenen Einsatzbefehle. Diese wurden später bei den Zeugenbefragungen immer wieder zitiert, sodass der Name Wilke fast in keiner Vernehmung fehlte.

Dass es sich bei den »Unternehmen« jeweils um Kriegsverbrechen handelte, begründen die Ermittler so: »Daß es zu Kriegsverbrechen gekommen sein muß, ergibt sich schon aus der Anzahl der in den Erfolgsberichten als getötet angegebenen Menschen im Verhältnis zu den geringen eigenen Verlusten und der geringen Beute an Kriegsmaterial.« Konkret vorgerechnet wird das am Beispiel »Unternehmen Hermann«, an dem Wilke als wichtigster Führer nach von Gottberg und Dirlewanger teilnahm. Als »Feindtote« werden 4 280, als Gefangene 654 Menschen genannt (ein anderes Dokument nennt 4 199 Tote und 2 329 Gefangene). Und dann heißt es: »Anläßlich dieses Unternehmens wurden erstmals entsprechend den neuen Richtlinien »bandenverseuchte Gebiete« in der Weise »befriedet«, daß die gesamte Bevölkerung evakuiert, die Arbeitsfähigen zum Arbeitseinsatz erfaßt wurden.«

Die insgesamt »Erfaßten Arbeitskräfte« gibt das wichtigste Dokument mit 9 065 Männern, 7 701 Frauen und 4 178 Kindern an. Diesen Tausenden Toten, Zehntausenden Verschleppten, darunter allein fast 4 200 zur Arbeit versklavte Kinder, stehen drei kleine, nüchterne Zahlen gegenüber: »Eigene Verluste: 52 Tote, 155 Verwundete, 4 Vermißte«.

Freiwild. – Das »Unternehmen Hermann« begann schon am 11. Juli mit den ersten Festnahmen mutmaßlicher Partisanenfreunde durch Wilkes Kommando in Nowogródek. Offizieller Beginn der Vernichtung des Partisanendorfes – des »Schtetl Bielski« – im Naliboki-Urwald und aller Dörfer im Umkreis war der 14. Juli 1943. Bis zum 5. August sollte Artur Wilke die sogenannten »sicherheitspolizeilichen Aufgaben« der Aktion leiten. Kommandeur Strauch hatte ihn dazu befohlen und ihm drei SD-Kommandos unterstellt, »die auch bei diesem Unternehmen im Einvernehmen mit dem Btl.-Kdr. über die Notwendigkeit von Strafmaßnahmen gegen die Bevölkerung zu entscheiden hatten«, heißt es in der Zusammenfassung der Ludwigsburger Ermittler.

Wie die Kampfverbände – darunter neben der Sonderbrigade Dirlewanger auch SS-Brigaden, Polizei- und Schutzmannschaften sowie Wehrmachtseinheiten – vorzugehen hatten, beschreibt Strauchs Einsatzbefehl zum »Unternehmen Hermann« unmissverständlich: »Der Raum, (…) der als bandenverseucht anzusehen ist, wird entsprechend Führerbefehl restlos evakuiert. (…) Sämtliche Menschen (Männer, Weiber, Kinder) und lebendes und totes Inventar sind aus dem (…) bezeichneten Raum abzuschieben. Die arbeitsfähigen Menschen werden vom Arbeitseinsatzstab erfaßt. Für die Behandlung des Restes sind die zuständigen Gebietskommissare verantwortlich. Es ist unzweckmäßig, diesen Rest in der Nähe des evakuierten Raumes zu belassen. (…) In dem evakuierten Raum sind Menschen in Zukunft Freiwild.«

Und Oskar Dirlewanger, bei dessen Einheit sich Wilke meist aufhielt, übersetzt diese Vorgabe seinem SS-Sonderbataillon in einem eigenen Befehl zur »Durchkämmung nach Rückwärts« so: »(…) hierbei wird alles zerstört, was Unterkunft und Schutz bieten kann. Das Gebiet wird Niemandsland. Sämtliche Bewohner werden erschossen (…) Heuhaufen (…) werden verbrannt.« Aber, so Dirlewanger, es solle darauf geachtet werden, dass »russische Zivilkutscher bei den Erschießungen nicht zugegen sind«.

Dory. – Volkstrauertag – »Heldengedenktag« hieß das zu deiner Kindheit im Volksmund noch. Etliche Kränze lehnen rund um die überlebensgroße Soldatenfigur am Sockel. Nur ein einzelner Blumenstrauß liegt am kleinen Mahnmal für die Opfer des Faschismus. Dunkel gekleidete Menschen lauschen den Worten von Politikern, Gewerkschafts- und Kirchenvertretern. Der Superintendent erinnert an seinen Besuch in Weißrussland, wo man auch in dem kleinen Dorf Dory gewesen sei. Dort hatten Deutsche die Kirche niedergebrannt. Zuvor hatten sie 257 Menschen darin eingesperrt, die in den Flammen umkamen.

Er beschreibt tätige Wiedergutmachung. Seit Jahrzehnten engagiert sich das Friedensnetz des Christlichen Vereins junger Menschen (CVJM) und der evangelischen Kirche an den Stätten deutscher Verbrechen in Weißrussland. Die CVJM-Gruppen organisieren Spendenaufrufe, unternehmen Reisen nach Belarus, wo Gedenkstätten besucht und jüdische Friedhöfe gepflegt werden, und sie helfen beim Neubau einer orthodoxen Kirche in dem kleinen Ort Dory, 60 Kilometer westlich von Minsk.

In der Tagesmeldung des Bataillons Dirlewanger vom 21. Juli 1943 schlug sich das, was in Dory geschehen ist, nur in stichwörtlicher Erwähnung unter Punkt vier nieder. Gegen 15 Uhr meldet die 1. Kompanie einen Verwundeten und einen Feindtoten. Beschrieben wird unter »besondere Vorkommnisse« ein kurzes Feuergefecht mit Partisanen, ein Feindbeschuss aus den Fenstern eines Hauses, worauf man »die Häuser mit sämtlichen ehem. Insassen niedergebrannt« habe, sowie die Räumung des Dorfes Mniszany. Letzter Punkt: »Aus Sicherheitsgründen wurden Dory, Srednie Siolo, Dubowce, Mnizany nach Herausziehen der Arbeitswilligen liquidiert.«

Zwei Wochen später liest sich das im Bericht des örtlichen Polizeichefs Kuschel schon anders. Kuschel schreibt am 6. August 1943 an den Vorsitzenden des Weißruthenischen Vertrauensrates, Dawer, über Verbrennungen ganzer Dörfer: »Hiermit melde ich, daß am 5. August die Einwohner des Dorfes Perschai (es folgen fünf weitere Ortsnamen) bei mir erschienen sind und folgende Angaben gemacht haben: In der zweiten Hälfte des Monats Juli führten deutsche SS-Einheiten im Kreis Woloshino eine Säuberungsaktion gegen Partisanen durch. Dabei verbrannten sie im Amtsbezirk Perschai die Dörfer Dory, Dubowzy, Mischany, Dowgalewschtschina, Lapizy, Sredneje Selo, Romanowschtschina, Neljuby, Palubowzy und Makrytschewschtschyna mitsamt den Einwohnern. Die SS-Einheiten führten keinerlei Untersuchung durch, sondern trieben die Einwohner, hauptsächlich Greise, Frauen und Kinder, in einzelnen Häusern zusammen, die in Brand gesteckt wurden. In Dory wurden die Einwohner in eine Kirche getrieben und mitsamt der Kirche verbrannt.«

Der Bericht des Kreislandwirtes von Woloshin über Plünderungen und Vernichtung von Dörfern durch die Gruppe Dirlewanger bestätigt das. In dem mit »25. 7. 1943« datierten Dokument heißt es, »es wurden nach bisher vorliegenden Berichten elf Ortschaften entvölkert und niedergebrannt.« Das Schicksal der Bewohner kümmert den Kreislandwirt weniger. Er beklagt sich, dass alle Angestellten und Arbeiter seines Staatsgutes, der Gemeindeverwaltung und der Molkerei »sowie die weitere ganze arbeitsfähige Bevölkerung des Ortes« abgeführt worden seien und das Vieh entweder erschossen, mit den Ställen verbrannt oder als Beute fortgeführt worden sei. Er kündigt Verluste bei der bevorstehenden Ernte an, weil in den niedergebrannten Dörfern nun die Arbeitskräfte dafür fehlten. Als Verursacher nennt der Kreislandwirt die Einheit Dirlewanger, deren Ic-Offizier – also der, der allein entscheiden durfte, welche Dörfer zu liquidieren, welche zu verschonen sind – in diesen Tagen des »Unternehmens Hermann« Artur Wilke war.

Dreißig Jahre später, in den Unterlagen aus Ludwigsburg, die die Hamburger Staatsanwälte nun zu einer Anklage verdichten sollten, werden zehn Einzeltaten aufgelistet, darunter an erster Stelle: »a. Dorf Dory, Kreis Waloshyn. In der zweiten Julihälfte 1943 wurden die Einwohner des Dorfes (…) in der Kirche zusammengetrieben und lebendig verbrannt. Die Gebäude des Dorfes wurden niedergebrannt.« Als »in Betracht kommende Täter« listet die Ermittlungsakte 32 Namen sowie die Bezeichnungen verschiedener SD-Kommandos, Einsatzgruppen und Brigaden auf. Als »eingesetzte Angehörige der Sipo und des SD« wird zuallererst genannt: »Leiter des Einsatzes: SS-HStuf Wilke. Für das Unternehmen Ic der Kampfgruppe.«

Kathrin. – Immer wieder zweifelst du an dir und deinen Altersgenossen. Wart ihr geschichtsvergessen, dass ihr die Verbindung nicht gesehen habt? Hier euer Lehrer, der Nazi-Verbrecher, dort die Bücher, Filme, Fernsehbeiträge vom Hitler-Faschismus. Ihr habt selbst die Dokumentationen darüber wie Fiktion konsumiert, es nicht auf euch und euer Leben bezogen, habt die Verbindung nicht hergestellt zwischen eurer Lebenswelt und dem, was euch in Medien oder Schule präsentiert wurde. Dabei wäre das noch gegangen in eurer Generation. Die Verknüpfungen gab es ja noch, und die Fäden waren kürzer, als ihr all die Jahrzehnte glaubtet. Was sollen eure Kinder, eure Enkel noch glauben und empfinden, jetzt, da die Zeitzeugen bald fehlen werden? Ihr seid die letzte Generation, die noch Täter und Opfer gekannt hat und hätte fragen können.

Deine Freunde Barbara und Gustav etwa. Ihnen kann man nun wirklich kein politisches Desinteresse, keine Geschichtsvergessenheit unterstellen. Beide Kommunalpolitiker. Er so viele Jahre Ortsbürgermeister und Ratsherr, sie Kreistagsabgeordnete und Küsterin deines Heimatdorfes. Gustav ist bei Artur Wilke zur Schule gegangen, als der noch Walter hieß. Aber beide haben nicht im Entferntesten an ihren Mitbürger, den Massenmörder, gedacht, als sie am Ort seiner Taten standen.

Angefangen hat ihr Engagement für Weißrussland nach dem Unglück von Tschernobyl. Die Aktion »Kinder von Tschernobyl« hilft eben nicht nur ukrainischen, sondern auch Kindern aus Belarus. Fast jedes Jahr im Sommer waren junge Leute zur Erholung auf dem Hof der Familie. Mehrmals reisten Barbara und Gustav mit der Gruppe des CVJM in die Region Minsk. Chatyn, das nationale Mahnmal Weißrusslands, haben sie mehrfach besucht, haben die stilisierten Schornsteine so vieler Häuser jenes Dorfes gesehen, das die Dirlewanger-Einheit restlos zerstörte und niederbrannte – und das nie mehr aufgebaut wurde. Und sie standen in Dory am Denkmal der übergroßen Bronze-Mütter, die verzweifelt nach ihren von den Partisanenjägern getöteten Kindern suchen, an den Grundmauern der 1943 zerstörten Kirche, in der 257 Menschen bei lebendigem Leibe verbrannten.

In der benachbarten Schule von Dory gab es eine kleine Ausstellung mit Fotos jüngerer deutscher Christen, die sich engagiert haben für die Wiedergutmachung auch dieser Tat. Und plötzlich entdeckte Barbara ein bekanntes Gesicht: Kathrin. Die jüngste Tochter deines und ihres Freundes. Kathrin war wenig jünger als Barbaras und deine Kinder. Sie starb bei einem schrecklichen Unfall. Vorher, im Jahr 2000, bei der Weltausstellung in Hannover, hat sie mit anderen jungen Leuten aus ganz Norddeutschland im Walfisch, dem »Pavillon der Hoffnung«, die Versöhnungsarbeit des CVJM präsentiert. Kathrin ist für die Menschen in Dory das Gesicht für alle weltoffenen, um Versöhnung ringenden jungen Deutschen geworden. Der Lehrer ihrer Eltern, Artur Wilke, ist und bleibt die Grimasse für das mörderische Deutschland der Nazizeit.

Bei der Expo 2000 von Kathrin vorgestellt wurde auch das Friedensnetzwerk des CVJM, das unter anderem mithalf, die neue orthodoxe Kirche in Dory zu errichten – gleich neben den Grundmauern der von Artur Wilke und seinen Leuten zerstörten. Engagiert dabei, ohne auch nur die Verbindung zu ihrem Heimatort zu erahnen, die jungen Leute des CVJM Stederdorf, dem Dorf, in dem einer der Täter unter falschem Namen eine ganze Generation ihrer Eltern unterrichtet hatte.

Lichtbild. – Soll da wirklich Wilke dabei, ja gar verantwortlich gewesen sein, als in Dory die Kirche brannte? Nichts ist bewiesen, kein Prozess wurde geführt, kein Urteil gesprochen, nicht einmal eine Anklage erhoben. Zeugenaussagen im Koblenzer Prozess, in denen Wilke von der Sowjet-Delegation als der, der den Befehl gab, beschuldigt wurde, wurden nicht weiter verfolgt. Zugegeben hat er die Tat nie, aber auch nie behauptet, nicht dabei gewesen zu sein.

Dass er in jenen Tagen als SD-Kommandoführer der Einheit Oskar Dirlewangers zugeteilt war, steht fest. Es gibt die Einsatzbefehle, ebenso zahlreiche Zeugenaussagen: dass SD-Leute die Kampfgruppen begleiteten und zu entscheiden hatten, wo welche Vergeltungsmaßnahmen gegen die Zivilbevölkerung zu unternehmen sind.

Den konkretesten Hinweis auf Wilkes Aufgabe gibt ein hoher Polizeioffizier, der Bataillonskommandeur Hans Siegling. Er wurde im Hamburger Verfahren nicht nur als Zeuge, sondern als Beschuldigter gehört. Am 8. September 1966 wehrte sich der inzwischen in Nördlingen zum erfolgreichen Fabrikanten gewordene Ex-Partisanenkämpfer schon gegen seine Vorladung sofort mit einer »Schutzschrift«, in der er alles von sich wies. »Die Belastungen gegen mich beruhen fast alle auf schon rein militärisch unmöglichen Zeugenaussagen, dass nur jeweils der Btls. Kdeur. Befehle zu Übergriffen erteilt haben könne bzw. müsse.« Es sei »nirgendwo üblich«, dass ein Kommandeur Befehle direkt an Gruppen- oder Zugführer erteile. Das sei ein so »elementarer Führungsgrundsatz«, der ihm »in Fleisch und Blut übergegangen« sei, sodass er ihn »unmöglich gebrochen haben kann«.

Siegling weiter: »Anders dagegen haben die SD-Kommandos gehandelt. Sie gaben den Einheiten bzw. sogar den Zügen und Gruppen, denen sie zugeteilt waren, Direktbefehle.« Und in seiner später dann doch noch erzwungenen Aussage heißt es: »Bei jedem Großunternehmen, an dem meine Einheit beteiligt war, rückten auch SD-Leute mit aus. Diese SD-Leute nahmen zunächst einmal die Ic-Funktionen wahr und verhörten die gefangenen Partisanen. Anschließend bestimmten sie, was mit diesen Personen geschah. Entsprechend wird es auch in den Fällen gewesen sein, in denen Repressalien verhängt worden sind. Hierzu wären die Befehle ausschließlich vom SD ergangen.« Seine eigene Zuständigkeit habe sich nur auf die Kampfführung beschränkt. »Für alles Andere wie Behandlung der Gefangenen, Strafmaßnahmen gegenüber der einheimischen Bevölkerung usw. waren die uns zugeteilten SD-Angehörigen ausschließlich zuständig.« Konfrontiert mit Willkürakten wie in Dory sagt Siegling aus: »Möglicherweise sind diese Vorfälle im Kampfgebiet der Brigade Dirlewanger vorgekommen. Ich habe schon damals davon gehört, daß diese Einheit unsauber gekämpft und auch unschuldige Zivilisten nicht geschont haben soll.«

Zum Schluss bestärkt Siegling seine Schuldzuweisung an den SD noch – und wäscht sich selbst die Hände in Unschuld: »Wir Offiziere vom Schutzmannschaftsbataillon 57 hatten hiermit nichts zu tun und waren im übrigen gegen Handlungen und Weisungen der SD-Kommandos machtlos.« Und dann wird der hartgesottene Partisanenkämpfer richtig putzig: »Ein eindeutiger Beweis für die Glaubwürdigkeit meiner geschilderten menschlichen Haltung gegenüber harmloser Zivilbevölkerung und Kindern ist das als Anlage beigefügte Lichtbild. Sie sehen mich auf dem Bild mit einem Kind auf dem Arm.« Anlage: Ein Bild aus dem Partisanengebiet.

Dirlewanger. – Vor der Bande, der er da als Befehlsgeber für Vergeltungsakte zugeteilt war, muss es einem feinsinnigen, wenngleich inzwischen abgestumpften Mann wie Wilke gegraust haben. Die Sondereinheit Dirlewanger galt unter allen Kampfeinheiten als die schillerndste und brutalste. Den Namen hatte sie von dem Oberführer der Waffen-SS, Oskar Dirlewanger, einem vorbestraften Veteranen des Ersten Weltkrieges. Ihm wurde die Führung eines ganz besonderen Haufens überlassen: zum Kriegsdienst gezwungene verurteilte Wilderer.

Der Hamburger Akte liegen zahlreiche Vernehmungen bei, in denen notorische Wilddiebe, die vor dem Krieg verurteilt und in Gefängnisse gesteckt worden waren, in die Brigade Dirlewangers gepresst wurden. Ihnen wurde versprochen, ihre Verurteilung werde gestrichen, wenn sie sich im Partisanenkampf bewähren. Tatsächlich konnten fast alle, die 1972 bis 1974 vernommen wurden, ihre Freilassung einschließlich Straferlass bestätigten.

Die Wilddiebe-Einheit war 1940 Himmlers Idee. Die Wilderer sollten sich als Scharfschützen bewähren. Himmler protzte im August 1944: »Ich habe mir vom Führer die Genehmigung geben lassen, aus den Gefängnissen Deutschlands alle Wilderer, die Büchsenjäger sind, also die Kugelwilderer, herauszuziehen. Das waren ungefähr 2 000. Von diesen anständigen und braven Männern leben leider Gottes nur noch 400.«

Anständig und brav? Die Wilddieb-Brigade ist in die Geschichte der Partisanenkämpfe als die brutalste und rücksichtsloseste Einheit eingegangen. Und 2 000 waren es schon gar nicht. Die Zeugen berichteten, bei Lehrgängen mit 100 anderen ausgebildet worden zu sein. Maximal soll es 250 Wilderer bei Dirlewanger gegeben haben. Der Rest der

Truppe waren freigelassene Schwerverbrecher anderen Kalibers aus Gefängnissen und Konzentrationslagern.

Dieser Verbrecherbande also gab Wilke Befehle, wie mit Menschen und Dörfern im Partisanengebiet zu verfahren war.

Zeitzeugen. – Der CVJM hat sich schon in den 90er Jahren in Dory engagiert. Im Januar 1997 haben Klaus Kobs und Dieter Ebert vom Friedensnetzwerk Interviews mit den letzten Überlebenden des Massakers in Dory geführt. Eine Lehrerin aus Woloshin hat sie übersetzt. »Der Schmerz, die Trauer, die Angst und die Verzweiflung waren wieder da, als sie diese Berichte trotzdem und dann noch für Deutsche gegeben haben«, schrieben die CVJM-Aktiven.

Rudowitsch Iwan Petrowitsch war zwölf Jahre alt, als die Dirlewanger-Soldaten in Dory einfielen. »Sie läuteten die Glocken. Etwa gegen 4 oder 5, bei Tagesanbruch. Und sie gingen in die Häuser. Das war vielleicht ihr Signal, die Glocke zu läuten in der Kirche. (…) Sie sollten in die Häuser gehen, die Menschen zu fangen, um sie zusammenzubringen. Na, und dann kamen sie. Wir, ich, meine Schwester und meine Mutter, schliefen noch. Mit einem automatischen Gewehr machte er die Tür auf und trat ins Haus ein. (…) Er zeigte auf die Kirche. In die Kirche, in die Kirche, alle in die Kirche!

Da bekam ich, der Kleine, Angst. Weil sie das Haus anzündeten, das Nachbarhaus. (…) An der Kreuzung haben sie uns gesammelt. Die Jüngeren wurden für die Arbeit in Minsk ausgewählt. Die anderen, solche, die nicht gebraucht wurden, die Frauen mit den Kindern, Junge, Alte und ihre Kinder, alle Leute dort in die Kirche. Sie sagten immer nur: In die Kirche, in die Kirche!

Ein kleiner Junge flehte sie an: Meine Herren, lassen sie mich frei, ich werde Kühe hüten. Sie haben ihn nicht gelassen. Ein Deutscher ging in der Mitte der Kirche – ich weiß nicht, ob es ein Deutscher war, aber – er ging hin und her, von einer Ecke in die andere, neben den Türen, in der Mitte. Er ist dort hin und her gegangen, und ich drehte mich um und lief fort. Ob er das gesehen hat, weiß ich nicht.

Es wurde auf die Menschen in der Kirche geschossen (…). Vielleicht brannten in der Kirche auch Verwundete, wer weiß das? Ich erinnere mich daran, es waren dort arme Menschen, die am lebendigen Leibe verbrannten. Ihr versteht?«

Einem anderen Glücksfall hatte Jusefa Ignatjewna Kulik ihr Leben zu verdanken. Sie war schon 18, als Dory überfallen wurde, und lebte im Nachbardorf Scharai, in das ebenfalls eine deutsche Einheit einfiel. »Als die Glocken in der Kirche von Dory ertönten, waren wir umzingelt. Es gelang keinem zu flüchten. Nur es gelang manchen, sich irgendwo unter dem Strauch zu verstecken. Und dann – als die Glocken ertönten, begann man uns umzubringen und zu verbrennen. Man hat die Häuser in Brand gesetzt. Alles. (…) Wir sagten uns: Wir gehen, wenn es uns bestimmt ist. (…) Vor dem Schicksal kann man nicht flüchten.

Die SS-Leute hatten schon viele Leute im Dorf erschossen, auch junge Leute. (…) Wir kamen auf die Straße und wurden zum Ende des Dorfes getrieben. Dort stand ein kleines neues Häuschen. Man wollte uns in dieses Häuschen treiben und dort verbrennen. Aber das Häuschen war neu und wollte nicht brennen. Wie konnte das sein? Das Haus wollte nicht brennen und wir sind geblieben.

Danach, als alles schon brannte, stellten sie fest, dass Menschen, genau wie Hunde, nicht so schnell sterben. Drei Granaten warfen sie unter die Menschen. Gott, hat es Schreie gegeben! (…) Ich möchte, dass niemand, wo immer er lebt, vergisst, was an diesem Ort geschah. An diesem Ort, wo wir die sterblichen Überreste unserer Angehörigen begraben haben. Ich wünsche mir, dass auch nach meinem Tod jemand diesen Ort aufsucht.«

Eine dritte Zeitzeugin, Maria Nikolajewna Grischtschuk, lebte damals als junges Mädchen in einem Gehöft, einen halben Kilometer von Dory entfernt. »Als die Kirche in Dory in Brand gesteckt wurde, war die Flamme von unserem Haus aus zu sehen. Durch die Fenster hatten wir gesehen, dass die Deutschen fuhren. Mein Onkel erkannte die Uniform mit Armbinden. Er schrie: Verlasst alles! Sie werden alles in Brand setzen und die Menschen töten! In unserem Dorf gab es einen Fluss. Wir sind zum Fluss gelaufen, unsere ganze Familie. Keiner wurde getötet.« Grischtschuk glaubt auch zu wissen, warum die Deutschen gerade in Dory so wüteten und die Kirche zerstörten. »Die Ursache, dass die Leute und die Häuser verbrannt worden waren, lag darin, dass der Sohn des Priesters von Dory getötet worden war. Im Dorf sagte man, dass das die Partisanen gemacht hatten. Ich weiß nicht, ob es wirklich so war. Wer weiß das? Die Macht war so damals: In der Nacht die Partisanen, am Tag die Deutschen.«

Die deutschen Interviewer greifen schließlich auf, was sie bisher über den Grund des Überfalls gehört hatten: Sei es nicht so gewesen, fragen sie, dass die Kirche aus Vergeltung abgebrannt wurde, weil die Bevölkerung von Dory darin Lebensmittel für die Partisanen versteckt habe? »Nein. Es stimmt nicht«, lautet die Antwort. »Damals gab es noch wenig Partisanen. Es gab viele Partisanen, als alles abgebrannt worden war. Die Menschen hatten nichts zu essen, nichts anzuziehen. Und zu den Partisanen waren auch die Leute angeschlossen worden, die aus der Gefangenschaft geflüchtet waren. Sie sammelten sich in den Wäldern. Mein Mann ging zu den Partisanen. Er war damals 17. Als alles abgebrannt worden war, haben sie beschlossen: entweder nach Deutschland oder tot. Dann ging er zu den Partisanen. Die Partisanen waren in Perschai, in Nalibokskaja Puschtscha. Aber sie kamen hierher, um Nahrungsmittel zu nehmen. Die Deutschen sammelten Eier, Butter am Tage, die Partisanen in der Nacht.«

Bandenjäger. – Natürlich kannten Zeitzeugen wie Maria Nikolajewna Grischtschuk, die teils Jahrzehnte nach den Taten darüber berichteten, nicht die Namen ihrer Peiniger. Selbst wenn sie welche nannten, bleibt offen, wo sie diese gehört hatten und ob sie zutrafen. Vorgestellt haben sich die Mörder nicht. Wer sie befehligte, wer anordnete, dass Dörfer zu zerstören, Bewohner zu töten oder zu verschleppen waren, blieb denen, die sich retten konnten, stets verborgen. Weder Befehlsstrukturen noch Namen von Einheiten, Offizieren oder Mannschaften konnten sie wissen. Und doch fällt bei weißrussischen Zeugen der Name Artur Wilke als einer der Haupttäter immer wieder. Sogar in Zusammenhängen, die unrealistisch sind.

Das mag daran liegen, dass Wilke sich schon zu Zeiten seines Einsatzes gegen die Partisanen einen zweifelhaften Ruf erworben hatte. Er galt als der »berüchtigte Bandenjäger«, schreibt Christian Gerlach in seinem Buch »Kalkulierte Morde«. Wilkes Name steht an der Spitze der Kommandogruppen, die in den Dörfern mit rücksichtsloser Gewalt nach Partisanen, Unterstützern und Kontaktpersonen suchten und die entschieden, welche Strafmaßnahmen auf einen Verdacht hin zu erfolgen hatten. Gerlach schreibt an anderer Stelle über Wilkes Aussagen im Heuser-Prozess: »Dem Partisanen-Abwehrspezialisten mit der traurigsten Berühmtheit, SS Hauptsturmführer Artur Wilke vom

KdS Minsk, war noch Anfang der sechziger Jahre das Bedauern darüber anzumerken, daß man ihn schließlich versetzt hatte.« Gemeint ist seine Rückkommandierung Weihnachten 1943, die er dank eines einflussreichen Mitreisenden noch einmal abwenden konnte.

Einfluss auf die Verbreitung seines Namens als Täter mag aber auch die Tatsache haben, dass die Rote Armee seine Befehle und Tagebücher fand und auswertete. Ein Großteil der Dokumente, die die sowjetische Historiker-Kommission 1962 im Heuser-Prozess in ihrem Braunbuch vorlegte, tragen den Namen Wilke oder stammen aus seiner Feder. Natürlich gingen diese auch in der Sowjetunion in Archive und in die Forschung ein, sodass dieser Name immer wieder auftaucht – und leicht in falsche Zusammenhänge gebracht wird.

Ein Beispiel dafür gibt Paul Kohl, der von 1985 an über viele Jahre für sein Buch »Der Krieg der deutschen Wehrmacht und der Polizei 1941–1944« in etlichen Reisen an den Originalschauplätzen forschte. Der deutsche Journalist beschreibt, wie ihm in Vitebsk eine Zeitzeugin, die ihren Namen nicht nannte, einen Brief in die Hand drückte. »Lieber Herr aus Deutschland!«, heißt es darin. Dann folgt eine Auflistung der Gräuel der Unternehmen »Cottbus« und »Hermann« im Sommer 1943 »im Gebiet Vitebsk und Minsk« sowie die Aufzählung der Toten und Verschleppten dieser Aktionen. »Dabei hat allein die Truppe unter Hauptsturmführer Wilke im Gebiet Vitebsk/Minsk 113 Dörfer niedergebrannt, 3 616 Personen erschossen und 2 812 Männer und 450 Frauen nach Deutschland deportiert.« Und weiter: »Hauptsturmführer SS Wilke ließ im Juli/August 1943 bei seinem Unternehmen ›Hermann‹ im Gebiet Vitebsk 4 280 Personen erschießen. (…) Allein am 13. Oktober 1943 ließ SS-Hauptsturmführer Wilke bei dem Unternehmen ›Fritz‹ 327 Menschen erschießen und 182 Menschen ›sonderbehandeln‹«.

Allerdings: Vitebsk war 1943 – abgesehen von einem Arbeitslager – bereits »judenfrei«. Von Lagern Kriegsgefangener ist bekannt, nicht aber von nennenswerten Partisanenaktivitäten. Auch hast du keinen Hinweis finden können, dass Wilke je im Raum Vitebsk eingesetzt war. Im Juli/August 1943 war er in Nowogródek, 140 Kilometer westlich von Minsk. Vitebsk aber liegt 280 Kilometer nordöstlich – 420 Kilometer entfernt. Und das – allerdings von Wilke maßgeblich vorbereitete – »Unternehmen Hermann« konzentrierte sich auf den Naliboki-Urwald bei Nowogródek, nicht auf Vitebsk. Das

»Unternehmen Fritz« schließlich zielte auf Partisanen am westlich von Glebokie gelegenen Narocz-See ab, 250 Kilometer entfernt von Vitebsk. Es wurde ausgedehnt auf die vorher verbündeten Druschina-Bataillone, die zu diesen Partisanen überzulaufen versuchten. Die russischen Druschina-Angehörigen hatten ihre deutschen Führer ermordet, sich Richtung Glebokie abgesetzt, wurden aber gestellt, noch ehe sie die Partisanen erreichten. Wilke war an der Planung der Einsätze beteiligt, nicht aber in Vitebsk.

Das Beispiel zeigt, dass unter den Völkern der Opfer die Massaker direkt mit bekannten Namen der Täter in Verbindung gebracht werden. Nicht nur Hitler, Himmler, vielleicht noch Eichmann sind für sie die Mörder, die Schuldigen am millionenfachen Mord der deutschen Faschisten, sondern die Nazi-Verbrecher, die man vor Ort erlebte. Auch wenn der eine bekannte Name nur stellvertretend herhalten muss für die Namen der vielen Unbekannten.

Und in Deutschland? Hier wurde über die Täter, die oft noch unter uns lebten, lange geschwiegen. Hitler und die, die in Nürnberg verurteilt wurden, konnten als Schuldige benannt werden. Die anderen, selbst wenn Gerichte sie verurteilten, waren ja allenfalls Mittäter, die Befehle befolgt hatten. Aber auch darüber wurde geschwiegen. Bezeichnend die Antwort eines Klassenkameraden, der, gefragt, was er über die Taten unseres ersten Lehrers wisse, antwortete: »Der soll im Krieg komische Dinge gemacht haben – haben die Eltern gesagt.«

Kurt. – Er habe sich als verurteilter Nazi in den Kneipen ja nicht mehr blicken lassen dürfen, sagen die einen. Der hagere, krank aussehende, gebeugt schleichende Mann, mit dem niemand sprach, habe zum Dorfbild gehört, sagen die anderen. Auch du hast seine fadenscheinige Gestalt in Erinnerung, wie er nach der Haftentlassung, oft mit einer Einkaufstasche am Arm, durchs Dorf ging. Damals zog noch der Milchwagen durch die Straßen. Vorn »Pfanny«, das Zugpferd von stoischem Gemüt, auf dem Bock Milchhändler Gille, der aus der großen Kanne teils direkt in die Kochtöpfe schöpfte. Auch Wilke stand in der Schlange, die kleine Milchkanne am Arm; der Massenmörder als netter Nachbar von nebenan. In der von zwei Brüdern geführten Tankstelle am Park wurde er häufig gesehen. Bier hat er dort getrunken, Flaschenbier gekauft. Auch im Sundern, dem Traditionsgasthaus jenseits des Moores, nahe dem Schlageter-Denkmal am Luhberg, soll er beim Bier gesessen haben. Nur dessen alter Wirt sei ihm Gesprächspartner gewesen.

Auch mit dem damaligen Pastor muss der Haftentlassene verkehrt haben. Noch heute empört sich Hans-Jürgen darüber, wie er nach einem Trauergespräch vor dem großen Gemeindesaalfenster stand und der Pastor ihm arglos erklärt habe: »Das hat der Wilke auch schon bewundert. ›Ein gutes Schussfeld‹, hat Wilke dazu gesagt.«

Er habe nach der Haft wieder reichlich Alkohol getrunken, sagen Nachbarn, aber selten in der Öffentlichkeit. Hoch her sei es nur gegangen, wenn alte Kameraden – ihre Identität kennt keiner – zu Besuch waren und man aus dem Wintergarten Lärm eines Trinkgelages gehört habe. »Knarzige alte Offiziere, einer mit Monokel und im dicken Mercedes«, beschreibt eine Nachbarin den seltenen Besuch. Und dann erinnert sie sich daraus entstandener wilder Gerüchte, die wohl überwiegend der Fantasie entsprungen seien: wie die »alten Nazis da wohl mit ihren Taten und ihrer Beute geprotzt« hätten. Wo wohl das ganze Juden-Gold geblieben sei, habe man sich gefragt. Von Goldbarren, die Wilke zum Hausbau verwendet habe, sei die Rede gewesen. »Wohl nur so ein Mythos – man hat dem ja inzwischen alles zugetraut.«

Wirklich gewusst hat keiner was. Mit Wilke geredet über seine Taten hat wohl auch niemand.

Und doch ist es ausgerechnet eine Szene im Gasthaus Schönau, dort, wo für dich alles begann, an die sich dein Schulfreund Kurt erinnert. Mit seinem Vater, SPD-Genosse und Kreistagsabgeordneter, sei er 17jährig während eines Elternbesuchs aus dem Internat ins Gasthaus gegangen. Dort habe auch Wilke gesessen, »und mein Vater hat den unglaublich angemacht«. Das müsse 1969/70 gewesen sein, kurz nach Wilkes Entlassung. Kurt hatte damals »Schamgefühle, weil mein Vater so aggressiv war«. Der sei zwar politisch links gewesen – »bei uns am Esstisch wurde aus Jux schon mal die Internationale gesungen« –, habe sonst aber immer auch andere Meinungen gelten lassen. Selbst mit den NPD-Bauern habe er zwar gestritten, sei aber nie persönlich geworden. Gar mit dem, der es fertigbrachte, bei Kommunalwahlen gleichzeitig für FDP und NPD zu kandidieren. Wilke aber habe er »ganz plötzlich und mit voller Breitseite an seine faschistische Vergangenheit erinnert« und ihm Menschenrechtsverletzungen vorgeworfen. Wilke habe darauf »eher kleinlaut« reagiert.

Warum ihm das so gut in Erinnerung ist? »Vielleicht hatte ich Mitleid mit meinem ehemaligen Lehrer. Ich hatte ihn ja einst gemocht.« Und natürlich: »Weil ich meinen Vater so giftig und bissig gar nicht kannte.« Für ihn, den 17jährigen Sohn, sei das ein »schamverletzendes Erlebnis« gewesen: »Ich dachte noch – obwohl ich ja da schon politisiert war –, mein Gott, geht der in die Tiefe! Der stellt ihn ja als Menschen infrage.«

Dass Wilke nicht der nette Lehrer war, als der Kurt ihn in den ersten Schuljahren noch sah, war ihm zehn Jahre später längst klar. Da hatten ihm schon bald nach der Verhaftung die größeren Kinder vom Dorfteich die Augen geöffnet. Erst von den großen Jungs habe er gehört, wie rabiat Wilke auch sein konnte, wie brutal er die älteren Schüler bestraft habe. Und dann hätten ihm Archie, Hans und Reinhard, die Platzhirsche vom Dorfteich, von den Gräueltaten der SS erzählt. »Das werde ich nie vergessen: Von blutigen Foltermethoden und Wassertropfen auf den Kopf, die den Gefangenen zum Wahnsinn treiben. Damit haben die sich aufgespielt.« Wie viel davon erfunden, wie viel aus Karl-May-Büchern, Groschenromanen oder der Fantasie stammte und ob überhaupt einer der 11- bis 13jährigen Jungs etwas Konkretes über den verhafteten Lehrer wusste – Kurt kann es nicht sagen. »So entstehen Mythen!« Was die Staatsanwälte inzwischen erfahren hatten, war wohl keinem der Dorfteich-Jungs bekannt.

Kinovorführung. – Der Zeuge machte keinen Hehl daraus, dass er Artur Wilke nie mochte. Schon beim »Unternehmen Cottbus« war Werner W.-B. dem Hauptsturmführer aus dem Minsker KdS-Stab erstmals begegnet. Dreißig Jahre später, am 18. Juli 1973, gab er während einer Vernehmung in der Polizeidienststelle in Wilhelmshaven zu Protokoll: »Ich habe den HStuf. Wilke im Gefechtsstand kennengelernt. Er war mir in seiner schlampigen, flegeligen Art von Anfang an unsympathisch.« Wilke, der damals »ständig« der Ic der Kampfgruppe von Gottberg gewesen sei, sei wohl mit seiner Truppe für Aufklärung zuständig gewesen, aber »ich glaube nicht, daß die überhaupt Aufklärung und Erkundung betrieben hat. Die paar Leute vom SD waren immer beim Gefechtsstand. Sie haben meines Erachtens lediglich gefangene Partisanen, die von den eingesetzten Einheiten überstellt worden sind, vernommen.« Auch vom Chef der Kampfgruppe, Curt von Gottberg, zeichnet der Zeuge kein gutes

Bild. »Von Gottberg war für mich ein Trinker. Er war, wenn er sich beim Gefechtsstand aufhielt, abends häufig betrunken. Er hat allerdings nur mit den SD-Leuten zusammen getrunken. Alle anderen hielten sich von ihm fern.« Als Zechgenossen nennt Werner W.-B. den Kommandeur der Sicherheitspolizei von Minsk, Eduard Strauch, – und eben Artur Wilke.

Doch auch wenn der Wilhelmshavener Zeuge den SD-Mann Wilke nie mochte – belastet, was die Verbrechen der Kampfgruppeneinheiten betrifft, hat er ihn nicht. W.-B. interpretierte in seiner Vernehmung den Einsatzbefehl des KdS-Einsatzstabes vom 13. Juli 1943 anders als die Strafverfolger. Es ergebe sich »aus dem Inhalt (…) kein Unterstellungsverhältnis der Einheitsführer (also der Bataillons-Kommandeure) unter das SD-Kommando.« Und der Zeuge weiter: »Wenn ein Einheitsführer den Anordnungen des SD-Kommandoführers Folge geleistet hat, dann hat er es in eigener Verantwortung getan. Er brauchte m. E. solche Anweisungen nicht auszuführen. Im Zweifelsfalle hätte der Einheitsführer beim Kampfgruppenstab Rückfrage halten können. Ich erinnere mich aber nicht, daß irgendein Einheitsführer eine dementsprechende Rückfrage gehalten hat.«

Der Hintergrund: Die Staatsanwaltschaft Hamburg ging der Frage nach, ob es alleinige Verantwortung der SD-Leute war, wenn die Vernichtung ganzer Dörfer angeordnet wurde oder wenn – wie ein Zeuge schon im Koblenzer Prozess behauptet hatte – Wilke angeblich angeordnet habe, Hunderte Dorfbewohner in eine Kirche zu sperren und diese anzuzünden. Jetzt also bezweifelte ein Fernmeldeoffizier, dass einer wie Wilke solche Tötungsanordnungen hätte geben dürfen, wenn die Führer der Kampfgruppen sich geweigert hätten. Aber sie haben sich ja nicht geweigert. Die Frage nach der Befehlsgewalt war damit eine rein rhetorische. Und zur Aufklärung, wer genau den Befehl gab, wer ihn befolgte, wer ihn nur mittrug – etwa die Kirche des Dorfes Dory mit 257 Menschen darin anzuzünden –, sollte es tatsächlich niemals kommen.

Allerdings belastete der Wilhelmshavener Zeuge den SD-Mann Artur Wilke sowie einen Arzt, den er lediglich phonetisch mit »Dr. Filling« benennen konnte, mit der Schilderung einer noch ganz anderen Grausamkeit schwer. »Zu dem Unternehmen Hermann fällt mir noch folgendes ein«, lässt er in einer zweiten Vernehmung am 25. Oktober 1973 protokollieren. Dann folgt eine Beschreibung, auf welche Weise Wilke und seine Kameraden ihre Form von Aufklärung betrieben:

»Eines Tages hörte ich aus dem Raum der Abteilung Ic fürchterliches Schreien und darauf betrat ich diesen Raum. In dem Raum befanden sich ca. 10 Personen, die nach Angaben Wilkes partisanenverdächtig waren. (…) Wilke erklärte mir, daß die Personen ›scharf vernommen‹ würden. Das sah so aus, daß sie herumhüpfen mußten, geschlagen wurden und mit Elektroschocks behandelt wurden. Ich habe Wilke befohlen, diese ›Vernehmungsmethode‹ sofort abzubrechen. Wilke erklärte mir, daß ich ihm überhaupt nichts zu befehlen hätte. Ich bin dann sofort zu von Gottberg gegangen und habe ihm den Vorfall gemeldet. Dieser erklärte mir: ›Halten Sie sich da raus, das geht Sie gar nichts an, das ist SD-Sache!‹«

Und W.-B. weiter: »Einige Tage später befahl v. Gottberg abends mich und R. in das Zimmer des Ic Wilke; von Gottberg war wieder angetrunken. In dem Zimmer Wilkes waren wie bei einer Kinovorführung Stühle aufgestellt. V. Gottberg sagte dann zu Wilke, ›Holen Sie mal das Weib herein, wir wollen sie mal vernehmen!‹ Die Frau wurde nackt mit auf dem Rücken gefesselten Händen an die Tür gehängt, geschlagen und mit brennenden Zigaretten gequält. Dr. Filling verabreichte ihr auch Spritzen, von denen ich später erfahren habe, daß es sich um Benzinspritzen gehandelt hat. Sinn der ›Vernehmung‹ sollte sein, daß die Frau zugeben sollte, daß sie Jüdin sei und für die Partisanen spioniert habe. Es war ein fürchterlicher Anblick, und ich habe zu von Gottberg gesagt, daß unter solchen Umständen jeder alles zugeben würde, was von ihm verlangt würde. Ich bin dann ohnmächtig geworden und später in irgendeinem Zimmer auf einem Feldbett liegend wieder aufgewacht. Man erzählte mir, dass Dr. Filling mir eine Coffein-Spritze gegeben habe. Ich weiß nicht, ob die Frau bei dieser Vernehmung getötet worden ist.«

Das Protokoll endet mit der Bemerkung: »In Erinnerung an diese Vorfälle kann ich mir auch vorstellen, daß SD-Kommandos während des Unternehmens ganze Dörfer und deren Einwohner in der mir vorgehaltenen Weise vernichtet haben.« Er beteuert aber – wie eigentlich alle anderen, die im Rahmen des Ermittlungsverfahrens befragt wurden: »Ich möchte aber nochmals betonen, daß ich so etwas nicht selbst erlebt bzw. gesehen habe und davon nur gerüchteweise seinerzeit erfahren habe.«

Ziegen. – Frag die Ziegen, wer den Kohl gefressen hat. Sie werden fragen: »Welcher Kohl?« Und überhaupt: Sie doch nicht! Sie waren im Nachbargarten, waren sowieso immer schon satt und mögen gar keinen Kohl. Allenfalls der Bock vielleicht …? Der aber ist überzeugt: »So was machen nur die Ziegen! Ich habe damit nichts zu tun!«

Das fiel dir ein, als du dich im Lesesaal des Hamburgischen Staatsarchivs durch die digitalisierten Seiten der 34 Bände Ermittlungsakten quältest. Ständig stürzte der Computer ab, du musstest neu angemeldet werden, denn die Akten sind noch immer gesperrt. Du hattest eine Schutzfristverkürzung, aber keinen freien Zugriff. Du konntest schließlich auf die Mikroverfilmung der Dokumente umsteigen – das ging schneller, aber die verfilmten Akteninhalte, immerhin 34 Bände, waren nicht vollständig, wie sich erst Monate später herausstellen sollte.

Aus den Fenstern des Lesesaals fällt der Blick auf den jüdischen Friedhof Wandsbek. Ein Wald aus Grabsteinen. Die Menschen, um die es in diesen Akten geht, haben nie einen Grabstein erhalten. Sie wurden erschossen, erschlagen, zu Tode gefoltert, lebendig oder ihre Leichen verbrannt, nicht einmal verscharrt. Es war niemand mehr am Leben, der sie hätte begraben können, wenn die Kampfgruppe von Gottberg ihre Dörfer überfallen und alles Leben darin vernichtet hatte.

Zweihundertundzwei Namen von Mitgliedern der Kampfgruppe von Gottberg und insbesondere der SS-Sondereinheit Dirlewanger, der vorwiegend aus freigelassenen Wilddieben und Schwerverbrechern bestehenden Brigade des ebenfalls mehrfach vorbestraften SS-Führers Oskar Dirlewanger, wurden im Laufe der Ermittlungen unter Aktenzeichen 147 Js 11/71 U durch die Staatsanwaltschaft Hamburg festgestellt. Siebenundneunzig dieser Zeugen konnten nicht gefunden werden. Zweiunddreißig waren schon gestorben, ehe es im Herbst 1978 den ersten Zwischenbericht gab. Alle anderen wurden durch fast immer denselben Kriminalbeamten befragt.

Über Jahre hatten sich die Vernehmungen hingezogen. Konkrete Fortschritte gab es nicht. Dabei drängten höchste Stellen. Am 17. September 1973 schrieb die deutsche Botschaft in Moskau an das Auswärtige Amt in Bonn, es möge sich starkmachen für das Rechtshilfeersuchen der Zentralen Stelle Ludwigsburg zur Überlassung von Beweismaterial gegen Angehörige der Sondereinheit Dirlewanger wegen NS-Gewaltverbrechen in der UdSSR. Denn das sowjetische Außenministerium hatte am 31. August Belastungsmaterial gegen fünf ehemalige Angehörige der Sondereinheit übersandt. Außerdem Material über NS-Verbrechen, die zeitlich und örtlich der Dirlewanger-Truppe zugerechnet werden könnten. Wörtlich heißt es: »Gleichzeitig hat das Sowjetische Außenministerium um Mitteilung über die Verwendung des übersandten Materials gebeten.«

Ob eine Antwort je erging? Alles schleppte sich weiter. Dann am 25. September 1978 ein Machtwort: Der neue Hamburger Behördenleiter verlangte den Ermittlungsstand zu wissen. »Vermerk: Der Chef erbittet kurze Angaben zu folgenden die NSG-Verfahren betreffenden Punkten: …« Im Einzelnen wird nach dem Stand, nach konkreten Schritten und der Zukunft des Ermittlungsverfahrens gefragt. Und ob es durch personelle Verstärkung beschleunigt werden könne. »Die Ermittlungen sind bis auf die Vernehmung einiger bereits ermittelter Offiziere der beteiligten Einheiten abgeschlossen«, heißt es in der Antwort. »Danach ist die Einstellungsverfügung zu fertigen, die zur Zeit vorbereitet wird.« Da wird also sogar das Ergebnis schon angekündigt. Und: »Durch personelle Verstärkung ist Beschleunigung nicht möglich.«

Das war 1978. Erst sieben Jahre später wird der Zentralen Stelle in Ludwigsburg die letzte Zeugenvernehmung zugeleitet und angekündigt: »Die Ermittlungen sind abgeschlossen. Das Verfahren ist einzustellen.«

Du hast alle Vernehmungen gelesen. »Welche Kriegsverbrechen?«, »Ich doch nicht!«, »Ich war im Urlaub!«, »Ich würde so etwas nie tun«, »Das wäre mir wesensfremd« – so lassen sich die Aussagen sinngemäß zusammenfassen. »Dirlewanger vielleicht, dem war das zuzutrauen«, so deuten andere an, ohne belastbare Beweise zu nennen. Und selbst ein hochrangiger Offizier windet sich heraus. In seinem Rang, so sinngemäß, sei man mit Einzelentscheidungen, die aus Kampfhandlungen heraus gefällt werden mussten – als solche sah die Kampfgruppe die Überfälle auf die Dörfer im Partisanengebiet –, gar nicht behelligt gewesen.

Einzig der Name Artur Wilke fiel immer wieder, oder es wurde, weil den Zeugen Namen nicht bekannt waren, Wilkes Funktion als Ic des SD-Kommandos beschrieben. Und viele deuten an, dass, sollte es zu den vorgeworfenen Gräueltaten tatsächlich gekommen sein, einzig das SD-Kommando diese angeordnet haben könnte.

Dennoch fasst der zuständige Staatsanwalt, der von Januar 1971 an allein die Ermittlungen führte, siebeneinhalb Jahre später das Ergebnis so zusammen: »Die Vernehmungen haben bisher zu keinem konkreten Ergebnis geführt. Die Zeugen haben überwiegend nur ein- oder zweimal an einem Großunternehmen der Kampfgruppe teilgenommen und können sich weder an Einsatzzeiten noch Einsatzorte erinnern. Von den Taten, die Gegenstand des Verfahrens sind, will keiner der Zeugen etwas gesehen haben. Einige erinnern sich lediglich daran, daß Gerüchte über derartige Taten im Umlauf gewesen seien.«

Dabei war einer bei fast jeder der untersuchten Unternehmungen als Kommandoführer der Sicherheitspolizei dabei: Artur Wilke. Dabei ist einer in mehreren der Zeugenbefragungen als Befehlsgeber oder gar als Täter von Folterungen belastet worden: Artur Wilke. Doch ein Vernehmungsprotokoll von ihm scheint zu fehlen. Du findest zunächst keine Spur, dass er je von den in Hamburg laufenden Ermittlungen auch nur erfahren haben könnte. Gibt es kein Protokoll seiner Vernehmung? Als Wilke 1989 starb, schlummerte das Verfahren noch immer. Erst 1995 bis 1996 wurde es in sechs verschiedenen Einstellungsverfügungen Abschnitt für Abschnitt offiziell eingestellt.

Bei Wikipedia hast du gelesen, es sei in dem Hamburger Sammelverfahren »schlampig ermittelt« worden. »Na ja, gewagte These«, hast du gedacht. Dann hast du dort im Archiv gesessen, hast dich durch die Mikrofilme gekurbelt und warst schockiert. Da sind über Jahre so viele Zeugen vernommen worden, da gingen zwölf Tatortermittlungsprotokolle in die Akten ein und da wurden von sowjetischen Behörden neue Dokumente und aufgefundene Einsatzbefehle eingereicht – doch die Erkenntnisse gehen kaum über das hinaus, was 1970 die Zentrale Stelle in Ludwigsburg als Grundlage der Ermittlungen schon aufgeschrieben hatte.

Wie ist das möglich? Du fragst, ob die verfilmte Akte wirklich vollständig ist. Mehr Filmmaterial gibt es nicht; die Originale dürfen nicht eingesehen werden. Hast du Wilkes Vernehmung übersehen? Die, nach der du so gezielt suchst, von der du nicht weißt, in welchem der 34 Bände sie steckt? Immerhin hat dich der Wartungsdienst für den Mikrofilm-Projektor unterbrochen. Wurde der Film an falscher Stelle wieder eingelegt? Die Paginierung ist verwirrend, wiederholt sich in unterschiedlichen Bänden. Viel, viel später wirst du mit Dr. Wolfgang Curilla sprechen, der ein Buch über die deutsche Ordnungspolizei im Holocaust geschrieben hat und der als Jurist noch die originalen Aktenbände bei der Staatsanwaltschaft einsehen und Teile davon kopieren durfte. Curillas Unterlagen ergeben ein anderes Bild – aber das wirst du erst kurz vor dem Andruck deines Buches erfahren.

Demnach ist Wilke doch vernommen worden. Das Protokoll des Verhörs vom 5. Juni 1974 heftet in einer der Begleitakten zum »Unternehmen Hermann«, in dem Wilke Ic von Gottbergs war. Die hast du nicht eingesehen. Was Wilke aussagte, lässt sich aber unschwer aus der Einstellungsverfügung, die erst 21 Jahre nach Wilkes Vernehmung, am 6. August 1995, verfasst wurde, rekonstruieren. Wilke hat die Verantwortung abgeschoben an seine Chefs, hat Eduard Strauch und vor allem von Gottberg als diejenigen benannt, die die Befehle gaben. Alle, die Wilke 1974 als Verantwortliche nennt, sind da schon längst tot. Eduard Strauch starb am 15. September 1955 in einer Heilanstalt in Uccle (Belgien), nachdem er im Nürnberger Einsatzgruppen-Prozess sowie erneut in Lüttich wegen der Erschießung von Kriegsgefangenen jeweils zum Tode verurteilt worden war, die Hinrichtungen aber wegen einer bei ihm diagnostizierten Geisteskrankheit nicht vollstreckt wurde. Curt von Gottberg hatte sich schon kurz nach dem Krieg, am 31. Mai 1945, in einem britischen Kriegsgefangenenlager in Lutzhöft bei Flensburg das Leben genommen. Und Oskar Dirlewanger war in französischer Kriegsgefangenschaft von einem jüdischen ehemaligen KZ-Häftling wiedererkannt und mutmaßlich von polnischen ehemaligen Zwangsarbeitern am 7. Juni 1945 im Lager Altshausen erschlagen worden.

Gestützt wird Wilke von seinem einstigen Mitangeklagten, Johannes Feder, der es genauso macht. Mit Hilfe der Aussagen beider haben die Strafverfolger versucht, den Kampfgruppenstab zu rekonstruieren – und sind gescheitert. In der Einstellungsverfügung heißt es am Ende: »Die personelle Besetzung der Abteilung Ic konnte nicht sicher geklärt werden.« Die nicht mehr zur Verantwortung zu ziehenden Chefs wurden von Feder und Wilke benannt, zu den anderen, den ihnen untergebenen Mitgliedern des Stabes, fielen beiden keine Namen mehr ein. Einzig für das »Unternehmen Hermann«, in dessen Verlauf die Kirche in Dory brannte, will Wilke als Ic verantwortlich gewesen sein. Aber Konsequenzen wird auch das für ihn nicht haben.

Du hast Wilkes Vernehmung im Hamburger Ermittlungsverfahren nicht gefunden, sondern nur das gesehen, was zu den Hauptakten verfilmt vorlag. Am Ende dieser Aktenverfilmung finden sich die Kopien Hunderter winziger Karteikarten, auf denen der Ermittler sich Notizen machte: je eine für jede Einheit, für jeden ermittelten Zeugen oder potenziellen Tatverdächtigen, je eine für jede der Partisanenunternehmungen, auch eine für jeden Tatort oder jede festgestellte Tat. In einigen ganz wenigen Fällen sind auf der Rückseite der Karteikarte Querverbindungen zwischen den Einheiten, den Namen, Taten und Tatorten gezogen worden.

Über das Dorf Dory etwa, dessen Kirche auf Befehl Artur Wilkes mitsamt den 257 Menschen, die hineingezwungen worden waren, in Brand gesteckt worden sein soll, gibt es eine Karteikarte, die nicht einmal das Datum des Überfalls (21. Juli 1943) richtig ausweist. Auf der Karte steht zur Tatzeit nur »2. Hälfte Monat Juli 1943«. Unter der Rubrik »Tat« heißt es: »Ohne weitere Untersuchungen wurden Männer, Frauen und Kinder des Dorfes in eine Kirche getrieben und lebend (unterstrichen) verbrannt.« »Beweismittel: Schreiben an den Vertreter des weißrussischen Volksrates vom 6. 8. 1943.« Auf der Gegenseite, dort wo die Karteikarte Platz für den Namen der Täter, zumindest der Verdächtigen frei hält, steht – nichts.

Mao. – Warum auch? Sie waren ja keine Täter, jedenfalls sahen sie sich nicht als solche. Und die Getöteten im Partisanenkampf waren für sie keine Opfer, sondern besiegte Feinde. Das wird aus den Vernehmungen der Mitglieder der Dirlewanger-Truppe deutlich.

Herbert G. etwa hatte sich seinen Einsatz gegen die Dorfbevölkerung 30 Jahre nach dem Krieg so zurechtgelegt: »Daß es im Partisanengebiet Zivilisten gegeben habe, ist falsch und wirklichkeitsfremd. Man vergleiche dazu die Schriften Mao Tsetungs, der ausdrücklich betont, daß der politische und revolutionäre Freiheitskämpfer sich in der Bevölkerung fühlen müsse wie ein Fisch im Wasser, das heißt mit anderen Worten, die gesamte Bevölkerung eines Partisanengebietes bildete einen Kreis von Sympathisanten, jeder unterstützte den Partisan und jeder kämpfte an seiner Seite.« Das rechtfertigte für ihn natürlich den Tod von unbewaffneten Alten, Frauen und Kindern. G. vergaß aber nicht zu betonen: Ihm sei bekannt, dass es eine »Einheit Dirlewanger gab, die sich aus Wilddieben und anderen Kriminellen zusammensetzte. Mit dieser Einheit habe ich aber niemals etwas zu tun gehabt.«

Zeuge Herbert H. hingegen will zwar »auch nur gerüchteweise von Tötungshandlungen gehört« haben. »Allerdings muss ich der Wahrheit entsprechend angeben, daß einige von uns als Sadisten bezeichnet wurden. Sie sollen Zivilisten und Gefangene verprügelt haben.« Einer der Sadisten, ein gewisser Hunke, soll zwei Jüdinnen, die im Stabsgebäude von Schloss Lagoisk, Dirlewangers Hauptquartier, beschäftigt waren, erschossen haben. »Ich habe deren Leichen in der Nähe des Schlosses gesehen. Man sprach davon, daß Dirlewanger ein Verhältnis mit diesen beiden gehabt habe und die eine schwanger gewesen sein soll. Ich habe gesehen, daß die Mädchen mit Genickschuß getötet worden waren.«

Aber Strafmaßnahmen gegen die Bevölkerung? Davon will selbst Wilkes rechte Hand und Fahrer Franz Gennert nichts gehört haben. Er bestreitet gar Wilkes Wirken als Ic bei Dirlewanger: »Ich weiß nur soviel, daß wir Dirlewanger zugeteilt waren, er uns aber nicht haben wollte.« Wilke und er seien »bei Dirlewanger unerwünscht« gewesen, habe er gehört. Wie dazu Wilkes Tagebucheintrag passt, in dem er Reisen mit Dirlewanger notiert, wird nicht nachgefragt. Auch habe Wilke keine gefangenen Partisanen (»Wir haben dort überhaupt keine Gefangenen gehabt«) vernommen und keine Strafmaßnahmen gegen die Bevölkerung eingeleitet. Dass Dirlewanger »rigoros vorgegangen« sei, will er auch nur »gesprächsweise« erfahren haben.

Nicht einmal der frühere Mitangeklagte Rudolf Schlegel, der zusammen mit Wilke die Abteilung III des SD leitete, will je »Augenzeuge von Erschießungen von Zivilisten bzw. Vernichtung von Ortschaften geworden« sein. Ein anderer Mitangeklagter, Johannes Feder, schützt Wilke gezielt: Der sei nicht Ic gewesen, sondern habe »nur als Führer eines Erkundungskommandos teilgenommen«. An das Unternehmen im Naliboki-Wald könne er sich gar nicht mehr erinnern. Da sei die Erinnerung einfach weg. Selbst Wilkes intellektueller Freund jener Zeit, der Baron Eberhard von Toll, wusste nach 30 Jahren nicht mehr, was Wilke eigentlich für Aufgaben hatte. »Daß Wilke ein Partisanen-Jagdkommando geführt hat und häufig im Partisaneneinsatz war, wußte ich bis heute nicht«, behauptet er – und das nach fast zwei Jahren Zusammenarbeit in Minsk und 70 Verhandlungstagen an der Seite des Mitangeklagten.

Einzig Hauptscharführer Adolf Rübe erinnert sich der Aufgaben Wilkes. Ob der aber auch »über die Notwendigkeit von Strafmaßnahmen gegen die Bevölkerung zu entscheiden« hatte, wisse er nicht. Da macht es sich Schlitzohr Rübe, der wegen zahlreicher, meist sadistisch-sexuell motivierter Morde an kranken oder schwangeren Jüdinnen im Getto Minsk zu lebenslanger Haft verurteilt worden war, leicht. Er empfiehlt den vernehmenden Beamten: »Dann müßte Wilke hierzu konkrete Angaben machen können.«

Landkarte. – Konkrete Angaben? Wenn es um die ging, die nicht mehr am Leben waren, die von der Justiz nicht mehr zu belangen waren, da wurde Wilke relativ konkret. Für den 5. Juni 1974 war »der Rentner Arthur Wilke« zur Polizei nach Peine einbestellt worden. Staatsanwalt und Protokollführer waren aus Hamburg angereist. Sie blieben zwei Tage, denn die 27seitige Vernehmung musste tags darauf fortgesetzt werden. Du hast dir auf den letzten Drücker das Protokoll doch noch beschaffen können – dank einer freundlichen Archiv-Mitarbeiterin. Wilke beginnt mit seiner Ankunft in der KdS-Dienststelle in der Universität Minsk. Er nennt die Namen aller Vorgesetzten, darunter alle früheren Mitangeklagten, beschreibt die Befehlsstruktur und die Wechsel in den Kommandos. Dann kommt er auf die Partisanenanschläge zu sprechen, die 1942 immer heftiger geworden seien. Ende 1942 hätten dann die Großunternehmen – »ich meine, dass es sich um mindestens ein Dutzend gehandelt hat« – begonnen.

Tags darauf, zur Fortsetzung der Vernehmung, hat Wilke eine Landkarte von Weißrussland mitgebracht. »Diese Karte habe ich, als ich einmal in England war, vom Secret Service erhalten. Ich habe damals in England über den Bandenkampf in Weißruthenien berichtet …« Damit legt er erstmals einen Nachweis für seine Agententätigkeit für die Briten vor – und er belegt, dass die Ermittler dreizehn Jahre zuvor bei ihrer Hausdurchsuchung keineswegs alle Beweise fanden und sicherstellten. Die Karte findet sich nur in der Hamburger, nicht in der Koblenzer Akte. Wilke überlässt den Ermittlern die Karte zum Kopieren, besteht aber darauf, sie zurückzubekommen. Danach gehen Frager und Zeuge die einzelnen Aktionen durch. Seinen eigenen Anteil stellt Wilke als »Feindaufklärung« dar. Schon damals habe er mit Karten gearbeitet, habe von Gottberg als Hauptbefehlshaber die Feindlage anhand der Karten erklärt. Die Getto-Aktion in Sluzk, wofür er schon seine Strafe abgesessen hat, stellt er ausführlich dar. Bei den anderen Aktionen hält er sich mit der Beschreibung seiner Aufgaben auffällig zurück. Wenn er gefragt wird, wer Ic war, fällt meist der Name Strauch. Und wenn er, wie beim »Unternehmen Cottbus«, dem Kampf um die Vernichtung der

»Bandenrepublik« am Paliksee, doch einmal Ic war, dann war immer von Gottberg in der Nähe, der die Befehle gab.

Auch beim »Unternehmen Hermann« war er in verantwortlicher Position. Die Kampfgruppe habe in Nowogródek gelegen, er sei auch Ic gewesen, habe sich aber »nicht im Einsatzgebiet« befunden. Warum? »Kurz vor Beginn des Unternehmens wurde in Nowogródek eine polnische Untergrundbewegung ausgehoben, und ich habe fast während der ganzen Zeit die dabei festgenommenen Personen vernommen.« Nur einmal, als Partisanen südlich der Stadt einen Überfall begangen und 14 Deutsche getötet hätten, sei er mit dem Arzt Dr. Filling zur Überfallstelle gefahren und habe die Toten untersucht. Von Folter seiner Gefangenen, von Erschießungen Verdächtiger, von Überfällen auf Partisanendörfer, von Festnahmen eines Geistlichen und katholischer Nonnen in Nowogródek – kein Wort. Danach fragt der Staatsanwalt auch gar nicht.

Wenn aber andere Verantwortung trugen, er selbst nachvollziehbar nicht zu belangen ist, dann wird Wilke deutlicher: Er habe einmal bei der Rückkehr nach Minsk ein Kampfgebiet im Fieseler Storch überflogen und gesehen, dass Dörfer in Flammen standen. »Diese Art der Partisanenbekämpfung war in Weißrußland neu«, gibt er treuherzig zu Protokoll. »Es ist auch bei den von der Kampfgruppe von Gottberg durchgeführten Unternehmungen vorgekommen, daß gelegentlich mal die Bevölkerung eines Dorfes liquidiert und das Dorf niedergebrannt worden ist. Nach meiner Erinnerung ist das aber immer nur als Vergeltung für Überfälle auf Deutsche geschehen.« Eine solche Vergeltungsaktion beschreibt er auch detailliert, betont aber: »Ich habe von dieser Aktion nur gehört. Wer sie durchgeführt hat und wer die Ermittlungen geführt hat, kann ich nicht angeben.«

Als ihm die Ermittler seine Tagebuchaufzeichnungen vorhalten, erinnert sich Wilke an die darin erwähnten Dörfer nicht mehr. Er müsse diese »Eintragungen auf Grund von Angaben anderer Personen gemacht haben«. Da hilft auch alles Insistieren nicht: »Einen konkreten Fall, in dem die Bewohner eines Dorfes während eines Kampfgruppenunternehmens liquidiert worden sind und das Dorf anschließend niedergebrannt worden ist, habe ich heute nicht mehr in Erinnerung.« Wenn er so etwas je erlebt hätte, so glaube er, würde er sich erinnern. Und: »Mein Erinnerungsvermögen an die damalige Zeit ist im allgemeinen gut.«

Angesprochen auf die Einheit Dirlewanger, behauptet er, lediglich »einmal bei Dirlewanger gewesen« zu sein. Der sei »ein Sonderling, ein Landsknechtstyp« gewesen. Wie Dirlewangers Einheit Partisanenaktionen durchgeführt habe, wisse er nicht, habe auch nur »gesprächsweise« erfahren, dass diese Dörfer verbrannt habe. Das sagt der aktenkundig ausgewiesene Offizier für Aufklärung und Abwehr dieser Einheit? Keine Nachfrage! Auch was andere Zeugen über Wilkes Foltermethoden aussagten, wird ihm nicht vorgehalten. Nur das »Unternehmen Hermann« wird noch einmal Thema. Ja, es seien »eine ganze Menge Arbeitskräfte aus dem bandenverseuchten Gebiet evakuiert« worden. Dass auch Dörfer zerstört wurden, »habe ich damals nicht gehört«. Ihm werden die Tatorte vorgelesen, auch der Name des Dorfes Dory genannt. Sie »sagen mir nichts«. Schließlich unterschreibt er seine Aussagen »nach bestem Wissen und Gewissen«. Danach verschwindet das Protokoll für 21 Jahre im Aktenberg.

In der Einstellungsverfügung heißt es zum Verdacht gegen die von Wilke belasteten Befehlshaber: »… durch deren Tod erledigt.« Das galt letztlich auch für Wilke selbst, denn diese strafrechtliche Bewertung fand erst 1995 statt, sechs Jahre nach Wilkes Tod, 21 Jahre nach seiner Aussage, als der bemitleidenswerte Oberstaatsanwalt die verschleppten Ermittlungen seiner Vorgänger zu einem Ende bringen musste. Doch selbst wenn Wilke noch gelebt hätte, wäre er davongekommen. Denn in der Verfügung heißt es auch: »Das Verfahren hinsichtlich der Angehörigen des Kampfgruppenstabes wäre, soweit es sich um echte Partisaneneinsätze gehandelt hat, wegen Verjährung einzustellen, da es sich hier um Totschlag und nicht um unverjährten Mord handelt.« Der Staatsanwalt bezieht diesen Satz ausdrücklich auf die »Abteilung Ic = Erkundung der Bandenlage«, also auf Wilke. Dass bei den untersuchten Massakern nichts anderes als Partisaneneinsätze – nicht etwa Vergeltungsmaßnahmen – vorgelegen hätten, liefert die Einstellung gleich mit: »… weil der Ia des Kampfgruppenstabes (…) lediglich im Auftrag Einsatzbefehle für echte Partisaneneinsätze gefertigt hat und ihm das nicht zu widerlegen ist, daß er von den Übergriffen auf die Zivilbevölkerung allenfalls im Nachhinein erfahren hat«. Alles echte Partisanen also, Hunderte Dörfer, in denen vom Säugling bis zum Greis ausschließlich Partisanen lebten – das hatte selbst Wilke in seinem Tagebuch schon bezweifelt.

Im Alten Testament

Reichskriegsfahne. – Du hattest ihn nur kurze Zeit zum Lehrer. Nach der Haft hast du ihn nur wenige Male gesehen – beim Einkaufen, am Kiosk an der Hauptstraße, in der Tankstelle. Andere erlebten ihn wie ein Familienmitglied, verbrachten mehr Zeit in seinem Umfeld als mit der eigenen Familie: die Sprechstundenhelferinnen in der Arztpraxis Wilke. Über seine Taten im Krieg oder über die Zeit im Zuchthaus haben sie in all den Jahren keine Silbe von ihm gehört. Auch nicht über seine Gesinnung. Wäre da nicht die große Reichskriegsfahne mit dem Eisernen Kreuz an der Decke gewesen, unter der er täglich in seinem Wintergarten auf dem Sofa saß, wenn die Arzthelferinnen durch die Wohnung der Wilkes zum Dienst erschienen, hätte man ihn für einen ganz normalen Frühpensionär halten können.

Dass da was war mit dem Mann der Chefin, das wussten alle »nur aus dem Dorf«. Aber viel wurde darüber ja nicht erzählt. In der Familie selbst wurde geschwiegen. Nachfragen verboten sich. Nicht einmal über die Kinder aus erster Ehe wurde gesprochen. Einzig die Existenz der ältesten Tochter Sigrid, die ja wie sie einst die Praxis geschmissen hatte, sei den Sprechstundenhilfen vage bekannt gewesen. Mit 15, 16 Jahren hatten die Arzthelferinnen, die du befragt hast, als Lehrlinge begonnen. Die Eltern wussten nicht, dass der Mann der Ärztin ein verurteilter NS-Täter war, oder sie hielten die Sache für nicht mehr bemerkenswert. Die jungen Frauen fanden einen Chef vor, der den Haushalt schmiss, der täglich kochte, mit dem man zu Tisch saß, der sich um die beiden schwarzen Pudel der Familie kümmerte, der mit seinem VW 412 einkaufen fuhr, der immer wieder von Arko in Peine Schokolade mitbrachte und den Helferinnen für ein gemütliches Wochenende schenkte. Zehn Tafeln, immer dieselbe Edelmarke, waren keine Seltenheit, erinnert sich eine.

Einzig seine täglichen Spaziergänge zur Tankstelle, in der er mit den Inhabern, zwei Brüdern, so manche Flasche Bier leerte, gönnte sich

Wilke. Oft mit dabei der Dachdecker, der auch das Haus deiner Eltern deckte und im Winter als Hausschlachter eure Schweine geschlachtet hat. Ob sie dabei je über Wilkes Vergangenheit sprachen? Oder ob er nur von den letzten Bornholm-Urlauben schwärmte, so wie er es vor den Helferinnen tat. »›Einmal nach Bornholm‹, das ist in unserer Familie seither ein geflügeltes Wort, wenn es um Erholung geht«, sagt eine Sprechstundenhilfe.

Von einem gesellschaftlichen Leben, von Besuchen im Hause Wilke weiß keine der Helferinnen zu berichten. Zurückgezogen, fleißig, verschwiegen über die Vergangenheit, so erlebten sie Chefin und Ehemann. »Tante Doktor«, so nannte er seine Frau, habe sich für ihre Patienten aufgeopfert. Ihr Mann habe die Helferinnen bei Laune gehalten, ihnen mal zum Wochenende ein Danziger Goldwasser eingeschenkt und mit ihnen angestoßen, ihnen gar einmal aus dem Katalog ein Kleid zu Pfingsten geschenkt. »Ohne vorher nach der Größe zu fragen.« Nur ganz selten hätten sie erlebt, dass er auch anders sein konnte: herrisch, autoritär, rücksichtslos.

An der Disziplin im Hause Wilke und am Schweigen über alles Vergangene änderte auch jener Tag nichts, als in der Praxis das Telefon läutete und die Polizei der Ärztin den Freitod ihres Sohnes meldete. »Sie hat sich nichts anmerken lassen und noch die Sprechstunde zu Ende gemacht«, erinnert sich eine der Helferinnen.

H. – Das Buch irritiert vom ersten Wort bis zum letzten Vers. »ARTHUR WILKE« steht mit blauer Tinte geschrieben zwischen exakten Bleistiftlinien oben auf dem Einband des querformatig gebundenen Werkes. Niemals zuvor wurde der Vorname Wilkes mit »h« geschrieben – nicht in der Prozessakte, nicht in seinen SS-Dokumenten, nicht in seinen Briefen aus dem Gefängnis. Selbst im ersten Vernehmungsprotokoll, seinem Geständnis, ist der Tippfehler »h« im Wort »Arthur« mit Tinte durchgestrichen worden. Aber dieses ARTHUR stammt von seiner Hand, ist seine Schrift, sein erstes Wort eines fast 200 Seiten umfassenden Buches.

Ganz am Ende, noch nach dem Gruß »Dein Papa«, steht ein Gedicht. Wie alle seine Gedichte nicht in seiner Handschrift, sondern in gestochen scharfer Schönschrift.

Mühselig ist die Meeresfahrt,
auch heute durch die Gegenwart.
Jedoch der Gegenwind, mein liebes Kind,
ist immer auch ein guter Segelwind!

Das 27strophige Werk endet mit dem vielsagenden Vers:

Die hohen Sterne sind uns angezündet
in einer feuerschönen Pracht,
aus denen es von Geist und Leben kündet,
und was man daraus macht.

Was hat er gemacht aus seinem Leben, was geschaffen mit seinem Geist, mit seiner zweifellos hohen Intelligenz? Das rätselhafte Buch gibt darüber keine Auskunft. Was ein Vermächtnis hätte werden können, ein Rechenschaftsbericht aus acht Jahren des Grübelns über eigene Schuld, eigenen Anteil an der Katastrophe des Nationalsozialismus, über seine Mitverantwortung am Tod von Millionen Menschen, die einfach nur anderen Glaubens oder anderer Abstammung waren, ist nichts weiter als eine theologisch verklausulierte Rechtfertigung geworden.

Vielleicht hat ihm das neue »h« in seinem Namen Distanz zur Vergangenheit verschafft, um überhaupt weiterleben zu können? Am 18. Juni 1969 bestätigt der Landkreis Peine den Antrag auf »Berichtigung seiner Personalien im Heiratseintrag«. Weiter heißt es, Wilke habe der Behörde gegenüber mitgeteilt: »Die Angaben zu meiner Person entsprechen nicht den Tatsachen«, und »beweiskräftige Unterlagen konnten nicht vorgelegt werden«. Der zuständige Kreisoberrat, der Vater jener Volontärin, die dich einst im Scherz »Rechtfertigungsneurotiker« nannte, bittet die Staatsanwaltschaft Koblenz daraufhin um Übermittlung der Prozessakten. Der zuständige Staatsanwalt reagiert spöttisch: »… vermag ich nicht zu übersenden, da diese 90 Bände umfassen«. Falls diese Auskunft nicht ausreiche, könne man ja bei den Hildesheimer Kollegen die Akten des Bigamie-Verfahrens anfordern.

Die Kreisbehörde, die dem entlassenen Häftling nun neue Papiere ausstellen musste, war also ganz auf die Angaben Wilkes angewiesen. Der falsche Walter muss seinen wahren Namen nun mit »h« buchstabiert haben. Danach hieß Artur plötzlich Arthur, auch im Stammbuch seiner Tochter, die wenig später heiratete. Ob er erahnte, wie wichtig ein einziger Buchstabe dereinst in Zeiten des Internet sein würde?

Olympiasieger. – Natürlich lässt sich auch »Artur Wilke« im weltweiten Netz finden. Was dort steht, muss nicht immer richtig sein. So bringt etwa der weißrussische Fernsehsender CTV, ein Regionalsender der Hauptstadtregion Minsk, den Namen Wilkes heute in Verbindung mit dem Massaker von Chatyn. Ein simpler Fehler, der sich leicht erklären lässt: Gemeint ist Hans Woellke, nicht Wilke.

Woellke war das wohl prominenteste Opfer der weißrussischen Partisanen, und sein Tod wurde grausam gerächt. Woellke war wie Wilke 1943 in der Nähe von Minsk (Guba) stationiert, nicht aber beim SD, sondern als Hauptmann eines Regiments der Ordnungspolizei. Der groß gewachsene, kräftige Mann war eine Berühmtheit, spätestens seitdem Leni Riefenstahl ihm in ihrem Olympiafilm ein Denkmal auf Zelluloid gesetzt hat. 1936 hatte er als erster deutscher Leichtathlet eine Olympiamedaille errungen – im Kugelstoßen.

Der Nationalheld war am 22. März 1943 von einer deutlich kleineren Kugel getroffen worden – aus dem Lauf einer Partisanenwaffe. Seine Kolonne, die die Reparatur einer von Partisanen zerstörten Fernmeldeleitung absichern sollte, war an jenem Vormittag auf der Straße von Minsk nach Witebsk beim Dorf Kosyri in einen Hinterhalt geraten und beschossen worden. Neben Woellke starben drei ukrainische Angehörige der Kompanie. Deren Chef, Hans Woellke, fand später ein Grab auf dem Minsker Ehrenfriedhof. Adolf Hitler beförderte den Olympiasieger nach seinem »Heldentod« posthum zum Major.

Die Rache aber war eine Art Dammbruch: Erstmals nahmen die deutschen Besatzer auf grausamste Weise Vergeltung durch Vernichtung eines ganzen Dorfes samt seiner Einwohner. Schon gleich nach dem Feuergefecht waren die fliehenden Partisanen in den Wald verfolgt worden. Zwanzig bis fünfundzwanzig unbeteiligte Waldarbeiter, die das Pech hatten, bei ihrer Arbeit von den Deutschen aufgestöbert zu werden, wurden sofort erschossen. Im Bericht an den Polizei-Gebietsführer wurde später behauptet, es sei einer der Waldarbeiter gewesen, der kurz vor dem Hinterhalt behauptet habe, keine Partisanen gesehen zu haben.

Am Nachmittag traf die zur Verstärkung gerufene 1. Kompanie der Sondereinheit Dirlewanger ein und stieß auf die Waldsiedlung Chatyn. Das Dorf wurde geplündert, eine junge Frau vergewaltigt, ein Bewohner als Kutscher verschleppt. Die anderen 152 Menschen, darunter 76 Kinder – nur vier hatten sich verstecken können –, wurden in eine Scheune gesperrt, die Türen verrammelt, das Gebäude mit Strohballen umlegt, diese mit Benzin getränkt und angesteckt. Mit Ausnahme zweier Jungen und zweier Mädchen, die sich versteckt hatten, – Letztere fielen einem späteren Massaker zum Opfer – verbrannten alle Dorfbewohner. Sämtliche Gebäude wurden dem Erdboden gleichgemacht. Einzig der schwer verletzte Dorfschmied kroch aus dem Feuer und überlebte. Das Dorf Chatyn wurde nie wieder aufgebaut. Heute steht es stellvertretend für 5295 von den deutschen Besatzern zerstörte Dörfer in Weißrussland. Eine Bronzefigur des Schmieds, in den Armen sein verbrannter Sohn, symbolisiert das Schicksal der Menschen von Chatyn.

Die nationale Gedenkstätte Chatyn der Republik Belarus entstand in jenem Jahr, als Artur Wilke aus dem Gefängnis entlassen wurde. 1974 hat US-Präsident Richard Nixon sie besucht. Symbolisch ragen Schornsteine aus stilisierten Grundmauern auf. Sie stehen für die zerstörten, für immer erloschenen Dörfer. Ales Adamowitsch hat in einem Buch Augenzeugenberichte der Tragödie gesammelt und 1976 den Roman »Die Erzählung von Chatyn« geschrieben. Darauf basiert einer der eindrücklichsten Anti-Kriegsfilme. »Komm und siehe« (in der DDR »Geh und siehe«). Allein in sowjetischen Kinos wurde der Film von fast 30 Millionen Menschen gesehen.

Dem Theologen Artur Wilke hätte der Titel vielleicht gefallen, wenn er den Film je wahrgenommen hätte. Er leitet sich aus dem sechsten Kapitel der Offenbarung des Johannes ab. »Komm und siehe!« (Verse 1, 3, 5 und 7) fordert darin dazu auf, die Verheerungen der vier Reiter der Apokalypse anzuschauen. In seiner Gefängniszelle wird sich Wilke auch damit befasst haben.

Aber wer waren die Mörder von Chatyn? Einig sind sich Historiker nur, dass es eine Oskar Dirlewanger unterstellte Einheit war. Das 118. ukrainische Polizeibataillon, eine Truppe aus sowjetischen Überläufern, die in Deutschland ausgebildet worden waren und Hitler den Eid geschworen hatten, hatte schon in der Schlucht von Babij Jar nahe Kiew unzählige Juden getötet und wurde Ende 1986 von der sowjetischen Justiz für das Massaker von Chatyn verantwortlich gemacht. Sein »Stabsleiter« (so die Übersetzung aus dem Russischen – gemeint ist vermutlich Kompanieführer) Grigorij Wasjura wurde zum Tode verurteilt. Er hatte zugegeben, seine Mannschaft angewiesen zu haben, Feuer zu legen. »Ja, ich verbrannte euer Chatyn«, soll der Nazi-Kollaborateur vor dem Schuldspruch gesagt haben. Für die Sowjets war es ein heikler, nicht öffentlicher Prozess, schließlich ging es im weißrussischen Minsk gegen einen Vertreter des ukrainischen Brudervolkes, einen ukrainischen Nationalisten, der im Krieg gegen Russland den Deutschen gedient hatte und der diesen mit der rücksichtslosen Rache in Chatyn unbedingte Gefolgschaft hatte beweisen wollen.

Zweifel, ob nicht doch die Anordnung der totalen Zerstörung Chatyns von einem Deutschen kam, bleiben indes. Denn ein ukrainischer Kompanieführer, so die Diskussion heute in Weißrussland, habe damals nicht den Befehl zu einer derart weitgehenden Vergeltungsaktion geben können. In der Pravda (www.pravda.ru) vom 22. März 2017 wird sogar ein Name des mutmaßlich strafrechtlich Verantwortlichen genannt: SS-Hauptsturmführer Artur Wilke.

Diesmal ist es keine Verwechslung. Ganz richtig stellt der Autor fest, dass bereits am 18. November 1942 das Generalkommissariat von Weißruthenien angeordnet hatte, einzig die Führer der SD-Kommandos hätten zu entscheiden, ob Vergeltungsmaßnahmen oder Aktionen gegen partisanenverdächtige Dörfer zu unternehmen sind. Racheakte hätte also auch der anwesende Bataillonskommandeur, Major Erich Körner, nicht anordnen dürfen, schon gar nicht eigenmächtig sein ukrainischer Kompanieführer, der für den erschossenen deutschen Chef eingesprungen war. Und richtig ist auch: Artur Wilke war in diesen März-Tagen 1943 der den Dirlewanger-Einheiten zugewiesene SD-Kommandoführer.

Der Prozessakte in Koblenz liegt ein »Einsatzbefehl Unternehmen Dirlewanger« vom 2. März 1943 bei. Es ist die Kopie des Befehls an Artur Wilke, die in dessen Spind gefunden wurde. Das Papier beauftragt Dirlewanger mit dem Kampf gegen Bandengruppen. Der wichtigste Satz darin: »Diesem Bataillon wird ein SD-Kommando unter der Führung des SS-HStf. Wilke beigegeben.« Und tatsächlich notiert Wilke in seinem Tagebuch schon für den 5. März die erste gemeinsame Fahrt mit Dirlewanger. Gut zwei Wochen vor Chatyn.

Allerdings: Die Tagebucheintragungen enden am 13. März und beinhalten nur noch Banalitäten: »9. 3. Sonnenschein. In der Nacht hatte ich wieder das elende Hautjucken, sodaß ich in der Nacht kaum geschlafen habe.« Kein Wort über einen Vergeltungseinsatz in den Wochen danach. Auch später in keiner seiner Aussagen. Und überhaupt ist höchst unwahrscheinlich, dass ein SD-Kommandoführer auf der Stelle mitgefahren wäre, wenn eine überfallene Einheit wie die Woellkes am 22. März überraschend per Funk nach Verstärkung aus Minsk ruft. Schließlich sollte Wilke planmäßige Aktionen gegen vorher ausgekundschaftete Partisanengruppen vorbereiten, nicht etwa Spontaneinsätze begleiten.

Das Massaker von Chatyn ist in Deutschland nie juristisch aufgearbeitet worden. Es gab 1975 ein Ermittlungsverfahren gegen »Unbekannte Angehörige einer unbekannten SS-Einheit wegen Mordes« (Aktenzeichen 15 Js 1 003/75), das der Bundesgerichtshof der Staatsanwaltschaft Itzehoe zugewiesen hatte und das noch im selben Jahr am 31. Dezember abgeschlossen wurde. Auf lediglich 200 Seiten werden Vernehmungen dokumentiert. Der Name Wilke taucht nirgends auf. Der Dirlewanger zugewiesene SD-Kommandoführer, ausgestattet mit Rechten, die selbst die der Bataillonschefs überstiegen, wurde nicht einmal befragt. Aus Mangel an Beweisen wurde auch dieses Verfahren eingestellt.

Lebenslang. – Wilke war zurückgekehrt in den Schoß der Familie. Und die Kameraden? Die meisten wurden vorzeitig entlassen, so wie er. Heuser saß seine 15 Jahre, die bis zum 27. Juli 1974 gedauert hätten, auch nicht restlos ab. Ein Jahr und acht Monate nach Wilke (12. Dezember 1969) wurde auch er entlassen. Die Staatsanwaltschaft ermittelte zwar danach noch einmal wegen seiner mutmaßlichen Beteiligung an den Morden des Einsatzkommandos 14, dessen Leiter Heuser nach seiner Minsker Zeit war, doch reichten die Beweise zunächst nicht aus. Heusers Verteidigung: Als er mit der Einsatzgruppe H in der Slowakei war, habe es dort schon keine Juden mehr gegeben. Ausschließlich Partisanen seien bekämpft worden. Als gegen Ende der 80er Jahre neue Beweise zu den Verbrechen des EK 14 auftauchten, blieb auch das ohne Folgen. Heuser starb vor Aufnahme neuer Ermittlungen im Januar 1989.

Schlegel blieb acht Jahre in Haft. Harder, der nur dreieinhalb Jahre bekommen hatte, starb in dieser Haftzeit an einer Krankheit. Einzig

Franz Stark, der dreifache Mörder – die anderen waren ja formal nur Helfer des Mordens – blieb hinter Gittern. Für ihn bedeutete »lebenslänglich« tatsächlich ein Leben lang.

Starks Vollstreckungsakte ist dünn. Erst am 8. September 1969 stellte er erstmals einen Gnadenantrag. Jene, die dazu Stellung zu beziehen hatten, ließen sich mehrere Jahre Zeit. Stark habe sich »unauffällig geführt«, schrieb der »Hauptlehrer« der Strafanstalt Freiendiez in seiner Beurteilung. »Das entspricht auch seinem ganzen Wesen und seiner Charakterstatur, die man als weich, etwas suggestibel, ansprechbar bezeichnen kann.« Weich? Der knallharte, gewissenlose Mörder? Offenbar machte Stark im Knast genauso frag- und klaglos mit wie bei der SS. Er lese viel, habe Welt und Spiegel abonniert und sich Bücher gekauft, darunter »Der Orden unter dem Totenkopf«, weil er habe wissen wollen, »wie man heute zeitgeschichtlich eine NS-Organisation sieht, der ich von Anfang ihrer Gründung an angehört habe.« Und weiter: »Er setzt sich mit seinen Taten ernsthaft auseinander, ist einsichtig und bereut sie«, schreibt der Lehrer. Ein Polizeiinspektor ergänzt: »Stark ist ein Befehlsempfänger geblieben, wie er es aus dem Dritten Reich gewohnt war.« Und ein Fürsorger schreibt: Er sei »knapp und distanziert« und führe »ohne viel Nachdenken jede Anordnung aus«.

Der Leitende Oberstaatsanwalt schließlich, jener Jurist, der als Berichterstatter mit im Schwurgericht saß, das Stark verurteilte, schreibt in seiner Stellungnahme: »Der Plan zur Ausrottung der jüdischen Mitbevölkerung ging auf einen persönlichen Befehl Hitlers zurück, dem Stark und seine politischen Gesinnungsgenossen unbedingten Gehorsam schuldig zu sein glaubten. Dieselbe Obrigkeit, von der sie die Wahrung von Recht und Ordnung hätten erwarten können, verlangte von ihnen mit der Autorität der Macht die Begehung verabscheuungswürdigster Verbrechen. Das erschwerte für sie den Entschluß, dem Unrecht entgegenzutreten oder ihm auszuweichen.« Der Staatsanwalt weiter zur Judenverfolgung: »Widerspruchslos hat das deutsche Volk in seiner Mehrheit diese Willkürakte hingenommen. Eine völlige Umkehr der Werte verdunkelte damals die Grenze zwischen Recht und Unrecht. Die Verfolgung der Juden wurde geradezu als nationale Tat hingestellt. Ihre Ermordung wurde von Himmler später als Ruhmesblatt der deutschen Geschichte bezeichnet, während er die Mordgehilfen dafür lobte, angesichts so vieler Leichen ›anständig‹ geblieben zu sein.«

Wie hatte mehr als zehn Jahre zuvor schon der Rechtsgutachter im Prozess über Stark geschrieben? Er gehöre »zu jenen Führern der KdS-Dienststelle, an deren Beispiel deutlich wird, dass die Schulterstücke der Offiziere und die silbernen Mützenkordeln allein eben niemals den verantwortlichen Führer ausmachen können.« Stark sei immer der »Landsknecht geblieben«. Und weiter: »Starks Unglück war einfach, dass Heydrich ihn – ohne sein Verschulden – in eine Stellung gebracht hat, der er nicht gewachsen war.«

Starks erstes und einziges Gnadengesuch wurde erst am 26. März 1973 vom Justizminister von Rheinland Pfalz abgelehnt. Er blieb ein weiteres knappes Jahrzehnt hinter Gittern. Am 15. Oktober 1982 starb der geborene Befehlsempfänger in seiner Haftzelle.

Armutszeugnis. – Die Akte zu den Ermittlungen der Staatsanwaltschaft Itzehoe wegen der Massaker in Chatyn und andernorts ist ein Armutszeugnis der Justiz. Banal zusammengefasst, sagt sie aus: Ihr seid Opfer eines Verbrechens geworden und kennt die Täter nicht? Pech gehabt!

Der 200 Seiten schmale Band ist im Landesarchiv Schleswig unter Abt. 352 Itzehoe Nr. 1 161 abgelegt. Der größte Teil wurde auf Weisung des Bundesgerichtshofes von der Zentralen Stelle Ludwigsburg im August 1975 mit dem Vermerk »Vorermittlungen II 202 AR–2 159/75« an die Staatsanwaltschaft Itzehoe (Aktenzeichen 15 Js 1 003/75) gesandt. Der Verdacht richtete sich »gegen unbekannte Täter wegen der Tötung einer nicht bestimmten Zahl von Einwohnern der im Raum Lagojsk/ Weißruthenien gelegenen Dörfer Chatyn, Kosyri, Chatjenowa, Inzefowa, Parchowo und Swidnoje«. Die sperrige Formulierung benennt den Dammbruch im Bandenkampf der deutschen Besatzer: die erstmals angewandte Vernichtung ganzer Dörfer samt ihrer unschuldigen Bewohner als Vergeltung gegen einzelne Partisanenangriffe. Erster und wichtigster Tatort: das Walddorf Chatyn, das am 22. März 1943 dem Erdboden gleichgemacht und in dem mindestens 160 Menschen getötet wurden. Darunter das Ehepaar Anna und Iosif Baranowiskij mit ihren acht Kindern im Alter von sechs bis vierzehn Jahren. Insgesamt stehen 96 Kinder auf der Liste der Toten, die überwiegend lebendig in ihren Häusern oder der Scheune des Schmieds verbrannt wurden. Das jüngste Opfer, Tolik Jaskewitsch, war sieben Wochen alt. Alle 26 Höfe wurden mitsamt allen Gebäuden restlos zerstört.

Basis der Vorermittlungen in Deutschland waren 18 ausführliche Zeugenberichte, übermittelt von sowjetischen Behörden an die deutsche Justiz. Die Aussagen Überlebender aus den genannten Dörfern sind in kyrillischer Schrift verfasst und waren bereits in Ludwigsburg übersetzt worden. Der Waldarbeiter Pjotr L. zum Beispiel schildert die »Rache der Deutschen« nach dem Überfall der Partisanen auf Olympiasieger Hans Woellkes Einheit und beendet seinen Bericht mit den Worten: »Ich kann mich nicht an einen einzigen der Häscher (…) erinnern und werde sie nicht identifizieren können.«

»Ich kann mich an die Gesichtszüge keines einzigen SS-Mannes erinnern«, sagt ein anderer Zeuge aus. »Weil es schon so lange her ist, werde ich die Häscher nicht identifizieren können«, sagt ein Dritter. So oder ähnlich endet jeder Zeugenbericht. Am konkretesten wird der Schmied Josif Kaminskij, der als einziger Erwachsener die Vernichtung Chatyns schwer verletzt überlebte und dessen überlebensgroße Bronzestatue, die ihn mit seinem sterbenden 15jährigen Sohn auf dem Arm zeigt, heute in der nationalen Gedenkstätte Chatyn steht. Auch er sagte aus: »Ich habe keine Bekannten unter den SS-Männern gehabt, und ich kenne keinen der SS-Männer mit Familiennamen.«

Und doch wäre Kaminskijs Aussage der Schlüssel zu ernsthaften Ermittlungen gewesen – wenn ermittelt worden wäre. Der Zeuge sagte, bei den Männern, die sich erst ein Gefecht mit den Partisanen geliefert und dann das Dorf zerstört hätten, seien »drei Deutsche in ihrer Uniform« gewesen. »Alle andern in grauen Uniformmänteln, wie die Russen.« Letztere waren zweifellos die ukrainischen Freiwilligen aus Hans Woellkes 118. Polizeibataillon. Die Deutschen aber, von denen einer nach Kaminskijs Aussage schwarze Uniform und einen Totenkopf der SS an der Mütze trug, müssen zur 1. Kompanie der Sondereinheit Dirlewanger gehört haben.

Darüber sind sich heute alle Historiker einige: Es waren Dirlewangers Wildschützen, die in Chatyn den Ukrainern zu Hilfe kamen. Aber konnten das die Itzehoer Staatsanwälte 1975 schon wissen? Wollten sie es wissen? So muss die Frage lauten. Der Akte ist nicht die Spur eines Versuchs zu entnehmen, dass man sich bemüht hätte, herauszufinden, welche Einheiten in Chatyn waren.

Neben den 18 Zeugenaussagen und deren Übersetzung liegt einzig justizinterner Schriftverkehr in der Akte, darunter die Bitte der

Ludwigsburger vom 3. November 1975, »Vernehmungsniederschriften übermittelt« zu bekommen. Aber es wurde überhaupt niemand vernommen. Knapp zwei Monate später, am 31. Dezember, stellte der Leitende Oberstaatsanwalt das Verfahren bereits ein, denn »diese Aussagen enthalten keine konkreten Hinweise, die eine Feststellung der beteiligten militärischen Einheiten ermöglichen könnten. Den Niederschriften ist lediglich zu entnehmen, dass die Tötungshandlungen nach Auffassung der überlebenden Einwohner des betroffenen Dorfes Chatyn deshalb erfolgt sind, weil in diesem Dorf eine Partisaneneinheit untergebracht gewesen ist.«

Wer waren die deutschen SS-Männer? Wo waren sie stationiert? Welche Aufgabe hatten sie bei der Vergeltungsaktion?

Es waren SD-Leute (zumindest der mit dem Totenkopf) aus Minsk mit der Aufgabe, Vergeltungsaktionen anzuordnen und zu verantworten. So müsste die Antwort lauten. Spätestens seit Vorlage des Braunbuches im Koblenzer Prozess 1962 wusste die deutsche Justiz, dass Vergeltung gegen die Bevölkerung einzig von den den Einheiten zugewiesenen SD-Kommandoführern, dem jeweiligen Ic-Offizier, angeordnet werden durfte. Ic der 1. Kompanie Dirlewangers war Artur Wilke.

Und wenn Wilke ausgesagt hätte, nicht dabei gewesen zu sein? Dann hätte er erklären müssen, wer und warum ein anderer seine ihm gerade erst vor 14 Tagen zugewiesene ureigene Aufgabe abgenommen, ihn also übergangen hatte. Und was er gegen diese Kompetenzüberschreitung, die ihm nicht verborgen geblieben sein dürfte, bei Dirlewanger oder beim Minsker Kommandeur unternommen hatte. Aber er wurde nicht gefragt. Niemand wurde befragt.

Erinnerungen. – Es sind nicht viele gekommen zur Goldenen Konfirmation. Neun der 43 Erstklässler leben nicht mehr. Beim geselligen Treffen am Vorabend seid ihr zu acht – überwiegend die, die heute auswärts wohnen. Sie nutzen den Anlass, um sich ihrer Jugend in Stederdorf zu erinnern – so wie du.

Du gehörst gar nicht hierher. Du bist kein Konfirmand, schon gar kein goldener. Du bist katholisch. Und doch warst du auf den Konfirmationen der meisten deines Jahrgangs. Einer musste ja die Glückwunschkarten und kleinen Geschenke – oft ein Päckchen Stofftaschentücher – im Dorf verteilen. Wie üblich gab es in den feiernden Haushalten hier ein Stück Zuckerkuchen zum Dank, dort einen »Mohrenkopf«, oft aber auch einen Schnaps. Die Konfirmation galt damals als der geeignete Tag, den 14Jährigen erstmals mit dem Alkohol bekannt zu machen. Du hattest an diesem Tag viele Bekannte. Und deinen ersten Rausch. Der war, als du zu Marianne kamst, schon weit fortgeschritten. An dieser Stelle lässt du lieber Marianne weitererzählen. Du misstraust inzwischen deinen Erinnerungen – vor allem dann, wenn du die Geschichte nicht zum ersten Mal erzählst. Ob sie sich so erinnert wie du? Das Wohnzimmer war voller Gäste, der Vater saß jenseits an der Stirnseite des Tisches. Du warst vorlaut, fordertest, dass Marianne mitkommen solle. Ihr Vater wurde ärgerlich, wollte dich rauswerfen, kam in der engen Stube aber nicht an den Gästen vorbei und versuchte es quer über den Tisch. Du siehst ihn nur noch straucheln und ins Buffet kippen, während du dich im Klo einschlossest und auch körperlich erleichtert erst wieder herauswagtest, als im Wohnzimmer Ruhe eingekehrt war.

Bis hier stimmen eure Erinnerungen überein. Erst als es um die Lehrer geht, speziell um Lehrer Wilke, klafft in eurer Runde viel auseinander. Hildegard ist der festen Überzeugung, Wilke sei »natürlich Lehrer« gewesen, auch wenn er unter falschem Namen lebte. Ihre Mutter habe ihr damals erzählt, die Nazi-Vorwürfe seien alle gar nicht wahr gewesen. Nur die Sache mit der Bigamie und dass er den Namen des Bruders angenommen habe, habe zu der Verurteilung geführt. Vom Urteil wegen Beihilfe zum Mord in Tausenden Fällen hat Hildegard, die zeitlebens im Dorf gelebt hat, auch 55 Jahre nach dem Prozess noch nichts gehört. Dabei war das Ehepaar Wilke im Haushalt ihrer Eltern gut bekannt. Die Tante, eine Ärztin, hatte den charmanten Lehrer schon während dessen Krankenhausaufenthalt kennengelernt – so wie dessen spätere zweite Frau. Vermeintliche Junggesellen wie er waren nach dem Krieg bei jungen Frauen begehrt – es gab so wenige. Und Hildegard hatte viele Jahre im Gymnasium die Schulbank mit der jüngsten Wilke-Tochter geteilt.

Und doch kann Hildegard an diesem Abend die entscheidenden Hinweise geben: Unterricht im Gasthaus, bei Schönau, das war schon 1959, also in der ersten Klasse. Da hattet ihr wirklich Wilke zum Lehrer. Sie weiß es so genau, weil sie sich in diesem Jahr ihren großen Zeh gebrochen hatte und kaum gehen konnte. Normalerweise kein Problem, denn sie wohnte neben der Schule. Aber das Gasthaus lag am anderen Ende des Dorfes. Sie musste gebracht werden.

Was war das also für eine Szene, als zwei Männer in den Saal kamen und Wilke holten? Die Verhaftung war es nicht. Die war nach den Sommerferien 1961, also erst in eurer dritten Klasse. Vielleicht war es der Moment, als Wilke wegen seiner Tuberkulose von einem Tag auf den anderen das Unterrichten untersagt wurde? Danach, erinnern sich einige, hatten wir wechselnde Lehrer, sogar ältere Schüler, die uns im Schönau-Saal beschäftigten.

Aber wie ging es weiter? Hatten wir Wilke, als er vermeintlich genesen zurückkehrte, erneut zum Klassenlehrer? Die Wahrheit herauszufinden ist mühsam. Alle beteiligen sich, alle studieren die Bilder, die Klassenfotos, mal mit Lehrer Wilke, mal mit Fräulein Weiß, mal mit Herrn Zinnecker. Das Foto mit diesem Lehrer klebt in deinem Album weiter hinten. Einige halten es für eine Aufnahme aus der dritten Klasse. Wir sehen schon reifer aus, das Klassenzimmer wirkt saniert. Aber da sind doch noch die alten Holzbänke! Und: »Wir hatten doch so ein schönes zweites Schuljahr mit Fräulein Weiß«, wenden andere ein. Und danach kam schon Frau Fischöder.

Den Durchbruch des Grübelns, der verwirrten Erinnerungen, schafft Hannelore. »Ich habe die erste Klasse wiederholt.« Daran hat sie sich zunächst nicht erinnert. Das weiß sie nur, weil sie die Eltern fragte, warum sie zwei Einschulungsfotos hat. Sogar drei Bilder aus der ersten Klasse: eines mit Wilke, eines mit Zinnecker, eines mit der nächsten ersten Klasse.

Das kann nur bedeuten: Wilke war nach den Wochen im Saal verschwunden, durfte nicht mehr unterrichten. Das stimmt mit den Aufzeichnungen aus der Personalakte überein, merkst du später: Ab September 1959 war Wilke der Unterricht wegen Ansteckungsgefahr verboten. Lehrer Zinnecker hat die Klasse übernommen. Er steht ja auch unter eurem ersten Zeugnis. Mit ihm wurde ein weiteres Erinnerungsfoto gemacht. Und in der zweiten Klasse kam schon Fräulein Weiß, die ihr so liebtet, dass ihr alle mit dem Fahrrad zum Spalierstehen zu ihrer Hochzeit fuhrt.

Wilke aber hattet ihr nach dem ersten Halbjahr, in dem ihr wie besinnungslos auf der Schiefertafel Krückstöcke, Kringel und Aufstrich-Abstrich-Aufstrich-Punkt üben musstet, nie wieder zum Klassenlehrer. Deine Erinnerung hat dich betrogen, deine Verhaftungsszene ist ein Irrtum, deine Vorstellung, es gesehen zu haben, war ein Fehler.

Fehler. – Der Inhalt des 196seitigen Buches mit dem frisch erschwindelten »h« im Namen strotzt vor »Fehlern«. Das Wort »Fehler«, fast immer in der von ihm gewählten Übersetzung des lateinischen »Peccatum« (Sünde), addiert sich auf einige hundert Mal und ist fast immer unterstrichen oder hervorgehoben. In seinen einleitenden Zeilen an den Sohn philosophiert Wilke über »die Gesetze der Schönheit« (»Ich werde nicht müde, die Schönheit des Lebens zu sehen«). Und er erteilt gute Ratschläge (»Lass dich nicht zum Prügelknaben der geistigen Blödheit anderer, ihrer Dummheit machen!«). Dann streut er zusammenhanglos ein Gedicht von Fontane, eine ägyptische Grabschrift und einen Witz ein:

> Reflecting odds. Be on the look-out!
> Zwei Menschen gehen durch die Dunkelheit. Der eine leuchtet mit der Taschenlampe (…) in den Himmel: »Wollen wir wetten, dass du da nicht hinaufkletterst?!« »Ha, ha, ich kenne dich. Wenn ich halb oben bin, machst du die Lampe aus.«

Was soll das sein? Eine Parabel auf das nicht vollendete Morden? Darauf, dass er das Unmögliche versucht hat, man ihn, den Eidgetreuen, aber hat fallen lassen?

Bald ist er auf der Rechtfertigungsschiene – er beginnt mit einem Satz-Ungetüm:

> Da man mich verurteilte für einen Gehorsam gegenüber einem Befehl in einem Weltkriegsmorden, den die Autoritäten meines Vaterlandes vor dem Allmächtigen gerechtfertigt sahen, den Professoren des Staatsrechts (die heute noch an Deutschlands Hohen Schulen sind) fundamentierten, und den Theologen mit dogmatischer Weisheit über ein des Gottesmordes schuldiges Volk, über ein gottverdammtes Volk inspiriert haben, gegenüber einem Befehl, den kein Staatsanwalt (die alle noch im Amte sind) anklagte, dem aber alle Experten juristischer Verbrechensbekämpfung gehorsam waren – da man Tausende und auch mich nach mehr als 2 Jahrzehnten nach diesen Ereignissen verurteilte, gab man mir viel Zeit, über die menschlichen Fehler, über das menschliche Verfehlen und Vergehen nachzudenken.

Er ist schnell bei »Fehlern, die plötzlich als geistige, historische, theologische Irrtümer vor uns stehen, gleichsam als die großen Lebensfehlerfragen, als das große theologische Sündenproblem.« Es folgt eine Betrachtung über die »Irrtümer und Fehler der gottgesandten Führer«, über den Umgang mit den Besiegten in der Bibel.

Er holt weit aus: Plötzlich ist er wieder in seiner Schulzeit, bei den Lehrern, die mit Eifer Fehler suchen. »Manchmal schien es mir, dass Lehrer mehr Spaß daran hatten, uns die Fehler anzukreiden, als uns zu lehren, wie man sie am besten vermeiden könnte.« Dann wieder ist er gedanklich bei Fehlern auf See, danach wieder bei wirtschaftlichen Fehlern, bei fehlerhaften Interpretationen, beim »Verfehlen bei der großen Fehlersuche«. Und schließlich will er sich »die Fehler der Väter näher ansehen, dass wir aus ihnen etwas lernen können«.

Urplötzlich die Genesis, das erste Buch Mose, die Schöpfungsgeschichte und die Frage nach der Sünde, nach Gut und Böse, also am Beginn seiner Bibelübersetzung. Er startet mit der Frage: »Kann die Schlange sich zu einem gottfeindlichen Wesen machen? Vermag ein Geschöpf sich dem Willen seines Schöpfers zu entziehen?« Man ahnt die Antwort schon: Der SS-Mann kann sich nicht seinem Schöpfer Hitler entziehen.

Was danach auf rund 140 Seiten folgt, ist eine Fleißarbeit. Sie zeugt von viel Zeit in der Zelle, viel Eifer beim Übersetzen, ja geradezu von seiner Besessenheit, in der Vulgata, jener lateinischen Schrift, die ihm sein theologischer Gast mitgebracht hatte, nach den Fehlern zu suchen. Über alles hat er in Versalien sein Thema gesetzt – in Latein und in Deutsch:
- MAGNUM PECCATUM – MAGNUM ERRATUM – MAGNUM MANDATUM –
- DER GROSSE FEHLER – DER GROSSE IRRTUM – EIN GROSSER BEFEHL –

Über das Ergebnis können nur Theologen und Altphilologen urteilen. Wilke hat die Bibel, von Genesis, Exodus und Leviticus, also von den fünf Büchern Mose über die Propheten und Evangelisten bis zu den Briefen und der Apokalypse durchgearbeitet. Alle Stellen, in denen der Begriff »Fehler« vorkommt – er übersetzt Peccatum nie mit »Sünde«, immer mit »Fehler« –, hat er aufgeschrieben, übersetzt und sein Schlüsselwort der Suche fast immer unterstrichen. Gelegentlich markiert er die Kernsätze mit Strichen an der Seite, manchmal fügt er eigene Bemerkungen ein.

Ein Beispiel: Im vierten Buch Mose, Numeri, übersetzt er Vers 28 bis 31 so:

»Es soll dem Herrn auch der Bock für die Fehler bei dem beständigen Brandopfer mit dem Trankopfer dargebracht werden (…) und einen Bock für den Fehler zur Sühne für euch. (…) einen Bock für den Fehler (beim MASSENMORDEN). Zornig sprach Moses: Warum habt ihr die Weiber verschont? Sind es nicht gerade sie, die die Söhne Israels bei der Einflüsterung Babams getäuscht haben (…)? Also tötet alle!«

Im Zweiten Gesetz hebt er hervor »23.22: OHNE FEHLER WIRST DU SEIN, WENN DU AUF VERSPRECHUNGEN (EIDE) VERZICHTEST!« Im 3. Buch der Könige unterstreicht er: »Sei gnädig Deinem Volke, das Dir gegenüber in Fehler gefallen, und gewähre ein Mitgefühl offen denen, die sie als Gefangene besitzen, daß auch sie mit ihnen fühlen.« Mit zwei Ausrufezeichen versieht er im Psalmenbuch, 18.14, die Stelle: »Verschone Deinen Knecht vor fremden Fehlern! Wenn meine Fehler nicht zur Herrschaft kommen, dann bin ich fehlerfrei, ich bin von größten Fehlern frei!« Sowie Psalm 39: »Selig, wer im Grund des Höchsten Hoffnung hat, wer sich nicht hält an Wahn und treulos Lügen! (…) Opfer für den Fehler hast du nicht verlangt!«

Auf Seite 75, bei den Sprüchen, geht es mit ihm durch: »Mein Sohn, wenn Dich die Fehlermacher locken, sage nein.« Es folgen elf Ausrufezeichen. Denn: »Die Ungerechtigkeit ergreift den Pflichtvergessenen selbst. Er fesselt sich in Stricken seiner Fehler.« Und noch einmal drei Signale bei Spruch 28: »Aus Fehlern eines Landes kommen seine Herrscher!« So geht das weiter – Fehler, Fehler, Ausrufezeichen, Ausrufezeichen, Unterstreichungen, Hervorhebungen, Anmerkungen – in den Weissagungen, den Evangelien, den Büchern. Die Bibel wimmelt für Wilke von Fehlern und Ratschlägen dazu.

Ein Satz aus dem Weisheitsbuch scheint es ihm besonders angetan zu haben: »Wo treulos man der Gegenseite heimlich Vorschub leistet, dort lebt nicht mehr die Kraft der Eidesleistung!« Hat sich Artur Wilke, der so stolz auf sich ist, selbst gegenüber Tötungsbefehlen nie eidbrüchig geworden zu sein, hier selbst gefunden? Und hat er erwartet, dass ihm mit dem Matthäus-Evangelium verziehen wird? »So wie ihr

Menschen die Fehler (Irrtümer) nachseht (verzeiht, vergebt), so wird euer himmlischer Vater euch eure Delikte (Fehler, Vergehen) freigeben (auflösen, erlassen).« Unterstreichung!

Schließlich folgen noch einmal 33 Seiten Botschaften an seinen Sohn, in denen er über die Schlüsse, die er aus der Bibel gezogen haben will, philosophiert. An einer Stelle wird er direkt: »Die Auflehnung der Söhne gegen die Väter (…) gibt es nur dort, wo einer dem anderen Halbwahrheiten (Lügen) reicht, wo sich die Lebenswahrheiten des einen nicht für den anderen bewähren! Wenn Väter, die ihre eigenen Fehlerfälle den Söhnen verschweigen oder falsch interpretieren, oder wenn einer, wissend über Gut und Böse, über Recht und Unrecht, wissentlich ihnen das Böse, das Unrecht bringt.« Und er wird dramatisch: »Wehe den Söhnen, die die Fehler auf die leichte Schulter nehmen, die (…) die großen Befehle im Fehler nicht hören und sehen (…).« »Aber der Fehler verpflichtet nicht zum Fehler, sondern zu seiner richtigen Analyse, nur dazu, ihn in Zukunft zu vermeiden!«

Analyse? Kein Wort schreibt er auch diesmal seinem Sohn zu dessen 18. Geburtstag über seine eigenen Fehler. Kein Wort der Wahrheit über sein Töten, keines des Bedauerns, keines des Mitleids mit seinen Opfern, nicht einmal der Versuch, seine Taten zu erklären oder auch nur darzustellen. Stattdessen Unterstreichungen und Markierungen immer nur dort, wo die Bibel von Vergebung kündet.

»Im Kapitel über das Verbrechen im Garten Eden steht nicht ein Wort vom Fehler (Sünde). Dort steht nur etwas von dem menschlichen Verlangen (…) nach dem Geistigen«, schreibt der Massenmörder seinem Sohn zum 18. Geburtstag.

Und der letzte Satz: »Wenn du fühlst, mein Sohn, wie der Frieden aus deinem Herzen weicht, dann wisse, daß es eine Form der Unwahrheit, einen Schein menschlicher Anmaßung und Überheblichkeit, daß es einen Fehler zu meiden gilt!«

Freitod. – Auf den Tag genau neun Jahre später wich der Friede aus dem Herzen des Sohnes.

Wolfdietrich, der jüngste Sohn Wilkes, hat diesen Brief, das erst später gebundene Werk aus 196 handschriftlichen Seiten, die Weiterentwicklung jenes 77Seiten-Schreibens zum 17. Geburtstag, erhalten zu seinem 18. Diesmal bestehen keine Zweifel daran, dass der Sohn, der sich mitten im Abitur befand, dieses Vermächtnis seines Vaters auch ausgehändigt bekam und zur Kenntnis nehmen musste.

Artur Wilke, der Massenmörder, hat damit einen Kübel krauser Rechtfertigungsgedanken über seinem Kind ausgeschüttet.

Mit 27 Jahren, am Tag seines Geburtstages, nahm sich Wolfdietrich Wilke das Leben.

Er war Stabsarzt geworden und gerade bei einem Lehrgang der Bundeswehr, untergebracht in einem Hotel in Schwachhausen bei Bremen. Am 10. Oktober 1977, seinem Geburtstag, war er für seine frischvermählte Ehefrau unerreichbar gewesen. Tags darauf sollte er zu einem Wehr-Kongress nach München fliegen. Am nächsten Morgen fand man ihn in seinem Zimmer – gestorben an einer Überdosis Tabletten. Im Krankenhaus konnte nur noch sein Tod festgestellt werden.

Wilke junior hatte wenige Monate zuvor geheiratet – ohne vorher seinen Vater zu fragen. Der war nicht einverstanden mit der Beziehung, kam aber immerhin zur Hochzeitsfeier. Noch hatte der Stabsarzt seine eigene Wohnung in Hannover, seine ehemalige Studentenbude. Seine Witwe erinnert sich, 40 Jahre nach seinem Tod, wie sie unter entwürdigenden Umständen ihren Mann habe identifizieren müssen. Wie eine Krankenschwester in Tracht im Leichenschauraum des katholischen Krankenhauses erst den falschen Leichnam enthüllte, dann erst unter den Zetteln an den Zehen der Toten den richtigen Selbstmörder fand.

Ob die Last, einen Massenmörder zum Vater zu haben, ihn erdrückte? »Wer so sensibel ist, den lässt das nicht los«, sagt der Freund Eckhardt. »Er liebte seinen Vater, aber er musste doch an dessen Taten verzweifeln. Das muss ein Kind erschlagen«, sagt seine Halbschwester Sigrid. Und sie erinnert sich daran, wie der sensible Junge schon als Kind, unmittelbar nach der Verhaftung des Vaters, auf der Hauptstraße absichtlich vor ein Auto gelaufen sei. Der Fahrer konnte rechtzeitig bremsen.

»Ich kannte meinen Mann nur als fröhlichen, lebhaften und humorvollen Menschen. Ich kann mir überhaupt keinen anderen Grund vorstellen«, sagt seine Witwe noch 40 Jahre später. Dass er Vater werden würde, hat der 27Jährige nie erfahren. Sie wollte ihm ihren Verdacht erst nach seiner Rückkehr aus München mitteilen – als verspätete Geburtstagsüberraschung. Dass es Zwillinge werden, wusste auch sie erst viele Wochen später. Dennoch entwickelte sich in der Familie das völlig haltlose Gerücht, Vater Wilke habe sich an den jüdisch klingenden

Vornamen der Kinder gestört und darüber mit dem Sohn gestritten, ehe dieser sich das Leben nahm. Erklärungsversuche – unrealistisch, aber wohlfeil, denn sie vermieden die Erinnerung an die Taten des Vaters. Die Mädchen tragen Vornamen aus dem Alten Testament; so hieß schon die Urgroßmutter der jungen Witwe, die ihre Zwillinge allein großzog.

Hartmut. – Ein anderer der großen Jungs aus der Nachbarstraße hat Wolfdietrich Wilke ebenfalls gut gekannt. Auch ihn hast du ausgefragt. Hartmut hat wie Wilke Medizin studiert und im selben Verbindungshaus wie er gewohnt. Am Sonntagabend fuhren beide oft zurück nach Hannover, weil Wilke junior kein Auto hatte. »Die Familiengeschichte, das war ein völliges Tabu«, erinnert sich Hartmut. Nicht einmal andeutungsweise sei je über den Vater gesprochen worden. »Es gab stillschweigendes Einvernehmen: Wenn er nichts sagt, fang ich nicht damit an.«

Dabei hätte es Hartmut schon interessiert. Auf dem Sportplatz, so hatte er es damals gehört, soll man Wilke senior einst verhaftet haben. Das sei im Dorf erzählt worden. Eine von vielen Varianten, die alle nicht erwiesen sind. Aber aufregender als die Kriegsverbrecher-Vorwürfe sei ja gewesen, dass Wilke unter falschem Namen lebte. Sein Sohn aber habe sich niemals anmerken lassen, ob und wie ihn alles belastet. »Zutiefst introvertiert«, sei er gewesen, »menschenscheu, sehr verschlossen, und wohl auch zutiefst traumatisiert.« Die Nachricht von seiner Hochzeit hatte Hartmut überrascht, denn der Freund sei »nie wahrnehmbar in sexueller Hinsicht« gewesen. »Nach dem Studium wollte Wolfdietrich Augenarzt werden. Da habe ich noch gedacht: Das passt zu ihm, da muss er nicht so mit Menschen klarkommen.«

Die Nachricht seines Suizids aber habe ihn damals »überwältigt«. Hartmut stand mitten im Thema. Seine Doktorarbeit, die er als Assistenzarzt in der Psychiatrie schrieb, befasste sich ausgerechnet mit dem Freitod und seinen Wurzeln und Folgen in den Familien. Du konfrontierst den promovierten Mediziner mit jener These, die dir Wilkes Witwe genannt hat: Ihr Mann habe, hatte die gesagt, durch die Ehe und die offene, unbelastete Einbeziehung in die Familie seiner Frau etwas völlig Neues erlebt; sein Suizid wirke, »als ob ihm durch die neue Helligkeit das tiefe dunkle Loch zu Hause erst aufgefallen« sei.

»Eine These«, sagt Hartmut, »aber eine, die so ganz zu meinem Bild von Wolfdietrich passt.«

Intellektualisierung. – Du hast dir, allein und mit anderen, so oft Gedanken über diese Briefe an den Sohn gemacht. Was sollte diese Auseinandersetzung mit der Bibel bewirken? Warum hat er seinen geliebten Sohn hineingezogen in seine verquere Art der Aufarbeitung seiner Taten? Was hat das mit dem Sohn gemacht? Vor allem: Hat der 17- oder der 18Jährige das annehmen, verarbeiten, ja, überhaupt wahrnehmen können?

Du denkst zurück an die Zeit, als du 18 warst. Hätte dich so ein Werk, auch wenn dein Vater dich darin persönlich anspricht, überhaupt interessiert? Und wann, wenn es bei dir im Regal gelegen hätte und zunächst verstaubt wäre, hättest du es dann doch herausgeholt und zu verstehen versucht? Nach der Ausbildung? Wenn du heiratest? Dann, wenn dir bewusst wird, dass du nun bald selber Vater werden könntest?

In deinem Grübeln hat dir Kurt helfen können. Kurt, der Mitschüler, der Gedicht-Aufsager vor Schulrat (?) und Flüchtlingsverein (!), der als einziger Junge der Klasse Wilke als Lehrer nett fand. »Das ist das Bild, wie ich es von ihm in Erinnerung habe«, sagt Kurt und zeigt auf die Skizze mit dem Spielmann, der auf die Pauke mit der großen »18« haut. Die Zeichnung aus Wilkes Feder steht am Anfang des 196 Seiten-Buches, das als Geburtstagsbrief gedacht war und so fatale Folgen hatte. Kurt ist von deiner Volksschule aus in ein Internat gekommen, hat Abitur gemacht, studiert, ist ein streitbarer Diakon der evangelischen Landeskirche geworden, schließlich Religionspädagoge, Kinder- und Jugendlichentherapeut. Er unterrichtet noch immer als Hochschullehrer.

Für Kurt steht fest: Wilke hat, so ganz zurückgeworfen auf sich und mit viel Zeit in der Zelle, seine Schuld zu intellektualisieren versucht. Als studierter Theologe sah er in der Bibel die Möglichkeit, sich und seine Taten in einen religiösen Rahmen einzuordnen. Aber warum machte er Briefe an den Sohn daraus? »Es muss schlimm sein für ein Kind, dass ein Vater einen solchen Eiertanz im Sinne einer Rationalisierung zu seiner Schuldentlastung vollführt.«

Als Kind hat Kurt in einem uralten Fachwerkhaus am Dorfteich gewohnt. In der Ruine habt ihr gespielt, kurz bevor sie abgerissen wurde. Hier habt ihr euren einzigen Streit um einen auf dem Dachboden gefundenen verschlissenen Katechismus gehabt. In dem Haus hatte Kurt Jahre vorher den Selbstmord eines Mitbewohners miterlebt. Er hatte zu helfen versucht – vergeblich. »Vielleicht bin ich deshalb Fachmann für Suizide geworden?«

Kurt hat gearbeitet über den Suizid von Kindern, die mit dem eigenen Tod ihre Eltern ultimativ auffordern: »Ändere dich!« Er hat geforscht über transgenerationale Weitergabe von Schuld, über die unbewusste Übertragung von Traumata und Schuldverstrickungen an nachfolgende Generationen. Der Begriff »Kriegsenkel« spielt in seiner Forschung eine Rolle: Eine Generation gibt das unbearbeitete, das verdrängte Trauma aus Krieg und Täterschaft an die nächste und übernächste Generation weiter. Die traumatisierten Enkel fühlen sich für das unverstandene, meist verschwiegene Leid der Eltern, die ihrerseits die unbearbeiteten Taten ihrer Eltern erdulden mussten, unbewusst verantwortlich. Sie entwickeln dadurch einen gestörten Zugang zu eigenen Wünschen und Emotionen.

So weit die Theorie. Das praktische Beispiel habt ihr Stederdorfer Kinder erlebt, aber erst im Rentenalter erkannt.

Verschwiegen wurde im Hause Wilke unfassbar viel. Wie ein tonnenschweres Familiengeheimnis muss die Täterschaft des Vaters auf den Kindern gelegen haben. Fragen durften sie nicht – selbst das Verbot blieb unausgesprochen und war doch unverkennbar. »Der Sohn muss auf seinen Fragen sitzen geblieben sein. Er hat sie nie gestellt, aber er hatte sie.« Hinzu komme die Stigmatisierung in Dorf und Schule als Sohn des Mörders. »Wir kennen das doch«, sagt Kurt, »wir Flüchtlingskinder. Uns hat keiner vorgehalten, im Dorf nicht dazuzugehören, aber wir haben das Stigma dennoch gespürt.«

Der Sohn mag lange nicht gewusst haben, was der Vater getan hat im Krieg. Aber er wusste, der war ein Verbrecher. Jetzt, in seinen Briefen, erklärt er dem Sohn derart abstrakt und abgehoben, wie er seine Taten heute sieht. Er leugnet seine Mitschuld nicht, aber er benennt sie nicht, er übernimmt auch nicht die Verantwortung für seine Morde. Ganz das Gegenteil von dem, worüber ihr euch in der eigenen Familie gestritten habt: Ihr, die Nachkriegsgeneration, seid nicht schuld, aber ihr habt Verantwortung. Der tatsächlich schuldig Gewordene aber, Artur Wilke, übernimmt nicht einmal Verantwortung. Wenn der Sohn sich irgendwann darauf eingelassen hat, wenn er es zu verstehen versucht hat, »dann bekommt das eine Wucht, die kaum auszuhalten ist für einen jungen Menschen«: Ein patriarchalischer Vater, ein erdrückendes Familiengeheimnis mit einer heimlichen, nagenden Kraft und ein Rechtfertigungsopus, das als Fleißarbeit eines geläuterten

Christen daherkommt: »Und das Theologische dieser Briefe macht es ja auch noch schwer, den Vater als Monster zu sehen!«

»Ach, übrigens«, sagt Kurt, 55 Jahre, nachdem ihr euch darum gestritten habt, »du kannst den Katechismus gern haben. Du hast ihn damals gefunden. Ich hatte nicht das Recht, ihn zu behalten, nur weil ich in dem Haus früher mal gewohnt hatte.« Er habe, gesteht er dir, deshalb lange ein schlechtes Gewissen gehabt.

Ein altes Buch, ein schäbiger Katechismus, wenn auch aus dem 18. Jahrhundert – für zwei zwölfjährige Flüchtlingsjungen aus Haushalten, in denen es nichts gab, das nicht erst nach 1945 angeschafft worden war, war das damals ein Schatz. Du hattest nicht die geringste Erinnerung an den Streit. Auch der Katechismus war weg für dich. Du weißt nur noch, bei jener Klettertour durch das Abrisshaus die kohlrabenschwarz verrußte Räucherkammer entdeckt und dabei das Prinzip des Räucherns verstanden zu haben. An den herben Duft nach Rauch und Mettwürsten erinnerst du dich noch. Ohne Kurts schlechtes Gewissen wäre dir euer Streit niemals mehr eingefallen. Jeder hat nur Erinnerung an das, was ihn bewegt hat.

Fahrrad. – Auch Michel. Dass zwei Männer von der Polizei den besten Freund seines Vaters abholen – in der Schule, mitten im Unterricht –, das muss den damals Elfjährigen bewegt haben. Der Lehrer Wilke, Freund des Vaters, Kollege der Tante, Vater des Klassenkameraden Bübi, Begleiter so vieler Fahrradausflüge ins Moor, in den Wald und zum Luhberg, dieser väterliche Freund ist von Polizisten abgeholt worden. Das hat er sofort zu Hause berichten müssen.

In Michels Erinnerung geht die Tür auf, Rektor Krüger kommt mit zwei Männern »in Kleppermantel und Schlapphut« herein und erklärt, dass Herr Wilke mitkommen müsse. Es werde gleich ein Ersatzlehrer geschickt. Der aber kommt nicht, sodass Michel sich im Geiste noch heute aufgewühlt mit dem Fahrrad nach Hause fahren sieht, um sofort dem Vater zu berichten, dass der Freund abgeführt wurde. Durch das Klassenfenster habe er noch gesehen, wie die beiden Männer den Lehrer in die Mitte genommen hätten. Der habe sein Fahrrad über den Schulhof, unter der großen Kastanie hindurch und in Richtung Bäckerei geschoben.

Kleppermantel? Schlapphüte? Das klingt auch bei Michel wie ein Klischee. Aber die Details könnten stimmen: Rektor Krüger, das Fahrrad, das auch Hatto aus dem Fenster gesehen haben will, als Wilke abgeführt wurde. Und so – im Unterricht verhaftet – hat es auch Franks Oma zu Hause erzählt. Die musste es – quasi offiziell – wissen, sie war Gemeindesekretärin. Und dann das besondere Verhältnis, das der elfjährige Michel zu diesem Lehrer hatte. Schließlich war Wilkes erste Arbeitsstelle in Stederdorf bei Michels Onkel gewesen. Seine Tante hatte sich um Wilkes Kinder aus erster Ehe gekümmert, sie mit Essen versorgt, als sie in dem kleinen Raum in der Schule mit Fenster zum Korridor gewohnt hatten. Heute glaubt Michel gar, Tante und Vater müssten damals auch gewusst haben, dass die drei Kinder, für die der Freund Vormund wurde, in Wahrheit seine leiblichen Kinder sind. Sie müssen Wilke gedeckt haben, »obwohl mein Vater wirklich kein Nazi war« und beide politisch gar nicht zusammengepasst hätten. Wilke, der immer noch überzeugte Nazi, Michels Vater eher liberal. Dass Wilke 1945 in die SPD eingetreten war, hält Michel für »Tarnung«.

Und noch ein Umstand beschreibt das besondere Verhältnis: Michel durfte als Schüler Wilkes Post holen. Während die anderen unterrichtet wurden, lief er über den Schulhof, über Könnemanns Hof und Konsumstraße zur Post. Postlagernde Briefe, das war damals etwas Besonderes. »Wir dachten, da sollte seine Frau wohl nichts von wissen.«

Das gute Verhältnis überstand auch die Haftzeit. »Das hätte ich vom Walter nicht gedacht«, habe der Vater über Artur Wilke gesagt. »Wie soll ich dich denn nun nennen«, habe der Vater nach der Haftentlassung den Freund gefragt, als der wieder mit seinem Rad auf den Hof rollte. »Bleib man bei Walter, das ist geläufiger«, habe der geantwortet.

Später, als Michel heiratete, kam der entlassene Zuchthäusler mit einem Hochzeitsgeschenk: zwei brütende Rebhühner im Moor. Das Bild erinnert noch heute auf der Diele an die Fahrradausflüge mit dem Lehrer. Der Kontakt aber war immer spärlicher geworden und Wilke habe es mehr in die örtliche Tankstelle, wo er in der Besucherecke reichlich Flaschenbier trank, als mit dem Rad nach Wendesse gezogen. »Zum Schluss war der mächtig runtergekommen«, sagt Michel.

Tankstelle. – Wilke blieb, von den einen ge-, von den anderen verachtet, Stammgast in der Tankstelle. »Er saß da in der Besucherecke, war immer höflich und zuvorkommend, wurde entweder ignoriert oder von Kunden freundlich begrüßt«, sagt Wolfgang, einer der Brüder, die Tankstelle und Werkstatt betrieben. Er ist heute über 80 und war einer der ersten Schüler Wilkes in Stederdorf. »Nur Sport, aber wir kannten die Familie sehr gut, denn wir hatten zwei Pudel aus dem Wurf von Wilkes erster Hündin. Das verbindet.« Wolfgang sagt über den verurteilten Massenmörder: »Für mich war der immer nur der Lehrer Wilke. Der war immer gut informiert und hat sich anständig benommen.«

Ob er wusste, dass Wilke ein Massenmörder war? »Nein, da haben wir uns keine Gedanken gemacht.« Über Politik sei damals, nach seiner Haftentlassung, eben nicht gesprochen worden. »Das hat mich nicht interessiert.« Überhaupt habe Wilke über die Vergangenheit geschwiegen. Nicht, dass sie nicht wussten, dass er wegen Kriegsverbrechen hinter Gittern saß, aber was genau geschehen war, das habe man gar nicht wissen wollen. Einzig aus der Haftzeit habe Wilke etwas offenbart: Dass er die Gefängnisbibliothek geordnet habe, Mitinsassen zum Lesen animiert, ihnen Nachhilfe gegeben und bei den Messen die Orgel gespielt habe. »Wie die gute Seele im Knast« habe er sich dargestellt. »Da haben ihn alle sehr geschätzt.«

Ob ihm seine Taten leidgetan haben? »Eher resigniert war er: Der Krieg hatte ja nix gebracht.« Ob er denn je über seine Taten gesprochen habe, drängst du noch einmal. »Nur mit Theo vielleicht. Der wusste jedenfalls über sein Leben Bescheid. Mich hat das nicht interessiert«, sagt Wolfgang. Theo, das war damals der Chronist deines Heimatortes. Ob der etwas aufgeschrieben hat über den schlimmsten Massenmörder des Dorfes? »Nein, er hat auch zu Hause nie etwas darüber erzählt«, sagt seine Tochter.

Einzig Gerhard, ein U-Bootfahrer und selbst einst strammer Nazi, muss mehr gewusst haben. Wolfgang erinnert sich, wie sich Gerhard, der in der Tankstellenwerkstatt seine Rente aufbesserte, mit Wilke über den Partisanenkampf in Weißrussland unterhalten habe. Er habe das nur so am Rande mitgehört, sagt Wolfgang, »wie sie da einmal eine Kirche hochgehen lassen haben«. Hochgehen lassen? »Ja, da sollen wohl auch Menschen drin gewesen sein.« Wilke habe im Gespräch mit Gerhard nicht bestritten, dabei gewesen zu sein, er habe es aber »auch nicht für gut befunden«. Das sei »großer Mist« gewesen, habe er gesagt.

Und der Tod seines Sohnes? Hat Wilke darüber einmal gesprochen? »Ja, den Bübi haben die anderen Offiziere bei der Bundeswehr angemistet, weil sein Vater ja ein Verbrecher war – das hat Wilke jedenfalls immer so erzählt«, erinnert sich Wolfgang.

Hasstiraden. – Was hätte der Sohn tun sollen? Wie hätte er leben können angesichts der übergroßen, auf so perfide Weise verleugneten Schuld seines Vaters? »Man kann aus allem, aus jeder Situation, jeder Position, aus jedem Verhältnis aussteigen, kann sagen: ›Das will ich nicht mehr, damit habe ich weiterhin nichts zu tun, davon löse ich mich.‹ Nur aus einer Bindung, aus einer Verstrickung geht das nicht – aus Verwandtschaft! Sag hundertmal: ›Du bis nicht mehr mein (…) Vater!‹ Sag es, und du bleibst es doch …«

Ralph Giordano hat das ins Vorwort der aufsehenerregenden Abrechnung des Journalisten Niklas Frank mit seinem Vater geschrieben. Das Buch »Der Vater«, 1987 erschienen und mit einem Sturm der Entrüstung überzogen, als der Stern erste Kapitel vorab druckte, ist mehr als eine Abrechnung mit einem NS-Täter – es ist eine Hasstirade gegen den eigenen Erzeuger.

Hans Frank, zehn Jahre älter als Artur Wilke, war promovierter Jurist, verteidigte bereits in der Weimarer Republik Nazi-Schläger wie Franz Stark, wurde auch Adolf Hitlers Rechtsanwalt und schließlich höchster Jurist im sogenannten Dritten Reich. Nach 1933 wurde er Justizminister in Bayern, Mitglied im Reichstag und Reichsminister, und nach dem Überfall auf Polen setzte ihn Hitler als Generalgouverneur der annektierten polnischen Gebiete in Krakau ein. Auf dem Wawel, der polnischen Königsburg, residierte Hans Frank mit seiner Familie wie ein Despot. Seine Gewaltherrschaft gegenüber Polen, vor allem aber gegen die jüdische Bevölkerung, deren vollständige Deportation und Vernichtung er bei der Wannseekonferenz vertrat, brachte ihm den Namen »Schlächter von Polen ein«.

Franks Haltung zu Polen charakterisiert dessen Schreiben vom Oktober 1939: Darin fordert er »eine Ausnutzung des Landes, durch rücksichtslose Ausschlachtung, Abtransport aller für die deutsche Kriegswirtschaft wichtigen Vorräte, Rohstoffe, Maschinen, Fabrikationseinrichtungen usw., Heranziehung der Arbeitskräfte zum Einsatz im Reich, Drosselung der gesamten Wirtschaft Polens auf das für die notwendigste Lebenserhaltung der Bevölkerung unbedingt notwendige Minimum, Schließung aller Bildungsanstalten, insbesondere der technischen Schulen und Hochschulen, zur Verhütung des Nachwuchses einer polnischen Intelligenzschicht.« Und in seiner Rede im Dezember 1941 vor hohen Beamten des Gouvernements sowie vor Vertretern der SS- und Polizeieinheiten forderte Frank diese auf: »Wir müssen die Juden vernichten, wo immer wir sie treffen und wo es irgend möglich ist.«

Sein Sohn Niklas hat jene Jahre seiner Kindheit im Wawel verbracht, ist aufgewachsen zwischen NS-Größen und im Luxus der in Polen zusammengeraubten Güter. Denn seine Eltern machten weder vor den wertvollsten Kunstschätzen Polens noch vor der Versklavung polnischen Personals Halt. Nach Kriegsende, nach den Nürnberger Prozessen und der Hinrichtung seines Vaters ging der Sohn in ein Internat, wurde Journalist und rechnete 1987 mit seinem Erzeuger ab. Er schreibt über sein Buch: »Es gibt Väter, die zeugen einen täglich neu. So, wie der meine mich. Ich schlug mich mit ihm herum, ein Leben lang. Erst innerlich. Dann exhibitionierte ich, schrieb einen wüsten Text, ungefiltert durch bürgerlichen Geschmack, genau so ekelhaft, wie deutsche und österreichische Bürger während des ›Dritten Reiches‹ ihren Verbrechen nachgingen, oder Hitler und seine Verbrecher schützten, schützten, verehrten, liebten – und die große Zeit bis heute nicht vergessen haben.« Und Niklas Frank weiter: »Wenn man seinen Vater verfolgt wie ich, wenn man in sein Hirn hineinkriecht, wie ich, wenn man seine Feigheit studiert und sie wiederfindet, wie ich bei mir, (…) dann kann aus all dem Leid und Hass zwischen den Leichenbergen nur eines entstehen: Die Groteske.«

Der Sohn des »Schlächters von Polen« hat Wut und Hass in einen an Geschmacklosigkeit und grotesker Überspitzung kaum zu überbietenden Buchtext gegossen. Der Sohn des Partisanenjägers und Massenmörders Artur Wilke wählte einen anderen Weg.

Katastrophenübung. – Du hast Michels Erinnerungen so gern glauben wollen: Rektor Krüger, zwei Männer in Mantel und Hut, Wilkes Verhaftung, sein Weg in Polizeibegleitung mit dem Rad über den Schulhof. Andere Zeugen hatten das aus dem Schulfenster auch so gesehen.

Die Erinnerung hat einen Fehler: Rektor Krüger war seit 1. April 1961 bereits an der Peiner Bodenstedtschule. Neuer Schulleiter war Erich Stüber. Das weist der Erhebungsbogen vom 16. Mai 1961, unterschrieben von Stüber, aus. Acht Klassen mit 285 Schülern, zwei davon mit jeweils fast 50 Kindern, quittiert Stüber darauf. Im Jahr zuvor hatte Vorgänger Krüger noch 288 Kinder in die Chronik geschrieben. Michels Erinnerung muss falsch sein, und doch bleibt er auf Nachfrage dabei: »Ich habe Krüger doch noch vor Augen!«

Woher du es besser weißt? Die Schulchronik wurde gefunden, da war dein Manuskript schon beim Lektor. Die Volksschule deiner Kindheit ist inzwischen geschlossen, die Klassen sind umgezogen in den Neubau. Beim Umzug fiel der Schulsekretärin ein Aktenordner in die Hand, der seit 1945 bis in die 70er alles intern Bemerkenswerte festhält: alle Neuzugänge im Kollegium, alle Pensionierungen oder Schulwechsel der Lehrerschaft, auch Fotos. Eines zeigt »Das Kollegium Jan. 1958«. Rechts im Bild mit Kniebundhose und Tweedsakko Artur alias Walter Wilke. Im selben Jahr notiert der damalige Rektor: »1. Oktober 1959. Für den erkrankten Kollegen Wilke wurde Herr Zinecker von der Wilhelmschule Peine nach Stederdorf zur Vertretung abgeordnet.« Jener Lehrer also, mit dem ihr in eurem ersten Schuljahr ein zweites Klassenfoto machtet, nachdem euer Klassenlehrer von zwei Männern des Gesundheitsamtes aus dem Saal bei Schönau geführt und ihm das Unterrichten wegen seiner Tuberkulose und Ansteckungsgefahr verboten worden war. Schließlich gab es wenige Jahre zuvor – auch das weist die Chronik aus – in den Schulen noch »Tuberkulose-Aufklärungs- und Werbewochen«.

Und im August 1961, dem Monat der spektakulären Verhaftung? Was hat euer Rektor da in die Chronik geschrieben? Fieberhaft suchst du – und findest nichts.

Am 1. August – nach den Sommerferien – kommen zwei neue Lehrer. Sie werden mit Lebensläufen ausführlich vorgestellt. Von einem Abgang steht da nichts. Dann dieser Satz: »Ein besonderes Erlebnis im Schulleben brachte am letzten Schultag vor den Herbstferien eine Katastrophenschutzübung«, schreibt Stüber. Ausführlich berichtet er, wie der Absturz eines Flugzeugs aufs Schulgebäude mit Dorfarzt Dr. Kellner – nicht mit Frau Dr. Wilke – und DRK-Helfern simuliert wurde. Nach der Lektüre kannst du dich erinnern, damals »evakuiert« worden zu sein. Du siehst dich, an der Hand einen Mitschüler, zum Zählappell in Zweierreihen auf dem Schulhof antreten. Flugzeugabsturz überlebt! Wirklich bewegt hat dich in jenen Schuljahren (Damals? Nicht erst in der Erinnerung?) aber etwas ganz anderes – etwas, über das der Rektor nichts geschrieben hat und über das nicht gesprochen wurde. Oder vielleicht doch, hinter verschlossenen Klassenraumtüren?

Am 12. Dezember 1961 gab es laut Chronik einen außerordentlichen Elternsprechtag. Er war »so rege besucht, dass die vorgesehene Sprechzeit um rund zwei Stunden überschritten werden musste.« Hatte sich etwa etwas herumgesprochen?

Wiedergeburt. – Tage nach dem Freitod löste die Witwe die Wohnung ihres Mannes in Hannover auf. Die Tür war bereits aufgebrochen worden. Der Schwiegervater war schon da gewesen. Er habe nur ein paar Bücher herausgeholt, habe Artur Wilke gesagt, als sie ihn zur Rede stellte. Und sie erinnert sich an seine Worte: »Damit hättest du sowieso nichts anfangen können.«

Sein Buch? Sein Rechtfertigungsopus? Wenn Wolfdietrich es nicht dem Vater zurückgegeben hatte, hätte es in der Wohnung in Hannover liegen müssen. Die Witwe aber hat es nie gefunden. Sie kannte nicht einmal dessen Existenz, ehe du ihr 40 Jahre später darüber berichtetest. Über Briefe seines Vaters, des Mörders, habe ihr Mann nie mit ihr gesprochen, nicht einmal darüber, dass der im Gefängnis gesessen hatte, schon gar nicht, warum.

Erst nach Jahren, nachdem sie alles von der Schwiegermutter erfahren hatte, hat sie das Verhältnis ihres Mannes zu seinem Vater verstanden. Sie glaubt heute: »In Wolfdietrich sah sein Vater seine schuldlose Wiedergeburt. Das ist zu schwer für einen jungen Menschen, es zu tragen.«

Nach dem Freitod des Sohnes war es die älteste Tochter, der Artur Wilke eines Tages bei einem Besuch die 196 Seiten aus der Gefängniszelle mitbrachte und in die Hand drückte – ohne Kommentar, ohne dass Vater und Tochter je über den Inhalt gesprochen hätten, bis zu seinem Tod im Mai 1989 nicht. Nicht über seine Taten, nicht über seinen Gefängnisaufenthalt, nicht über den Tod des Stiefbruders, sagt Tochter Sigrid, sei jemals in der Familie gesprochen worden.

Cousin Addi bestätigt das: Man habe sich besucht, man habe die Verwandtschaft gepflegt, aber über die Vergangenheit gesprochen wurde nie. Er frage sich heute auch immer wieder, warum er, warum seine ganze Generation von Krieg und Nazizeit nichts mehr habe wissen wollen. »Vielleicht, weil wir, geprägt vom Geist unserer Eltern, noch zu nahe dran waren und lieber mit geschwiegen haben?«, fragt sich der Neffe des Massenmörders.

Was wollte dein erster, dein falscher Lehrer Wilke mit seinem großen Werk? Erinnern wollte er sich nicht. Verdrängen vielleicht, oder sich mit der Gnade der Vergebung, die er aus der Bibel herauszulesen glaubte, nur beruhigen? Sollte sein Sohn ihm Absolution erteilen, ohne dass er je seine persönliche Schuld eingestanden hätte? Sollte nun seine älteste Tochter ihm verzeihen, nachdem sein geliebter Bübi an ihm verzweifelt war? Oder sollte sein Werk eines Tages in die Hände eines verständigen Schülers fallen, der erkennen sollte, wie sehr Artur Wilke darunter gelitten hat, dem großen Irrtum (MAGNUM ERRATUM) erlegen zu sein, den großen Befehl (MAGNUM MANDATUM) ausgeführt und damit den großen Fehler (MAGNUM PECCATUM) seines Lebens begangen zu haben?

Der wärest dann ja du!?

Du, der nicht einmal seinen eigenen Erinnerungen trauen kann.

In Ewigkeit

Seligsprechung. – Am 5. März 2000, elf Jahre nach dem Tod Artur Wilkes, hat Papst Johannes Paul II. auf dem Petersplatz in Rom 44 Märtyrer der katholischen Kirche seliggesprochen. Darunter elf Opfer Artur Wilkes.

Nicht zehn – fünf kluge und fünf törichte –, wie sie Artur Wilke über Monate im Koblenzer Gerichtssaal vor Augen hatte, sondern elf Jungfrauen, die Märtyrerinnen von Nowogródek, werden auf ewig mit dem Namen des berüchtigten Bandenjägers verbunden bleiben.

Welch eine Ironie: Der studierte evangelische Theologe, der Verbindungsmann der SS zu den Kirchen im besetzten Weißrussland, der Heiligen-Fachmann (»Die Katholiken nehmen Knochen von Hunden und sagen: Das sind Knochen vom Heiligen Geist«), der Katholiken-Hasser und Beleidiger des Heiligen Vaters (»Der Papst ist ein richtiger Schweinehund …«), der liebste Briefpartner ranghöchster Gefängnisseelsorger und der selbstmitleidige Bibelübersetzer war durch sein Tun mitverantwortlich für elf neue Märtyrerinnen der katholischen Kirche? Obwohl doch er sich als Märtyrer fühlte, als einer, der im Gefängnis hatte leiden müssen, weil er denen, denen er Treue geschworen hatte, diese hielt und ihre Befehle ohne Rücksicht auf Leben und Tod – anderer – befolgt hatte.

War Wilke wirklich mitverantwortlich für den gewaltsamen Tod der elf seliggesprochenen Ordensschwestern der Kongregation von der Heiligen Familie von Nazareth, die am 1. August 1943 in einem Birken- und Kiefernwäldchen nahe der polnischen Stadt Nowogródek (heute Nawahradak in Belarus) von deutschen Besetzern erschossen und verscharrt wurden? Auch diese Frage hast du nicht endgültig klären können. Kein Staatsanwalt, kein Gericht, kein Historiker hat sie je verbindlich beantwortet. Die Quellen, die du gefunden hast, sprechen von »Gestapo«, die die Ordensschwestern erschossen habe. Die Geheime Staatspolizei hatte in Nowogródek gar nicht das Sagen, sondern nur die Sicherheitspolizei und der SD von Minsk, also Wilkes Einheit. Andererseits sprechen heute auch Historiker von Gestapo, wenn sie die Polizeiorgane der SS in den besetzten Gebieten meinen. Ausländische Quellen benutzen die Begriffe oft als Synonym. Beweise, wer schoss, gibt es nicht. Aber Wilke hat immerhin im Hamburger Ermittlungsverfahren zugegeben, als einziger hochrangiger Offizier während des »Unternehmens Hermann« fast durchgehend in Nowogródek geblieben zu sein und »eine polnische Untergrundbewegung ausgehoben« sowie »die festgenommenen Personen« vernommen zu haben.

Folgende historisch gesicherte Fakten müssen als Belege für Wilkes Verstrickung reichen:

Die Wehrmacht hatte auf ihrem Zug nach Osten auch die einst polnische Grenzstadt Nowogródek, die noch ein Jahr vorher nach dem Hitler-Stalin-Pakt von russischen Bolschewisten besetzt worden war, überrannt. Polen, Russen, Tataren, vor allem aber Juden hatten hier gelebt. Viele Menschen, vor allem die polnische Intelligenz, waren von den Russen bereits 1940 festgenommen und in Lager nach Sibirien verschleppt worden. Im Sommer 1941 kam es zu ersten Morden an der jüdischen Bevölkerung. Jeder zweite Einwohner war Jude, auch die Brüder Tewje (Tuvia), Zus (Alexander Zeisal), Asael und Aharon Bielski. Als Tewje und Zus am 26. Juli 1941 mit ansehen mussten, wie deutsche Wehrmachtsoldaten und Polizisten Juden zusammentrieben und auf das Kommando eines Offiziers mehr als 50 Männer mit Maschinengewehrsalven niedermähten, schworen sich beide, sich »nicht wie Schafe zur Schlachtbank führen« zu lassen. Lieber wollten sie in die Wälder gehen und von dort aus den Widerstand organisieren, zumindest aber dort möglichst viele ihrer Glaubensbrüder retten.

Dazu kam es am 8. Dezember 1941. Die Deutschen ließen mehr als 4 000 Juden, darunter die Eltern der vier Bielski-Brüder sowie Frau und Tochter von Zus, zusammentreiben. Sie stellten sie vor eine riesige Grube. Diese Massenerschießung muss eine der letzten in diesem Winter gewesen sein. Artur Wilke war nicht dabei. Er kam erst im Februar danach nach Minsk und schoss dort erst mit, als es das Tauwetter wieder zuließ. Und während sich Wilke in Minsk einrichtete, organisierten die Bielski-Brüder in den Sümpfen des undurchdringlichen Naliboki-Urwaldes 100 Kilometer weiter westlich ihren Unterschlupf, Ausgangspunkt der Partisanenangriffe und Fluchtpunkt für 1 200 entflohene Juden.

Es entstand ein regelrechtes Partisanenstädtchen aus Erd- und Holzhütten, ein »Jerusalem im Wald«, das »Schtetl Bielsk«, wie es die Partisanen bald nannten – mit Synagoge, Schule für 60 Kinder, Läden, Bäckerei, Krankenhaus und Waffenwerkstätten. Der Kampf der Bielski-Brüder ist gut dokumentiert und inzwischen zum Mythos geworden, den selbst Hollywood für sich entdeckte: 2008 wurde der heroische Kampf der Partisanen mit James-Bond-Darsteller Daniel Craig in der Rolle des heldenhaften Partisanenchefs Tewje Bielski verfilmt (Titel: »Unbeugsam«).

Diese Unbeugsamen – sie hatten diverse Anschläge auf Telefon- und Bahnlinien verübt – waren Artur Wilkes eigentliche Gegner, als dieser zum Bandenbekämpfer geworden war und am 8. Juli 1943 mit einem hoch geheimen Auftrag losgeschickt wurde: »Auf Anordnung des Kommandeurs hat sich SS-Hauptsturmführer Wilke zu einem besonderen Unternehmen nach Nowogródek am 9. Juli 1943 in Marsch zu setzen. Das Kommando besteht aus …« Es folgten die Namen von drei Unterführern und 30 Letten. Und dann geheimnisvoll: »Wilke hat sich in Baranowitsche zur Entgegennahme seiner in Nowogródek zu tätigenden Aufträge zu melden.« So der Wortlaut des Einsatzbefehls.

Seit acht Monaten hatte Wilke den Freibrief, dass er, nur er und Kollegen in der Stellung als Kommandoführer der SD-Gruppen für die Partisanenerkundung, verfügen durfte, wer festzunehmen, wer zu erschießen, wer freizulassen war – letztlich auch, wer zu foltern war. Jetzt war er maßgeblich mit der Vorbereitung des »Unternehmens Hermann« beschäftigt: die Zerschlagung der Bielski-Partisanen mit allen Mitteln. Er traf also Mitte Juli in Nowogródek ein, und vom 18. Juli an kam es in der Stadt, aus der die Partisanenbrüder stammten, zu einer neuen Verhaftungswelle. Das war der eigentliche Hintergrund seines geheimen Befehls. Der Streit mit dem örtlichen Kommandeur, der von Wilke vergeblich die Vernichtung des jüdischen Arbeitslagers gefordert hatte, basierte auf einem Irrglauben des nicht eingeweihten Stadtkommandanten. Es ging vielmehr um neue Verhaftungen unter der meist polnischen Bevölkerung Nowogródeks. 120 Gefangene sollen es gewesen sein, meist katholische Freunde und Nachbarn, potenzielle Sympathisanten, mögliche Kontaktpersonen der Bielski-Partisanen, die diese vor dem bevorstehenden großen Angriff hätten warnen können.

Am 20. Juli brachten die Folterungen erste Ergebnisse. Wilke »beim Stab der Kampfgruppe v. Gottberg, Gefechtsstand« bekam eine Meldung mit dieser Aussage eines Gefolterten: »Lager 10 Kilometer hinter Brücke im Walde. Z. Zt. sind folgende Gruppen im Lager: (…) Die Abteilung in Nalibocki Wald wechselt ständig. Dortige Unterkünfte nur Ruhelager. Bei verschiedenen Banden Verfallserscheinungen. Banditen bereit, überzulaufen, haben Angst vor Erschießung.«

In Wahrheit bereiteten die Bielski-Einheiten bereits Hinterhalte vor, blockierten die Marschwege der zu erwartenden deutschen Truppen und sicherten sich den Rückzug auf eine für die Deutschen unzugängliche Insel im Sumpf, die nur aneinandergebunden nach Durchwaten brusttiefen Sumpfes erreichbar war. Ein ortskundiger Landvermesser führte den Rebellenrückzug.

Während also bei Wilke alle Fäden zusammenliefen für den Angriff auf das »Jerusalem im Wald«, bereiteten sich die Kameraden in Nowogródek darauf vor, ihre 120 Geiseln zu erschießen. Schon seit ihrer Verhaftung hatten die Ordensschwestern für ihre Mitbürger und ihren ebenfalls inhaftierten Kaplan, Aleksander Zienkiewicz, öffentlich gebetet. Zienkiewicz war damals der einzige katholische Priester in der Stadt. Die Schwestern boten den Deutschen gar an, sich selbst im Tausch gegen ihn und die 120 Mitbürger, meist Familienväter, erschießen zu lassen. Die Ordensfrauen konnten die Deutschen schließlich erweichen: Einige wenige Gefangene wurden gleich freigelassen, die meisten als Zwangsarbeiter nach Deutschland transportiert. Sie alle sollen den Krieg überlebt haben. Die elf Schwestern aber – eine zwölfte wurde aus unklaren Gründen nicht mit verhaftet – wurden im Austausch gegen die Geiseln am Abend des 31. Juli 1943 eingesperrt. Auch der Kaplan blieb zunächst gefangen.

Dass Wilke persönlich etwas mit der Verhaftung des Geistlichen Aleksander Zienkiewicz zu tun hatte, ergibt sich aus einem späteren geheimen Funkspruch, in dem er fragt, ob der »Befehl Gruppenführer« noch gelte, »der in Nowogródek gegeben« wurde, »daß polnische Popen wegen Verdacht festzunehmen sind«. Der Kaplan der zwölf Ordensschwestern war der einzige »polnische Pope« der Stadt.

Am 1. August begann die deutsche Offensive auf den Partisanen-Wald. 10 000 Mann kesselten Naliboki ein, während weitere 10 000 Deutsche andere vermutete Banditenstellungen angriffen. Schon in den Tagen zuvor waren alle Dörfer rund um den Wald entvölkert und niedergebrannt worden. Das »Unternehmen Hermann« kostete 4280 Menschen, meist Bewohner der umliegenden Dörfer, das Leben. 20 954 Arbeitsfähige wurden als Zwangsarbeiter verschleppt. Auch das Dorf Dory, wenige Kilometer nordöstlich des Waldes gelegen, wurde dem Erdboden gleichgemacht und 257 Menschen wurden in der angezündeten Dorfkirche mutmaßlich bei lebendigem Leibe verbrannt. Als Schlag gegen die Partisanen war der ganze blutige Aufwand aber ein riesiger Misserfolg.

Am Tag der Naliboki-Offensive (1. August 1943) wurden die elf Ordensschwestern in einem lichten Wald zwischen Nowogródek und den Sümpfen von SS-Leuten erschossen. Die frommen Frauen hatten ihre Peiniger zuvor so lange angefleht, bis diese sogar den Kaplan noch laufen ließen. Er sollte, so das perfide Kalkül, das sich wohl nur ein studierter Theologe wie Wilke hat ausdenken können, als einziger verbliebener Geistlicher mit »Predigten über die Feindesliebe« die Gemüter der Menschen in Nowogródek beruhigen.

Aleksander Zienkiewicz hat 1968 zum 25. Jahrestag des Todes der Schwestern in Nowogródek ein Buch über seine und die Rettung der 120 Mitbürger durch die elf Nazareth-Schwestern geschrieben (»Ofiara przyjeta«, dt.: »Opfer angenommen«, engl.: »No Greater Love«). Die zwölfte Schwester, Maria Malorzata Banas, überlebte, suchte und fand die Stelle des Massakers und pflegte das Grab ihrer Schwestern bis zu ihrem Tod. Die Gebeine der seliggesprochenen Frauen ruhen heute in der Verklärungskirche Biala Far.

Johannes Paul II. hat in seiner Predigt anlässlich der Seligsprechung gefragt: »Woher hatten sie die Kraft, sich im Austausch für die Rettung der Verurteilten im Gefängnis von Nowogródek selbst hinzugeben? Woher nahmen sie die Kühnheit, die Verurteilung zu einem so grausamen und ungerechten Tod mutig anzunehmen? (…) Christus sagt: ›Es gibt keine größere Liebe, als wenn einer sein Leben für seine Freunde hingibt.‹« Und weiter: »Ihr seid das größte Erbe der Kongregation von der heiligen Familie von Nazareth. Ihr seid das Erbe der ganzen Kirche Christi für immer, und besonders in Weißrussland.«

Und Artur Wilke? Er verkörpert den schrecklichsten Teil unseres deutschen Erbes – auch er für immer!

Bilder. – Alles fing mit einem Bild an, deinem Einschulungsfoto. 43 Kinder, und ganz links im Bild Artur Wilke, der sich als Walter und als Lehrer ausgab. Dieses Foto und die Erinnerung an deinen ersten Lehrer haben dich motiviert zu recherchieren. Am Ende steht ein Gemälde, das zeigt, was euer Lehrer tat, ehe er euch Lesen und Schreiben beibrachte. Das 1949 entstandene Bild von Adam Styka zeigt elf Frauen in Ordenskleidern am Rande einer Grube – auch das hatten sie den Deutschen abgerungen, dass sie in ihrem Habit sterben durften. Sie knien und beten. Zwei sind schon von den Kugeln des Erschießungskommandos getroffen worden. Sie stürzen. Ganz links, wie auf eurem Einschulungsfoto, steht einer, der deinem ersten Lehrer immer ähnlicher sieht, je länger du das Gemälde anstarrst.

Einsatzorte Wilkes im Partisanenkrieg

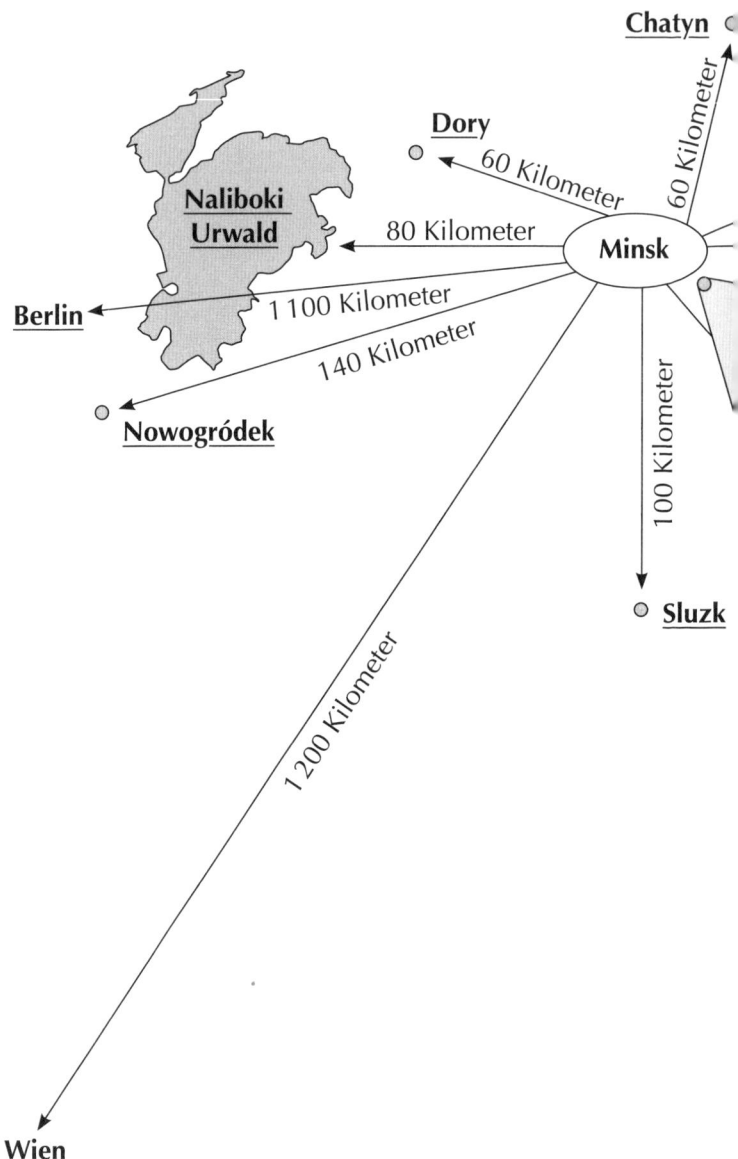

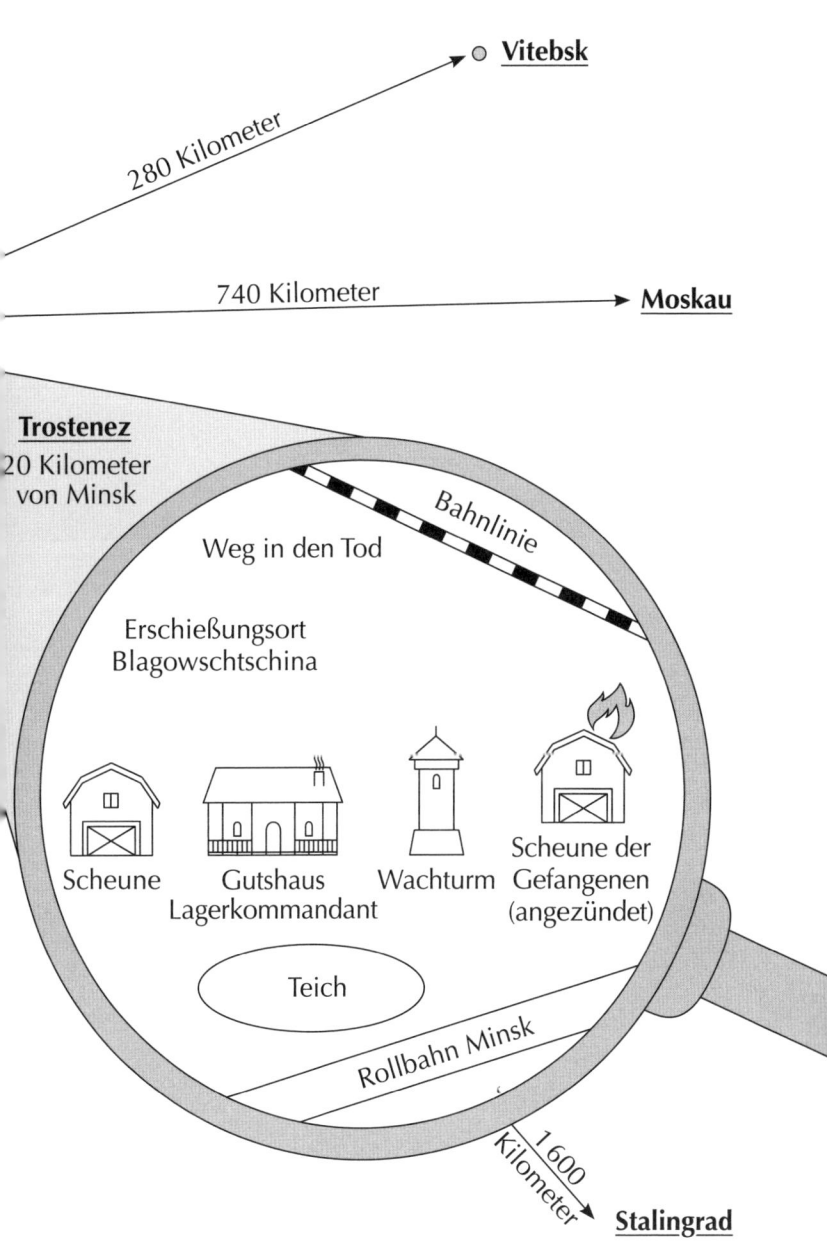

Nachwort

Am Anfang dieses bemerkenswerten Buches stehen unsichere Erinnerungen aus der Kindheit, die wir alle haben. War es so? Seit wann und woher wusste ich das? Wieso erinnern sich die anderen anders?

Der eigene Klassenlehrer soll aus dem Unterricht heraus festgenommen worden sein, das muss sich 1961 oder 1962 ereignet haben. Der unbeliebte Mann soll als Polizist gut zwanzig Jahre vorher »Kriegsverbrechen« begangen haben. So hießen die Massenmorde an Juden, an Zivilisten, an Bauern, Männern, Frauen und Kindern ziemlich unreflektiert im Volksmund. Doch Nachfragen bei ehemaligen Mitschülern, Dorfbewohnern und Familienmitgliedern machen das eigene Erinnerungsbild nicht deutlicher. Lückenhafte Bilder werden mit neuen Geschichten gefüttert. Der Zweifel keimt an allem, was man erfährt, woran man sich erinnert.

Kein Wunder – der Lehrer, um den das Buch kreist, bedient nach dem Krieg gleich mehrere Lückenbilder. Er zog als Angehöriger der Sicherheitspolizei und Handballer ins besetzte Weißrussland und kam als Wehrmachtssoldat und Fußballer zurück. Artur Wilke nahm jetzt die Identität seines gefallenen Bruders Walter an. Er lebte mit der zweiten Ehefrau als Bigamist, und als die erste starb, nahm er die leiblichen Kinder als Adoptivfälle an. Das ahnte niemand? Sah Artur als Walter nicht anders aus als der echte Walter Wilke? Fand die Verhaftung nicht vielleicht doch am Sportplatz statt?

Wer Wahrheiten sucht, weil die Erinnerungen verschwimmen und Gerüchte eben Gerüchte zu bleiben scheinen, der greift zu den Akten. Artur Wilke stand ja vor Gericht, zusammen mit dem ehemaligen Chef der Landeskriminalamts Rheinland-Pfalz, Georg Heuser, und noch neun Männern. Sie alle waren in der Dienststelle beschäftigt, die die Sicherheitspolizei im besetzten Minsk errichtet hatte. Der »Kommandeur der Sicherheitspolizei und des SD in Weissruthenien«. Und Beweismittel gab es zuhauf. Die Dokumente zeigen: Nachkriegs-Bigamist ja, Betrüger ja, NS-Massenmörder ja – aber Verhaftung aus dem Unterricht?

Die Zeugenaussagen und Beschuldigtenvernehmungen sind kunstvolle Verdrehungen der Realitäten. Was die sowjetische Archivdelegation dabei hatte, war erschütternd. Minutiöse Aufzeichnungen aus dem »Bandenkampf« mit der »Vernichtung von Rest-Gettos«, die Wilkes Tatbeiträge schon zeitgenössisch festlegten und dessen Tagebuchaufzeichnungen aus den Einsätzen. Solches Material musste erst angezweifelt, dann von den Angeklagten nach eigenen Interessen in Aussagen zurechtinterpretiert werden. Selbst hochrangige Zeugen, wie der Staatssekretär Friedrich Karl Vialon, ergingen sich in lächerlicher Verbalequilibristik, und wenn es gar nicht mehr anders ging, hatte man eben unterschrieben, ohne vorher gelesen zu haben.

Kann der Schüler von einst dem Lehrer von einst mit falscher Vita glauben, wenn der versucht, sich und seine Taten zu erklären, den Zwiespalt zu formulieren zwischen Treueversprechen und der Ahnung, mit den verübten Morden selbst vergewaltigt worden zu sein? So sehr es Artur Wilke auch versuchte, es klappte damals nicht bei den Richtern und heute nicht bei Jürgen Gückel. Und selbst während der Haft konnte Wilke nicht über seinen Schatten springen. Er stand in Treue fest und wurde missbraucht – damals vom NS-Staat, heute von der BRD – so zumindest erfuhren es Anstaltspfarrer und Sohn in umfangreichen Korrespondenzen. Aber auch die glaubten ihm nicht. Lückenhafte Bilder, erschaffen von Lügengeschichten, bis zuletzt.

Die Akteure der KdS-Dienststelle in Minsk lassen sich fassen; sozialpsychologisch etwa mit einem Referenzrahmen, der mit Hilfe der partiellen NS-Moral das Verbrechen zur »Arbeit« werden lässt. Harald Welzer hat dies eindrucksvoll mit seiner Studie zu den normalen Menschen als Tätern gezeigt. Soziologisch mit Hilfe der Erwartungshaltung der Sicherheitspolizei an die in Minsk Eingesetzten und deren Befehlsakzeptanz, etwa wie Stefan Kühl dies mit »ganz normalen Organisationen« zeigt. Sie lassen sich in große Besatzungsstudien als »kalkulierende Mörder« einbetten, die Sicherheit und Ausbeutung um jeden Preis erzwangen. Christian Gerlach hat es vorgemacht.

Im Vergleich hierzu geht der Autor einen ungewöhnlichen, aber ebenso fruchtbaren Weg:

Artur Wilke lässt sich nämlich auch mit Hilfe seiner Lügengeschichten und den fehlerhaften Erinnerungen seiner Nachkriegsumgebung konturieren. Voraussetzung aber ist, die umfangreichen Verhöre, Zeugenaussagen, schriftlichen Bekundungen sowie die zeitgenössischen Akten aus Koblenz, Moskau und Minsk zu lesen, um die Verbrechen zu registrieren. Haftakten und Korrespondenzen beleuchten das späte Unvermögen wirklicher Reflexion. Das sind zehntausende Blatt an furchtbarer Empirie, denen sich der Journalist stellte. Sie ertragreich in Beziehung zu setzen, sie nach vorne und zurück zu lesen, noch einmal nachzufragen, hat wohl Jahre gedauert. Gückels penible Analyse der Papiere im Licht der Lüge ist einzigartig in der bisherigen Täterforschung.

Es tritt hier nicht nur das kommunikative Nachkriegs-Beschweigen des falschen Lehrers im Dorf zu Tage, es zeigt sich auch die ganze mörderische deutsche Besatzungspolitik in Weißrussland, dargestellt an einem Täter, der die Wahrheit nicht brauchte und der eines nie zeigte: ehrliche Reue.

Peter Klein

Anhang

Quellen

Archive
Bundesarchiv Berlin:
BArch R 9361-III/2257 88
BArch R 9361-III/5637 87
NSDAP-Zentralkartei R 9361 VIII
R 70-Sowjetunion 143
R 70-Sowjetunion 144

Bundesarchiv Ludwigsburger Bestand:
B 162/27191
B 162/3356
B 162/3351
B 162/3320
B 162/3324
B 162/26923
B 162/30093

Bundesarchiv Koblenz:
Bestand 584,1 Nr. 8 613

Landeshauptarchiv des Landes Rheinland-Pfalz in Koblenz:
Bestand Nummer 584,1

Staatsarchiv Hamburg:
Bestand 213–12 StA LG – NSG 0087

Landesarchiv Schleswig-Holstein, Schleswig:
Bestand Abt. 352, Sta. Itzehoe Nr. 1 161

Niedersächsisches Hauptstaatsarchiv Hannover:
Nds. 721 Hannover, Acc. 90/99 Nr. 101/1

Archiv der ev. Kirche im Rheinland:
Bestand Nachlass Schlingensiepen 7NL 016 Nr. 117/63

Urteile
Urteil Heuser-Prozess, Band XIX (10. Januar 1963 bis 12. April 1964) der Urteils-Sammlung »Justiz und NS-Verbrechen«, University Press, Universität Amsterdam 1968–2012

Amtsgericht Peine, Schöffengericht, Urteil vom 19. Dezember 1961, Aktenzeichen 8 Ls 43/61

Ermittlungsverfahren
Sta. Koblenz Az. 9 Ks 2/62
Sta. Hannover Az. 2 Js 388/65
Sta. Hildesheim Az. 9 Js 1274/64
Sta. Hildesheim Az. 8 Ls 43/61
Sta. Hamburg Az. 202 AR 509/70 sowie 147 Js 11/71 U
Sta. Dortmund Az 45 Js 3/65
Sta. Itzehoe Az. 15 Js 1003/75
Sta. München Az 113 Ks 1/65a-b

Literatur

Ackermann, Josef: Heinrich Himmler als Ideologe, Göttingen: Musterschmidt, 1970
Angrick, Andrej: Aktion 1 005 – Spurenbeseitigung von NS-Massenverbrechen 1942–1945, Göttingen: Wallstein, 2018
Arbeitsgemeinschaft für Landesgeschichte und Volkskunde im Regierungsbezirk Koblenz (Hg.): 150 Jahre Landgericht Koblenz, Boppard: Harald Boldt Verlag, 1970
Curilla, Wolfgang: Die deutsche Ordnungspolizei und der Holocaust im Baltikum und in Weißrußland 1941–1944, Paderborn: Schöningh, 2006
Frank, Niklas: Der Vater. Eine Abrechnung, Frankfurt/M.: Goldmann, 2001
Gerlach, Christian: Kalkulierte Morde. Die deutsche Wirtschafts- und Vernichtungspolitik in Weißrußland 1941 bis 1944, Hamburg: Hamburger Edition, 2. Aufl. 2000

Görgner, Anton: Lebenserinnerungen, Bd. 2, Peine: Kreisarchiv Landkreis Peine
Grün, Lili: Alles ist Jazz. Berlin: AvivA Verlag, 2009 (Originalausgabe 1933: Herz über Bord)
Hilberg, Raul: Die Vernichtung der europäischen Juden, Bde. 1–3, Frankfurt/M.: Fischer Taschenbuch, 9. Aufl. 1999
Hoffmann, Jens: Das kann man nicht erzählen. Aktion 1 005: Wie die Nazis die Spuren ihrer Massenmorde in Osteuropa beseitigten, Hamburg: Konkret Literatur Verlag, 2008
Hoffmann, Jens: Diese außerordentliche deutsche Bestialität. Augenzeugenberichte und Gespräche, Hamburg: Konkret Literatur Verlag, 2013.
Hoppe, Bert u. a. (Hg.): Sowjetunion mit annektierten Gebieten II: Generalkommissariat Weißruthenien, de Gruyter, Berlin 2016
Jäckel, Eberhard und Rosh, Lea: Der Tod ist ein Meister aus Deutschland – Deportation und Ermordung der Juden, Kollaboration und Verweigerung in Europa, Hamburg: Hoffmann & Campe, 2. Aufl. 1990
Jacobs, Reinhard: Terror unterm Hakenkreuz. Orte des Erinnerns in Niedersachsen und Sachsen-Anhalt, Göttingen: Steidl, 2000
Just-Dahlmann, Barbara und Just, Helmut: Die Gehilfen. NS-Verbrechen und die Justiz nach 1945, Frankfurt: Athenäum, 1988
Kellenbach, Katharina von: »Die Rede von Schuld und Vergebung als Täterschutz«, Vortrag, Evangelischer Arbeitskreis Kirche und Israel in Hessen und Nassau, Akademie Arnoldshain, 2007
Klein, Peter: »Bedingt sühnebereit«, Vortrag auf der Tagung »Das Reichskommissariat Ostland – Tatort und Erinnerungsobjekt: Konstruktionen«, Flensburg, 2009
Kohl, Paul: Der Krieg der deutschen Wehrmacht und der Polizei 1941–1944: Sowjetische Überlebende berichten. Mit einem Essay von Wolfram Wette, Frankfurt/M.: Fischer, 1995
Kühnl, Reinhard: Faschismustheorien. Texte zur Faschismusdiskussion 2. Ein Leitfaden, Hamburg, Rowohlt Taschenbuchverlag, 1979
Morlang, Adolf: Chronik 100 Jahre Strafanstalt/JVA Diez, Diez 2015
Süselbeck, Heiner: Niemanden verloren geben. Briefwechsel zwischen Helmut Gollwitzer und Hermann Schlingensiepen 1951–1979, Berlin: LIT, 2014
Vernichtungsort Malyj Trostenez – Geschichte und Erinnerung (Ausstellungsdokumentation), Dortmund: Internationales Bildungs- und Begegnungswerk, 2015
Vespignani, Renzo: Faschismus, Berlin: Elefanten Press, 1976
Wiesenthal, Simon: Recht, nicht Rache. Erinnerungen, Frankfurt: Ullstein, 3. Aufl. 1989
Zienkiewicz, Aleksander: Opfer akzeptiert – zum 25. Todestag der Schwestern von Nowogródek; Ed. Zentrales Auswanderungsministerium, Rom 1968; engl.: No Greater Love, Pulaski, WI: Franciscan Publishers, 1968

Abkürzungsverzeichnis

Brif.	Brigadeführer (SS)
Btl., Bat. oder Batl.	Bataillon
EK	Einsatzkommando (Sicherheitspolizei)
GK	Generalkommissariat
HSSPF	Höherer SS-Polizeiführer
H-Stuf, Hstuf	Hauptsturmführer SS
Ia	Erster Führungsoffizier
Ib	Erster Versorgungsoffizier
Ic	Erster Aufklärungs- und Abwehroffizier
Kdr.	Kommandeur
KdS	Kommandeur der Sicherheitspolizei und des SD
Kp.	Kompanie
Lt.	Leutnant
NSDAP	Nationalsozialistische Deutsche Arbeiterpartei
NSG-Verfahren	Nationalsozialistische Gewaltverbrechen
Rgt.	Regiment
SD	Sicherheitsdienst des Reichsführers SS, Geheimdienst der NSDAP, in den besetzten Gebieten zuständig für Spionage und verdeckte Operationen
Sipo	Sicherheitspolizei
SS	Schutzstaffel
SSPF	SS- und Polizeiführer
Stubaf.	Sturmbannführer

Personenverzeichnis
(Weißruthenien 1941–1944)

Artur Fritz **Wilke** (* 1. Februar 1910 in Hohensalza, † 10. Mai 1989 in Peine), SS-Hauptsturmführer, Angeklagter im Koblenzer Heuer-Prozess. Studium der Theologie, Archäologie sowie als Lehrer (jeweils ohne Abschluss). Zuletzt unter Vorspiegelung eines falschen Abschlusses tätig als Volksschullehrer in Stederdorf. Verurteilt wegen Beihilfe zum Mord an mindestens 6 600 Menschen zu zehn Jahren Zuchthaus.

Arthur Wilke (identisch mit Artur Wilke), Vorname von ihm 1968 geändert und von der Kreisbehörde Peine mit »h« bestätigt.

Walter Wilke (* 20. Mai 1913 in Hohensalza, † 14. Februar 1943 in Porkusi), Feldwebel, jüngerer Bruder des Artur Wilke, dessen Identität Artur von 1945 bis 1961 annahm.

Georg Albert Wilhelm **Heuser** (* 27. Feb. 1913 in Berlin, † 30. Januar 1989 in Koblenz), Kriminalist und SS-Hauptsturmführer, Leiter der Abt. IV beim Kommandeur der Sicherheitspolizei und des SD beim KdS in Minsk. Bis Juli 1959 Leiter des Landeskriminalamtes Rheinland-Pfalz. Hauptangeklagter im Koblenzer Prozess, schuldig gesprochen der Beteiligung an der Ermordung von 11 103 Menschen, 15 Jahre Zuchthaus.

Karl Dalheimer (* 5. November 1907 in Geestemünde, † ?), Mitangeklagter, Polizeiinspektor und SS-Obersturmführer. Zuletzt Bilanzbuchhalter beim Verband der Heimkehrer in Bremen. Verurteilt wegen Beihilfe zum Mord zu vier Jahren Zuchthaus.

Johannes Feder (* 21. Mai 1911, † ?), Mitangeklagter, SS-Obersturmführer in der Zentralstelle für Bandenerkundung. Zuletzt Kriminalmeister im Polizeipräsidium Köln. Verurteilt wegen zweifacher Beihilfe zum gemeinschaftlichen Mord zu vier Jahren und sechs Monaten.

Karl **Arthur Harder** (* 1909 in Frankfurt, † 1964), Mitangeklagter, SS-Hauptsturmführer. Zuletzt kaufmännischer Angestellter bei Krupp-Kraftfahrzeuge in Frankfurt. Verurteilt wegen Beihilfe zum Mord zu drei Jahren und sechs Monaten Zuchthaus. Er starb in Haft.

Wilhelm Kaul (* 10. Juni 1906 in Lippstadt, † ?), Mitangeklagter. Regierungsoberinspektor, zuletzt Zolloberinspektor bei der Oberfinanzdirektion Münster. Verurteilt wegen zwei Taten der Beihilfe zum gemeinschaftlichen Mord zu vier Jahren und sechs Monaten Zuchthaus.

Friedrich Oswald **Merbach** (* 27. April 1912 in Gotha, † ?), Mitangeklagter, SS-Obersturmführer. Verurteilt wegen fünf Fällen der Beihilfe zum gemeinschaftlichen Mord zu sieben Jahren Zuchthaus.

Jakob **Herbert Oswald** (* 1. März 1900 in Marburg, † ?), Mitangeklagter, SS-Obersturmführer. Zuletzt Elektrotechniker. Verurteilt wegen Beihilfe zum gemeinschaftlichen Mord zu vier Jahren Zuchthaus.

Rudolf Schlegel (* 11. Juni 1913 in Chemnitz, † 2. März 1979 in Friedrichshall), Mitangeklagter, SS-Hauptsturmführer. Zuletzt Ausbilder für kaufmännische Lehrlinge bei Daimler Benz-AG in Stuttgart. Verurteilt wegen fünffacher Beihilfe zum gemeinschaftlichen Mord zu acht Jahren Zuchthaus.

Franz Stark (* 7. Oktober 1901 in St. Louis, † 15. Oktober 1982 in der Strafanstalt Freiendiez), Mitangeklagter, SS-Hauptsturmführer. Schuldig gesprochen wegen dreier Morde zu lebenslanger Zuchthausstrafe.

Eberhard Richard **von Toll** (* 15. Januar 1906 in Piddul, Estland, † ?), Mitangeklagter, SS-Untersturmführer. Zuletzt Angestellter im Generalsekretariat des Deutschen Roten Kreuzes in Bonn. Verurteilt wegen vierfacher Beihilfe zum gemeinschaftlichen Mord zu vier Jahren und sechs Monaten Zuchthaus.

Ernst Wertholz (* 2. Januar 1907 in Mainz, † ?), Mitangeklagter, Polizeioberinspektor und SS-Untersturmführer. Zuletzt Arbeiter im Schlachthof Düsseldorf.

Ulrich Friedrich (*10. 8. 1899 Leisning, † ?) zunächst Mitangeklagter (Verfahren abgetrennt), SS-Hauptsturmführer, zuletzt Technischer Zeichner Straßenbauamt München.

Heinrich Luitpold **Himmler** (* 7. Oktober 1900 in München, † 23. Mai 1945 in Lüneburg), Reichsführer SS und Chef der deutschen Polizei sowie Reichskommissar für die Festigung deutschen Volkstums sowie ab 1943 Reichsinnenminister und ab 1944 Befehlshaber des Einsatzheeres. Als Chef von SS, SD und Gestapo schuf Himmler ein System der Überwachung, der Willkür und des Terrors gegen politische Gegner sowie insbesondere gegen jüdische Mitbürger. Er gilt als einer der Hauptverantwortlichen für den Holocaust und für die Willkürakte gegen Kriegsgefangene und die Bevölkerung in den von Deutschen besetzten Gebieten in Osteuropa.

Reinhard Tristan Eugen **Heydrich** (* 7. März 1904 in Halle/Saale, † 4. Juni 1942 in Prag), SS-Obergruppenführer und General der Polizei sowie Leiter des Reichssicherheitshauptamtes, Chef des Sicherheitsdienstes der SS (SD), Beauftragter für die »Endlösung der Judenfrage«, Leiter der Wannseekonferenz am 20. Januar 1942. Er starb bei einem Attentat in Prag.

Hinrich Lohse (* 2. September 1896 in Mühlenbarbek, † 25. Februar 1964 ebendort), von Juli 1941 bis Dezember 1944 Verwaltungschef der Zivilverwaltung im Reichskommissariat Ostland und damit Vorgesetzter Kubes.

Richard Paul **Wilhelm Kube** (* 13. November 1887 in Glogau, † 22. September 1943 in Minsk), Generalkommissar für Weißrussland in Minsk, er starb am 22. September 1943 durch das Bombenattentat seines Dienstmädchens.

Friedrich Karl **Vialon**, (*10. Juli 1905 in Frankfurt/M; † 8. August 1990 in Bonn), Ministerialrat im Reichskommissariat Ostland in Riga, ab 1942 beauftragt mit der »Sicherung der jüdischen Vermögenswerte«, ab 1962 Staatssekretär im Bundesministerium für wirtschaftliche Zusammenarbeit, Mitbegründer des Verwaltungsrates des ZDF (1962 bis 1964).

Eduard Strauch (* 17. August 1906 in Essen, † 15. September 1955 in Uccle), SS-Obersturmbannführer, Befehlshaber des Einsatzkommandos 2, danach Kommandeur der Sicherheitspolizei und des SD für Weißruthenien in Minsk. Strauch wurde im Nürnberger Einsatzgruppen-Prozess (1948) sowie noch einmal in einem belgischen Strafprozess in Lüttich (1949) wegen Erschießung von Kriegsgefangenen zum Tode verurteilt. Die Schuldsprüche wurden nicht vollstreckt, weil er als geisteskrank galt. Er starb in einer belgischen Heilanstalt.

Erich Ehrlinger (* 14. Oktober 1910 in Giengen, † 31. Juli 2004 in Karlsruhe), SS-Oberführer, Amtschef im Reichssicherheitshauptamt und Befehlshaber von Einsatzkommandos. Im September 1943 wurde er als SS-Standartenführer nach Minsk versetzt und Führer der Einsatzgruppe B. Zugleich wurde er Nachfolger Strauchs als Befehlshaber der Sipo und des SD.

Erich von dem Bach-Zelewski (* 1. März 1899 in Lauenburg/Pommern, † 8. März 1972 in München), SS-Obergruppenführer und General der Waffen-SS und der Polizei sowie HSSPF und »Chef der Bandenkampfverbände« in Weißrussland. Ab August 1944 Befehlshaber bei der Niederschlagung des Warschauer Aufstandes.

Curt Gustav Friedrich Walther **von Gottberg** (* 11. Februar 1896 in Preußisch Wilten, † 31. Mai 1945 in Lutzhöft), SS-Obergruppenführer und General der Waffen-SS, zugleich Nachfolger Kubes in der Zivilverwaltung Weißrutheniens und ab Juli 1944 HSSPF für Russland Mitte und Weißruthenien. Ab März 1943 war er Stellvertreter Erich von dem Bach-Zelewskis und befehligte die »Kampfgruppe von Gottberg« in diversen Bandenbekämpfungseinsätzen gegen Partisanen.

Helmut Herzig (*27. 6. 1912, † unbekannt), SS-Sturmbannführer der Waffen-SS, Adjutant Curt von Gottbergs, Ermittlungen gegen ihn wegen Auflösung der Randgettos am 10. Juli 1970 eingestellt.

Oskar Paul **Dirlewanger** (* 26. Sept. 1895 in Würzburg, † 7. Juni 1945 in Altshausen), Oberführer der Waffen-SS, Kommandeur der vorwiegend aus freigelassenen Wilddieben bestehenden Sondereinheit der Waffen-SS, die speziell im Partisanenkampf und bei der Niederschlagung des Warschauer Aufstandes eingesetzt wurden.

Hans Woellke (* 18. Feb. 1911 in Bischofsburg/Ostpreußen, † 22. März 1943 bei Chatyn), deutscher Olympiasieger 1936 im Kugelstoßen, Hauptmann eines Schutzpolizei-Regiments, das bei Chatyn nördlich von Minsk von Partisanen angegriffen wurde. Woellkes Tod hatte das Massaker von Chatyn zur Folge.

Adolf Friedrich Wilhelm **Rübe** (* 18. Mai 1896 in Karlsruhe, † 23. Juni 1974 ebendort), SS-Hauptscharführer, ab April 1943 Leiter der Wache im Getto Minsk, danach eingesetzt beim Sonderkommando 1 005 bei den Enterdungsarbeiten in Trostenez. 1949 verurteilt zu lebenslanger Haft wegen 26 eigenhändiger Morde und 436 weiteren Tötungen, teils Erschießungen schwangerer Frauen aus dem Getto, teils Tötungen in Gaswagen.

Hinrich Carl (Lebensdaten unbekannt), NSDAP-Kreisleiter von Rendsburg, ab 1941 Gebietskommissar von Sluzk, Weißrussland.

Franz Gennert (* 31. Oktober 1910 in Danzig, †?) SS-Oberscharführer, zeitweise Adjutant Wilkes und mehrfach Teilnehmer bei Wilkes Partisaneneinsätzen.

Grigori Wasjura (* 9. Februar 1915 in Chyhyryn/Ukraine, † 2. Oktober 1987 in Minsk), Stabschef bzw. Kompanieführer im 118. Polizeibataillons. Der ukrainische Nationalist hatte sich Ende 1942 den deutschen Besatzern angeschlossen. Im Dezember 1986 wurde er in Minsk vom Belorussischen Militärgericht wegen des Massakers in Chatyn verurteilt.